"十二五"国家重点图书

21

财政政治学译丛

刘守刚 魏 陆 主编

上海高校智库
上海财经大学公共政策与治理研究院

Politics against Markets: The Social Democratic Road to Power

政治对市场

戈斯塔·埃斯平-安德森（Gøsta Esping-Andersen） 著
沈国华 译

上海财经大学出版社

图书在版编目(CIP)数据

政治对市场/(丹)戈斯塔·埃斯平-安德森著;沈国华译. —上海:上海财经大学出版社,2022.1

(财政政治学译丛/刘守刚,魏陆主编)

书名原文:Politics against Markets

ISBN 978-7-5642-3887-2/F·3887

Ⅰ.①政… Ⅱ.①戈… ②沈… Ⅲ.①政治制度-研究 Ⅳ.①D034

中国版本图书馆 CIP 数据核字(2021)第 203525 号

图字:09-2021-0851 号

Politics against Markets

The Social Democratic Road to Power

Gosta Esping-Andersen

□ 责任编辑　江　玉

□ 封面设计　张克瑶

政治对市场

戈斯塔·埃斯平-安德森 (Gøsta Esping-Andersen) 著

沈国华 译

上海财经大学出版社出版发行

(上海市中山北一路 369 号　邮编 200083)

网　　址:http://www.sufep.com

电子邮箱:webmaster @ sufep.com

全国新华书店经销

上海华业装璜印刷厂印刷装订

2022 年 1 月第 1 版　2022 年 1 月第 1 次印刷

710mm×1000mm　1/16　22 印张(插页:2)　337 千字

定价:116.00 元

总 序

成立于2013年9月的上海财经大学公共政策与治理研究院，是由上海市教委重点建设的十大高校智库之一。通过建立多学科融合、协同研究、机制创新的科研平台，围绕财政、税收、医疗、教育、土地、社会保障、行政管理等领域，组织专家开展政策咨询和决策研究，致力于以问题为导向，破解中国经济社会发展中的难题，服务政府决策和社会需求，为政府提供公共政策与治理咨询报告，向社会传播公共政策与治理知识，在中国经济改革与社会发展中发挥“咨政启民”的“思想库”作用。

作为公共政策与治理研究的智库，在开展政策咨询和决策研究的同时，我们也关注公共政策与治理领域基础理论的深化与学科的拓展研究。特别地，我们支持从政治视角研究作为国家治理基础和重要支柱的财政制度，鼓励对财政制度构建和现实运行背后体现出来的政治意义及历史智慧进行深度探索。这样一种研究，著名财政学家马斯格雷夫早在其经典教材《财政理论与实践》中就命名为“财政政治学”。但在当前的中国财政学界，遵循马斯格雷夫指出的这一路径，突破经济学视野而从政治学角度研究财政问题，还比较少见。由此既局限了财政学科自身的发展，又不能满足社会对运用财税工具实现公平正义的要求。因此，有必要在中国财政学界呼吁拓展研究的范围，努力构建财政政治学学科。

“财政政治学”虽然尚不是我国学术界的正式名称，但在国外的教学和研究中却有丰富的内容。要在中国构建财政政治学学科，在坚持以“我”为主研究中国问题的同时，应该大量翻译西方学者在该领域的内容，以便为国内财政学者从政治维度研究财政问题提供借鉴。呈现在大家面前的丛书，正是在上海财经大学公共政策与治理研究院资助下形成的“财政政治学译丛”。

“财政政治学译丛”中的文本，主要从美英学者著作中精心选择而来，大致分为理论基础、现实制度与历史经验等几方面。译丛第一辑推出10本译著，未来根据需要和可能，将陆续选择其他相关文本翻译出版。

推进财政政治学译丛出版是公共政策与治理研究院的一项重点工程，我们将以努力促进政策研究和深化理论基础为己任，提升和推进政策和理论研究水平，引领学科发展，服务国家治理。

胡怡建

2015年5月15日

前 言

本书是笔者迷恋社会民主运动长达10年的产物。这些年来，笔者和社会民主运动都经历了许多变化，而且变化的势头显然并没有减弱。20世纪70年代初可能有许多明显的迹象表明，世界正在形成一种更加动荡的新秩序。然而，对于丹麦一个普通的新左翼学者来说，资本主义就是资本主义；社会科学理论工作者被告知只有等到变革发生以后才能确认变革。70年代初，社会民主运动也迎来了一个政治认同危机的新时代，但普通的新左翼学者对此毫无准备。在他们只掌握有限学术工具的情况下，我们很难指望他们像往常一样把社会民主运动看作温和版的资本主义政治运动。

但是，随着20世纪70年代的逝去以及研究的不断深入，传统社会主义也需要重新进行审视。在学术界关注社会民主运动的10年里，笔者反复对自己的理论模型进行了修改。在我们进行实证分析，把不同的国家现实联系起来，并探寻具有决定意义的变化时，就需要反思传统社会主义。当我们认识到社会民主运动并不是一场绝对的政治运动时，当我们的感觉告诉我们说，这个世界如果没有社会民主运动就不会一样时，我们就需要一种新的理论。因此，笔者当时写的东西与1978年最终发表的博士论文之间只有一些模糊的相似之处。笔者现在奉献给读者的这本书，最初只能算是笔者那篇博士论文的润色版，后来笔者又花了5年时间才总算完成。因为我又一次拒绝接受以前的观点、理论和实证内容，这不仅仅是因为一些社会主义政党的实践仍在继续发展，而且还因为这个研究课题本身也在动态发展。坚持这样一种弹性的理论倾向也许并不完全是为了体面，学术界应该提出具有持久力的范式。

想要不爱上一个那么长久以来一直吸引着我们注意力的话题，同样也是一件很困难的事情。就如乔治·霍曼(George Homans)告诉我们的那样，我们彼此间了解得越多，就会越喜欢对方。按照霍曼的话去做，无疑加快了本人作为社会学者和政界人士的渐进式社会民主化进程。此外，我们周围的政治环境也发生了变化。当我开始动笔写博士论文时，社会民主工人运动的现象几乎没有引起任何人的兴趣。在那些日子里，对于左派来说，社会民主党人已经出卖了自己；而对于保守派来说，社会民主工人运动代表了一种趋同于意识形态终极的一般趋势。但在过去的几年里，社会民主运动再次成为整个欧洲甚至美国的热门话题。在20世纪60年代或者70年代初期，写一本关于社会民主运动的大部头著作是很难想像的事情。但就从那时开始，我们一直受到许多优秀论文的“狂轰滥炸”，但竞争也愈演愈烈。

有很多原因促使我们重燃对社会民主运动的兴趣。10年前拒绝福利国家的左翼分子现在正忙着为福利国家辩护，因为新保守党人在攻击福利国家，有时甚至废除了福利国家所取得的成就。新一代的社会民主党人已经开始在传统的北欧据点之外的法国、西班牙和希腊等国家确立自己的地位。而此前的第三国际政党——尤其是意大利共产党(PCI)——现在把目光投向了北欧社会民主国家，以寻求制定纲领和战略所需的灵感，孤立的美国社会主义势力也远隔重洋在向斯堪的纳维亚的社会民主运动学习。所有这些新一代的社会民主党人不仅仅在追赶他们的前辈，因为社会民主运动重新焕发魅力与目前正以老牌社会民主运动的方式进行的根本性变革有关。

并不是说不同国家的社会民主党人现在都拒绝了他们曾经那么自豪地提倡的凯恩斯主义福利国家政策。在有些国家，他们可能是削减预算开支的不情愿支持者和失业增加的无助见证人，但对社会民主运动的改造并不包括排斥完全社会公民身份的思想意识。实际情况是，如果社会民主运动想在今天生存下来，并构建充满希望的未来，那么就必须把福利国家事业重新写入它的纲领。世界主要国家的社会民主运动，特别是斯堪的纳维亚的社会民主运动，正处于一个历史性的十字路口，由于种种原因而必须试图从社会公民政治向经济公民政治转型。之所以这样，是因为在最基本的因果关系层面，新白领工薪阶层掌握着任何有生存力的社会民主联盟的命脉。但是，领薪员工几乎不会为传统的福利政策所动，而且几乎可以肯定，他们会厌恶过分强调收入均等化的纲领。如果没有一个广泛的工薪阶层联盟，社会民主运动就无法从目前的沉睡状态中苏醒过来，甚或有可能分崩离析。因此，社会民主运动正试图为自己起草一份新的有可能促成这种联盟的纲领性文件，而推进经济民主正成为这份文件的核心内容。

本书一个贯穿全书的核心论点是，在北欧，按照严格意义上的工人阶级运动构想的社会主义政党[①]是注定要失败的，而且是永远注定要失败的。传统的工人阶级即使以最有效的方式被动员起来，也仍然由于人数太少而无法让社会主义政党获得多数。因此，我们面临一个典型的两难局面：社会主义政党应该为了保持自己的纯洁性而退却成为永远的在野党，还是应该寻找自己的阶级盟友？在这个问题上，笔者大致同意亚当·普拉茨沃斯基(Adam Przworski)在他的重要著作中表达的观点，但不能苟同他的结论：笔者并不认同联盟战略注定会使社会民主党在争取权力的斗争中遭遇失败。

在笔者持比较乐观态度的背后，有这样的一种信念作为支撑：阶级结构演变的规律独自并不能支配社会主义政党的命运。社会主义政党都是主张改良和议会政治的政党，因而能够并且必须运用自己掌握的权力来影响公共政策和重塑国家。贯穿全书的首要问题是，社会民主党能否并且在怎样的条件下为了实现自身的长远利益而进行社会变革。如果社会民主党能够结成强大的阶级联盟，那么，笔者对这个问题的第一反应是肯定的。但必须补充的是，这种阶级联盟必须允许社会民主党进行改革，立刻解决传统的社会分裂问题，并且促进广泛的阶级团结和联合；制度本身和植入式的改革必须成为可供社会民主党利用的权力资源。但是，如果社会民主党推行的社会变革以及更一般的福利国家政策会引发新的令人厌恶的分裂和公平冲突(equity conflicts，指因公平问题引起的冲突或争执。——译者注)——随着国家影响人民生活的力度稳步增大，这种情况很可能会发生——，那么，笔者的回答必然是否定的。

简而言之，本文要论证的观点是，社会民主党能否掌权执政取决于以下两个历史因素的结合情况：一是阶级联盟模式，二是社会民主党通过改革实践进行的阶级动员。社会民主运动的历史就是由这两个因素聚集和分解的方式来定义的。笔者得出的结论是，农民阶级在“二战”之前社会民主运动取得突破性进展的过程中最终发挥了决定性的作用。凡是在农民没有组织起来、缺乏政治表达能力的地方，就如在中欧大多数国家，他们可能容易受到法西斯主义的影响，但不太可能与工人结成政治联盟。正是斯堪的纳维亚农民特有的组织性和民主性特点帮助社会民主运动在北欧国家找到了最牢固的立足点；而

① 本书主要论述对象为欧洲斯堪的纳维亚三国，此处特指这些国家的社会主义性质的政党，并限定“严格意义上的”。——译者注

在欧洲其他国家，正是这样的农民阶级的缺位扼杀了这些国家尤其是德国的社会主义政党。斯堪的纳维亚的社会民主运动正是在这种人民联盟的基础上才得以建立先进的福利国家，并信守其充分就业的承诺。

因此，社会民主运动的第一个历史转折点出现在20世纪30年代，而战后整个社会民主运动的纲领就是在这个时期产生的。但在不同的国家，即使在北欧三国，社会民主运动在改革活动中利用阶级联盟的能力也各不相同，任何说明不同国家社会民主党为什么选举命运不同的解释都必须包括这种能力差别。种种迹象表明，当今时代有可能出现社会民主运动的第二个历史转折点。社会民主运动必须制定新的纲领来取代它之前的纲领，而且还必须为了再次踏上取得政权的征程而结成可持续的工薪阶层联盟。因此，我们可以认为，社会民主运动要经历两个决定性阶段。以农民为基础的人民联盟开启了社会公民政治阶段，而新的工薪阶层联盟可被认为是进入经济公民政治阶段的垫脚石。笔者认为，如果经济民主必须成为第二阶段社会民主运动纲领的核心内容，那么问题就变成了“如何从社会公民政治过渡到经济公民政治”，而社会民主运动改良主义传统的政治精髓则是要在这个问题上再显神威。

笔者绝对没有野心通过本书提出一种与目前指导左派和右派思想的社会民主理念完全不同的理念。此外，笔者以这样的方式提出自己的论点：我们可以对各主要社会民主运动进行充分的比较；但在方法上，笔者选择把比较局限在斯堪的纳维亚三个国家。我相信，这样的选择是站得住脚的。首先，斯堪的纳维亚三国都是国际社会民主运动典型和纯粹的例子。其次，社会民主党在斯堪的纳维亚三国执政如此之久，以至于这三个当代北欧国家深受其改良主义的影响。最后，虽然大多数人都没有注意到这一点，但北欧这三个社会民主国家取得的成就和遭遇的政治命运大相径庭。由于这三个国家之间存在这么大的差异，因此，我们可以总结一些理论应用的一般意义。

笔者无意拉长本书的篇幅，但要对三个国家的社会民主运动以及产生这些运动的社会进行具有意义的考察，还是需要一些篇幅的。否则，本书对没有接受过斯堪的纳维亚中等教育的读者来说就没有多大的意义。本书的第一部分介绍斯堪的纳维亚三国的一般历史背景，但主要是为了让读者关注这三个国家社会民主党(丹麦和瑞典是社会民主党，挪威主要是工党。——译者注)不同演化路径背后的社会结构原因。第二部分反映了笔者的理论观点的二重性，重点阐述了三国社会民主党遭遇不同命运的政治原因。因此，这一部分考察了斯堪的纳维亚三国福利国家政策、住房政策和经济管理方面的差异。本书的第八章详细阐述了三国社会民主党推行的改革与它们获得选民的支持之间的实证关系。第三部分根据三国社会民主党为进行政治联盟重组做出的努力介绍了当前它们提出的经济民主建议。

在10年的时间里,我们肯定会结识许多朋友,也可能结下不少仇敌,笔者对两者都非常感激。一口气说出一长串按字母顺序排列的姓名,肯定会让那些自认为具体参加了这个研究项目的人看到以后感到愤怒。最好跳过致谢的仪式,一一当面道谢。但是,如果笔者选择这样做,就好像这本书是本人独自完成的。虽然本书和笔者那篇积满灰尘的论文几乎没有相似之处,但有些人对笔者的影响和帮助是如此之大,以至于他们仍应得到笔者的感谢。这一点对于莫里斯·泽特林(Maurice Zeitlin)比对于任何人都更加适用,但也同样适用于阿奇·索伦森(Aage Sørensen)和埃里克·赖特(Erik Wright)。罗杰·弗里德兰(Roger Friedland)扮演了一个特殊的角色,因为他一直是笔者最喜欢的合作者;有时很难说我们的想法是我的还是他的。事实上,我俩合作完成的关于阶级联盟的研究项目,最先促使笔者考虑一种修正过的社会民主理论。

在过去的6年里,笔者从周围人那里得到的鼓励、批评、帮助和建议,使我为写这本书要做的准备工作变得既容易又复杂,既有趣又令人沮丧,既激励人又累人。芭芭拉·哈斯克尔(Barbara Haskell)、沃尔特·科尔皮(Walter Korpi)、亨里克·马德森(Henrik Madsen)、安德鲁·马丁(Andrew Martin)、拉尔斯·姆乔塞特(Lars Mjøset)、约翰·迈尔斯(John Myles)、奥兰多·帕特森(Orlando Patterson)、阿莱桑德罗·皮佐诺(Alessandro Pizzorno)、亚当·普兹沃斯基(Adam Przworski)和约翰·斯蒂芬斯(John Stephens)都应该能够找到笔者在书中借用他或她的智慧和思想的地方。以下学者曾给予笔者极大的帮助:彼得·卡森斯坦(Peter Katzenstein)——他肯定是美国最乐于助人的学者之一;乔恩·艾文德·科尔伯格(Jon Eivind Kolberg)——我想提名他为斯堪的纳维亚最乐于助人的学者;沃尔特·科皮(Walter Korpi)——我现在正和他一起在做一个新的重大项目;戈斯塔·拉赫恩(Gösta Rehn)——他帮助我没有成为瑞典人的笑柄。如果北欧三国的社会民主党人都具备乔恩·艾文德·科尔伯格、沃尔特·科尔皮和戈斯塔·雷恩的特质,那么就不可能发生社会民主党分化这样的事情。

本书引用的数据来之不易,笔者要感谢丹麦社会科学研究委员会(Danish

Social Science Research Council, Socialvidenskabeligt Forskningsråd)向我提供资助，使我在项目的早期阶段就能开展数据收集工作。我还要感谢允许我访问瑞典有关数据库的奥拉夫·佩特森(Olaf Pettersson)和鲍·萨尔维克(Bo Särlvik)，为我提供挪威有关数据的伯恩特·奥达尔(Bernt Årdal)、奥拉·里索格(Ola Listhaug)和亨利·瓦伦(Henry Valen)，以及我在丹麦调研期间曾给予我慷慨帮助的汉斯·约尔·尼尔森(Hans Jørgen Nielsen)。

本书从“孕育”到现在的“成熟”一直是在频繁的飞行旅程中成长起来的，它是在哥本哈根大学(Copenhagen University)(计划外)“怀的孕”，最终是在威斯康星大学麦迪逊分校(University of Wisconsin-Madison)足月分娩，而它的部分孕期是在哥本哈根组织研究所(Institute for Organization)度过的，这样的“孩子”不会完全失去丹麦人的性格。在“他”成长的岁月里，哈佛大学就成了“他”的家，让“他”接触到了残酷的生活现实。“他”是在加州大学圣巴巴拉分校(University of California at Santa Barbara)步入成人世界的，而冲浪生活帮助“他”度过了这一痛苦的跃迁。“他”在斯德哥尔摩社会研究所(Institute for Social Research)度过的一年帮助“他”重新找到了自己的根。许多美国大学、丹麦的哥本哈根大学(University of Copenhagen)、挪威的奥斯陆大学(University of Oslo)、瑞典的斯德哥尔摩大学(University of Stockholm)、德国柏林的维斯敏查夫茨图姆大学(University of Wissenschaftszentrum)以及意大利全国各地的大学都为“他”举行了各种见面会。丹麦的社会科学研究委员会甚至还在夏威夷为“他”举办一个美妙的研讨周。

如果没有那么多人的慷慨帮助和那么多地方的盛情款待，这本书恐怕就永远无法与读者见面。最后，笔者还应该感谢社会民主运动的精神导师卡尔·考茨基(Karl Kautsky)。他的经典著作《取得政权的道路》(*The Road to Power*)为笔者提供了一本现成的《普鲁盖尔克纳贝》(*Prügelknabe*)。

戈斯塔·埃斯平-安德森

马萨诸塞州剑桥

1984年6月

缩写对照表

AC:Akademikernes Centralorganisation(Danish Academics' Confederation)——丹麦专业学者工会联合会

ADGC:Allgemeine Deutsche Gewerkschaftsbund(German Trade Union Confederation, before 1934)——德国工会联合会(1934年以前)

AMS:Arbetsmarknadsstyrelsen((Swedish Labor Market Board)——瑞典劳动力市场委员会

ATP: Arbetsmarknadens Tillägspension (Supplementary Pension Scheme)——(瑞典)补充养老金计划

CFDT:Confederation Français du Travail(French Trade Union Confederation)——法国工会联合会

CGIL:Confederazione Generale Italiano di Lavori(Italian Trade Union Confederation)——意大利工会联合会

DAF:Dansk Arbejdsgiverforening(Danish Employers' Federation)——丹麦雇主联合会

DGB:Deutsche Gewerkschaftsbund (German Trade Union Confederation, after 1945)——德国工会联合会(1945年以后)

DKP:Danmarks Kommunistiske Parti (Danish Communist party)——丹麦共产党

DNA:Det Norske Arbeiderparti (Norwegian Labor party)——挪威工党

DSF:De Samvirkende Fagforbund (Danish Trade Union Confederation, original name)——丹麦工会联合会(原名)

EEC:European Economic Community——欧洲经济共同体

EHA:European Free Trade Association——欧洲自由贸易联盟

FTF:Faellesorganisationen for Tjaenestemaend og Funktionaerer (Danish Federation of Salaried Employees)——丹麦领薪雇员工会联合会

HSB: Hyresgästernas Sparkasse och Byggnadsförening (Swedish Tenants' Savings and Building Association)——瑞典租房者储蓄建房协会

ILP:Independent Labour Party (predecessor of the British Labour party)——独立工党(英国工党的前身)

ITP:Indtaegtsbestemt Tillaegspension (Danish Plan for Supplementary Pensions) ——丹麦补充养老金计划

LO:Landsorganisationen (Trade Union Confederation; Denmark, Norway, and Sweden) ——(丹麦、挪威和瑞典)工会联合会

NAF: Norges Arbeidsgiverforening (Norwegian Employers' Federation) ——挪威雇主联合会

NATO:North Atlantic Treaty Organization——北大西洋公约组织

NKP:Norges Kommunistiske Parti (Norwegian Communist Parry)——挪威共产党

OECD:Organization for Economic Cooperation and Development——经济与合作组织

OMS:Omsaetning og Mervaerdiskat (value-added tax)——增值税

OPEC:Organization of Petroleum-Exporting Countries——石油输出国组织

PCF:Parti Communiste Français——法国共产党

PCI:Partito Communista Italiano——意大利共产党

PSI:Partito Socialista Italiano——意大利社会党

RV:Radikale Venstre (Danish Radical-Liberal party)——丹麦激进自由党

SACO:Sveriges Akademikers Centralorganisation (Swedish Federation of Professional Employees)——瑞典专业雇员工会联合会

SAF: Sveriges Arbetsgiverförbund (Swedish Employers' Federation)——瑞典雇主联合会

SAP:Sveriges Socialdemokratiska Arbetarparti (Swedish Social Democratic party)——瑞典社会民主党

SF:Socialistisk Folkeparti (Socialist People's party, Denmark and Norway)——(丹麦和挪威)社会人民党

SID:Special og Indisutriarbejderforbundet i Danmark (Danish Unskilled Workers' Federation)——丹麦非技术工人工会联合会

SPD:Sozialdemokratische Partei Deutschlands (German Social Democratic party)——德国社会民主党

STP:Särskild Tilläggspension(Swedish Occupational Pension Scheme)——瑞典职业养老金计划

SV:Socialistisk Valgallianse (Socialist Election Alliance, Norway); same initials subsequently employed for Norwegian Left-Socialist party (Socialistisk Venstreparti)——社会主义选举联盟(挪威);后来的挪威左翼社会党(Socialistisk Venstreparti,Norwegian Left-Socialist party)也使用相同的首字母缩写

TCO:Tjänstemännens Centralorganisation (Confederation of Swedish White-Collar Employees)——瑞典白领雇员工会联合会

TUC:Trades Union Congress (Britain)——工会联合会(英国)

VPK:Venstrepartiet Kommunistarna (Swedish Communist party)——瑞典共产党

VS:Venstresocialisterne (Danish Left-Socialist party)——丹麦左翼社会党

目 录

第二编　社会民主运动的政治基础

第三编　处在十字路口的社会民主运动

第一章　社会民主运动的理论与实践

在资本主义民主政体中，社会民主运动一直是工人阶级政治最成功的体现。在北欧，社会民主运动几乎垄断了工人的选票，并且在其他任何国家几乎都占据了主导地位。在像意大利或法国这样的国家，虽然共产主义运动曾经居于主导地位，但却出现了工人阶级政治的"社会民主化"趋势。因此，令人困惑的是，我们居然没有适当的理论来阐述这样一股在历史上曾经是那么强大的政治力量。

虽然社会民主运动可能是一种普遍存在的政治力量，但它的命运却因国家而大相径庭。社会民主运动在它曾经是不可动摇的政治力量的国家，现在显然正在失去自己的阵地；而在它曾经仅仅是外围势力的国家现在却正在崭露头角。特别值得注意的是，像丹麦、挪威和瑞典这样三个历史相似的斯堪的纳维亚社会民主国家现在正朝着不同的方向发展。但不管怎样，我们没有适当的理论来解释社会民主运动在什么条件下能够取得成功或者在什么条件下会遭遇失败。

几乎所有的社会民主运动理论都植根于传统社会主义者、修正主义者和他们的"资产阶级"批评家们之间展开的年代已久的争论。在这一章里，我们的任务是检验这些竞争性观点的效度，然后提出一组关于有利于社会民主运动成功或者分化的条件的可检验命题。

这场经典的辩论一直因历史使命无法证实这种恼人情况而受到干扰。任何社会民主运动都不敢说自己已经建立了美好社会。由于社会主义不能用经验来定义，也不能以社会民主运动本身规定的方式存在，因此，我们的终极关切不可能也不应该是社会主义。但不管怎样，我们可以合理地自问，这项历史性事业是否仍然值得信赖。“取得政权的社会民主道路”这个概念的前提是，在民主议会条件下的阶级构成能够提供为改造资本主义所需的力量和团结。它还有另一个假设前提，那就是选举政治和改革成就将促进社会民主进步。

现有的大多数相关理论，无论是马克思主义理论还是非马克思主义理论，几乎完全都集中在阶级结构的变化上，并且认为工人运动的逻辑来源于社会结构的性质。但是，如果要使社会民主运动未来建设美好社会的前景具有说服力，那么，这种观点是否有助于充分理解社会民主运动如何才能动员所需的各种权力资源。社会改良主义始终坚持要在立法改良主义的基础上履行其动员和改造的历史使命。因此，令人惊讶的是，迄今没人试图通过系统的研究来解释社会民主运动的发展趋势以及某些政策的结果。笔者斗胆想说，本人就是在这个问题上有一些重要的东西需要补充。

社会民主党剖析

很少有作者会驻笔思考何为社会民主的问题，而仅凭党派名称很难把这个问题说清楚。有一些自称是社会民主党的党派，如意大利社会民主党，很少有人会真的把它们当作社会民主党。事实上，欧洲各国的共产党可能符合许多通常与社会改良主义政党有关的标准。有人甚至认为，美国民主党从本质上讲也是社会民主党（Wolfe，1978）。虽然社会党国际（Socialist International）的成员资格是为那些正式致力于议会政治并且以某种方式在纲领中承诺献身于社会主义事业的政党保留的，但这个组织的成员资格也不是评判某个政党是不是社会民主党的令人满意的标准。有些问题越来越难以理解，譬如说，为什么意大利社会党是社会党国际的成员，而意大利共产党则被排斥在外。那个时代的流行词，如“欧洲共产主义”和“欧洲社会主义”，见证了关于“谁是国际社会主义运动的成员，谁又不是”这个问题的越来越多的困惑。

第三种，也是比较有成效的一种界定社会民主党的方法，就是对党的组织进行比较。共产党与社会民主党之间最重要的历史性区别之一，就是它们有关党员应该具备的条件、内部权力、中央执行官员与普通党员之间关系的原则。杜维格尔(Duverger,1964)一方面拿社会民主党与典型的资产阶级政党松散型选举联盟进行了比较,另一方面又与共产党纪律严明的中央集权机关进行了比较。前者很少有执行严格党员标准的强大组织,而后者则具有以下特点:党员资格具有排他性;具有一种"贫民特征",因而有利于创建一个其成员完全不同于社会其他成员的完整世界;实行民主集中制;经常进行党内整顿;有严格的纪律要求。但杜维格尔有一点值得称道,那就是没有对共产党与社会民主党进行明确的区分,而是把它们看作一个由全体现代群众党共同组成的连续统一体中的成员。

许多国家的社会民主党最初都是"贫民党"(ghetto parties)。在第一次世界大战爆发以前,斯堪的纳维亚三国的社会民主党一直模仿后来诞生的共产党的运作模式,通过体育协会、童子军运动、教育机构、组织休闲活动等方式,建立了一个独立的社会主义世界。在中央集权以及对党内激进分子和地方组织的严格控制方面,很难对共产党和社会民主党进行严格的区分。正如米歇尔斯(Michels,1962)所指出的那样,社会民主党很难成为一种开放和民主的组织。毫无疑问,传统的先锋队党(vanguard party)模式正在衰微。杜维格尔(Duverger,1964)指出,即使是相对僵化的法国共产党,也无法维持其对地方基层组织的控制。到了 20 世纪 70 年代,意大利共产党就成了一个"硕果仅存"的实行"民主集中制"的先锋队党。[①]

政党与工会之间的关系具有重要的历史意义。在"一战"之前,各国的社会主义政党通常把工会运动作为一种政治手段,因而拒绝赋予工会自主权。各国的社会主义政党往往都坚持工会会员集体入党并忠于党的策略。[②] 虽然第三共产国际运动的大部分成员保留了对工会运动的政治征服,但大多数社会民主党放弃了对工会运动的这种征服。按照斯图姆塔尔(Sturmthal,1943)的说法,工会自治对于推动社会民主党领导人抛开意识形态的正统观念,以应对世界萧条危机,进而促进民主和工会运动本身的生存至关重要。不同国家

① 有一个有用的组织标准可用来区分社会民主党与共产党,我们可以把这个标准称为党员的"公民权利"(citizenship rights)。社会民主党能容忍党内存在很大的意见分歧,而共产党通常不允许党内出现偏离党的路线的党员。

② 这种入党方式在瑞典和英国仍然很流行,但工会会员个人可以自由选择退党。

的工会运动是在不同的条件下获得解放的。在英国，工会联合会是 1906 年促使工党诞生的主要动力(Pelling，1961)。在瑞典和丹麦，工会最初由社会民主党控制，但进入 20 世纪后不久，工会和社会民主党就分离开来。虽然 1906 年曼海姆决议(Mannheim Resolution of 1906)赋予德国工会独立的地位，但整个过程在纳粹夺取德国政权之前还没有完全结束(Sturmthal，1943；Mommsen et al.，1974a)——至少没有达到德国工会联合会能够影响社会民主党政策的程度。但战后，共产党尤其是意大利共产党，也朝着赋予工会自治地位的方向发展。

因此，在任何社会民主党的定义中，组织特征都是必要条件，但不是充分条件。组织特征很少能告诉我们社会民主党与社会结构以及与国家或历史变化的关系。普兹沃斯基(Przworski，1980：27—28)给社会民主党下了一个定义，这个社会民主党定义具有很大的优势，因为它是依据社会民主党的战略选择，而不是根据它们的意识形态主张下的定义。我们的问题是，工人阶级的政党在历史上是如何解决以下三个关键问题的：是否参与制定资本主义社会的政治制度；是否寻求工人阶级以外其他阶级的支持；是推行改良政策还是革命政策。在前两个问题上，笔者同意普兹沃斯基的观点，但不敢苟同他关于第三个问题的观点。

议会政治决定

根据普兹沃斯基所下的定义，社会民主党不同于共产党，因为前者坚持而不是反对议会民主。他们坚持认为，在议会内部为社会主义而斗争不但是可能的，而且也是必要的。把无产阶级事业纳入议会程序的决定并不是任何国家的社会民主党都能轻易做出的。英国和丹麦的社会民主党几乎没有考虑过反议会策略。德国的社会民主党最终成了捍卫“资产阶级民主”的主要堡垒，但该党在这个问题上从来没有达成完全一致的共识，拉萨尔派就是德国社会民主党内部的一个极端派别。但几十年来，德国社会民主党一直在不同立场之间摇摆不定，从接受(或谨慎不信任)到持几乎纯粹的战略工具主义观，即民主可被用来进行社会主义动员。挪威社会民主党在 20 世纪 20 年代初加入了共产国际，但即使在该党退出共产国际以后，它的领导层也仍普遍反对采取议会政治策略。[①]

有些国家的社会民主党担心，如果社会民主党最终聚集力量投票支持社会主义，资产阶级就不会遵守议会规则，而这种担心是造成矛盾心理的一个重要原因。瑞典——至少在1918年的议会危机得到完全解决之前（Tingsten，1941）——社会民主党的情况就是如此，奥地利和德国社会民主党的情况也是如此（Przworski，1980：32）。如果完全、无条件地遵守选举竞争和议会多数规则是社会民主的一个标志，那么，“二战”之前的机会就会大不相同。在斯堪的纳维亚国家，由于社会主义政党与农民和农场主为了争取政治民主而结盟，因此，比较容易信任议会政治。这些国家的资产阶级通常只进行温和的抵抗，即使在有限选举权的制度下，社会主义政党也在地方和国家两个层面努力争取代表权并影响政策。

利益代表问题

第二个定义要素涉及社会民主党的阶级动员策略。直到1918年，各国的社会主义政党通常都坚持认为社会主义改造是严格意义上的无产阶级事务。社会民主党直到1918年才把自己看作阶级政党。然而，抛弃严格的阶级形象未必就意味着一个政党会变成“阶级传播者”（class-diffuse）。

这个问题部分是理论分析问题，部分又是战略选择问题。从理论上讲，以爱德华·伯恩斯坦（Eduard Bernstein）为首的修正主义者（[1899]1971）重新审视了马克思关于阶级结构演变的几个基本命题。伯恩斯坦反对支持阶级对立战略正当性的两极分化理论，并且认为阶级两极分化被新生的中产阶级的崛起所抵消。对于一个已经投身于议会政治的政党来说，这自然会引发对如何争取必要的多数选票这个问题的重新审视。

修正主义并不一定要求缔结更加广泛的阶级联盟，但确实为阶级联盟的最终结果提供了理论依据。决定性的推动力来自务实的战略选择。斯堪的纳维亚国家社会民主党团结自由农民一起为民主而战的经历展现了新的前景。自由党人认识到社会主义政党并不一定构成威胁，而社会主义政党则发现可

① 直到“二战”爆发，挪威工党才真正着手正式消除党纲中遗留的最后一点对革命承诺的痕迹（Dahl，1969）。

以通过阶级合作来取得重大进展。似乎可以合乎逻辑地认为通过临时结盟就能推行更多的改革。此外，虽然国家政权似乎仍然遥不可及，但社会主义政党偶尔也能在地方政府中产生影响。他们在“下水道社会主义”[sewer socialism，“下水道社会主义”最初是一个贬义词，指的是1892—1960年以美国威斯康星州密尔沃基(Milwaukee)为中心的美国社会主义运动。这个词是莫里斯·希尔特(Morris Hillquit)在1932年美国社会党密尔沃基大会上创造的，用来评论密尔沃基的社会党人，以及他们一直吹嘘该市发达的公共下水道系统。——译者注]方面的经历表明，在地方问题上与其他“进步党派”进行政治合作也能取得成果。而且，无论他们是否研究过伯恩斯坦，社会主义政党领导人自己也开始意识到难以形成严格意义上的无产阶级。迫于党内基层党员要求立即改善物质条件，社会主义政党领导人显然已经对考茨基1904年在阿姆斯特丹社会党国际代表大会上做出的禁止与资产阶级政党合作的决议感到厌倦。正如熊彼特(Schumpeter，1970)和普兹沃斯基(Przworski，1980)所言，主要的问题是如何仅在意识形态纯洁的基础上争取多数。社会主义政党如果放弃其阶级党的形象，那么必将面临失去左翼选民的风险；如果保持其阶级纯洁性，那么就有可能要一直等待实现社会主义的机会。

因此，社会民主党的不同之处就在于决定让阶级纯洁性从属于多数政治的逻辑。这种组织从“工人阶级的政党”变成了“人民党”，它的纲领强调的是“国家利益”，而不是“无产阶级事业”。用瑞典社会民主党已故领导人阿尔宾·汉森(Albin Hansson)的话来说，社会民主党努力创建“人民家园”。然而，值得注意的是，社会(民主)党和共产党之间的区别与其说是本党选民的实际阶级构成，还不如说是接纳同盟者阶级的条件。就在共产党这个先锋队政党只接受愿意遵守其宣言的新党员时，社会民主党却准备修改它们的纲领，以满足眼前的结盟需要。对于共产党来说，党的纲领决定党在议会的权力；而对于社会民主党来说，议会斗争状况决定党的纲领。

不同国家的社会民主党在不同条件下做出了自己不同的选择。在某些国家，如英国和丹麦，在这个问题上几乎没有发生任何争论：务实的改良主义几乎不允许意识形态方面的问题产生阻碍作用。在整个斯堪的纳维亚半岛地区，19世纪为争取选举权而进行合作的经历，后来使20世纪30年代的工农联盟显得更加自然。在大多数国家，两次世界大战间隔期内疯狂的商业周期造成的失业和贫困迫使它们的社会主义政党重新考虑对合作的禁忌。最重要的是，法西斯主义的幽灵和德国的教训迫使不同国家的社会主义政党抛弃了考茨基，转而选择了凯恩斯。[①] 总的来说，各国的社会主义政党吸引城市工人阶级“贫民区”以外的选民的能力帮助它们摆脱了政治孤立。

改良主义问题

普兹沃斯基定义的前两个构成要素分别强调了社会民主党与国家和阶级结构的关系。第三个构成要素聚焦于社会民主党在社会转型问题上的立场。按照普兹沃斯基(Przworski，1980：28)的说法，社会民主党的特点就在于愿意“在资本主义范畴内谋求改良和改革，而不是把所有的努力和精力都用于彻底的改造”。社会民主党无疑是改良主义政党，但这样说，就没有抓住问题的要害。用这种方式来区分“革命的”和“改良主义的”，就等于假设我们有办法知道某项政策何时会产生长期的革命后果。在某些情况下，我们有可能做到这一点。老年住宅，几乎可以肯定，不会对社会结构产生革命性的影响。但在大多数情况下，我们没有公认的标准来决定哪些行动只反映现状，哪些行动将加快历史性变革。归根结底，这一切最终都取决于理论。[②] 这里举两个例子就足以说明问题。

20世纪50年代，丹麦共产党的主要诉求(即便不是唯一也是重要诉求)是“每小时多挣1克朗”。对像塞缪尔·冈帕斯(Samuel Gompers)这样的人来说，这种诉求几乎毫无革命性可言；但对于坚持剩余价值、利润压榨和资本主义崩溃理论的共产党来说，量变实际上可能会导致质变。再举一个例子，恩斯特·维格弗斯(Ernst Wigforss)等社会民主党人根据他们的“有组织的资本主义”理论(即从长远看，某些类型的政策会产生革命性后果)提出了工业民主和工资收入者基金的改革方案——根据列宁主义的分析，这类改革只会巩

① 挪威的情况尤其如此。20世纪30年代初，挪威农民开始转向法西斯主义。不过，工农联盟接受凯恩斯主义经济思想，是因为它们认真阅读斯大林关于资本主义消费不足的著作以及接触国际凯恩斯主义辩论受到了启发(Dahl，1969)。

② 安德烈·格尔茨(André Gorz，1967)试图对“改良性”改革与“革命性”改革进行区分。但遗憾的是，他提出了问题，但没有解决问题。

固资本主义制度。瑞典和奥地利马克思主义者认为,“在资本主义范围内”进行有意义的改革,只要能找到有利于资本主义发展潜在社会化的途径,就能加快社会主义发展的进程。

因此,根据所采取的政策和所奉行的理论,改良和改革可以是革命性的,也可以不是革命性的。因为我们没有任何达成普遍共识的理论,所以,我们就无法知道怎样的改良和改革是革命性的,怎样的改良和改革又不是革命性的。因此,普兹沃尔斯基的第三个标准对于我们没有多大的帮助。不过,这并不是说政策对于定义社会民主党或者运动不重要。笔者建议对普兹沃尔斯基的第三个标准做如下修改:

具有决定意义的问题并不是一种运动是否“在资本主义的范围内”谋求改良,因为在现实中,共产党和社会主义政党都是这样做的。改良性社会改革,如失业保险或养老金改革,都是由各国重要的工人运动出于简单的需要推动的。工人运动不能忽视这样一个事实:经济不安全、贫困和失业影响了无产阶级的团结,阻碍了阶级动员。无论最终目标是建立无产阶级专政还是建设比较人道的社会,社会主义政党都必须消除把工人阶级分成不同阶层的令人厌恶的差别和工人阶级内部不同阶层之间的相互对立。罗莎·卢森堡(Rosa Luxemburg)和鲁道夫·希弗鼎(Rudolf Hilferding)都认为必须为提高贫民无产阶级的社会工资而奋斗。

社会民主主义与共产主义的分歧就在于改革如何推进无产阶级团结和阶级形成过程。在共产党这个先锋队政党的领导下,制定政策的贫民模式占据了上风。共产主义运动要为其支持者的福利负责。由于国家机器被敌对阶级所占领,因此,共产主义运动自然会采取要求直接在政治上反对国家立法和公共保障安排的策略。列宁和俾斯麦(Bismarck)都会同意,国家福利计划可能会诱使工人远离社会主义。起初,各国的社会民主党都赞同这种观点。例如,奥古斯特·倍倍尔(August Bebel)领导德国社会民主党反对俾斯麦的社会立法。斯堪的纳维亚的社会民主党领导人也是如此,他们认为资产阶级改良派渴望分裂工人阶级。但一旦社会民主党选择把议会作为他们的战场,一旦他们承认更加广泛的阶级联盟的合法性,那么,他们的政治动员和阶级团结策略就必然会包括致力于影响政府政策。因此,笔者并没有采纳普兹沃斯基模糊的目的论标准,而是认为社会民主运动是一种旨在通过国家立法来促进阶级团结并动员各种力量的运动。

不难看出,我们的三个定义标准是相互依存的。接受议会民主政治的决定迫使社会民主党采取一种多数主义策略。这种策略可能意味着更多或者较少地需要缔结跨阶级的选举联盟,具体取决于阶级结构构成。按照之前的选择逻辑来选择纲领的执行方式。在选择了议会联盟之后,社会民主党也被迫通过议会立法来谋求改良。由此可见,虽然社会民主党制定政策的机会最终取决于阶级结构的发展状况,但它们促进阶级团结的能力却受制于其自身影响公共政策的能力。改良是为了在阶级结构和党的力量之间进行调适,而阶级结构与党的力量两者会相互影响。但是,经典的理论观点并不承认这个事实。

理论争议

对于狂热的社会民主党人来说,阅读理论文献肯定令人沮丧。无论是马克思主义还是非马克思主义的理论文献,大多认为,从长远看,社会民主运动终将要消亡。由于不同的原因,列宁主义和"多元主义"理论都认为,阶级结构的发展会对社会民主运动产生不利的影响。

列宁主义的社会民主理论

列宁主义的社会民主观根植于俄国布尔什维克和孟什维克之间的政治斗争以及列宁反对德国修正主义的长期斗争。列宁的抨击主要集中在议会政治和阶级发展的问题上。实际上,列宁主义是 19 世纪马克思主义正统思想的再现。《国家与革命》(*The State and Revolution*)对考茨基的批判(Lenin,[1919]1943)读起来感觉就像是马克思在 1875 年对哥达纲领猛烈抨击(Marx,[1875]1978)的升级版。1891 年的埃尔弗特(Erfurt)纲领试图纠正马克思发现的许多错误,但几乎没有阐明起义革命与议会斗争之间的确切关系,也没有明确交代资本主义制度下的改良主义与反对国家之间的选择。考茨基也许明确警告过要反对与资产阶级合作和社会民主政体内部的少数派政府,但对社会主义政党何时可以采取议会斗争的策略却继续含糊其辞。

然而，列宁没有他的导师们那么犹豫不决。即使是《共产党宣言》(*The Communist Manifesto*)(Marx and Engels，[1848] 1967)，也同时允许改良和革命。其不够详细的结论包含一份哪怕是最右倾的劳工党也会批准的优先任务清单。同样，马克思在对《英国工厂法》(British Factory Acts)的分析中甚至希望，资产阶级国家能够为社会主义目标服务(Marx，[1872] 1967：chap. 10)。恩格斯为《法兰西阶级斗争》(*Class Struggles in France*)写的著名导论(Marx，[1895] 1964)可以很容易地被理解为一份热情洋溢的议会社会主义宣言。因此，列宁不但重申了这篇导论的经典立场，而且还忽略了其矫正过正的一些问题。

列宁重构的马克思主义理论是围绕三个命题建立起来的。第一个命题，也是最重要的命题，是关于资产阶级国家性质的。在《国家与革命》中，国家机器是用来支持资产阶级的阶级权力和剥削的。真正的权力并不在议会，议会只是一个"清谈俱乐部"或者"没有实权的委员会"和一个用来掩盖权力在其他地方行使这个事实的民主门面(democratic facade)。因此，如果社会主义政党把议会民主政治当真，那么就会通过帮助掩盖阶级斗争的本质来背叛无产阶级事业。更糟糕的是，他们的参与只会强化阶级剥削，并且使之永久化，从而推迟不可避免的革命。既然议会民主永远不会成为真正的民主制度(劳工委员会)，既然任何国家本质上都是阶级国家，社会民主运动从逻辑上讲必然会遭遇失败——除非它能竭尽全力地反对甚至摧毁资产阶级国家。

列宁提出的第二个命题源自他的阶级分析。在《怎么办?》(Lenin，[1909] 1929：90)中，列宁提出了关于工人经济主义的著名假设："自发的工人运动只能自己创造工联主义，工人阶级的工会政治正是工人阶级的资产阶级政治。"如果任其自生自灭，那么，工人的要求内在地带有经济主义的色彩，他们永远不会具备社会主义革命所需的思想觉悟水平。因此，除非狭隘的经济主义被思想教育所取代，除非工会运动被置于先锋队政党的控制之下，否则无产阶级就会对其真正的历史利益一无所知。一个开放的群众党将无法克服经济主义嗜睡症。

第三个命题涉及列宁的资本主义发展观。列宁的资本主义发展观在他的

《帝国主义是资本主义的最高阶段》(*Imperialism: The Highest Stage of Capitalism*,[1924] 1939)中得到了最明晰的阐释。列宁的资本主义发展观的前提是马克思主义关于剥削、集中和垄断资本主义的理论。列宁认为,资本主义积累将随着全球帝国主义达到顶峰,阶级剥削的再现需要一个更加强大的国家。但这种情况的出现也将标志着资本主义的终结。虽然列宁提出的这个命题明确要求无产阶级斗争在国际上同步进行,但也肯定了制造矛盾而不是通过改良和与资产阶级合作来修补矛盾的战略必要性。

在列宁主义理论中,社会民主运动注定是要失败的。诚然,在短期内,考虑到工人固有的经济主义,工会改良主义可能会占据主导地位,但从逻辑上讲,工会改良主义的长期发展将会粉碎社会民主主义的承诺。首先,各国的社会民主党准备参与议会政治,因此显然会误导工人相信参与议会政治就是掌握了政权。但由于事实并非如此,因此,矛盾也会变得越来越明显,而这种对工人的背叛必然在某个时候变得明显起来。此外,由于支持资产阶级国家,社会民主运动实际上将为自己的灭亡作出贡献,因为它们会支持一种旨在分裂、分化和剥削其工人阶级选民的制度。当革命性决裂的时刻不可避免地到来时,社会民主党将在完全没有准备好的情况下领导无产阶级。最后,列宁表示,社会民主运动的灭亡不可避免,因为革命的共产主义运动,根据共产国际成员的条件,必然会向

> 整个资产阶级世界和一切黄色的社会民主党宣战。每一位普通工人都必须深刻了解共产党与背叛工人阶级事业的老牌"社会民主"或"社会主义"政党之间的区别(Miliband,1977:168)。

列宁主义的立场继续影响着政治理论。约翰·斯特兰切(John Strachey)在他还是斯大林主义者时就认为,社会民主主义只不过是穿着新衣的自由主义,是资本主义的仆人,它的社团主义机制可用来帮助规制工人。对于这些明显不相容的东西,他补充说,在经济危机时期,社会民主党只能沦落为在野党,或者扮演"社会法西斯主义"的角色(Strachey,1933: 306,327,388)。虽然利奥·帕尼奇(Leo Panitch)既不是好辩者也不是语无伦次者,但他的新社团主义的社会民主参与理论同样假设:社会民主党参与议会政治直接违背了劳工的利益;这种参与由于普通民众的反抗,因此是不稳定的,而且会导致一种社

会民主党完全没有准备的交战状态(Panitch,1976,1981)。

亚当·普兹沃斯基等人(Adam Przworski et al.,1977a,1977b,1980)赞同列宁主义更加微妙和复杂的变体。就战略困境而言,他们那种版本的列宁主义认为,广泛的选举诉求将冲淡社会民主党的阶级形象,并且把有意识形态倾向的工人推向左翼。普兹沃斯基愿意考虑社会民主党取得为进行社会主义改造所需的议会多数的可能性;但与列宁一样,他下结论表示,就是在这个关键的历史时刻,议会社会民主可能遭到失败(Przworski,1980:57—58)。之所以会发生这种情况,是因为社会民主党会无法满足民众的要求,而满足民众的要求就有可能危及经济稳定甚至引发无法控制的危机。这就意味着,社会民主党继续在政治动员繁荣和政治失败萧条之间徘徊。但是,普兹沃斯基的论点基于以下两个可疑的假设:第一,各"同盟阶级"在意识形态上始终与社会主义相去甚远;第二,社会民主过渡政治必须从"大幅度增加工资待遇"开始(Przworski,1980:58)。[①] 那么,难道社会民主党就不可能执政并提出社会化主张,以换取限制工资和消费的有效承诺?

马克思主义的社会学批判

塞利格·佩尔曼(Selig Perlman)在他的《工人运动理论》(*Theory of the Labor Movement*,1926)中对列宁的理论进行了商榷。佩尔曼赞同列宁关于经济主义是工人阶级固有特征的观点,但不同意工人作为一个阶级"客观上"对更加宏大的争取实现社会主义的斗争感兴趣或者在思想上为之做好了准备。工人的觉悟通常就是"工作的觉悟",革命的思想意识主要是外来发明,是由知识分子不顾无产阶级的真实需要植入的。佩尔曼在他的论文中提出了更加一般的假设:美国务实的工会运动向欧洲人展示了未来的发展趋势。需要

① 普兹沃斯基的定量分析假设"同盟阶级"的意识形态和政治偏好并不因时而变。这个模型没有考虑新生的中产阶级与工人阶级会随着时间的推移而聚集在一起以及/或者他们的政治倾向会随着时间的推移而变得越来越社会主义的可能性。如果真的发生这种情况,社会民主党在选举中面临的两难取舍困境就有可能会消失,而不是加剧。普兹沃斯基的第二个假设似乎是完全建立在萨尔瓦多·阿连德(Salvador Allende)那个时代的智利和莱昂·布卢姆(Leon Blum)那个时代的法国的不幸经历上的。但是,我们没有理由相信历史总会重演。某个国家的社会民主运动有可能甚至很有可能带着一揽子收入限制政策进入过渡阶段,以换取某种社会化措施。当然,辩论几乎是不可能的,因为很难就什么是可接受的社会主义过渡达成一致意见。

解释的不是美国为什么没有社会主义运动，而是社会主义运动为什么在欧洲如此顽固。佩尔曼并不反对阶级冲突的重要性，但认为严重的意识形态分歧是不正常的，从长远看终将会消失。

佩尔曼的理论与“工业主义逻辑”理论有着密切的联系（Kerr et al.，1964）。如果说经典的马克思主义认为资本主义导致阶级分化，那么，工业主义理论预见到了阶级趋同和均衡。正如著名的布尔（Bull，1922）假说所指出的那样，工人阶级的激进倾向是工业迅速和爆炸式变化时期不确定性和异化的表现。凡是在现代化速度缓慢并呈渐进式发展的地方，工人阶级内部出现激进倾向的可能性就会下降。布尔的推理经常被扩展应用于论证：一旦渡过了早期的工业化阶段，工人就会融入工业社会，工人运动就会放弃它的激进倾向（Kerr et al.，1964；Galenson，1949，1952）。[①] 利普塞特（Lipset，1960）提出了一种社会心理学的工业主义理论变体，他表示，左翼和右翼极端主义都与威权政治以及工人与现代社会主要制度的隔绝有关。

工业主义理论和现代后工业社会理论一样，强调阶级结构变化对社会主义激进倾向消减的重要性。随着早期工业化病理性后果的消失，无产阶级会发生变化，而社会上层阶级的性质也会发生变化。熊彼特（Schumpeter，1970）认为，传统的职能资本家由于把生产的管理和控制权委托给了现代管理阶层，因此就成了一种历史性的时代错误。按照加尔布雷思（Galbraith，1969）的说法，资产阶级把权力交给了技术管理阶层。对于加尔布雷思来说，劳资双方的传统对立可通过调解来缓和，尤其是在经济决策是根据社会责任和技术要求的标准做出的情况下。工业主义理论进一步使我们认识到新生的中产阶级的重要性，但伯恩斯坦（Bernstein，［1899］1971）在当时已经注意到了这种现象。

这些论点的正确性在很大程度上取决于新生中产阶级的确切性质及其与传统工人阶级的关系。就在许多马克思主义者徒劳地指望遭受剥削、地位越

---

① 布尔是在考虑斯堪的纳维亚国家的情况时提出他的假说的，拉弗蒂（Lafferty，1871）和加伦森（Galenson，1949，1952）通过经验研究证实了这一假说。我们也可以把丁斯滕（Tingsten，1941）对瑞典社会民主党的分析看作是对布尔论点的检验。不过，拉弗蒂的经验证据受到了克林曼（Klingman，1976）的质疑。

来越低的产业工人能产生革命觉悟的时候，后工业理论回顾了马克思著作的一个重要方面——资本主义生产力增长的重要意义。产业工人的相对人数正在减少，技术熟练和受过教育的劳动力正在取代他们的位置。但是，社会没有就新生的中产阶级的政治性质达成一致的看法。正如帕金(Parkin，1972)所认为的那样，他们可能会对不同的社会主义政党产生改变性质的影响。正如C. 赖特·米尔斯(C. Wright Mills，1951)所推测的那样，他们可能是现代大众社会碎片化、原子化和私有化的缩影，因而意味着阶级团结和集体主义将遭遇毁灭。像波兰察斯(Poulantzas，1975)那样的法国结构学派马克思主义者认为，这些中产阶级是新生的小资产阶级，因此实际上是无产阶级的危险盟友。虽然以上各种观点认为，新生的中产阶级是进行社会主义动员的障碍，但戈尔兹(Gorz，1967)和马莱(Mallet，1975)等作者却在他们身上发现了社会主义激进倾向的新根源。

另有作者发现了政治民主变革的主要推动者。但是，这种论点有两个方向。在马克斯·韦伯(Max Weber)的科层制理论的启发下，罗伯托·米歇尔斯(Roberto Michels，[1915] 1962)提出寡头政治铁律(Iron Law of Oligarchy)来解释德国社会民主运动衰败的原因。米歇尔斯认为，德国社会民主党将违背自己的社会民主历史使命。随着自身的发展壮大，并成为一股强大的政治运动力量，德国社会民主党也必将不断职业化、官僚化和层级化，并且忘记自己真正的目标，因为它不得不全神贯注于应付日常管理需要。党本身就会成为反民主统治的标志，致力于完成自我永久化的任务。因此，通过采取行动争取民主和平等，社会民主党就催生了寡头政治和特权。

与此相反，“民主化”理论认为，在19世纪和20世纪的国家建设过程中，把完整的公民权利扩大到人民大众的实践降低了社会分化的程度。但在本迪克斯(Bendix，1964)、罗康 (Rokkan，1970)和马歇尔(Marshall，1950)看来，造成阶级分化的一个基本原因就是排斥工人参与和代表政治制度。根据这种马歇尔(Marshall，1950)和利普塞特(Lipset，1960)非常明确地阐述的观点，扩大法定权利、政治权利，最终是扩大社会权利，为工人阶级对公共政策产生实际影响提供了保障。因此，“不平等不再是造成阶级差别的原因，因此不会引发阶级斗争，但却成了社会可接受的东西[Marshall，1950：75]”。战后，经济繁荣，民主制度又赢得了信任——这些现象缩小了政治态度和生活方式方面的阶级分歧，而工人阶级“资产阶级化”和“意识形态终结”理论就是在这些现象的启发下提出来的（Mayer，1955；Zweig，1971；Abramson，1971）。

有理论家在试图解释英国工党选举失利的遭遇时表示，社会主义政党已经“改过自新，不再执政”，这已成为一种时尚。最近的强烈抵制理论与这些论点有很多共同之处。按照威伦斯基（Wilensky，1975：68ff.，116－119）的说法，福利国家遭到的抵制很可能来自“中产阶级”（上层工人和白领雇员组合），原因就是税负过重、对福利官僚机构不满。类似地，提利尔（Tyrell，1977）和其他几位作者认为，社会民主运动衰落与福利国家发展之间有着直接的联系。总的来说，一般的预测是，随着社会民主运动成功地实施社会改革，社会民主党必然会疏远自己日益富裕的基本选民。有关战后社会主义运动衰落的解释表明，民主化和阶级重要性的下降迫使社会主义政党放弃传统的阶级形象和激进的意识形态。社会主义政党变成了现代全民党（catchall parties），旨在通过吸引中间派来赢得议会多数（Lipset，1964；Epstein，1967；Kirschheimer，1968）。

所有这些理论都基于一个共同的假设：阶级作为一种历史力量正在受到侵蚀。因此，社会民主运动预期会在两种情况下走向衰落。如果社会民主运动死抱它的历史使命不放，那么就会遭到已经变得富裕、聚集在一起并且与新生的中产阶级保持着联系的工人的唾弃。如果社会民主运动采取一种全民党的策略，那么就有可能留住选民，但只能模糊地把自己与资产阶级政党区分开来。

社会民主行动理论

社会民主理论自然反对任何把社会民主党视为——无论是由革命的矛盾还是阶级斗争的衰退导致的——历史变革的被动牺牲品的观点，而是认为社会民主党的未来必须要靠党自身的行动来创造。列宁主义无疑采取了一种积极行动的方式，要求做好思想准备、组织工作并推行在野党政治，以加快资本主义垮台的速度。社会民主行动理论显然是以选举和立法成就为前提的。在党的行动似乎是要稳定资本主义秩序的情况下，如何来兑现对社会主义最终目标的承诺就是重大的理论问题(Tingsten,1941;Gay,1970;Lewin,1967)。

现代社会民主理论是以考茨基为代表的改良主义与伯恩斯坦的修正主义之间的争论的衍生品。考茨基的立场在1891年发表的《埃尔弗特纲领》中得到了明确的阐述,它把马克思对资本主义发展的直白分析与适合推行议会政治的社会主义政党纲领结合在一起。总的观点是,资本主义的发展决定了社会主义的必然性。因此,社会民主运动的主要任务就是时刻为"时机成熟"做好准备,而"时机成熟"的时刻显然独立于政治行动。

考茨基对阶级形成的分析有相当浓厚的命运注定论色彩。由于资本的集中和其他社会阶层不可避免的无产阶级化,因此,资本主义自身就会创造支持社会主义的多数。日益社会化的生产方式确保工人阶级成为这个过程的同质集体推动者(Kautsky,[1892] 1971:173)。我们没有很多办法可用来解决给资本主义社会带来厄运的基本阶级矛盾。但是,考茨基与列宁不同,他并不认为改良主义会阻止社会主义的进程。相反,参加议会可以发展无产阶级的社会主义政治能力,而文明的改良可以加快资本主义迈向社会主义的自然进程。

正是这样的一些思想平息了列宁在《国家与革命》中表达的怒气。显然,考茨基对资产阶级国家持乐观态度。他在《取得政权的道路》(*The Road to Power*)中讨论参加议会的好处时表示,"劳动阶级不能指望依靠日益低落的士气,而是要凭借日益壮大的力量来解放自己"(Kautsky,[1910]1943:38)。我们可以在他的《阶级斗争》(*The Class Struggle*)中读到:

> 只要无产阶级作为一个自觉的阶级参加议会活动,议会政治就开始改变自身的性质,它不再仅仅是资产阶级手中的工具……因此,无产阶级没有理由不信任议会行动。(Kautsky,[1892]1971:188)

然而,考茨基没有充分阐明这个问题。如果他的这些言论表明改良为提升工人阶级的道德品质所必需,而议会行动则是提升工人阶级道德品质的手段,那么,考茨基在声称改良永远无助于解决资本主义制度的基本矛盾时又收回了他关于这个问题所说的一切。如果资本主义注定要自行灭亡,那么,工人阶级为什么要致力于改良资本主义制度呢?考茨基自己也不清楚无产阶级到底应该在什么时候支持议会政治,又在什么时候反对议会政治。考茨基坚持认为，只要国家掌握在资产阶级手中，社会主义政党就必须抵制和反对议会政治。但他又认为，当无产阶级成为“自觉的阶级”时，议会就可以信任。

这种理论缺少连贯性的问题延伸到了阶级联盟的问题上。考茨基承认社会主义政党可以从其他阶级甚至资产阶级那里招募志同道合者，但又坚持认为社会主义政党是并且只能是领导无产阶级运动的政党。这场革命，在考茨基看来并不是起义，只能由工人阶级来进行(Kautsky，[1892] 1971：159)。不过，《阶级斗争》也呼吁中产阶级的支持。对考茨基来说，这些明显不相容的东西会自行得到解决，因为从长远看，资本主义将使绝大多数人无产阶级化。因此，考茨基和埃尔弗特纲领只有在以下两个关键假设成立的情况下才能提供令人信服的社会主义理论：第一，如果无产阶级确实即将获得多数；第二，确实能够以和平的方式夺取国家机器，并用它来改造社会。

伯恩斯坦的修正主义具有拒绝接受第一个假设并无视第二个假设的特点。他在《进化社会主义》(*Evolutionary Socialism*)中对资本主义进行了分析，他的分析与经典的马克思主义产生了直接的矛盾。资本主义非但没有表现出崩溃的迹象，反而是充满活力、愈发强健，而且正朝着与正统预测完全相反的方向发展。资本主义非但没有造成苦难，反而创造了财富和富足，甚至帮助改善了工人的生活条件。现代股份制企业非但没有导致垄断集中，反而有助于以更加民主的方式分配财产和财富。

伯恩斯坦对资产阶级民主的理解有助于证实他的观点，即资本主义能够抵御灾难性的崩溃。国家的民主化允许推行改革，同时又减少矛盾，发展生产力，并且使工人阶级得益。在民主问题上，他没有像考茨基那样模棱两可：“德国的普选可以把俾斯麦当作一种临时性工具，但最终迫使俾斯麦把它当作工具来使用(Bernstein，[1899]1971：144)。”

如果说列宁和考茨基都认为阶级形成是事先确定的，那么，伯恩斯坦则认为阶级形成并不是事先确定的。伯恩斯坦认为，这意味着社会主义政党不能坐等无产阶级多数派的出现，而必须主动去创造多数。既然不能指望社会主义多数派能从难以驾驭的矛盾中脱颖而出，那么就必须在更加务实的党的政策的世俗世界里打造社会主义多数派。因此，伯恩斯坦对未来美好社会的关心不及对如何构建多数派这个日常问题的关心，也就不足为奇了。在伯恩斯坦看来，宣称社会主义运动就是一切，而最终目标则什么都不是，这并不是背叛。他认为，“社会民主运动的全部实践活动都是为了创造环境和条件让现代社会秩序有可能并确保它向更高层次的社会秩序过渡”(Bernstein，[1899]1971：146)。

伯恩斯坦认为，社会民主运动必须建立由全体贫困阶层组成的广泛的选举联盟，运动能否取得成功取决于其加强议会政治和制定资本主义逐步社会化立法的能力。改良主义不仅是实现社会主义的“萨拉米腊肠战术”(salami tactic，即渐进战术。——译者注)，也是动员多数派的主要来源。如果对考茨基来说，议会是一种实现社会主义的潜在手段，那么，对伯恩斯坦来说，议会是社会民主运动阶级形成的必要前提。

对考茨基和伯恩斯坦观点的合成

奥地利马克思主义及其瑞典分支可被视为考茨基和伯恩斯坦观点的合成。奥地利马克思主义对资本主义发展理论进行了重塑：首先明确反对资本主义崩溃论，其次证明了现代资本主义的组织性和计划性可以推进社会主义事业发展。正如卡尔·伦纳(Karl Renner，1953)后来所说的那样，不能再以自由放任的资本主义无政府状态作为建设社会主义的理由。相反，资本主义——由于国家对经济的渗透以及金融资本和卡特尔日益占据主导地位而——正在成为一种日益社会化的经济秩序。

奥地利马克思主义者赞同伯恩斯坦关于国家是自治机构，越来越独立于资产阶级的乐观观点。此外，奥地利马克思主义者，特别是马克斯·阿德勒(Max Adler，[1933]1978)，也反对考茨基的阶级事先确定论。资本主义的发展导致社会地位分化，而不是民众的两极分化。事实上，阿德勒把工人阶级分成了五个不同的阶层。他对新生的中产阶级的看法有些自相矛盾：大部分中产阶级也许正在被无产阶级化，但这只会加剧社会地位分化的问题。①

这些理论主张促使奥地利马克思主义者重新思考社会民主策略。有组织

① 阿德勒强调了工人贵族与产业工人之间的传统敌对关系，还谈到了这些新的“官僚”工人……现象。此外，在大萧条时期发表的著述中，他特别重视失业的危险以及失业导致有工作的工人与无工作的工人之间对立的倾向(Adler，[1933]1978)。

的资本主义的崛起和建立理性国家的可能性表明，对资本主义秩序应该持“建设性”的态度，而不是“破坏性”的态度。他们的策略是培育资本主义的进步倾向，并抑制资本主义的消极倾向。由于国家不一定就是阶级镇压的机器，因此，主张以议会为中心的斗争是很自然的事情。如果资本主义含有社会主义的种子，那么社会民主党的一项重要任务就是让这些种子萌芽生长。鲍尔（Bauer，[1919]1978）提出的“缓慢革命”（slow revolution）概念不仅意味着议会策略能够取得成功，而且还可能是最快的成功途径。

社会民主党的政策必须遏制资本主义的病态倾向。由于阶级对立对于社会主义弊大于利，因此，阿德勒和鲍尔都强调工人、农民和中产阶级之间广泛结盟的必要性，主张实行能调和阶级内部和外部分歧的改良。从这个角度看，推行充分就业和福利国家战略就是非常自然的事情，因为社会民主政权的一个先决条件就是缩小失业工人和在业工人、工人贵族和产业工人、白领和蓝领之间的差别。因此，奥地利社会主义者赞同伯恩斯坦关于社会民主阶级必须通过推行务实的改良主义来形成，但又比伯恩斯坦走得更远。他们希望把日常的改良主义实践与“缓慢革命”的长远计划联系起来。实际上，他们声称短期措施是实现社会主义最终目标的铺路石。

斯堪的纳维亚早期的社会主义思想是教条主义的考茨基主义思想，但在“一战”结束以后，斯堪的纳维亚三国的社会民主运动就开始分道扬镳。丹麦社会民主党基本放弃了考茨基的理论；多年来，挪威工党一直忠于一种把考茨基主义和列宁主义混合在一起的思想；而瑞典社会民主党则出人意料地转向了奥地利社会主义。哈亚纳尔·布兰廷（Hjalmar Branting）很早就意识到，考茨基预测的无产阶级多数派在可预见的未来不会出现，并且断言绝对有必要推行一种覆盖面更大的选举战略。正如丁思腾（Tingsten，1941）所指出的那样，瑞典的社会民主运动也是在来自底层的压力的作用下迅速取代了意识形态的激进倾向。到了20世纪20年代末，瑞典社会民主党以参加议会取代了反对议会，以改良主义取代了社会主义化，用民众联盟取代了阶级纯洁性。该党的领导层深信，首先必须满足民众最迫切的要求，才能动员民众的力量。

与奥地利一样，瑞典的社会民主运动也培养了一批创造性的理论天才，其中尤其以尼尔斯·卡尔比（Nils Karleby，1926）和恩斯特·威格福斯（Ernst

Wigforss，1941）最为引人注目。他们赞同“有组织的资本主义”理论，相信议会有能力满足民主要求。瑞典社会主义思想的不同之处在于它把当前的改良置于社会主义未来的背景之下。改良能够以一种累积的方式产生革命性的结果。而且，瑞典社会民主党率先发展了一种颠倒斗争顺序的系统理论。正统的理论认为，只有在生产社会化以后才能提供福利并让民众过上美好的生活；而瑞典社会民主党的修正主义理论则认为，政治改革和社会改良可以逐步为经济转型创造条件。第一阶段的“政治公民权”必须先于第二阶段的“社会公民权”，而“政治公民权”和“社会公民权”反过来又是为第三阶段的“经济公民权”不可或缺。工人必须从社会不安全中解放出来，才能有效地参与经济民主。

正如科皮（Korpi，1978，1981a，1981b）和史蒂芬斯（Stephens，1979）所指出的那样，这种模式以力量动员理论为前提。在选择了议会策略以后，劳动阶级的力量优势在于其人数众多；而它的劣势在于作为工资收入者缺少资源，且资源分布不均。如果说政治资源很少来自意识形态，那么政治力量必须来自改良和充分就业，因为改良和充分就业能赋予工人更大的参与和团结能力。

从这个角度看，福利国家本身并不是目的，而是一种改变阶级力量对比并使之有利于社会民主运动的手段。因此，瑞典和奥地利社会主义者都认为，资本主义危机只会减少工资收入者的资源。此外，对资本主义进行改良，并不必然意味着背叛社会主义承诺。改良主义和社会主义是相容的，因为用斯特恩·约翰逊（Sten Johansson）的话来说：

> 瑞典的工人运动之所以强大，是因为它能够调和劳资双方的矛盾，即根据生产力的发展状况不断调整生产条件。“时机成熟”时的问题就变成了……与生产关系有关的生产力发展问题。（Johansson，1974：11）

我们很难想象伯恩斯坦和考茨基的观点有比这更好的辩证合成。改良主义有助于实现考茨基寄予革命日的希望。

这样的分析可能很复杂，但也含糊不清。它们暗示，工人运动可以通过调和矛盾来加快“时机成熟”时刻的到来。社会民主运动不是被动地等待热气球爆炸的那一天到来或者盲目推行改良，而是承诺调整阶级关系和社会制度，以适应生产力日益明显的社会主义性质。这种理论含糊不清，因为它不能具体说明在什么条件下调整过程将向前推进到时机足够成熟。但正是由于这种理论把改良主义与力量动员的过程联系在一起，因此能够解决含糊不清的问题。随着阶级力量对比逐渐向着工资收入者倾斜（部分是由于结构变化，部分是由于党的政策和组织变化），社会民主党能够采取“萨拉米腊肠”战术，削弱传统的资本主义特权，代之以民主形式的控制权。

瑞典社会民主党人不认同熊彼特（Schumpeter，1970）和克罗斯兰（Crosland，1967）关于实际控制权已经落入管理阶层手中的观点。“职能社会主义”的中心任务就是通过把资本家的传统权力和特权置于集体管理之下，使资本家从职能的角度看成为多余的人。阿德勒·卡尔森（Adler-Karlsson，1967）对这个过程进行了如下描述：

> 如果我们能走上正规社会主义化的道路，那么就能使我们避免难以回避的更加危险的竞争，而不是逐一控制和剥夺资本家的所有者职能，也不是让他们穿上类似于安徒生童话中著名的皇帝新衣那样的衣服。几十年后，从形式上看，他们或许仍然是“国王”，但实际上却是一个已经成为过去的低级发展阶段的赤裸裸象征。（1976：307）

这种效仿了卡莱比（Karleby，1926）版本的社会主义以区分“资本流量”社会化和“资本存量”社会化为依据。这种社会主义意味着，对资本家所有者职能的控制比财产社会化本身更加重要。具有讽刺意味的是，瑞典的社会民主理论设计了一种旨在实现许多战后修正主义者特别是 C. A. R. 克罗斯兰（C. A. R. Crosland，1967）声称英国已经实现的目标的策略。

如果说奥地利—瑞典的社会民主模式把眼前的社会改良视为经济民主化的先决条件，那么，在克罗斯兰看来，一种“凯恩斯加贝弗里奇（Beveridge）”的政策似乎就足以实现经济民主化。与斯特雷奇（Strachey，1956）一样，克罗斯兰也认为，资产阶级的经济权力不再是社会民主运动斗争的核心问题，因为所有权和控制权的分离正在消解这个问题。与此同时，现代大批量生产方式带来了消费民主化，为“使用”而生产的商品取代了奢侈品。诚然，克罗斯兰承认资本主义生产方式的某些不合理性依然存在，但他认为，凯恩斯主义的反周期工具、现代计划工作和平等主义福利国家措施组合，足以实现一个公正社会想要实现的目标。克罗斯兰对社会民主党动员足够多选民支持的能力表示乐观。他再次受到熊彼特的启发，认为最终会出现一种反资本主义的道德。如果说克罗斯兰的许多信条在今天看来似乎值得怀疑，但在战后大多数国家的社会民主运动中留下了深刻的烙印。[①] 就像20世纪50年代大多数社会民主党宣扬的凯恩斯主义福利国家言论一样，《巴德·哥德斯堡纲领》(Bad Godesberg program)也是以几乎相同的原则作为它的前提。

列宁主义、社会民主主义和多元主义比较

列宁认为，社会民主运动既不能遏制也无法解决发达资本主义正在具体化的阶级矛盾；此外，参与资产阶级制度还会腐化工人阶级政治。从某种意义上说，列宁求助于一种非物质主义的解释。一方面，无产阶级是按照资本积累规律产生的；另一方面，无产阶级只有在先锋队政党思想觉悟的支持下才能发挥其作为历史变革推动者的作用——这似乎是一个上层建筑的问题。同样，列宁依靠资产阶级议会政治的理论来解释为什么社会民主改良有助于分裂工人阶级的原因。从长远看，列宁主义预言了社会民主运动的分化，因为垄断资本主义条件下的阶级斗争需要革命先锋队的干预，而革命先锋队的任务就是致力于摧毁那个各社会民主党孜孜不倦地帮助建立起来的国家。

不可思议的是，非马克思主义理论往往以历史唯物主义的解释为前提。无论是"资产阶级化"理论还是"工业主义逻辑"理论都认为：社会主义的阶级动员会举步维艰，因为经济中存在由技术决定的阶级分化侵蚀作用。在这两种版本的理论中，走社会民主道路取得政权的几率似乎都低得令人绝望。无论是在阶级分化还是阶级和谐的条件下，社会民主运动的分化都是有保证的。

社会民主运动自身的理论的乐观主义来源多种多样。在考茨基的版本

① 具有讽刺意味的是，克罗斯兰的最精明之处就表现在被它忽视的东西(Bell，1977)。他认为，对于社会主义政党来说，最大的问题是如何设法说服群众相信社会主义将比资本主义更有"乐趣"，更加令人愉悦。战前，社会主义运动在这个问题上投入了大量的精力，并通过其庞大的社交俱乐部、体育和童子军组织、国际象棋俱乐部等网络，可以树立社会主义是一种替代工业生活沉闷或购买休闲庸俗的令人愉快的生活方式的形象。这些组织已经衰败，而典型的社会主义政党已经成为一个重要的行政机构，充满了理性主义和技术官僚的效率观念。

中，虽然社会民主党被要求提供政治表达手段，但社会民主运动的成功实际上是由无产阶级化的必然过程所决定的。对于伯恩斯坦来说，阶级形成是一个不确定的过程，社会主义的发展取决于社会民主运动取得的实际成果。然而，考茨基和伯恩斯坦都没有对哪些条件能促进社会民主运动取得成功而不是遭遇分化这个问题进行系统的论证。

因此，奥地利-瑞典马克思主义者的修正主义理论显得更具社会学的色彩，他们在20世纪动荡的20年代和灾难性的30年代提出的观点，自然对削弱工人运动的因素和避免经济危机的必要性更加敏感。从他们的这些理论观点中可以提炼出以下可进行经验检验的假设：首先，社会民主运动的成功取决于社会民主党加强议会斗争力量的能力。其次，社会民主运动的成功取决于社会民主党是否有能力代表资本主义和反对资本主义进行双线作战。必须反对资本主义所导致的社会分裂、原子化和利己主义竞争，就意味着社会民主运动的威力取决于能否有效控制商业周期和消除工资收入者之间的地位差别；同时，社会民主运动能否取得成功还将取决于“调整生产条件以适应生产力”的能力以及引导资本主义发展充分发挥其社会潜力的能力。最后，作为以上两个条件的原因和结果，社会民主运动——如果成功地在它的天然选民中间建立起广泛的团结，那么就——能使阶级力量对比发生有利于工人阶级的变化。

社会民主党的形成和分化理论

我们现在可以着手构建我们的社会民主运动理论，简单的二元理论是不够的。社会民主运动的未来不能仅仅是社会结构变化——无论这种变化是资产阶级化还是它的反面无产阶级化——的反映。

虽然阶级结构变化并不能决定社会主义政治，但工人阶级的相对规模等因素无疑对社会民主运动的动员能力起到决定性的作用。此外，由于社会民主运动渴望赢得它的政治地位，而且经常会为此采取实际行动，因此，社会民主运动的长期成功必然与国家扮演的角色有关。笔者认为，社会民主阶级的形成过程取决于国家阶级结构政策的影响。因此，我们的理论必须明确规定阶级、国家和政权之间的关系。

我们的总体观点是，社会民主运动在历史上是不确定的。原因很简单，促成社会民主运动的社会力量没有一股是事先确定的。我们要提出的理论是围绕阶级结构、阶级形成和阶级联盟这三个组成部分构建的。我们首先确定每个组成部分的性质，然后审视它们如何合力影响社会民主运动的表现。

阶级结构

无论是支持还是反对社会主义的理论，都是以阶级结构的变化为依据。[①]马克思主义认为，无产阶级化是社会主义取得成功的必要条件（有时甚至还是充分条件）。在多元主义的理论中，阶级分化程度的下降同样是导致社会主义变质的必要（有时也是充分）原因。然而，即使粗略地环视全球，我们就能知道，光用阶级结构很难解释不同社会主义政党力量的巨大国际差别。传统工人阶级（甚至工资收入者）的相对人数，比方说在美国、加拿大、英国、联邦德国、荷兰和斯堪的纳维亚半岛，都非常相似，但社会主义政党的命运在这些国家肯定各不相同，两者之间几乎没有任何关联。但是，这并不意味着我们可以忽略阶级结构，而是意味着我们必须更加仔细地审视阶级结构如何影响政治。

区分阶级结构和阶级形成很是有用。“阶级”与客观给定的“空隙”（empty slots）有关，这些“空隙”因劳动分工而存在，而且它们的意义与占领它们的个体的态度或行为无关（Przworski，1975；Poulantzas，1975；Wright，1979）。“阶级形成”与填补“空隙”的个体如何参与集体行动——也就是个体如何构成社会或者政治团体——有关。空隙分布对阶级形成的结构可能没有直接的影响。关于这个问题，萨特（Sartre，1968：96）说得很清楚：“阶级并不是天然存在的，而是创造出来的。”

韦伯的社会学和当今多元主义社会学也有相当相似的区别。个人的职业地位并不能决定他的社会地位，也并不会与特定的政治行为相关联。在韦伯主义的传统中，身份的形成通常被说成是利益集团的形成。马克思主义和多元主义都坚持认为政治阶级（身份）的形成关系到一些与个人客观地位无关的

---

① 下面关于阶级的讨论表明，无论是马克思主义还是非马克思主义的阶级分析，都没有任何科学严谨性可言。

因素。①

空隙结构对于社会民主运动的崛起确实起到了核心作用，因为这种结构决定组建社团、缔结联盟和进行政治动员所必需的“原料”(Przworski,1975)。阶级结构限制社会民主运动可以选择只依靠工人的程度，并规定社会民主运动必须寻求阶级盟友的时间节点。在必须寻找阶级盟友时，阶级结构还决定可能找到的阶级盟友。

阶级结构被比作空隙结构，它从四个方面影响社会民主运动的进程。首先是工人阶级的发展。工人阶级相对于其他阶级的人数，对工人阶级占政治多数的可能性产生明显的影响。传统的雇佣体力劳动者意义上的工人几乎不可能在阶级结构构成中占据多数，显然，随着时间的推移，工人的相对人数决定社会民主运动动员力量的条件，同样重要的是工人职业的内部分化。即使工人拥有共同的工薪阶层地位，也可能会高度分化。在手工业工人、非技术产业工人和农村无产阶级相互竞争的条件下更难实现阶级团结。手工业工人的相对于产业工人的优势往往会导致广泛团结成为更难完成的任务，常常还会导致工人运动的“行业化”，并且造成嫉妒。如前所述(Stephens,1979)，历史上，产业工人的相对优势对于建立有凝聚力、集权化的工会运动具有决定性意义。就如加伦森(Galenson,1952)指出的那样，技能分工有可能导致整个工人运动二元分化。

其次，虽然企业结构和组织研究不足不允许我们进行精确的假设，但资本结构的变化无疑发挥了作用(Schmitter and Streeck,1981)。熊彼特(Schumpeter,1970)和克罗斯兰(Crosland,1967)认为，职能资本家的衰退助长了对资本主义的文化对立；其他学者，特别是德国学者，则持相反的观点，他们认为“垄断资本”一直是压制工人运动的主导力量(Abraham,1981;Neumann,1944;Meier,1975)。这些作者还表示，出口导向型企业更有可能与劳方妥协(也可见 Cameron,1978)。资本与国家的关系也被认为起着决定性的作用，

① 一般来说，马克思主义和非马克思主义的政治社会学家都根据一个把客观的阶级地位与投票或其他政治行为指标联系起来的简单模型来研究政治阶级(身份)的形成过程。重要的例子有 Lipset(1960,1964)、Alford(1963)、Hamilton(1967,1972)、Abramson(1971)、Butler 和 Stokes(1971)以及 Rose 和 Urwin(1971)。

特别是像德国那样企业要依赖政府采购赚取利润的情况下（Barrington Moore，1967；Gerschenkron，1943）。工业技术的变化可能会影响一般社会结构，特别是劳方的行为（Kerr et al.，1964；Blauner，1964）。此外，资本的产业和地域集中会影响工人的分散或集中度，也会影响工会组织的策略。最后，正如施密特和施特雷克（Schmitter and Streeck，1981）所指出的那样，企业的组织形式对于"面对国家和有组织的工人阶级，如何组织企业的力量"发挥着非常重要的作用。考茨基和他的瑞典和奥地利弟子们把他们的整个社会主义理论建立在有组织的资本主义的崛起这个前提之上。他们认为，先进的股份制企业制度比传统的企业家家族资本主义更能适应社会主义的集体化。

第三个因素经常遭到忽略，它就是传统的农村和城市小资产阶级。他们的重要性怎么估计也不为过，因为他们的构成和组织决定劳动或资本阶级联盟的条件。正如伯恩斯坦（Bernstein，[1899] 1971）所观察到的那样，无产阶级化并没有按照经典马克思主义所预测的速度发生，而小资产阶级则显示出出人预料的持久力量。这就意味着，社会主义的政治多数在很大程度上取决于小资产阶级不同阶层的政治倾向。但是，正如马克思在《法兰西阶级斗争》（*Class Struggles in France*）中所强调的那样，小资产阶级并不能轻而易举地组织成一个阶级，因此很容易成为煽动性行为的牺牲品。历史上，小资产阶级的组织能力和经济地位曾对社会主义运动起到过决定性的作用。在斯堪的纳维亚半岛，家庭农业促进了农业合作社和协会的形成，它们在政治上倾向于自由主义、民主和社会改良，而不是像德国或法国的小资产阶级那样倾向于法西斯主义或布热得主义（Poujadism，提倡保护小商人和手工业者利益，反对征收重税。——译者注）。

如果说小资产阶级的立场十分重要，那么，他们的消亡速度也很重要。不难看出，这并不是简单地遵循资本积累的规律。他们的生存往往取决于政治干预，如农业补贴、保护小店主不受大零售商"不公平"竞争掠夺的法律（如规定营业时间），或者有利于小型独立企业的税法。小资产阶级的存在从两个重要方面制约了社会民主运动的动员能力。首先，有一个强大的小资产阶级经济存在，通常意味着有很大一部分工人阶级要与小资产阶级的经济活动发生关系。这部分工人通常较难组织起来，而且对经济合理化和现代化有着本能的敌意。其次，在社会民主运动最初的崛起和掌权执政要以与小资产阶级结盟为前提的地方，对于社会民主运动来说，政治可能性既是开放又是封闭的。笔者认为，战后社会民主运动获得发展的最重要先决条件之一，就是这场运动有能力更换联盟伙伴，抛弃小资产阶级，并谋求与新生的中产阶级结盟。社会民主运动这样做的能力取决于小资产阶级的衰微程度。

最后，新生的中产阶级不同阶层的崛起，是发达社会阶级结构发生的最深刻变化之一。从伯恩斯坦开始，社会主义者早就认识到，“白领工薪阶层”不符合无产阶级的身份，而是正在演变成由不同的公务员、领薪雇员、技术和专业干部组成的群体，他们分布在公共和私营部门的不同就业岗位上。事实上，他们缺乏明确的阶级特征，从而引发了相当多的社会主义研究，如奥地利的阿德勒（Adler，1933）以及德国的莱德尔和马尔沙克（Lederer and Marschak，1926）。就如我们可以看到的那样，波兰察斯（Poulantzas，1975）称他们为“新生的小资产阶级”，马莱（Mallet，1975）称他们为“新生的工人阶级”，而赖特（Wright，1979）则把他们置于相互对立的阶级地位。由此可见，他们在阶级结构中的位置显然仍没有确定。

显然，一旦小资产阶级消亡，传统工人阶级停滞不前，中产阶级就会发挥关键的作用。社会民主运动无法逃避结盟的任务，这项任务要求它把旧有的核心选民与正在崛起的白领阶层联合起来。那么，具体应该怎么做呢？应该联合哪个阶层呢？有几个粗略的假设可以考虑。首先，中产阶级无疑是一个比体力劳动阶层或者城乡小资产阶级更加异质的实体。这表明，他们是不那么可预测的集体行为者；有时，他们也能形成某种程度的集体身份，但来源很可能杂乱无章。在白领就业集中在公共部门的地方，国家的重要性自然会提升。实际上，中产阶级的地位受到公共部门发展的严格限制，因此，从某种意义上讲，他们是一个由政治创造的“阶级”。我们可以推测，以集体和公共服务为主的中产阶级雇员要比那些在私营部门担任管理和监督职务的人士更加接近劳工阶级，但这很可能取决于控制公共部门就业的政权的政治色彩，[①]可以预计，新生的中产阶级能否取得集体身份，要取决于政治因素。“客观”的阶级

① 有必要进行这样的假设：在德国、法国和意大利等国，公共部门的雇员倾向于与资产阶级政党进行联合；而在斯堪的纳维亚等地，公共部门的雇员更容易与社会民主党结盟。

地位对于新生的中产阶级的作用很可能要小于这种地位对其他阶级的作用。

阶级形成

阶级形成就是把集体身份赋予一个离散的“空隙”集合，也就是创建一个以阶级代表为集体目标的社会共同体。然而，对于任何政治运动来说，阶级形成所涉及的都不只是对空隙的简单激活，因为我们有许多替代性社会身份。因此，对于社会民主运动来说，阶级形成策略既是建设性又是破坏性的策略。社会民主运动必须把阶级确立为合法和有意义的政治推动者，界定包容的界限，而且还必须正视取代其他替代性社会基本团体（宗教、种族或地方）、早期的“行会”性工人组织（如行业协会和兄弟会）、相互竞争的政治身份（如工联主义或共产主义）以及竞争性个人主义和市场原子化的需要。

社会民主阶级的形成是一个力量动员的过程，必须具备四个基本条件：首先，最大限度地渗透工人阶级和促进阶级团结，必须对劳动阶级进行去商品化；其次是阶级团结的制度化；再者，社会民主运动要面对把同盟阶级成员纳入其政治共同体的问题；最后一个条件，也是一个非常重要的条件，鉴于阶级结构发展的性质，更不用说争取议会多数的要求，社会民主运动很可能无法避免与其他阶级结成政治联盟。

市场是社会民主社会遇到的第一个障碍，而且也是一个主要的障碍。在纯粹的形式下，资本主义市场迫使工人表现得像离散的商品；个人出卖其劳动力的能力决定他的经济地位，也可能确定他的社会地位。在这样的条件下，工人阶级的资源分配取决于人力资本总需求和个人人力资本之间的关系。此外，作为商品，工人是原子化、个性化、碎片化的，而不是集体共有的。一般来说，市场主权是工人作为商品行为的程度的一个函数。

因此，社会民主阶级的形成首先是为了使集体行动成为可能而进行的一场旨在使劳动力去商品化和遏制市场主权的斗争。工人只有在独立于市场交换掌握资源和获得福利的情况下才有可能在罢工期间毫不动摇，也不会在同行之间竞相压价接受工作。在市场居于支配地位的地方，工人运动的未来取决于它是否有能力为工人找到“出路”，同时确保集体团结。

对于社会民主运动来说，劳动力的去商品化不可能产生于意识形态，也不能等待革命的到来，而是必须建立集体社会服务、失业和生病补助、就业保障以及一般收入维持制度。这类计划可以在工人运动自身的机构内部实施，也可以通过国家立法全面推广。但不管怎样，劳动力去商品化政策必须制度化和永久化，这样才能确保市场不至于重构其导致工人阶级内部竞争、不安全和地位分化的自然逻辑。

抽象地说，团结可以从消极和积极两个方面来定义。团结要求对整个社会承担一定的责任和义务，即愿意为共同利益牺牲个人利益。团结也赋予个人一些来自社会的权利和期望。社会民主运动阶级形成所需的那种团结要求去商品化，但光有去商品化是不够的，必须取代其他替代性的集体性、身份认同和团结基础。工人个人承受的横向压力越小，社会民主运动取得盟主地位的可能性就越大。

想促成团结，似乎总需要胡萝卜加大棒。排斥、嘲讽、同侪压力甚至对“离经叛道者”实施暴力，都是加强团结的有力手段。但从长远看，这样的手段代价昂贵，而且胡萝卜更加有效。社会主义运动为了谋求团结，通常会采取两种策略。传统的策略是建立一个与资产阶级环境隔绝的工人世界，其中包括制定和实施互助计划以及专门为成员设计的收入维持方案，并且开展同样重要的文化和社会活动。所有这些可用来取代现有的非阶级专有的公共和兄弟机构以及市场。这种所谓的“贫民区”法可用来帮助把工人定义为团结的自然世界，培养集体认同感，吸引新成员，并把他们与整个工人运动的命运联系在一起。

但是，“贫民区”法也有一些在工人按照行会式排他性群体获得区别对待的地方已经普遍存在的缺点。这种方法必然无法促成阶级内部的普遍团结，因为它在属于本群体与不属于本群体的工人之间设置了新的界限。真正的危险是，最弱势和最被边缘化的工人最不可能加入群体，尽管他们是那些加入群体对于他们来说最为重要的个体。

既然社会民主运动的策略是一种谋求多数的策略，因此，它对团结世界的定义必须面向“人民”，而不是面向“阶级”。社会民主运动必须积极构建自己的选民群体，然后设法促成团结，而不是为那些时刻准备响应社会主义号召的工人服务。因此，主要的问题是如何把被分化的人群转变为有凝聚力的群体，这就需要社会民主运动组织和国家政策两者的结合。

关于运动，社会民主运动的成功有赖于工会运动的“全国化”和集中化协调，而且还有赖于社会民主党对选民的最佳渗透。第一个先决条件是纵向组织型和全国中央集权化的工会运动的胜利，这意味着手艺和技能或者技术排斥型工会的从属和合并。每个工人的谈判优势和劣势必须社会化到整个工人阶级。工会集中化也是工会运动和政党凝聚力的必要条件。第二个先决条件是党有能力要求工人具有自己的政治特性，并且深入选民尽可能争取他们参加选举。党和工会组织的密度是头等重要的大事。完成最大限度地深入工人阶级和垄断工人阶级选票的任务需要采取各种不同的策略。许多政党试图把工会会员集体入党的做法制度化；党的积极分子被要求护送盲人和残疾人选民到投票站投票，而党组织除了组织宣传和教育之外还提供“面包与马戏”[“面包与马戏”是出自罗马帝国著名讽刺文学诗人尤维纳利斯(Juvenal)的著名警句，讽刺当时的贵族用免费的食品和流行的娱乐活动(斗兽场的马戏演出)来安抚和拉拢平民的政策，同时也寓有平民胸无大志、安心充当食客和迷恋低级娱乐的意思。——译者注]。

然而，社会民主运动实现阶级形成的最终手段是国家的政策。能否做到团结取决于改良成就。那么，具体怎么做呢？为了立法创建这样一个社会民主共同体，必须通过改良创立一种取代个人主义和社团主义的普遍主义制度。此外，资源和生活资料必须以一种消除地位差别的方式来分配。我们已经看到，第一个先决条件是要让工资收入者去商品化，并给予个人通过劳动赚取收入和享受福利的权利，以使哪怕是最弱势(或最强势)的工人也不会违反团结规则。这就要求对那些最弱势群体最有可能在市场供应的条件下继续处于弱势地位方面的人类福利和需要进行集体化。对于团结来说，最重要的是权利和服务必须具有普遍性、慷慨性和吸引力，否则富人阶层就会有动机到私人市场上寻求解决方案。正如赫希曼(Hirschman，1970)所言，退出机会会破坏广泛团结的基础。社会民主阶级的形成取决于能否消除差别待遇、要经过经济状况调查才能享受并有针对性的福利、个性化的保险计划和“自助”原则，而社会民主运动推行的改革必须避免集体服务在付款人和受益人之间出现不满的情况。

具有普遍性的公共和集体福利计划的制度化可能是一种以广泛的社会团结取代狭隘的群体认同或个人主义的手段，因为这种计划有助于创建一个即便不是普遍也是庞大的，其福利和幸福与社会民主国家联系在一起的选民群体，因而有助于防止反对“税收国家”或“福利国家”的抗议。从这个意义上讲，普遍性意味着义务和权利的社会化。我们可以推测，社会民主运动的分化，必然是因为没能把普遍团结制度化。

团结面临的最大危险之一，就是出现二元化的潜在可能性。这种情况往往出现在允许市场与公共供给竞争的地方，如职业养老金或私人医院和学校。但是，现有的二元化——传统的公务员特权、业主的税收优惠、污名化的经济状况调查，最重要的是就业者与失业者之间的分化——必须同时消除。凡是有“福利国家依赖者”和“自力更生者”的地方，社会民主运动都要面对二元分层制度化的风险。

因此，迄今为止，去商品化和团结政治在我们的讨论中就是一种动员纲领，它实际上就是 T. H. 马歇尔（T. H. Marshall，1950）著名的“社会公民”概念的同义词。① 然而，在我们看来，社会公民身份并不是一个终极目标，而是社会民主运动能够克服自身阶级形成障碍的一种手段，也就是工人资源不足问题及其自然政治基础内部分化和分层的问题。单靠去商品化和团结的普遍性并不足以进行长期的社会民主动员。这里涉及两个问题：一是社会公民国家不可避免的不相容性，二是对商业周期实行控制的必要性。

福利国家策略是社会民主运动进行力量动员的必然结果，而且也可能是导致社会民主运动消亡的根本原因。凡是通过公共政策促进去商品化和团结的地方，公共支出必然会急剧膨胀：满足尽可能多的人的需求的一般服务和福利自然需要大量的支出。如果我们再加上向全国人民提供相同数量和质量的福利，并以此来取代市场供应，那么，国家必然需要征收特别沉重的税收。

显然，如果存在基础广泛的财政团结，经济正在迅速增长，社会需要的发生率有所下降，充分就业确保有大量和不断增长的收入可以征税，那么就能减轻政治负担。相反，当社会民主运动同时被指望能实现更大的收入平等并进

① 马歇尔在讨论这个概念时并没有适当区分“权利”维度（去商品化）和“地位”维度。此外，马歇尔还认为，获得完全的公民身份将有助于解决传统的阶级对立问题。

行再分配时，就会出现问题。毫无疑问，全民福利会产生支出端的再分配效应。然而，随着税收的增加，税制就自动失去了累进性再分配的潜力。在高支出的条件下，大部分税收必然由收入高的阶层负担，而工人和中层白领雇员恰好是其中的一部分。

因此，从长远看，福利国家是一种有可能与社会民主运动动员不相容的策略。如果不予纠正并辅之以其他政策，那么很可能适得其反，导致社会民主运动分崩离析。笔者将在本书后面的章节中指出，这正是社会民主运动目前的处境。虽然我们迫切需要社会公民国家，但这种国家很快就会不堪重负。因此，一个主要的假设是，除非能够成功地减轻国家在福利分配、去商品化和团结方面单独承担的责任，并重新分摊这种经济责任，否则社会民主运动就有可能引发强烈反对福利国家的行动。

政府进行经济调控，是社会民主运动长期续存的另一个重要先决条件。如果说经济社会化只能使工人阶级外围少数群体得到意识形态方面的满足，那么，对商业周期的控制能够产生普遍的物质满足，并且恢复社会民主运动的团结和力量动员。在两次世界大战间隔期里，社会主义政党对工人运动的热情不断高涨，因此，经济不稳定和经济危机成了削弱工人运动的最主要因素。社会民主运动推行的阶级形成策略不同于列宁主义奉行的决裂策略，最终谋求的是保持充分就业型增长经济，从而使力量-资源动员能够发挥作用。不过，这项策略执行起来非常复杂。

第一，经济扩张是为社会公民国家筹款的必要条件。第二，想要保证持续的充分就业，就必须控制商业周期。第三，工人运动必须有助于掌控短期和长期结构变化的形式和方向，特别是确保其他要求（如充分就业、价格稳定和工资平等）得到满足。第四，对于实现工人工作条件和经济机会均等，控制合理化和变革过程即便并非必不可少，也是非常重要。最后，由于源自去商品化和团结政策的政治干预很可能威胁到市场的“自然均衡”，因而有必要采取其他政治手段来进行管制，如对劳动力市场或信贷市场进行管制。

总之，从长远看，社会民主运动必须实现经济权力的集体化和民主化。在无论是由内部原因还是外部力量造成经济增长率下降的情况下，社会民主运动的未来取决于它——不论私人资本家是否愿意承担保持投资水平的责任——是否有能力保持适当的投资水平。令人怀疑的是，社会民主运动能否在任何时候都避免投资职能社会化。

阶级联盟

社会民主政治几乎一直被认为是体力劳动阶层的政治。毫无疑问，这场运动的主要阶级基础过去是而且现在仍然是传统的工人阶级。然而，仅仅依靠这些工人，是无法实现决定性议会多数的。因此，我们陷入了普兹沃斯基所说的“阶级联盟困境”：通过淡化党的纲领所表达的立场，可以赢得更多的追随者；但推行这样的策略有可能会疏远体力劳动阶层。

正如普兹沃斯基和斯普拉格(Sprague)的研究所显示的那样，在实践中，社会主义政党能够在不拿意识形态或原则做妥协的情况下吸引其他阶级的成员。这种情况可以自下而上自发地发生，但也可能是采取政治行动的结果。“制造”政治选民绝不是什么新鲜事，也不是社会主义政党的专利。但是，在社会民主党主导公共部门扩张的地方，他们也帮助创造了一大批雇员，而这些雇员的个人经济福祉则同公共部门的存续和社会民主政权生死与共。另一种可能的情况是，白领阶层的就业率下降，而同时工人阶级的生活条件则有所改善。这种趋同过程将缓解困境的严重程度。

社会民主党无论如何都无法避免与其他阶级缔结政治联盟。[①] 此外，历史地看，阶级联盟的前景和危险各不相同。只要传统的小资产阶级占据主导地位，他们就成了资产阶级政党和社会民主党选举竞争的关键所在，他们在阶级结构中的位置和政治倾向对于社会民主党的兴衰具有决定性的意义。在政治交换的基础上与小资产阶级不同阶层(如农民阶层)结成的联盟在战略上具有双重重要性：一方面允许社会民主党与他们的改良意图“比翼双飞”，另一方面有助于分化和削弱他们的资产阶级政党对手。正如卡斯特尔(Castles，1978)指出的那样，社会民主党能够掌权执政，在很大程度上是资产阶级政党不团结的结果。但是，社会民主党在联合政府中的相对优势会大大影响他们

① 埃斯普林-安德森和弗里德兰(Esping-Anderson and Friedland，1982)曾探讨不同类型阶级联盟的逻辑及其对战后经济发展的影响。当然，他们俩的初始灵感来自于巴林顿·摩尔(Barrington Moore，1967)。

为推行改良必须做出妥协的程度。

在一定条件下，工人阶级和小资产阶级的联合有可能不利于社会民主运动的发展。毫无疑问，斯堪的纳维亚三国社会民主运动的成功取决于它两次得到证明的与农民结盟的能力——第一次是在 19 世纪末争取普选制的斗争中，第二次是在 20 世纪 30 年代的经济萧条时期。第一次结盟帮助社会民主运动避开了顽固的上层阶级对政治民主的抵制，因而有助于激励社会主义政党相信议会斗争的策略；而第二次结盟则有助于拯救社会民主党免受日益逼近的农民纳粹化的威胁，并允许这些政党在劳动阶级力量削弱、士气低落、被经济危机分裂的时候执政推行改革。

一个由小资产阶级代表参加的联合政府允许政府制定具体的一揽子政策——通常是为了换取农产品价格补贴的福利改革和充分就业的政策，但它也禁止推行任何超越这个一揽子政策的政策。因此，在工薪阶层收入份额的扩大或加强经济调控的需要与小资产阶级的要求变得不相容时，就有必要实施政治联盟重组。在小资产阶级已经衰落到对政治多数几乎没有影响的程度（或者他们的利益与工人的利益发生直接冲突）时，就到了历史性的决定性时刻。在这个关键时刻，社会民主党必须能够与正在崛起的中产阶级谈判缔结新的联盟。事实上，本书的一个核心结论就是，今天各国社会民主党的生存取决于他们重新缔结联盟的潜力。

结　论

我们现在可以重申本书的一般性论点。阶级结构的发展既不能成为社会民主运动形成的充分原因，也不能成为社会民主运动分化的充分原因。社会民主运动必须构建自己的阶级基础，这必然是一个持续不断的过程。阶级结构的“原料”必须转化为不断扩大的社会民主共同体，而改良主义自然是实现这一目标的手段。因此，国家的转型是社会民主运动的关键。

然而，我们知道，阶级结构变化所产生的能量限制了社会民主运动掌握国家政权的能力，除非社会民主运动能够并且准备与其他阶级缔结政治联盟。在这方面，社会民主运动的未来始终由工人阶级以外的其他阶级决定。农民阶级由于是社会民主运动初期最大或许也是最重要的其他阶级，因而通常就成了社会民主运动能否结盟的关键。事实上，笔者甚至可以说，如果斯堪的纳维亚社会民主运动没有能力与一些农村阶级结盟，那么早就已经夭折。就像农民阶级把社会民主党扶上了台一样，这个阶级也成了社会民主运动继续复兴的主要障碍。这样的联盟可能允许推行凯恩斯主义和社会公民政策，但不太可能允许进一步侵蚀经济。此外，农民阶级作为政治力量的作用会逐渐减弱。在这种情况下，取得政权的社会民主道路是否能够走通，几乎完全取决于与白领中产阶级缔结联盟的几率。

以上这些理论主题将指导下文对斯堪的纳维亚社会民主运动的研究。本书的第二章介绍斯堪的纳维亚三国在过去的20世纪里出现的社会结构变化模式，因为这些模式影响了这三个国家社会民主运动的发展。第三章考察政治阶级形成和缔结阶级联盟的条件。第四章结合斯堪的纳维亚三国社会民主党不断变化的社会基础分析这三国社会民主党分化的趋势。第五、第六和第七章分析斯堪的纳维亚三国社会民主运动的社会和政治基础，并且分别介绍三国社会民主党在社会、住房和经济政策方面取得的成就。第八章通过评估国家政策对阶级政治和政党分化的影响进行定量分析。第九章着重讨论当今的经济民主计划，以确定三国社会民主党是否正在进行政治联盟重组。最后，第十章考察社会民主运动的前提和条件。

第一编

社会民主运动的社会基础

第二章　阶级结构与社会民主运动

阶级结构发展的性质在很大程度上决定社会民主动员发展的条件。显然，社会阶级的相对数量和性质决定哪些事情具有政治可行性。更重要的也许是，阶级的组织特征以及通过工会、行业协会和类似的代表性组织进行自我表达的能力。社会民主运动的发展无疑要受到工会集中度和渗透度、资本集中度、阶级分化程度以及工人阶级相对规模的影响。

社会民主运动需要缔结阶级联盟，而使斯堪的纳维亚国家有别于几乎所有其他国家的是，农民阶级在19世纪和两次世界大战间隔期里发挥的作用。详细考察新生的中产阶级具有重要的意义，因为他们现在是决定社会民主运动能否存续的关键。我们将看到，阶级结构的变化可能是决定社会民主运动能否存续的“终极”因素，而缔结阶级联盟则是社会民主运动存续的必要条件。

社会结构与阶级发展

19世纪中期的观察家，确实很难预料到斯堪的纳维亚国家会出现如此相似的轰轰烈烈的社会民主运动。瑞典和挪威是欠发达的外围农民国家，而丹麦则一直与欧洲大陆保持着比较稳固的文化和经济关系，并可以自诩具有非常重要的城市商业影响力。这三个北欧国家前工业时代社会的性质几乎都不利于这三个国家后来的社会趋同以及社会民主运动取得盟主地位，而这三个国家社会民主运动的最终结果必须从它们在多少有点民主的政治环境下姗姗来迟的工业化、能与工人结盟的独立农民阶级和有利的历史条件三个方面来解释。

丹 麦

与许多欧洲国家的经历不同，丹麦社会的现代化是通过早期削弱贵族阶级的势力来推动的。19 世纪初通过的渐进式土改确保了实力雄厚、独立经营的商业化农户和传统农民的崛起，从而使得家庭种植经济既可行又盈利。丹麦有几个因素促进了自由并有民主倾向的农村人口的增加。第一，丹麦的农民与大多数国家的农民不同，他们通过丹麦特有的全民公共教育体系和“民众中学”(folk high schools)接受世俗教育。① 第二，合作化或者有组织的家庭农业在技术上能够适应不断变化的环境。最初专注于粮食生产的丹麦农业在美国粮食开始涌入国际市场后迅速进行了合理化调整。在一些国家的援助下，丹麦商业化农户迅速进军出口市场发展势头比较强劲的畜牧业和乳牛业，从而确保了丹麦农业的持续繁荣，避免了丹麦农民的无产阶级化，而且还决定了丹麦经济的未来发展方向。第三，小农的生存能力受到他们组建合作社的能力的重要影响，他们组建包括奶牛场、屠宰场、农机站、出口组织和销售网点等在内的农业合作社。合作社使小农户有机会获得先进技术，并有可能节约大量的劳动力。第四，商业化农民成功地把自己组织成一股明显不同于国家和其他阶级的政治力量。

毫无疑问，农业仍然是丹麦经济的支柱产业，而农民阶级仍然是丹麦社会阶级结构中的“支柱”。丹麦的农业以出口为导向，产品主要销往英国市场。直到 20 世纪 50 年代末，农产品出口一直是丹麦经济发展最重要的因素。② 丹麦农业特有的特点对社会结构变化产生了决定性的影响。首先，丹麦农业的特点使大量相对比较富裕的农民能够坚持务农，并最终主导丹麦社会；即使只有少量土地的农民也成功地生存了下来。因此，丹麦农业并不是丹麦农民无产阶级化的根源。在丹麦工业发展时期，加盟工业的新成员不是已经被无

① 这些“民众中学”是进步的路德教改革者 N. S. F. 格伦特威格(N. S. F. Grundtvig)发起建立的，目的就是在农村地区传播启蒙思想。它们的历史重要性无论怎样强调都不为过。直到今天，它们仍然广受欢迎。

② 1929 年，农业占丹麦出口总额的 70%。直到 1957 年前后，工业出口才占据主导地位(Hansen，1974：62)。

产阶级化的农业工人，就是家庭佣工。对他们来说，城市工业生活并是一种不那么令人震惊的经历。在丹麦，农村人口无产阶级化的速度极其缓慢，实际阻碍了一个庞大、贫困的无产阶级的崛起。其次，丹麦农业的特点影响了丹麦工业化的性质。由于丹麦没有天然的大规模重工业基础——丹麦几乎没有任何原材料资源，工业必须以农产品加工（如啤酒厂）或历史悠久的城市手工业传统为基础。

因此，从 1870 年前后开始的第一阶段工业化是建立在地理上分散的小企业和手工业作坊的基础上的，小企业和手工业作坊需要熟练的学徒工。那时和现在一样，丹麦只有零星几家大企业。简而言之，早期的工业化并没有在丹麦引发在其他国家造成的那种严重的社会和经济混乱、文化冲击或者大规模的无产阶级化。事实上，差不多直到 1 个世纪以后，丹麦经济才真正像发达工业国家的经济。至少在 20 世纪 50 年代中期之前，丹麦农业占国内生产总值的份额一直超过工业（Hansen，1974：11 ff）；直到 30 年代中期，农业劳动力占丹麦总劳动力的份额仍然居于各业之首（Andersen，1974）。此外，在工业领域，企业规模很小，以手工业为主。[①] 如果说丹麦的农业主要以出口为导向，那么，制造业主要面向国内消费。因此，丹麦的农业和城市制造业在发展过程中培育了一个小资产阶级，特点就是普遍存在独立经营的农民、工匠或小企业主。新生的工人阶级也能反映制造业的这种小资产阶级结构，有技能和手艺的工人居多，而产业工人多少有点被边缘化。

在很长一个时期里，农业阻碍了工业的发展。因此，丹麦虽然是北欧第一个开始工业化的国家，但也是北欧工业化速度最慢的国家。直到 20 世纪 30 年代，农民的绝对人数仍在实际增加，这表明土地的集中程度很低。农村人口在 50 年代和 60 年代首次开始迅速下降。城市工商业小资产阶级的性质也同样不利于变革。因此，工资收入者人数增加的主要促进因素仍然是不断增长的人口、有更多的妇女加入了劳动力队伍，以及农业和家政工人转变为城市工资收入者。因此，丹麦完全没有出现最经常提到的有利于激进左翼或工联主义发展的条件。

---

① 1914 年，企业平均雇员 34 人，20 年后几乎没变（Hansen，1974：64）。1914 年，产业工人占劳动力的比例不到 10%，而 1935 年仍只占 10%（Hansen，1974：64）。

与其他北欧国家的经历相比，丹麦的经济呈缓慢渐进式发展的态势，既没有产生特别的破坏效应，也不是很有活力：丹麦经济发展的一个长期特点是劳动力市场相对比较疲软，失业反复出现。这种现象在一定程度上可能是由经济增长缓慢和许多行业起伏不定造成的，但部分可归因于农业居于主导地位。由于外汇收入几乎完全依赖农产品出口，又由于农业部门的强势阻止了有利于城市不同阶层的收入分配，因此，丹麦经济持续面临的问题是工业投资不足。虽然丹麦在大萧条期间确实发生过农业和工业集中，并且其间也曾允许收入再分配，但直到 20 世纪 50 年代末和 60 年代，丹麦的阶级关系才发生根本性的变化。

当时，丹麦经济现代化的现实条件是国际贸易自由化，原材料价格下跌，国际需求旺盛，但最重要的是丹麦农业不断走低。20 世纪 50 年代和 60 年代，农民持有的土地因规模太小而无法跟上新的生产力发展步伐，也无法满足大量资本投资的需要，于是出现了大规模的土地集中现象。除了大萧条时期以外，这是丹麦近代史上出现的唯一一次农村无产阶级化浪潮。值得注意的是，农民采取了更加激进的立场，并且成功地从国家那里获得了可观的收入补贴，但却丧失了以前的经济和政治盟主地位。

从 1957 年到 20 世纪 60 年代中期，丹麦发生了第二次工业革命。由于这是一次资本密集型工业革命，因此没有导致体力劳动者的大量增加，大多数新的就业机会出现在第三产业，特别是在公共服务和行政管理部门。在 1950—1970 年期间，体力劳动者人数停止增长，而白领职业雇员人数几乎翻了一番。这也是丹麦历史上出现的第一个以持续充分就业为特征的时期，但如果不是同时扩大公共部门的就业，特别是在医疗卫生和教育领域的就业，那么就很难说是丹麦会出现这样一个时期。

丹麦的工业结构在“二战”结束后的战后时期肯定发生了重大变化，扩张主要集中在资本密集型中小企业，这类企业主要瞄准外国市场，而不是国内市场。这个时期，丹麦只是勉强培育了一些大型工业企业——造船业就是一个值得注意的例子。但即便在这个时期，古老的手工业传统依然死气沉沉，许多行业仍死守已经过时的学徒制不放。因此，城市经济不但在零售业和商业领域，而且在制造业和建筑业都有很明显的小资产阶级特征。

丹麦古老的手工业对经济合理化的抵制意味着劳动力市场仍存在一些顽固的保护壁垒，同时也意味着工人阶级中有很大一部分人仍致力于保护过时的低效率技术，从而导致工人阶级的分化。在从经济合理化、技术变革、工资差别到工会组织以及公共经济和社会政策等一系列问题上，传统的有技能工人与无技能或半技能产业工人发生了正面交锋。

这种二元对立削弱了工人运动动员工人团结和政治统一的能力。如果说丹麦工人阶级内部的这种二元对立有什么不同的话，那就是冲突往往压倒了团结。由于公共部门就业呈爆炸式增长的态势，新生的中产阶级白领阶层同样获得了发展，从而也加剧了工人运动内部的二元对立。工人运动一个庞大且不断扩大的部分与公共部门的繁荣和政治合法性密切相关。

挪　威

挪威工业现代化的现实条件与丹麦大相径庭。在拿破仑战争之前，挪威处于丹麦的统治之下；从 1814 年独立到 1905 年，挪威一直是一个受瑞典保护的国家。这些历史背景形塑了这个国家的现代化进程。首先，贵族阶级（大多数是丹麦人）不可能在向资本主义过渡的过程中发挥作用。挪威工业化前的经济充其量只能算地位不稳、独立经营的小农主导。除了挪威南方规模较大的家庭农业蓬勃发展以外，大多数农民都是在气候、土壤和提高生产力等方面不利的条件下劳作。

渔业和林业一直是挪威初级经济时期的支柱产业，雇用了挪威很大比例的劳动力，并且在经济总量中占据非常重要的份额。正如库勒（Kuhnle，1978）所观察到的那样，没有贵族阶级存在，独立小农和渔民的大量增加，使得挪威成了一个非同寻常的平等主义乐土。不过，这是一种贫穷的平等主义。直到 19 世纪末，渔业对于挪威就像农业对于丹麦那样重要，因此也就成了挪威经济的支柱和对外出口收入的主要来源。但与丹麦农民不同的是，挪威的渔民在经济上处于弱势地位。在 19 世纪的几十年里，挪威的经济结构因其航运业的崛起而发生了重大变化，航运业很快就成了挪威对外收入的主要来源。到了（19 世纪和 20 世纪的）世纪之交，挪威航运业收入已经占挪威总收入的

40%(Statistisk Sentralbyrä,1966:64;Jörberg,1976:406)。[1]

挪威的社会结构与众不同,它是围绕薄弱的农业、劳动密集型渔业和林业以及具有竞争力的航运业构建而成的。渔业和林业在挪威的偏僻地区发展起了一大批准无产者,我们将看到这对挪威社会民主运动的兴起产生了重大影响;挪威农业出现了南方和城市近郊比较富裕的商业化农民与外围只能维持生计的传统农民之间的分化;而航运业通常只有规模很小的企业,直到(19 世纪与 20 世纪的)世纪之交——在轮船击败帆船以后——才开始资本化和集中化进程。最后,挪威的工业化姗姗来迟,主要依靠木材、铁矿石和水力发电。

挪威工业化前的阶级冲突反映了这个国家的社会特征。在没有大地主的情况下,农民反对的是城市"现代"瑞典取向的公务员,这是一种部分具有民族主义色彩,部分具有经济性质——保护关税的问题十分突出——的冲突,而从中心-外围的角度看,又是一种有关语言、道德和宗教问题的文化冲突(Rokkan,1966,1970)。如果挪威南方富裕的商业化农民既不与半无产阶级化的农民和渔民结盟,也不和新生的中产阶级结盟,那么就意味着任何右翼势力集团都不可能与后来工人阶级提出的主张相对立。但这个问题超出了我们要讲的故事的范畴。挪威农业长期疲软,无法充分满足国内需求,极易受到价格波动和不利市场条件的影响。因此,挪威的农民问题在某种程度上是通过大量迁徙美国的方式解决的。[2]

在世纪之交前后,挪威的工业化确实加快了速度——同样是在独特的情况下。挪威工业化的基础不是在城市,而是在外围地区。外围地区的木材可以用来造纸,沿河可以进行水力发电。然而,这些新兴产业都是资本密集型产业,因而起初并没能造就一个庞大的产业工人阶级。此外,由于缺少内资,这些产业最初都由外国资本投资经营,后来则由挪威政府投资经营,这就意味着产业资产阶级的出现是一个缓慢的过程,航运业也许是个例外。此外,从国民

① 19 世纪下半叶,挪威商船队是世界第三大商船队。挪威商船队的崛起部分是由于挪威拥有丰富的可用于造船的木材资源;后来,在钢铁取代木材以后,挪威又受益于北方的铁矿石。此外,挪威因工资水平很低而具有竞争力(Dybdahl,1975:19)。

② 奥珍(Øjen,1968:35)报告称,1825—1930 年,挪威的移民率在欧洲国家中位居第二,仅次于爱尔兰。在此期间,有 100 多万挪威人背井离乡。在某些年份,每 1 000 挪威人就有 15 人移居国外。应该指出的是,25%的挪威移民后来又重新回到挪威定居。

生产总值和劳动力参与的角度看，挪威的工业化与丹麦一样，发展缓慢。挪威的城市化进程也非常缓慢，因为挪威既没有城市工业无产阶级也没有城市资产阶级可言。[①] 正如罗坎(Rokkan，1966)和迪布达(Dybdahl，1975)所指出的那样，挪威的阶级结构产生了一种非常特殊的社会紧张关系和冲突形式，中心-外围冲突往往压倒了直接的、赤裸裸的阶级对立。

虽然挪威在1900年前出现了“井喷”式的工业化势头，但这种势头很快就平息了下来。工业在国民生产总值中所占的份额在20世纪30年代之前一直相当稳定，而当时发生的农业和渔业危机减少了第一产业的就业人数。但在“二战”期间，由于战争和纳粹占领，挪威的许多工业遭到了严重的破坏，工业发展也随之逆转。挪威加入现代工业化国家的行列，就像丹麦一样，在很大程度上是“二战”以后的事情，但却是在几乎与丹麦相反的条件下完成的。

丹麦加入现代工业化国家行列的进程是在20世纪60年代，像冲击波似的迅速完成的；而在挪威，这是一个有计划的连续过程，由国家主导的工业扩张贯穿整个战后时期。正如我们将在本书第七章详细考察的那样，挪威政府着手引导金融市场和工业投资——特别是石油工业投资——并明显倾向于推行分散化的区域发展政策。因此，工业扩张的社会影响几乎与丹麦相反。虽然小渔民，在某种程度上还有南方商业化农民，继续产生他们的小资产阶级影响，但是，农村小资产阶级仍然十分软弱。在挪威的城市经济中，就像丹麦一样，制造业企业规模很小，但又没有像丹麦那样以手工业为主。挪威的工人阶级似乎比丹麦更加同质化。此外，与丹麦的经历形成鲜明对照的是，挪威新生的白领中产阶级发展较慢，部分原因是挪威公共部门发展较晚，而且爆发力也比较小。在挪威，外围和中心之间的分化对于反映阶级差别继续发挥着主导作用。

瑞　典

现在通常认为，瑞典即便不是全欧洲最先进的国家，至少也是斯堪的纳维

---

① 直到1920年，城市化人口还不到30%。

亚半岛最先进的国家。但在(19 世纪与 20 世纪的)世纪之交,瑞典无疑是欧洲经济最落后的国家之一。这在一定程度上反映了瑞典结构性变化和经济发展的速度和包容性。

直到 20 世纪,瑞典还是一个孤立的国家。18 世纪和 19 世纪,瑞典贵族的势力遭到严重的削弱,这既是贵族变穷的产物,也是农民阶级通过与王室结盟获得独立的能力的体现。结果就是一个强大的专制国家的诞生,这个国家拥有庞大且高效的公务员队伍和军队。这个君主政体在国王的带领下,通过在不断崛起的农民阶级与不断衰落的贵族阶级之间达成平衡的方式成功地积累了大量的自治权。事实上,军队和官僚机构成了防止贵族反扑的安全阀,相当有效地吸纳了贵族(Tilton,1974)。此外,瑞典的贵族也吸取了英国贵族的经验教训,最终与新兴的资产阶级特别是发展中的木材和采矿业的资产阶级融为一体。

这种中央集权、大权在握、相对独立的国家官僚机构在瑞典现代史上发挥了重要的作用,而且由于预见到潜在的民众动乱和经济需要,因此有时也有助于推进社会和经济立法。事实上,瑞典的官僚机构在引导和促进国家向现代资本主义转型方面发挥了关键作用。

于是,瑞典在削弱了贵族阶级的势力,造就了一个多少有点独立性并围绕商业化家庭农业组织起来的农民群体以后,走上了工业化的道路。虽然瑞典拥有大量的土地,但瑞典的土地除南方以外并不肥沃。瑞典与挪威一样,广大农民面临贫困化的问题,随时有可能发动严重的动乱。不过,移民和瑞典早期工业化的特点降低了这种可能性。

瑞典的移民虽然人数不及挪威,但仍相当可观。1860—1910 年,超过 75 万的瑞典人(约相当于目前 20%的瑞典人口)移居他国。此外,早期的工业(以采矿和木材为主)在全国农村地区——而不是在城市——发展非常迅速。这种分散化的工业革命允许贫困的农民做临时工或者从事兼职工作,从而推迟了工业无产阶级化的进程。[①]

瑞典的工业以铁矿、木材和电力为基础,而这些都是出口导向型产业,而

① 19 世纪末,瑞典一半以上的产业工人在农村地区就业。

且——特别是在战时——往往受益于高水平的国际需求。它们都能盈利，有助于刺激国内工业的持续扩张。采矿、木材和电力业需要大量的资本，因此迅速、有力地促进了资本的集中。最终的结果就是一个高度集中、强大的工业资产阶级与大批仍分散在瑞典人称之为“布鲁克桑哈伦”(Bruksamhällen)的磨坊小镇的工薪阶层的奇特结合。

不过，瑞典的工业化不但导致农业工人无产阶级化，而且还导致农民无产阶级化，另外还使古老的手工业和手工业者的影响边缘化。其结果就是造就了大量农民出身的工业工资收入者。在丹麦，家庭农业和手工业帮助巩固了一个自由主义的小资产阶级国家；而在瑞典，以木材和铁矿为基础的工业寡头垄断帮助维持并加强了一个社团主义的中央集权国家。

瑞典工业化的步伐可以用劳动力产业构成变化来表示。1870 年，丹麦 55％的人口是农业人口，而瑞典的这一比例高达 72％。但到了 1901 年，瑞典农村劳动力已经减少到占全国总劳动力的 48％(Dahlström，1965)，其间，瑞典的工业劳动力从 8.2 万增加到 35 万。到了 1914 年，瑞典的出口额增加了 2 倍，而制成品的产值增加了 20 倍(Samuelsson，1968)。到了 1910 年，第二和第三产业的劳动力明确超过了农业劳动力(Statistiska Centralbyron，1976：88—89)。

经过几十年的工业化，瑞典已经成为马克思笔下的两极分化的阶级社会的缩影。新兴的资产阶级被 10 个或者 13 个主要家族相互关联的利益集团所控制，受到了中央官僚机构的悉心照顾，而在“一战”之前受到一个保守政权的关照(Dybdahl，1975)。瑞典中产阶级可不是一个主张自由的自由放任主义资产阶级：

> 无论从哪个方面来审视这个新兴的工业，它都与任何可以想象的自由、公开竞争概念相去甚远。这个工业没有哪个企业家曾屈服于——亚当·斯密魂牵梦绕的——供给和需求的自由游戏，而是每个企业家都对自己的市场实施比较全面的控制。(Tilton，1974：564)

在瑞典，国内资产阶级的崛起得到了中央政府的支持。早在 19 世纪 40 年代初，国家就对全体公民实行全民初等教育，因此，瑞典农民都受过教育。

全民普及的初等教育后来被证明产生了有利的影响——因为新兴产业需要受过教育的劳动力，而且还有利于对农民进行政治动员。

在19世纪中后期，瑞典公共部门投资建设的运河、铁路和电力综合网络，对于瑞典的工业发展甚至具有更加重要的意义。当时，一个非常先进的全国性基础设施网络在瑞典已经准备就绪。此外，瑞典政府通过推行相当严厉的保护主义政策（丹麦农民成功地抵制了这种政策），慷慨地发放贷款，而且有时还采用对大型项目进行直接投资的方式来促进资本积累。① 正如蒂尔顿（Tilton，1974：564）所指出的那样，瑞典工业的早期集中和卡特尔化是由公共政策促成的。国家贷款倾向于支持行业老大。在一些行业，如采矿业，国有资本和私人资本之间的关系尤为密切。铁矿开采的乘数效应促进了这种密切关系：铁矿开采和冶炼刺激了机械工业、武器生产以及缝纫机、自行车、汽车和飞机制造。像德国政府一样，瑞典政府也是一个重要的消费者。到了（19世纪与20世纪的）世纪之交，瑞典这些行业的企业已经被整合成大型企业。时至今日，瑞典的一些大企业已经跻身于欧洲最大企业的行列，如伊莱克斯（Electrolux）、阿塞亚（Asea）、斯凯孚（SKF）和富世华（Husquarna），这里就列举这几个例子。

面对这个高度集中、强大的资产阶级，一方面有南方一个日益衰败的农民阶级和一个健康发展的小农阶级，另一方面是一个其中包括已经破产的农民土地所有者的正在迅速壮大的产业工人阶级（不像丹麦的产业工人阶级只有农村无产阶级）。此外，瑞典工人阶级中的手工业劳动者和有技能的工人的占比要小得多。与丹麦或挪威农村和城市的小资产阶级相比，瑞典小资产阶级“死亡率”很高，预期寿命较短。在两次世界大战间隔期里，瑞典工业的集中速度甚至进一步加快，20世纪60年代也是如此。②

三国阶级发展比较

丹麦、挪威和瑞典这三个北欧国家的社会结构极为不同。从城市和农村

① 高级公务员也积极参与工业投资活动。

② 1942年，瑞典最大的50家企业占瑞典总就业人数的比例是16%（而美国最大的50家企业占全美总就业人数的比例只有5%）。到了1964年，这个比例已经上升到了21%（Stevenson，1974：44）。

经济的角度看，丹麦仍然是一个“小资产阶级”社会，瑞典似乎验证了阶级两极分化的经典预测，而挪威则介于丹麦与瑞典之间。但不管怎样，在这三个国家，农村和城市小资产阶级的作用随着时间的推移而大幅度减弱——没有造就庞大的体力劳动阶层，而是造就了一个新生的白领阶层。与其他国家相比，斯堪的纳维亚三国的新生中产阶级更加集中在公共部门。表 2.1 至表 2.4 显示了这三个北欧国家 20 世纪的职业结构变化情况。①

遗憾的是，挪威 1950 年以前的数据不允许我们对农业劳动力和非农业劳动力进行分类。不过，我们可以假设，1900 年，挪威至少有一半甚至更多的劳动力在第一产业就业。表 2.1 显示了一些对社会民主政权具有重要意义的趋势。首先，请注意，体力劳动者的占比很少超过总劳动力 50％这个神奇的比例。值得注意的是，体力劳动者占总劳动力的比例在时间上表现得非常稳定，但在 1950 年前后触顶以后便一路下降。这表明，仅仅以传统的体力劳动者为基础的社会主义策略，即使能动员每一个边际劳动者，也不可能获得选举多数。还应该注意的是，在过去的几十年里，蓝领劳动者的人数一直在减少，这个趋势表明，社会民主运动绝对有必要与其他阶层结盟或者建立关系。

表 2.1　　1900—1980 年斯堪的纳维亚三国各类劳动力

（占就业劳动力总数的百分比，％）

	1900	1910	1920	1930	1940	1950	1960	1970	1980[a]
农业劳动力[b]									
丹麦	19	15	11	10	9	10	7	2	1
挪威	—	—	—	—	—	9	4	2	2
瑞典	15	17	15	13	10	5	3	3	—

① 这几张比较表中的大多数数据取自这三个国家的全国人口普查，而且在不同的时间和国家之间存在很大的定义差异，采用的分类方法也有所变化。瑞典和丹麦的许多数据确实具有可比性。对于 1900—1950 年这个时期，笔者在征得普鲁兹沃斯基等人的允许以后引用了他们（1978）编制的原始人口普查数据。为了便于比较，笔者对这些数据进行了重新分类。可比性的问题主要涉及挪威的数据，因为挪威缺少许多系统的职业普查数据。另外还有一个具体的问题，那就是 1960 年以后挪威的数据没有区分体力和非体力范畴。因此，笔者引用了 20 世纪 70 年代的选民调查数据。表中的百分比是根据劳动力总数计算的，没有包括非就业人口，但包括家庭佣工。

续表

	1900	1910	1920	1930	1940	1950	1960	1970	1980[a]
非农业劳动力									
丹麦	22	25	27	31	34	39	41	42	41
挪威	—	—	—	—	—	46	48	—	45
瑞典	24	26	33	36	38	46	47	44	44
总体力劳动力									
丹麦	41	40	38	41	43	49	48	44	42
挪威	56	—	49	—	—	55	52	—	47
瑞典	39	43	48	49	48	51	50	47	—

资料来源：丹麦——1900—1940 年的数据(Przworski et al.，1978)；1950—1980 年的数据(Danmarks Statistik，1976，table 2.9；1981a，14)。挪威——NOS，1978；Statistisk Sentralbyrå，1927，1933，1953，1963，1971，1981；Rokkan，1966：94；Valen，1981：table 6.1。瑞典——1990—1940 年的数据(Przworski et al.，1978)；1950—1980 年的数据(Statistiska Centralbyron，1960，1965，1981a)。

a. 丹麦是 1975 年的数据，挪威是 1977 年的数据，而瑞典则是 1979 年的数据。

b. 包括林业和渔业。

传统上，对农村劳动力进行集体组织和政治动员的难度更大。因此，他们占整个劳动阶级的比例下降，就预示着有更大的社会民主潜力可以挖掘。我们可以看到(见表 2.1)，在 20 世纪 30 年代以前，瑞典的农村劳动力占劳动阶级的比例一直很高，之后仍比另外两个北欧国家增长迅速。我们有理由相信，在 20 世纪头几十年里，挪威农业劳动力集中从事渔业和林业的现象相当突出，甚至可能比丹麦或瑞典更加突出。正如我们将要看到的那样，农村的这种情况是挪威早期社会民主运动特有的一个特点。丹麦的数据定量证实了我们之前的描述。与其他两个国家相比，丹麦的体力劳动者一直在减少。即使在“二战”后丹麦经历了第二次工业革命带来的繁荣以后，丹麦的体力劳动者的相对人数也几乎没有增加。因此，可以预料，丹麦的阶级动员和结盟困境要比挪威或者特别是瑞典更加严峻。

表 2.2 显示了丹麦、挪威和瑞典三国小资产阶级在社会民主运动中发挥作用方面的一些主要区别。丹麦小资产阶级的规模历来比其他两个北欧国家大，究其原因，部分是因为丹麦的工业企业规模小、数量多，还因为是农村和城

市小资产阶级对"无产阶级化"进行了令人印象深刻的抵制。在 20 世纪头 20 年,丹麦的商业化农民和传统农民有所减少,但在过去的几十年里,他们的占比一直保持不变。丹麦城市小资产阶级的稳定更加令人印象深刻。与挪威或瑞典相比,丹麦的城市小资产阶级不但是一个规模大得多的群体,而且在 70 年代以前,在丹麦阶级结构中扮演的角色也一直没变。

表 2.2　　1900—1980 年斯堪的纳维亚三国农村和城市小资产阶级

（占就业劳动力总数的百分比,%）

	1900	1910	1920	1930	1940	1950	1960	1970	1980[a]
农村[b]									
丹麦	28	27	22	19	19	15	11	8	5
挪威	24	—	19	—	—	19	14	10	7
瑞典	31	28	23	21	18	13	9	7	6
城市[c]									
丹麦	14	14	14	14	12	14	13	11	9
挪威	10	—	9	—	—	9	10	8	12
瑞典	9	9	6	8	10	8	8	7	7
合计									
丹麦	42	41	36	33	31	29	24	19	14
挪威	34	—	28	—	—	28	24	18	19
瑞典	40	37	29	29	28	21	17	14	13

资料来源:见表 2.1。

注:这些数字不确定的一个主要原因是如何对帮助户主的家庭成员进行分类的问题。

a. 丹麦是 1975 年的数据,挪威是 1977 年的数据,而瑞典则是 1979 年的数据。

b. 包括商业化农民、传统农民、渔民以及林业自谋职业者和雇主。

c. 包括工业、建筑业、服务业、贸易业和零售业的自谋职业者和雇主。

挪威的小资产阶级一直在萎缩。当然,这是历史上农村工资收入者人数较多和挪威农业长期疲软的必然结果。此外,我们还发现,战后挪威农村和城市小资产阶级(包括企业主)的萎缩速度有所放慢。这可以被视为挪威工业以小企业为主的一种表现。①

① 这也可以用挪威政府在战后支持农民和小资产阶级其他阶层的明确政策来解释。

在(19世纪与20世纪的)世纪之交,瑞典社会的农业成分要比另外两个北欧国家大得多。这些数据还反映了这样一个事实,即瑞典农民在“二战”前后的几年里以更快的速度减少。瑞典的阶级结构还有另一个特点,那就是城市雇主和自谋职业者的占比相对较小。这似乎再次验证了我们关于瑞典城市经济——尤其是工业制造业,但也包括零售和建筑业——更加集中的观点。

显然,根据这些数据不可能对包括“真正的”资产阶级在内的城市小资产阶级的内部分化得出任何合理的结论。想要适当衡量资本集中和垄断程度,可以比较资本所有权、企业规模和销售收入等指标;也可以按雇员人数比较企业的分布状况。[①] 虽然前一类指标也许更加合适,但我们只找到后一类指标的可比数据。

表2.3显示1958年和1979年斯堪的纳维亚三国按雇员人数分列的企业分布状况。在这两个年份里,瑞典大企业的占比要大得多。如果我们把雇员少于10人的企业主归入小资产阶级,我们就会发现,20世纪50年代,小资产阶级拥有的企业在丹麦和挪威占据主导地位。值得注意的是,到了70年代末,挪威的企业分布状况变化不大,而丹麦企业规模有所扩大,雇员在10～49人。

表2.3　1958年和1979年斯堪的纳维亚三国按雇员人数分列的工业企业分布状况

雇员人数	丹麦		挪威		瑞典	
	1958	1979	1958	1979	1958	1979
少于10人	52	17	73	60	47	18
10～49人	39	60	21	29	39	56
50～199人	9	18	5	9	11	19
200人以上	2	5	1	2	3	7

资料来源:Nordisk Råd(1981,77); Elvander(1980:tables 5.5—5.7).
注:丹麦和瑞典1958年的数据没有包括雇员不足5人的企业。

如果我们回过头来考察工薪阶层在不同规模的企业中的分布情况,那么,瑞典和另外两个北欧国家之间的差别就会变得更大。1979年,瑞典60%的工薪阶层在雇员超过200人的企业工作,而丹麦和挪威这个比例分别是46%和

① 关于替代方法的有效性和适用性的讨论,请参见Zeitlin(1974)以及Zeitlin和Norich(1979)。

39%(Nordisk Råd,1981:77)。[①] 当然,这些数字也说明北欧三国大企业的工人阶级集中程度不同,这种现象常被认为会影响劳动阶级的激进和集体行动倾向。总之,这三个斯堪的纳维亚国家在小资产阶级的作用和资本所有权结构方面存在巨大的差异。瑞典在资本集中度和传统中产阶级被边缘化的问题上有它的特殊性。挪威在农村小资产阶级一直存续到现代以及很小的工业企业占据主导地位方面可以说是独一无二。在过去的几十年里,丹麦的农村小资产阶级可能急剧萎缩,但与另外两个国家相比,丹麦的城市小资产阶级似乎非常抗拒合理化和集中化;但很明显,丹麦在20世纪60年代经历的工业化浪潮导致丹麦的企业分布发生了有利于中等规模企业的决定性转变。[②] 这些区别应该对工业和雇主的组织性以及各阶级和国家之间的社团主义政治安排的潜在可能性产生了决定性的影响。

我们从前面的数据知道,小资产阶级的衰落与新兴白领中产阶级的成长有关,白领中产阶级绝不是一个没有他们的小资产阶级前辈异质的阶级。如果我们先把白领雇员作为一个整体来考察,那么就会发现,在"二战"之前,北欧三国的白领雇员差别很小。只是到了"二战"以后,瑞典的阶级结构才率先朝着现代后工业化时期的阶级结构发展。我们可在表2.4中看到,在过去的几十年里。丹麦和瑞典的白领雇员占本国劳动力的比例增长了1倍多,但挪

① 零售部门的结构差别凸显了瑞典和丹麦小资产阶级不同阶层之间的区别。1970年,丹麦零售商店平均雇员85人,而瑞典零售商店则平均雇员160人。丹麦零售商店82%是独立经营的小店,而瑞典零售商店绝大多数是连锁商店、超市或合作社。丹麦零售商店8%是连锁店,而瑞典零售商店40%是连锁店(Handelsministeriet,1973－1974,3:246－251)。与其他两个国家相比,瑞典的资本集中度有很好的文献记载(SOU,1966－1968;Dahlkvist,1975;Åkerman,1973)。这些研究表明,在金融业,1965年瑞典三大公司发放的信贷占瑞典信贷总额的81%(Dahlkvist,1975:131)。瑞典的资本主要由一个家族小集团拥有和控制,其中瓦伦堡(Wallenberg)家族是其中最重要的家族。这17个家族实际控制的公司实现了36%的瑞典工业总产出,大约雇用了10%的瑞典劳动力。瑞典占股东总人数1%的最大股东拥有瑞典50%的股份,而瑞典占股东总人数0.1%的最大股东拥有瑞典25%的股份(Åkerman,1973:36,40;Dahlkvist,1975:133)。当我们明白这0.1%的股东只有六七百人时,这些百分比就有了额外的意义。就所有权而言,瑞典经济很可能是世界上最集中的经济;而就控制权而言,瑞典经济是关联度最高的经济。

② 事实上,在1970年接受丹麦政府调查的国家中,只有法国商店店均雇员超过丹麦——而且只是略微超过(Handelsministeriet,1973－1974:246)。但请注意,20世纪70年代,丹麦的小企业和零售商店急剧减少。顺便说一下,一直以来"资产阶级特别小"的产业建筑和住宅业,已经显示出合理化速度放慢的趋势。尽管如此,1964年丹麦建筑工人仍有64%以上受雇于雇员不足4人的企业(Bonke,1976:74－75)。

威的白领雇员占本国劳动力的比例增速没有这么快。在这个比例上，瑞典处于领先地位，而丹麦则要落后 10 年。

表 2.4　　1990—1980 年斯堪的纳维亚三国白领雇员

（占本国就业劳动力总数的百分比，%）

	1900	1910	1920	1930	1940	1950	1960	1970	1980[a]
丹麦	8	10	15	16	18	22	28	37	45
挪威	8	—	14	—	—	20	25	—	34
瑞典	9	11	13	14	18	28	35	40	43

资料来源：见表 2.1。

a. 丹麦的数据一直持续到 1975 年，挪威的数据一直持续到 1977 年，而瑞典的数据则一直持续到 1979 年。

不同的白领阶层并没有以相同的速度发展壮大。在白领阶层扩张时期，许多从事日常文员工作的最低级别白领，尤其是从事销售工作的白领实际上有所减少，或者最多也只是保持不变。就像许多国家一样，参与劳动力和从事兼职工作的妇女增加的情况主要集中在中低级白领雇员阶层中。世界范围内的中产阶级发展壮大主要发生在技术、行政管理和服务领域，而斯堪的纳维亚三国中产阶级的发展壮大则发生在公共部门。① 我们很难评估白领与蓝领雇员之间的关系有可能如何影响他们的政治行为。许多日常或普通的白领工作无疑与手工业工作有更加"客观"的相似之处，尽管兼职就业等因素可能会改变这种状况。与此同时，许多新生的技术白领群体可能会经历与传统技术工人十分相似的工作情况。

除了这些抽象的可能性之外，毫无疑问，从小资产阶级到白领就业的结构性变化决定性地改变了社会民主运动选举和政治策略的参数——极有可能是朝着积极的方向发展。首先，大部分新的白领员工不仅仅是受雇于公共部门

① 关于北欧三国中产阶级发展壮大的更多分析和讨论，请参阅 Goul Andersen(1979)和 Therborn(1976)。因此，到了 1970 年，在服务业就业的 50 万丹麦人中，有 44 万人在公共部门工作；在 1962—1972 年实现的就业人数增长中约有 75%发生在公共部门(Handelsministeriet，1973—1974：428 ff；Goul Andersen，1979：112－122)。在整个 20 世纪 70 年代，公共部门就业人数的增长更为显著——主要是因为政府试图遏制私营部门失业率的上升。1970—1980 年，丹麦在公共部门创造了 30 万个新的工作岗位，而私营部门则失去了 20 万个工作岗位。因此，丹麦公共部门就业人数占总就业人数的比例从 1970 年的 21.3%增加到 1980 年的 32.5%(Danmarks Statistik，1981B)。

和服务部门，确切地说，是集中在诸如社会福利或医疗卫生和教育等领域；而在遥远的过去可能受雇于公共部门的镇压机关。其次，白领员工的集体行动程度几乎必然会提高，并且肯定会随着工会化程度的不同而发生变化。毫无疑问，蓝领和白领员工之间普遍存在的分配冲突将阻碍简单的趋同或跨阶级地位认同。

社会结构与阶级组织

在工业化姗姗来迟的斯堪的纳维三国，工会的发展也姗姗来迟，就不足为奇了。虽然这三个国家的工会经历了一些困难时期，但最终成为世界上最强大的工会。在斯堪的纳维三国，除了工人阶级有工会以外，其他阶级也有相应的组织能够有效表达本阶级的经济诉求，这三个国家不仅有雇主协会，而且还有工业家、商业化农户和传统农民组织联合会，以及手工业者、零售商和批发商、消费者、租房者等协会。

在北欧三国中，瑞典是组织最完善的国家。[①] 然而，这三个国家截然不同的阵线的阶级有着悠久的交往传统。这些阶级组织大多有一个显著的共同特点，那就是它们的政治界限。许多这样的组织与不同的政党保持密切联系，这些政党在很大程度上已经阐明它们各自代表的利益组织的政纲。无论是与工会联合会(Landsorganisationen，LO)建立了异常亲密的长期关系的社会民主党，还是已经成为本国商业化农户协会家园的丹麦自由党(Venstre)以及挪威和瑞典代表商业化农户的政党都是如此。正如有人可能会预期的那样，这三个国家的雇主组织和工业与制造商联合会(Confederation of Industries and Manufacturers)已经与本国的不同保守政党建立了虽然并非那么正式但肯定是密切的关系。简而言之，在斯堪的纳维亚三国，经济组织和政党之间的关系非常密切；某个特定经济利益集团的力量与代表它的政党能否掌权有着密切的关系。

---

① 关于斯堪的纳维亚的工会运动，有不少很好的综述文献，具体请参见 Galenson(1949，1952，1968)和 Elvander(1974a，1974b，1980)。另请参见 Johnston(1962)、Elvander(1966)、Kassalow(1969)和 Kvavik(1976)。

斯堪的纳维亚三国阶级组织的早期历史非常相似。手工业者和技术工人最先组建自己的工会，雇主组织也差不多同时问世。丹麦的工会运动在从1870年到（19世纪与20世纪的）世纪之交这个时期里迅速发展壮大，并且与工业化、城市化和行会解体密切相关；规模很小的行业工会大量涌现。1872年，哥本哈根泥瓦匠与社会党领导层合作，在位于哥本哈根郊外的费勒登（Faelleden）公园召开了一次相当混乱的大规模罢工，而处于萌芽状态的工会运动迎来了第一次考验。[①] 当时，警方很快就驱散了参加罢工的工人，并监禁了这次罢工的领导人（Bertold，1938）。但随着经济的发展，手工业工会不断发展壮大；技术工人几乎没有感受到失业的威胁。工会也是促使丹麦社会民主党重组的主要力量。1874年，第一次对工会进行集中协调尝试，但在这个早期阶段，很难把党组织与工会运动区分开来。工会似乎主要是担心迁徙进城的农村劳动力的竞争会压低工资并减少就业机会，所以做了不少组织工作。

为了对劳方做出回应，雇主们也毫不犹豫地团结起来。他们在1879年采取了第一个步骤，组建了一个工业与手工业协会，但直到1896年才创建全国性雇主组织——丹麦雇主联合会。1898年，丹麦工会随即跟进成立了工会联合会，即丹麦工会联合会（De Samvirkende Fagforbund，DSF）（几年后改名为“Landsorganisationen”，挪威和瑞典的工会联合会也是如此）。在雇主方面，1910年以后，工业与手工业协会分拆成不同的组织。

虽然瑞典和挪威的阶级组织起源与丹麦非常相似，但起步分别要比丹麦晚10年和20年。同样，虽然挪威农村劳动阶级组织的历史可以追溯到19世纪中期，但早期的工会主要是技术工人和手工业者工会。其实，这三个国家相似的历史经历并不难解释。首先，这些国家较少进行镇压。事实上，到了1884年，挪威已经赋予男性公民补选权，并实行有效的议会制度。此外，传播工作也功不可没：丹麦的工联主义者和社会主义者做了大量的传播工作，并且帮助他们较不发达的北方兄弟建立工会组织。随着工会组织向中央集权化的全国工会联合会的转变，跨国界同步现象尤为明显。1897年的斯堪的纳维亚劳工大会（Elvander，1974A）做出了朝着这个方向发展的决定，因此，瑞典工

① 虽然这次罢工以灾难性结局告终，但费勒登公园仍然是一年一度“五一”游行的最后一站，对工人运动具有象征意义。

人在 1898 年组建了他们自己的工会联合会；1 年后，挪威工人也随即跟进。只有丹麦，雇主先于雇员创建了自己的全国性组织。[①]

虽然斯堪的纳维亚三国都已经成立全国联合会，但并没有制定规范劳资纠纷类型和内容的重要规则。由于斯堪的纳维亚三国的社会民主党和工会之间保持着密切的联系，又由于丹麦和瑞典缺乏充分民主，因此，劳资纠纷很容易被政治化。所以，毫不奇怪，不久就发生了第一次严重的劳资冲突。这回，丹麦再次先行一步。1899 年，丹麦工会联合会以一次大规模罢工对一场小规模的地方性罢工做出了响应。当时，丹麦只有大约 1/3 的工会会员参加了丹麦工会联合会，这次大罢工得以坚持数月。但是，在国家干预的威胁下，精疲力竭、濒临崩溃的工会最终同意签署所谓的“9 月协议”（这份协议一直沿用到 1960 年才作修订）。工会承认了雇主与工作分配以及雇用和辞退员工有关的管理特权，以换取参加集体谈判的权利。雇主协会挑起这次冲突的目的有两个。第一个目的就是想削弱工会的势力，强制行使雇主的所有权和控制权。第二个目的就是迫使工会进行集中谈判，而不是遵循手工业工会采取横向工会逐一谈判的传统模式（Elvander，1974a）。这个目的也是随后导致挪威和瑞典发生劳资冲突的一个因素。在丹麦，雇主成功地达到了第一个目的，但没能达到第二个目的。1899 年以后，工会发展速度放缓，但丹麦工会联合会未能由横向产业组织转变为纵向产业组织，也未能推行集体谈判。

丹麦工会联合会继续抵制中央集权化和纵向产业组织模式，并且继续分为两大派，一派是实力雄厚的技术工人工会，另一派是非技术工人工会。丹麦的阶级结构和以手工业为中心的制造业，可能是造成丹麦工会联合会长期分裂的主要原因。技术工人主宰着丹麦工会联合会。例如，1913 年，丹麦工会联合会秘书处只有一名非技术工人的代表，在当年的代表大会上，386 名代表中只有 29 名非技术工人的代表（Dybdahl，1975：127）。[②] 事实上，在 20 世纪 20 年代的几年里，非技术工人实际退出了丹麦工会联合会。“二战”以后，非

① 挪威雇主联合会（Norwegian Employers’ Federation，NAF）成立于 1900 年，而瑞典雇主联合会（Swedish Employers’ Federation）于 1902 年成立。

② 值得注意的是，有 34 个自谋职业者的代表，因此证明了小资产阶级在这个时期对丹麦工人的影响。

技术工人联合会(Unskilled Workers' Federation)成了丹麦工人运动最大的组织,但到目前为止,它一直没能坚持其中央集权化行业工会的要求。[①]

挪威和瑞典的工会联合会早期也曾面临实力的考验。但在考验真的来临时,瑞典和挪威工会联合会的组织能力还不及丹麦工会联合会1899年时的组织能力。在瑞典,工会联合会和雇主联合会(SAF)在1906年迈出了相互承认的第一步;在挪威,工会联合会与雇主联合会是在1907年相互承认的(Elvander,1974a:67)。但直到1909年这两个国家爆发大罢工以后,工会联合会组织能力不足的问题才得到彻底解决。1909年的罢工是一场灾难,随后达成的协议规定了比丹麦"9月协议"更加苛刻的条件。此外,瑞典和挪威工会联合会都改用工会集中化或中央集权化管理和垂直型行业工会运动模式。瑞典于1912年确立这项原则;而挪威于1923年确立了这项原则。但直到20世纪50年代,这两个国家仍没有完全执行这项原则。

一些特殊的因素导致瑞典和挪威工人运动朝着早期集中化的方向发展。首先,与丹麦相比,瑞典和挪威的工会在行业分散的背景下面临着跨地域协调和动员行业行动的艰巨任务,协调一致的行动必然需要集中协调和全国范围内的团结。第二,在这两个国家,尤其是在瑞典,雇主是以更加集中的方式组织起来的,从而迫使劳方也以相同的方式作出回应。第三,瑞典和挪威的劳动阶级并不像丹麦那样技术工人居主导地位。在挪威,劳动阶级的绝大多数成员是农村无产者;在瑞典,劳动阶级以非技术工人为主。因此,非技术产业工人能够更好地利用广泛的阶级团结,而不是谋求狭隘的、更具排他性的阶层利益。应该注意的是,在挪威,朝着行业工会运动发展的趋势受到了由马丁·特兰马克尔(Martin Tranmael)在西部和西南部农村地区领导发起的一场声势浩大的工联主义运动的抵制。[②]

虽然北欧三国的工会在遭遇工会联合会的失败后经历了一个会员招募工

---

① 当时已经出现了一些工会组织集中化的趋势,1971年的工会联合会代表大会确实原则决定遵循工会运动行业模式。至此,这项变革仍然只是原则上的变革。对于非技术工人来说,尽管人数众多,但在组织上却很薄弱——部分原因是他们的市场地位比较脆弱,但也可能是因为丹麦经济在20世纪60年代接近充分就业,大量外籍非熟练工人和妇女涌入劳动力市场。

② 自然,挪威1909年的那场大规模罢工助长了工人运动激进化的态势,而被瑞典政府驱逐出境的工联主义者那年的回国进一步推助了瑞典工联主义的发展势头。我们将在下文再来讨论特兰马克尔对挪威工人运动的影响。

作停滞不前的时期，但会员人数很快就恢复增长，特别是在挪威和瑞典。从1900年到1920年，工会会员人数丹麦增加了270%，瑞典增加了500%，而挪威则惊人地增长了2 750%。[①] 这三个国家的工会化水平在经历了多次起伏以后取得了提高。在两次世界大战间隔期里，丹麦的劳动力市场变得更加稳定，而社会民主党在政治上也变得更加强大。20世纪20年代，丹麦的工会化率首次触顶，大约有40%的工薪阶层参加了工会。随后，丹麦工会长期处于缓慢增长状态，直到70年代才迎来了一波新的工会化浪潮，这一现象可归因于丹麦那10年出现的高失业率。

在挪威，工会化率曾获得爆炸式的增长，直到20世纪20年代才陷入停滞。这可以用"一战"后挪威工人运动内部出现了严重的分裂来解释。当时，挪威社会民主党发生了分裂，大多数党员投靠了共产国际。1921年，工人运动号召发起一次总罢工，但以失败而告终；这次罢工带有强烈的大规模政治罢工的色彩。这个时期挪威出现了相当高的失业率。直到30年代挪威工党执政、劳动力市场稳定以后，挪威才迎来了新一轮的工会化浪潮。在战后时期，挪威的工会会员人数增长速度远低于瑞典，这可能是因为挪威是唯一一个工会不控制失业基金的斯堪的纳维亚国家。

瑞典工会组织在经历了1909年失败后有一段时间发展缓慢。对于瑞典来说，与挪威一样，由于发生劳动力市场冲突，20世纪20年代是动荡的10年。[②] 但由于1932年社会民主党取得了政权，又由于著名的《1938年萨尔乔巴丁协议》(Saltsjöbaden Agreement of 1938)要求雇主与工会联合会就两者的关系问题进行重新谈判，随后，瑞典的工会组织又获得了大发展。[③] 今天的瑞典无疑是工会化程度最高的资本主义国家。

北欧三国工会运动的组织特点各不相同：丹麦仍然坚持横向以工种为基

---

① 但请注意，挪威1900年的工会化率处于很低的水平(Galenson，1952：App. A)。

② 在20世纪30年代以前，瑞典和挪威据称曾多次出现过世界上最高的罢工率。

③ 萨尔乔巴丁协议和社会民主党重组被说成是瑞典工人运动做出的"历史性妥协"(Korpi，1981a)。劳方最终在所有权问题上做出了让步，而资方也做出了一些让步，包括在雇佣和解雇规则以及政府答应不出面干预等问题上的让步。但值得注意的是，瑞典社会民主党在1935年组建多数派政府以后，瑞典的罢工次数急剧减少。

础的谈判，而挪威和瑞典正在逐步完成中央集权化纵向行业工会的进程。① 这三个国家的白领阶层工会运动也各不相同。“二战”结束以后，瑞典白领雇员工会联合会(Confederation of Swedish White-Collar Employees，TCO)是瑞典的主要白领工会组织。瑞典白领雇员工会联合会和瑞典工会联合会一样，在组织上也是朝着“行业”和纵向的方向发展。1947 年，瑞典高级专业和学术雇员成立了一个独立的工会组织——瑞典专业雇员工会联合会(Swedish Confederation of Professional Employees，SACO)。丹麦和挪威也出现了独立的白领阶层工会，但情况没有瑞典那么明显，发展势头也没有那么迅猛。丹麦白领“公务员”组建了一个类似于瑞典白领雇员工会联合会的工会组织[名叫领薪雇员工会联合会(Federation of Salaried Employees，FTF)]，只不过凝聚力不及瑞典白领雇员工会联合会，规模也没有它大。丹麦的学术和专业人员也效仿瑞典同行，在 20 世纪 70 年代初成立了丹麦专业学者工会联合会(Danish Academics' Confederation，AC)。丹麦白领工会的整合速度要比瑞典慢，但在 70 年代似乎出现了一些组织渗透的趋同。②

挪威白领雇员曾试图以瑞典专业雇员工会联合会为模式，建立一个独立的工会联合会，但没有成功。相反，挪威工会联合会倒是成功地吸收了大量的中下层白领雇员。除此之外，挪威的白领工会组织情况比较混乱：规模小、名目繁多的白领工会比比皆是，还有一个学术雇员工会。在这些独立的白领工会中，有些甚至允许自谋职业者参加，因此几乎无法确切计算这些白领工会有多少领薪白领会员。③

斯堪的纳维亚半岛三国工会组织发展的总体结果是蓝领工薪阶层，尤其是战后白领工薪阶层参加工会的人数大幅增加。事实上，很少有国家能达到这三个国家工会组织的渗透力水平。如果我们采用科尔皮(Korpi，1980b，

---

① 瑞典独立的工会联合会从 1960 年的 44 个减少到了 1975 年的 25 个；挪威独立的工会联合会从 1960 年的 43 个减少到了 1973 年的 35 个；而丹麦独立的工会联合会一直保持在 50 个左右(Elvander，1980：170)。

② 同样，20 世纪 70 年代导致丹麦工会会员人数激增的一个主要因素是丹麦失业率特别高，而且丹麦的工会控制着失业救济金的分配。

③ Elvander(1974 b：76)解释了挪威没有中央集权化的白领雇员组织的原因，把这归因为挪威早期(20 世纪 30 年代)曾出现过一个独立的公务员协会。这个协会的成立促使挪威工会联合会争取私营部门的白领雇员参加工会联合会。另一个因素似乎是小规模的行业独立工会拒绝合并。

1981a)1946—1976 年的国别工会化率数据，那么，瑞典在 18 个国家中工会化率得分最高，丹麦排名第四，挪威排名第五。① 这三个国家工会会员人数长期增加情况见表 2.5。②

表 2.5　　1900—1980 年斯堪的纳维亚三国工会会员人数

	1900	1910	1920	1930	1940	1950	1960	1970	1980
丹麦									
工会联合会会员人数(千人)	77	102	279	259	516	623	818	894	1 250
其他工会会员人数(千人)	—	22	—	52	27	—	196	267	544
占工薪阶层总数的百分比(%)	18	20	47	37	46	53	62	62	71[a]
挪威									
工会联合会和其他工会会员人数(千人)	5	47	143	140	307	488	662	787	967
占工薪阶层总数的百分比(%)	1	—	18	17	—	50	64	65	62
瑞典									
工会联合会会员人数(千人)	44	85	280	553	971	1 278	1 486	1 680	2 089
其他工会会员人数(千人)	—	36	21	50	72	290	394	834	1 226
占工薪阶层总数的百分比(%)	6	12	21	36	50	62	67	81	92

资料来源：丹麦——Pedersen，1977，app.；Danmarks Statistik，1981a：table 305。挪威——Lorenz，1974：215；Statistisk Sentralbyrå，1911：40，1933：60，1934：239，1945：249，361，1953：253，1963：62，1974：80，1981：85。瑞典——Statistiska Centralbyron，1931：322，1933：296，1942：315，1952：227，1961：224，1971：243，1981a：271。

a. 由于没有找到丹麦 1980 年的劳动力数据，这一百分比是个估计值。

自 20 世纪 30 年代以来，瑞典工人运动在组织上取得了巨大的成功；挪威的工会自 50 年代以来一直停滞不前；而丹麦蓝领和白领雇员工会最近也出现了一波会员人数剧增的高潮。70 年代丹麦工人运动有一个显著的特点，那就是几乎所有的工会都吸收了很多女性会员。显然，这三个国家工会的渗透力

① 奥地利和澳大利亚分别排名第二和第三。

② 请读者注意，表 2.5 中的百分比数字是基于“全体工薪阶层”，而科尔皮的数据则是基于非农业劳动力。还要注意的是，挪威的数据存在一个可能的错误来源，因为包括自谋职业者在内的工会并没有计算在内。丹麦和瑞典的“其他”类别非常好地反映了白领阶层工会化率。

差别必将影响社会民主党的长期发展壮大。

工会运动与社会民主党

我们很难区分斯堪的纳维亚三国工会运动和社会民主党的起源，因为这两种组织是一起成长起来的。纵观斯堪的纳维亚工会运动的历史，这两种组织一直保持着非常紧密的联系。这三个国家的工会运动有一个具有历史决定性的共同特点，那就是争取尽早摆脱社会民主党的控制并实现自治。但从19世纪末一直到今天，斯堪的纳维亚工会的力量无疑取决于社会民主党的成功，反之亦然。

丹麦社会民主党在其前身解体以后，在工会运动的支持下于1878年进行了重组，并且又重新发展起来（Bertold，1938；Bertold，Christiansen，and Hansen，1954—1955）。这段关系有助于确保丹麦工会影响该党的纲领、意识形态和政策朝着一个适度改良主义的方向发展。在丹麦社会民主党改组以后，丹麦工会废除了以前会员自动集体入党的做法。① 但在竞选期间，工会组织继续为社会民主党动员选民。

虽然丹麦工会和社会民主党在组织、成员和纲领方面已经正式分道扬镳，但为了保证两者同步发展彼此依然保持着密切的关系。19世纪90年代，随着中央集权化工会联合会的建立和社会民主党朝着全民性组织的转型，工会和社会民主党之间的一种高层联合代表制得到了制度化。丹麦社会民主党自动选派1名代表到工会联合会秘书处任职，而丹麦工会联合会也选派1名代表到丹麦社会民主党秘书处任职。此外，丹麦工会联合会也是丹麦社会民主党各种活动，特别是党报的主要资助者。但是，丹麦社会民主党在建立自己的全国性组织机构以后就削弱了工会的选举动员作用。丹麦社会民主党从工会运动中招募其领导人的传统做法，是丹麦工会联合会影响该党的最重要的常

① 这意味着丹麦社会民主党的党员基础变得薄弱了许多。

规方式。[①] 但从长远看，丹麦工会运动的性质也抑制了丹麦社会民主党的发展壮大，因为丹麦工会联合会内部分裂和支离破碎的结构已转变为政治分歧。因此，该党很难在处于弱势地位的非技术工人组织与居于强势地位的技术工人组织之间充当政治中间人的角色。

在丹麦，工会运动内部有一种明显的左派对立倾向，但从来没有发展到影响政坛的程度；工联主义也没有产生过重要作用。1918 年后，一个共产主义小派别从丹麦社会民主党分离出来，但没能带走很多工会会员，而丹麦工会联合会仍然坚定地站在社会民主党的一边。事实上，在丹麦工会运动史上，只有少数几个工会成了左翼社会主义政党或者共产党的俘虏（海员工会是少数几个工会中的一个）。在“二战”期间，丹麦共产党地下组织获得大量的支持，丹麦社会民主党的领导地位确实受到了一定程度的削弱；战后，丹麦工会联合会内部的紧张关系有时也有助于工会运动左翼势力的发展。一个值得注意的例子就是 1956 年事件：那年，丹麦社会民主党政府对当时发生的总罢工进行了干预，引起了相当大的不满，特别是在非技术工人联合会内部。1970 年前后，在是否加入欧共体问题上的分歧也刺激了丹麦工会联合会部分会员脱离了社会民主党。丹麦共产党（DKP）和社会（主义）人民党（SF）都成功地对丹麦的一些工会进行了渗透。但在丹麦加入欧共体以后，尤其是在经历了 1974 年后的经济衰退以后，社会民主党得以恢复对工会联合会的控制。虽然丹麦的工会组织基本上仍然由社会民主党控制，但丹麦工会联合会与社会民主党之间的正式关系偶尔也会变得紧张，特别是在政府强制推行收入政策时。

正如有人认为的那样，挪威的工人运动经历了一个从改良主义到革命再回归改良主义的过程，挪威工会和政党之间的关系在很长一段时间里都是不确定的。与丹麦一样，挪威工会对于 1887 年挪威工党（DNA）的成立发挥了主要作用，不过，这是发生在挪威工会合并成立中央集权化全国工会联合会之前的事情，因此，当时挪威工党的基层组织同时又是工会的基层组织，工会会

---

① 最初，丹麦社会民主党的领导人几乎都是工会会员。丹麦社会民主运动的“始祖”索瓦尔德·斯图宁（Thorvald Stauning）就像戈恩珀斯（Gompers），也是一个雪茄卷烟工。该党目前的党魁安克尔·乔根森（Anker Jorgensen）以前是非技术工人工会联合会的主席。与其他大多数国家的社会民主党相比，丹麦社会民主党没有很明显的知识分子担任领导职务的传统，在党的历任领导人中只有两名学者。这种情况可能有助于解释丹麦社会民主党普遍不重视理论和意识形态问题的原因。

员集体加入工党的做法也十分流行。挪威工党和工会关系的第一次结构性变化发生在挪威工会联合会成立以后。[①] 与丹麦的经历有所不同，挪威工会会员集体加入工党的做法一直延续到 1925 年挪威工会联合会召开代表大会。[②] 起初，挪威工党坚持一种改良主义的议会政治策略。然而，许多情况阻止挪威工人运动把工会活动和组织与工党的活动和组织完全区分开来。到了 20 世纪 20 年代，挪威的工人运动似乎更符合一种议会政治之外的阶级对立模式。

造成这种结果的一个重要因素就是挪威工会联合会的早期中央集权化趋势。到了 1907 年，挪威工会联合会设立了一个罢工基金，中央领导层握有相当大的权力，从而导致地方产生了异议，特别是在工联主义势力很强的挪威西部和西南部地区。1911 年的《特隆赫姆决议》(Trondheim Resolution)和随后的反对运动是挪威工会联合会中央集权制度第一次受到的重大挑战。在受世界产业工人联盟(Industrial Workers of the World，IWW)启发的特兰梅尔(Tranmael)的领导下，工联主义运动渗透到了挪威工会联合会和工党内部，并且推助它们采取大规模的行动以及与资产阶级国家直接对抗的策略。结果，挪威的工会运动被政治化，而挪威工党则放弃了早先的改良主义立场。[③]

决定性的突破发生在 1919 年，那年挪威工党决定加入共产国际，而挪威工会联合会则加入了阿姆斯特丹国际(Amsterdam International)。几年后，挪威工人运动的新纲领和组织特征在试图发动一场目的偏政治性而不是产业性的大规模罢工时得到了体现。挪威的工人运动在 1918—1920 年还试图建立苏维埃政权，但这种努力都以失败告终。挪威工会联合会和工党采用了与丹麦相同的正式联合执行代表制度。但 1923 年，挪威工党选择退出共产国际，这种代表制度也就被废除，挪威工党分裂为共产党少数派和工党多数

① 直到 1957 年，挪威工会联合会才被命名为“Arbeidernes Faghge Landsorganisation”。

② 在 20 世纪 20 年代，挪威工会联合会有 2/3 的会员集体加入了共产党。但“二战”结束以后，这种集体入党的做法迅速衰微。到了 1966 年，挪威工会联合会只有大约 17%的会员集体加入了挪威共产党。应该指出的是，集体入党基本上是城市工人阶级的事情，在农村外围地区很少发生这种事情。在农村外围地区，挪威工党能获得很大比例的选票(Rokkan，1966)。

③ 正是特兰梅尔和工联运动的兴起导致了“公牛假说”(Bull hypothesis)的提出，因为工联运动显然是集中在不久前才背井离乡的农村人口中。

派。[①] 1927 年，在挪威工党重新统一后，重新恢复了联合执行代表制度。

挪威共产党（NKP）像丹麦共产党一样，也没能在参加工会运动方面取得重大进展。因此，1927 年以后，挪威工会联合会仍然坚定地站在挪威工党一边。自挪威工党 1930 年执政以来，特别是“二战”以来，挪威工会联合会—工党联合执行代表制度得到了很大程度的扩展，以至于在许多政府委员会和议事会中都有挪威工会联合会成员参加。

直到 20 世纪 30 年代挪威工党重组以后，挪威工会联合会才实现了完全去政治化。20 年代，挪威工会联合会是传统工会和政治罢工力量的奇特混合体。当然，对于致力于议会外行动、革命和无产阶级专政的运动来说，这应该是能够预料到的。但另一个原因是，与丹麦不同，为了对付大规模的罢工，并通过立法来削弱工会联合会的势力，挪威政府威胁要对工会采取更加广泛的镇压行动。[②]

因此，无论是对于挪威工会联合会还是挪威工党来说，20 世纪 30 年代都是一个转折点。在 1940—1945 年德国占领期间，挪威工党被宣布为非法，党的领导人被流放或送进集中营，朝着“正常状态”——是指工会活动与工党的活动的严格分离——演化的过程也因此而中断。战后，早期的工联运动和革命特征大多已经消失，但工人委员会在 1945 年以后又死灰复燃。战后挪威工会联合会和挪威工党之间的关系比丹麦工会联合会与丹麦社会民主党之间的关系更加紧密、和谐。挪威工会联合会要比丹麦工会联合会更加团结，挪威工党也比丹麦社会民主党更加强大，而挪威工会联合会与工党之间的严重争议则有所减少——至少在 70 年代之前是这样。

就像丹麦一样，是否加入欧共体的问题也使挪威工人运动面临分化的威胁，但由此而在挪威造成的紧张局势更加严重。虽然挪威工会联合会和工党 1972 年举行的代表大会赞成挪威加入欧共体，但非技术工人工会联合会反对挪威加入欧共体。在 1973 年的选举中，挪威许多独立工会和普通工人强烈反

---

① 当挪威工党加入第三国际时，党内分裂出一个很小的维新派别，并且成立了挪威社会民主党。顺便说一句，工联主义者特兰梅尔代表挪威工党在 1923 年拒绝接受“莫斯科指挥棒”（Moscow theses）的主要力量，因为他拒绝莫斯科强加的民主集中制。

② 例如，1927 年通过的一部法律禁止工会制止破坏罢工者。

对挪威加入欧共体的情绪达到了高潮，从而导致工会会员大规模脱离挪威工党。在1973年的挪威工会联合会代表大会上，反对挪威加入欧共体的挪威社会人民党获得工会会员的大力支持。战后，挪威工党地位比丹麦社会民主党更加稳固，这在很大程度上应归因于挪威工会联合会凝聚力的增强。另一方面，挪威工会发展的速度较慢——特别是与战后的瑞典相比——也很可能阻碍了挪威工党持续取得选举胜利。

瑞典早期的经历很难与另外两个斯堪的纳维亚国家的经历区分开来。19世纪80年代，在丹麦社会主义政党的帮助下，瑞典工会第一次表达自己的建党动机。瑞典社会民主党(SAP)成立于1889年，比挪威创建工党晚了两年，但比瑞典工会合并组建工会联合会早了近10年。在这个时期里，瑞典社会民主党的党组织就成了对工会进行协调的主要工具。不过，在1898年组建工会联合会时，工会会员集体加入社会民主党的原则仍保留了下来。几年后，会员个人有权选择退党，但会员集体入党的原则至今仍是瑞典工人运动的基本特征，而且仍有相当多的工会联合会会员是瑞典社会民主党党员。[①] 这无论是在经费还是精神上都给瑞典社会民主党带来了巨大的组织优势，或许也导致瑞典社会民主党在组织上变得更加强大、活跃的原因。

1918年以后，瑞典社会民主党仍然主张改良和议会政治，而党内出现的亲莫斯科的左翼社会主义分裂集团虽然从未真正对瑞典社会民主党和工会联合会构成威胁，但确实在地方选举中获得了北方矿区很多工人的支持。此外，瑞典工会联合会从1909年的灾难中缓过气来以后就获得了迅速的发展。如前所述，它的新会员绝大多数是产业工人，因此旧手工业者的影响比丹麦更加迅速地减弱。不过，虽然瑞典工会联合会有更加明显的行业工会运动的倾向，但中央集权化速度却要比挪威工会联合会慢——这一现象可能有助于避免一场气势汹汹的工联主义叛乱。此外，瑞典的工联主义者投靠了瑞典共产党(VPK)。因此，瑞典社会民主党和工会联合会在早期都得以避免不团结和分裂的威胁。

在整个动荡的两次世界大战间隔期里，瑞典工会联合会的中央权威逐渐

---

① 1914年以前，估计瑞典社会民主党80%的党员是瑞典工会联合会会员；而今天这个比例约为60%。

得到加强，这既有协调行动在瑞典分散的地理环境中非常重要的原因，又有劳动力市场非常不稳定的原因。20 世纪 30 年代初瑞典社会民主党进行的联盟重组和随后《1938 年萨尔乔巴丁协议》的签署，最终确定了瑞典工会联合会和瑞典社会民主党关系的基本条件，这个框架后来一直持续到 70 年代。

如果我们考虑到瑞典工会联合会在过去 50 年里有更加强大的组织力量以及高度同质化的工人阶级选民，就不难发现，在瑞典工会联合会与瑞典社会民主党的关系中，尤其是在提出社会和经济立法议案方面，瑞典工会联合会已经成为居于主导地位的合作伙伴。事实上，瑞典工会联合会拥有自己的研究人员，包括学者和训练有素的专家。所有这些因素，更不用说瑞典工会联合会的经济影响力，都有助于确保工人运动内部摩擦的减少。

近年来，瑞典工人运动内部当然也出现过一些关系紧张的情况。首先，正如埃尔范德（Elvander，1980：178）所指出的那样，瑞典工会联合会大大增加了参与立法的活动，给瑞典社会民主党出了不少难题，因为瑞典社会民主党必须对工人阶级的要求与其他阶级的要求进行协调平衡。其次，目前的经济增长和充分就业问题以及瑞典工会联合会关于经济民主的建议，给劳资关系造成了新的压力。1969 年基律纳罢工（Kiruna strike）之后出现的野猫式罢工（wildcat strikes）浪潮也在瑞典工人运动内部造成了一些摩擦，在基律纳罢工期间，参加罢工的工人抗议瑞典工会联合会的中央集权行为，也间接向瑞典社会民主党政府提出了抗议。

斯堪的纳维亚三国的工人运动虽然有时也会遇到困难，但都显示出工会和社会主义政党之间保持着异常紧密的关系——也许瑞典工会联合会与瑞典社会民主党之间的关系最为紧密，而丹麦工会联合会与丹麦社会民主党之间的关系则最为松散。在新成立的白领工会和社会民主党或工党之间并没有形成类似的共生关系。虽然挪威的白领工会组织非常分散，这是一个有点特殊的例子，但白领工会联合会在党派问题上一般保持中立。毫无疑问，社会民主运动的长远前景将取决于迅速发展的白领雇员组织的政治选择及其党派忠诚。

第三章　斯堪的纳维亚社会民主运动发展过程中出现的阶级联盟

斯堪的纳维亚的社会民主运动历史可以很方便地被分为三个阶段。[①] 第一阶段——从 1870 年前后到“一战”结束，虽然社会主义政党和农民确实在争取民主的斗争中进行过合作，但传统的“阶级党”模式大行其道。第二阶段，也就是在两次世界大战间隔期里，民主化问题已经得到解决，但政治气氛仍不稳定。斯堪的纳维亚三国社会民主党（三国社会民主党是指丹麦和瑞典社会民主党和挪威工党，下同。——译者注）获得了显著的发展，但无论是右派还是左派，都无法组成健全的执政联盟。历史转折点出现在了农民和工人阶级为联合而进行政治联盟重组，从而使“阶级党”变成了“人民党”的时候。这次政治联盟重组奠定了战后福利国家政治的基本基础，并标志着斯堪的纳维亚半岛社会民主运动第三阶段的开始。（“二战”）战后时期，虽然有时也会有资产阶级政党执政的情况，社会民主党没有获得进一步的发展，但是，社会民主运动总体居于主导地位。

随着 20 世纪 70 年代的到来，斯堪的纳维亚社会民主运动的第三阶段似乎行将结束，社会民主党则开始显露出分化（或至少停滞不前）的迹象，过去的

---

① 下文对丹麦和瑞典社会民主党以及挪威工党发展和政治变革的述评参考了以下文献：Westergård Andersen(1974, 1976); Dybdahl(1975); Elvander(1980); Bertold, Christiansen, and Hansen(1954—1955); Bertold(1938); Krag and Andersen(1971); Bille(1972); Bryld(1976); Tingsten(1941); Lindhagen(1972); Hancock(1972); Dahl(1969); Lorenz(1974); Kjeldstadli and Keul(1973); Aasheim(1970, 1971); Valen and Katz(1964); Valen(1981); Rokkan(1966); Paterson and Thomas(1977); Esping-Andersen(1980)。

政治模式已经失去吸引力和适用性，显然需要推行新的政策并进行新的联盟重组。为了满足这些新的需要，斯堪的纳维亚三国的社会民主党发起了一场把自己重新定义为"工薪阶层政党"的运动，他们迫切需要把中产阶级雇员群体纳入社会民主联盟。

首先，有一些共同的特点有助于解释"斯堪的纳维亚模式"的独到之处。第一，这三个国家的政治民主化是一个相对平稳和渐进的过程。在工业化过程的早期，议会制度就得到了巩固，选举权就得到了扩大。民主运动也没有发生剧烈的逆转。第二，除少数例外情况外，宪法规定和议会程序通常都得到了遵守。贵族和君主的政治统治地位在早期就已经被削弱，当局很少实施严肃的政治镇压，斯堪的纳维亚没有任何可与德国"社会党人法"（Sozialistengesetz）相提并论的东西。一个决定性因素是在城市自由主义者的支持下，传统农民、商业化农民和工人在争取充分民主的斗争中结成了早熟的联盟。第三，这三个国家都实行比例代表制，这无疑有助于推进社会民主动员。比例代表制往往有利于强大的政党组织的产生，并有助于最大限度地进行选举动员，因为党派竞争变得更加激烈。比例代表制还促使社会分化和党派之间的关系变得更加紧密。当然，新成立的政党的入党条件也因代表所需的得票率而不同。①

最后，阶级分化和政党制度之间紧密的联系与斯堪的纳维亚国家其他特点有关。在每个斯堪的纳维亚国家，公民在种族、语言和文化方面都是相同的，这一点有助于降低横向分裂的严重程度。② 因此，在这三个北欧国家，阶级组织的政治关系有着非常相似的特点。这三个国家的雇主组织通常都能在保守党[挪威的"Højre"党、瑞典的温和党（Moderate party）和丹麦的保守党]中找到它们的代表。农民在农村自由党[挪威和瑞典的中间党（Center party）以及丹麦的自由党]那里找到了自己的归宿，而小土地所有者则聚集在激进自

① 丹麦小党派的大量增加无疑是选票比例门槛低（2%）的结果。

② 这样概括在一定程度上掩盖了一些严重的分裂造成的强烈影响。在挪威，特别是在"高教会派"（high church）和"低教会派"（low church）基督徒之间以及在中心和外围之间存在的分裂。在挪威和瑞典，其他分裂因素，特别是禁酒运动（temperance movements），也发挥了作用。关于这些分裂因素的最佳讨论，请参见 Rokkan（1966，1970）。

由政党的旗下。当然,绝大多数工人阶级已经被动员起来支持社会民主党。[1]

对于社会民主运动来说,斯堪的纳维亚国家最具决定意义的特征是农民的自我组织能力,这为崇尚自由主义的农民和崇尚社会主义的工人之间缔结国际上独一无二的联盟奠定了基础。商业化农民独立、具有很大政治优势的地位,也意味着资产阶级阵营的不和甚至分裂,而资产阶级政党之间的冲突则也已经成了普遍现象。[2] 相反,在强大的工会运动的支持下,社会民主党通常不用担心左翼的影响。

斯堪的纳维亚三国政治制度不同属性的这种组合可谓是独一无二,但必须对社会民主运动在这三个国家如此繁荣的原因作出解释。考虑到这些系统的相似之处,我们现在可以谈谈这三个北欧国家各自特有的历史因素。

1870—1945 年丹麦社会民主运动的崛起

1848 年欧洲大陆爆发革命以后,根据 1849 年 6 月颁布的宪法,丹麦贵族被迫把权力交给议会。农场主和城市自由主义者势力的发展壮大,加上贵族阶级的日趋衰落,帮助丹麦避免了革命性的剧变。然而,丹麦在 1866 年对不寻常的民主宪法进行了修订,使上议院再次被地主贵族和国王所控制。[3] 上议院否决多数决定的权力阻碍了充分的民主代表制。

因此,19 世纪末,丹麦的行政机构掌握在保守派的手中,而议会则由崇尚自由主义的农民主导。崇尚自由主义的农民首先组建了一个政党——联合左翼(United Left)——致力于实现以下三个重要目标:代议制民主、减税和贸易自由化。丹麦社会党在 19 世纪 70 年代登上了丹麦的政治舞台,并且能在议会政治问题上与自由党合作。也是在 19 世纪 70 年代,丹麦保守派为了应对自由党的挑战也成立了自己的政党——丹麦保守党。在 1901 年之前,丹麦保守党对政府的控制一直是依据未经下议院批准的临时立法,而内阁大臣则

① 虽然最近左翼社会主义政党开始威胁到丹麦社会民主党的盟主地位,而在挪威也开始以较低的程度威胁到工党在本国的盟主地位,但这三个国家的共产党很少构成这么大的挑战。

② 在卡斯尔斯(Castles,1978)看来,资产阶级阵营不和或者分裂是导致斯堪的纳维亚社会民主运动获得成功的主要因素。

③ 1866 年,丹麦在对普鲁士-奥地利战争中被战败后,就对议会代表权进行了限制。

由国王直接任命。议会制的胜利伴随着1901年的制度变革——取消了对剩余投票权的限制，而自由党在获得选举获胜利以后立刻组建了丹麦第一个民主选举产生的政府。

在创建一个社会主义政党的第一次努力失败以后，发起人路易斯·皮奥(Louis Pio)在1871年建立了第一国际(First International)丹麦支部，并且制定了一个有点传播革命意味的纲领。在丹麦警方驱散了一次示威游行，囚禁了这个政党的领导人，并随后出钱让他们移居美国后不久，这个政党很快就自行解散。几年后，一些工会会员着手组建丹麦社会民主党，并于1878年正式宣布成立。丹麦社会民主党在成立之初，就在动员工人阶级选民方面遇到了困难，既因为对选举权的限制尤其影响到工人阶级中比较贫穷的阶层，也因为保守党成功地吸引了许多较为富裕的工人。1884年，丹麦社会民主党选出两名代表参加议会，但直到1901年以后才真正开始发展壮大。

丹麦社会民主党的第一个纲领——1876年的"吉姆列纲领"(Gimle program)——差不多就是直译"哥达纲领"的产物，而它的口号"一个世纪的社会民主运动"有着非凡的远见，因为该党当时几乎没有控制任何选民。它的主要目标是动员选民参加选举。虽然福利改革由于救济受益者被剥夺选举权和非技术工人缺乏经济保障而占据了重要的位置，但普选权和议会制在1901年以前一直是丹麦社会民主党关心的首要问题。

在民主改良以后，农民自由党向保守党靠拢，促进了激进自由党(RV)在1905年的诞生，从而使得丹麦社会民主党和激进自由党在国内社会改革和军事支出问题上，在议会建立了一定程度的关系。这个时期，丹麦政坛出现了一种持久的结盟模式：保守党和自由党是两个占据主导地位的资产阶级政党；社会民主党成了左派最大的政党；而激进自由党作为社会民主党的天然盟友持中间偏左的立场。这根左翼-右翼轴线确凿无疑地反映了丹麦主要的基本阶级分裂状况。农民和城市资产阶级主张公共支出(军费开支和农业补贴除外)应该适度，而工人和小土地所有者在社会改革和收入再分配方面有着共同的利益。因此，我们可以把丹麦的工农联盟雏形追溯到(19世纪与20世纪的)世纪之交。

丹麦社会民主党发展非常迅速，它的优势首先体现在地方政府中。到了

1917年,该党在哥本哈根市议会中占据了多数席位,在其他几个城市也显示了它的雄厚实力,从而能够在地方层次实现其许多社会目标,并可能有助于加强该党对议会改良策略的承诺。但与德国和奥地利的社会主义政党不同,丹麦社会民主党成功地渗透到了其城市飞地之外。

对于丹麦社会民主运动来说,1913年是具有决定性意义的一年。丹麦社会民主党的得票率首次超过了自由党。丹麦社会民主党拥有近30%的选票,因此在政治上再也不能继续被排除在外。在"一战"的特殊情况下,丹麦社会民主党派代表参加内阁已经成为事实。当时,该党决定允许其领导人托瓦尔德·斯图宁(Thorvald Stauning)在激进自由党的战时政府中担任职务。事实上,只有很小一部分党员认为参加"资产阶级"政府多少有点问题。

丹麦的全部四个政党都通过在自己天然的阶级基础上建立强大的组织机构来谋求扩大自己的竞选实力。"贫民党"这个名称不仅适用于丹麦社会民主党,而且也同样适用于丹麦保守党和自由党。这三个政党都试图通过与社会或文化组织建立关系,在争取议会多数的竞赛中取得竞争优势。丹麦保守党以城市专业人员、公务员和商人为自己的阶级基础,并且与雇主组织、各种爱国和文化协会以及青年组织和体育俱乐部保持着非正式的联系。自由党也围绕农业组织、农村合作社和民众高中缔造自己的组织王国,并且花大力气发展农村社交俱乐部。

但是,丹麦社会民主党明显领先于其他政党,这是一个工会、合作社和党组织三驾马车得到巩固的时期。当时工人阶级的社交和文化生活十分贫乏,丹麦社会民主党看到了超越保守党的机会。在很短的一段时间里,社会民主党的党报一度曾是丹麦发行量最大的日报。事实证明,组织工作是一项可靠的投资,在选民动员和党员人数方面产生了巨大的回报。

及至"一战"结束,丹麦各党派已经完成了对丹麦选民的"瓜分"。因此,各党派相对实力的变化在很大程度上是加大政治参与力度和阶级结构变化的结果,至少在20世纪30年代阶级联盟重组之前情况就是如此。丹麦社会民主党是这一制度的主要受益者,特别是因为该党几乎没有左翼反对派。丹麦的工联运动从未产生过重要作用,俄国革命后出现的共产主义分裂集团未能夺走工人阶级的重要阶层。(丹麦共产党的支持率在30年代高失业时期获得了一定程度的增长，并在 1939 年达到顶峰。该党在这一年的选举中获得了 2.4%的选票。但丹麦社会民主党的危机应对策略实际限制了失业者向共产主义阵营靠拢。）1918 年以后，丹麦社会民主党继续居于支配地位，在 1920 年的选举中获得了 33%的选票。1924 年，社会民主党迎来了自己的历史性时刻，它在这一年的选举中获得了 36.6%的选票，并且组建了该党历史上的第一个少数派政府（斯图宁担任首相）。令人惊讶的是，在没有获得议会多数的情况下，丹麦社会民主党的领导层几乎没有犹豫就决定让该党承担组阁执政的责任。在接下来的 2 年任期内，社会民主党急于表现自己的责任心和胜任力。很明显，该党把这次组阁看作是未来获得选举成功的铺路石，而不是进行社会主义实验的机会。①

丹麦社会民主运动有一个特点，那就是不重视意识形态和理论问题，但确实曾经有过一位杰出的理论家，他就是古斯塔夫·邦（Gustav Bang）。邦（与奥地利马克思主义者一样）试图建立“改良主义实践和革命目标之间的有机关系”。但邦在他的同时代人中是个边缘人物，被后来的社会主义政党所遗忘（Togeby，1968：107）。无论是意识形态问题、战略问题还是战术问题，都没能分裂丹麦社会民主党。丹麦共产党的出现如果说有什么区别的话，那就是强化了丹麦社会民主党坚定的实用主义作风以及对受到民众尊敬的追求。丹麦社会民主党最主要的内部分歧是在工会运动和该党内部占主导地位的技术工人阶层与非技术工人阶层之间的分歧。

1926 年，丹麦社会民主党被赶下了台，1929 年再次执政。然后，丹麦社会民主党与激进自由党结盟联合执政一直到 1940 年。大萧条爆发以后，丹麦社会民主党率先发起建立斯堪的纳维亚工人和农民政治联盟。作为对农业补贴和工会工资限制承诺的回报，丹麦激进自由党（代表左翼农民）和自由党（代表大农场主）都同意在社会民主党的政治领导下推行积极的危机应对政策。这

① “历史性妥协”对丹麦社会民主党来说几乎不是问题，就如该党党报《社会民主运动》（*Social-demokraten*）1919 年发表的一篇编辑部短评所指出的那样：“我们一直在与伪激进主义作斗争，因为伪激进主义试图让工人相信，它能在一夜之间让世界由地狱变成天堂。我们必须……与德国社会民主党的某种理论激进主义保持距离，我们认为该党在试图取得政治影响力方面犹豫了太久……[它的问题是]它未能始终如一并尽早地遵循斯堪的纳维亚战略，即工业、合作社和政治行动之间的严格协同，理论和实践的健康协调，对社会主义理想的信仰要与对现有可能性的现实评估结合起来，为增强人民的参政能力坚持不懈地做好每天的工作。”（Bryld，1976：21－22）。

个联盟将构成丹麦社会民主福利国家政治的长期基础，并将结束丹麦几十年来政治不稳定和少数派内阁不断更迭的局面。

虽然丹麦社会民主党新的“人民党”形象是为淡化工人阶级意识形态形象迈出的又一步，但普兹沃斯基所说的代议制困境却没有出现。1935 年，丹麦社会民主党非但没有失去工人阶级的支持或者帮助共产党进行选民动员，反而取得了该党有史以来最大的选举胜利（获得了 46.6%的选票），党员人数也急剧增加（Svensson，1974：132－134）。尤其值得注意的是，青年党员的人数增加了 2 倍（Dybdahl，1975：120）。其间，也许是因为社会民主党采取了积极的危机应对政策，并对青年失业现象进行了抨击，所以，该党赢得了选举胜利，而丹麦共产党则付出了沉重的代价。

我们还必须把丹麦社会民主党进行政治联盟重组的决定理解为对原法西斯主义动员幽灵不断逼近并因担心德国的多米诺骨牌效应而作出的回应。除了执行新的联盟战略和政策以外，丹麦社会民主党还重新确定了党的指导思想和纲领。在该党所用的措辞中，“民主”取代了“社会主义”，“人民”取代了“工人阶级”。1935 年，丹麦社会民主党的竞选口号是爱国主义的“全体人民的丹麦”，而该党的新纲领巧妙地把农民、小农、小企业主、工人和养老金领取者的呼声与有关反垄断立法，土地再分配，提高农村居民收入、增加失业救济和教育支出，增加公共部门就业以及改善社会福利的承诺结合在一起。虽然丹麦社会民主党增强了自己的号召力，缔结了新的跨阶级联盟，并且确实在下层白领雇员和城市小资产阶级中赢得了一些选民，但是，该党的选民基础仍固定在工人阶级，而且技术工人依旧是该党的选民堡垒，他们继续在工会组织中占据主导地位，并且主导着党的活动。

在“二战”德国占领时期，丹麦社会民主党继续执政，但有自由党和保守党参加。政府没有冒险公开对抗德国占领当局，而是奉行一种谈判策略。丹麦社会民主党首相甚至默许了德国提出的囚禁丹麦共产党员的蛮横要求。直到 1943 年丹麦政府拒绝判处破坏分子死刑，丹麦才最终与德国决裂。那年，丹麦爆发了一场总罢工，德国占领军宣布全丹麦进入紧急状态，而丹麦政府也被迫宣布解散。在战争期间，丹麦社会民主党采取了妥协立场，而丹麦共产党组织抵抗运动进行了英勇的抵抗。战后，选民纷纷转向了共产党。

1870—1945年挪威社会民主运动的崛起

推动挪威政治民主的重要因素是为争取民族独立而进行的斗争。挪威第一部本国宪法规定了一种只设一个议院的准议会制度，这种制度给予农民、公务员和有产阶级有限的间接代表权；内阁由瑞典君主任命并最终控制。

瑞典的专制统治和地主贵族阶级的缺位意味着，人民争取民主的斗争要采取特殊的形式。这种斗争的主要目的是实行代表瑞典国王的瑞典人统治和公务员制度。由于公务员统治或者治理是通过奥斯陆来维持的，争取独立的斗争加剧了挪威传统的城乡分化。此外，挪威的公务员治理还有一个顽固的文化维度：公务员都来自于丹麦上层阶级（讲丹麦语），而外围地区的公务员则爱讲农村方言。最后，一个相当重要的因素是农村人口的同质性。由于1814年颁布的宪法旨在确保农村地区代表性不足，因此，一个基本的革命目标就是废除瑞典君主对内阁的控制和建立代表议会制度。挪威在1884年实现了这个目标，并且成了北欧第一个引进现代议会制度的国家。1898年，挪威开始赋予男性公民普选权，1913年又把选举权扩大到女性公民。

有关议会制度、瑞典君主和挪威公务员的冲突使挪威产生了一种多少有点类似于丹麦的政党制度。挪威农民都团结在了自由党（Venstre party）周围，而公务员和新生的资产阶级聚集在了保守党（Højre）的周围。在1884年以后的那个时期里，挪威自由党和保守党在挪威政坛占据了主导地位，因为社会民主工党直到1887年才成立，并且要等到1905年以后才形成气候。

挪威自由党在争取民主的斗争中把它的农民选民与城市进步自由分子团结在一起。1884年以后，自由党内部在城市自由主义和农村基督教原教旨主义的问题上分歧越来越大。虽然自由党在1918年以前一直维持着对挪威政府的控制，但在这个时期里发生了几次党内分裂。[①] 值得注意的是，挪威自由

① 第一次发生这样的事件是在1888年。那年，温和自由党成立。该党成立后不久就与保守党合并。第二次分裂发生在1909年：当时，有一个自由主义派别从党内分裂出来，但直到20世纪20年代才最后“病逝”。最具决定性的一次分裂发生在1920年：当时农民组织对自由党的左倾倾向作出了反应，从自由党分裂出来成立了一个农业党。

党的这些分裂集团投靠了保守党，这有助于解释自由党与新生的社会民主工党（下称“挪威工党”）联合起来的原因。在两党联合的最初几年里，挪威工党支持自由党议会候选人，而自由党则支持社会改良。1905 年，挪威取得了完全的民族独立，自由党的政治优势达到了它的顶峰。

虽然挪威工党起源于 19 世纪中期的社会运动，但直到（19 世纪与 20 世纪的）世纪之交，才有人谈论城市工人阶级。因此，挪威工党在 1887 年正式成立时非常弱小。丹麦社会民主党在 19 世纪 80 年代已经取得了议会席位，而挪威工党要等到 1903 年才取得议会席位，直到 1905 年以后才开始发展壮大，并且在 1906 年赢得了 16％的选票，1915 年又赢得了 32％的选票。

直到 1918 年，挪威工党还是一个有着务实的改良主义纲领、主张议会政治的民主党。然而，到了 1919 年，该党加入了共产国际，并拥护激进的革命纲领和议会外斗争的策略。这一突然的转变也许可归因于多个因素，但其中的一个因素与选举制度有关。1920 年前，挪威实行单选区选举制度，而且几个最大的党派的代表比例严重过高。因此，虽然挪威工党在 1906 年和 1915 年的选举中获得大胜，但在议会中并没有取得相应的代表席位。这两年的选举结果非但没有增强挪威工党对议会制度的信心，反而帮助该党的领导人接受了列宁主义的资产阶级国家观。第二个因素是挪威工人运动在 1909 年的罢工以后出现异常强大的工联主义势力。1911 年通过的“特隆赫姆决议”（Trondheim Resolution）和随后由记者马丁·特兰梅尔（Martin Tranmael，他在工党挪威西部组织担任要职）领导的工联主义反对派运动，对挪威工人运动的革命势头起到了决定性的推动作用。虽然工联主义反对派最初把攻击矛头对准了工会运动的中央集权化问题，但它很快就同时拿下工会和工党。随着 1917 年俄国革命的爆发，特兰梅尔领导的工联运动取得了对挪威工党的实际控制权。在 1918 年的党代会上，多数——虽然是微弱多数——代表投票决定把工党改造成开展阶级斗争的革命党，致力于反对资产阶级国家，并且以由工人和士兵组成的苏维埃取而代之（Elvander，1980：42）。1919 年，挪威共产党加入了共产国际。几年后，挪共改良派从党内分裂出来，成立了一个独立的社会民主党。

挪威工党有几年曾致力于采取议会外行动，并在短时间内成功地建立一个庞大的工人委员会体系。这个庞大的体系大约拥有 200 个工人委员会，并且有 60 000 多名工人参加(Elvander，1980：43)。不过，挪威工党对共产国际成员的身份感到不满，并且在 1923 年退出了共产国际，原因是特兰梅尔等人拒绝接受民主集中制原则。在挪威工党退出共产国际以后，党内有一小部分人仍留在共产国际，并且成立了一个独立的共产党。然而，这些事件并没有完全改变挪威工党对革命的态度，但工党在实践中越来越遵守议会的游戏规则。1927 年，挪威工党与改良派社会民主党重新联合，并在当年就取得了实质性的选举胜利(获得了 37%的选票)。这次由工会领导层策划的重新联合，同样有助于再度联合的工党和社会民主党与挪威工会联合会重建紧密的工作关系。

虽然挪威工党继续坚持革命，但奇怪的是，在 1927 年选举后不久被要求组建政府。这一经历是革命抱负与少数派议会政治矛盾的典型例子，工党直截了当地提出了生产资料社会化方案。在工党履行这个承诺的过程中，资产阶级以大规模资本外逃的方式做出了回应。随着财政体系濒临崩溃，这届政府只维持了两个星期就因资产阶级政党一致投不信任票而被推翻。

1918 年以后，随着社会民主党的发展壮大，且变得日益激进，挪威的政治制度变得极其动荡。保守党和自由党的旧两党体系显然已经崩溃。这两个政党在 1918 年的选举中分别获得了差不多 1/3 的选票，但这两个资产阶级政党却无法组建某种形式的联合政府。1920 年，挪威开始推行比例代表制，从而进一步阻碍了动员议会有效多数问题的解决。于是，独立的农业党从自由党分裂出来，并且动员自己的选民。

20 世纪 20 年代，由于挪威各党派都没有能力组建联合政府，因此，挪威出现了一长串软弱且不稳定的少数派政府。在这些少数派政府中，除了一个只存续两周的社会民主党政府外，其余的少数派政府不是由保守党组建，就是由自由党领导。当时的挪威政坛，左翼与右翼一样支离破碎，而这也是当时挪威阶级组织的真实写照。挪威工党代表挪威各个工会，正在发展壮大的农业党代表农民组织，而保守党则代表雇主组织和公务员。曾经实力雄厚的自由党由于缺乏自己的阶级组织基础而日趋衰落，它的选民基础由基督教原教旨主义运动、节欲组织和民族主义者构成。

在1930年的选举中，当时已经统一的挪威工党重犯了他在1927年犯过的错误，并且提出了一份革命的竞选纲领，从而招来了挪威三个非社会主义政党的一致强烈反对。虽然这一年的选举创下了投票率纪录，但挪威工党还是输掉了选举。这次失败有助于该党内部改良派的发展壮大，在1930—1933年期间，挪威工党迅速从革命转向了改良。农民中间和保守党内部同情纳粹的情绪不断高涨，再加上挪威卖国的纳粹党的成立，都助推挪威工党加快改良步伐。在丹麦兄弟党的带领下，挪威工党开始推行自己的危机应对政策：创造就业机会；推进福利改革；向农民发放补贴。在1933年的选举中，挪威工党大获全胜，获得了40%的选票，而挪威共产党的得票率下降到了区区2%。两年后，挪威工党成功地赢得了农民党对其危机应对政策的支持，组建了自1918年以来在议会拥有最多席位的政府。后来，就像丹麦一样，挪威的农民-工人阶级联盟导致挪威社会民主运动进行阶级联盟重组。

"二战"对挪威政坛产生了特别的影响。与丹麦政府不同，挪威工党政府没有立刻向纳粹占领军投降。在军事抵抗遭遇失败以后，挪威国王和政府就流亡去了伦敦。德国占领军解散了挪威的全部党派，扶持吉斯林（Qinsling）出任首相，并且着手大肆对挪威社会实行纳粹化。一些社会民主运动领袖和共产党领导人被关进了集中营。因此，挪威工党后来在政治上得益于在德军占领时期进行的比较英勇的抵抗和遭受的苦难。

虽然挪威共产党战后确实也赢得了民心，但挪威工党赢得了赋予该党议会绝对多数的选举胜利。[①] "二战"对挪威工党产生的重要得多的影响是该党的流亡经历。由于预期到即将取得民族解放，挪威工党在1944年开始为战后时期起草一份内容全面的长期施政纲领，挪威各非社会主义政党共同签署了这份同时承诺实行经济规划和发展福利国家的纲领。这份纲领的签署意味着战时政治两极分化状态的结束以及就战后要实施的政策达成了大量的共识。

① 挪威共产党在1945年的选举中获得了近12%的选票，而挪威工党则获得了41%的选票。对于工党来说，获得的选票略有减少。但由于选举制度往往偏袒大党，因此，挪威工党成功地获得了议会多数的表决权。

1870—1945 年瑞典社会民主运动的崛起

瑞典社会民主运动或许既没有挪威那么波澜壮阔，也没有丹麦那样波澜不惊。瑞典最初的社会民主动员受到了旷日持久的争取充分民主的斗争的制约。与丹麦和挪威一样，贵族的势力在很早以前就遭到了削弱，而独立的农民阶级成功地维护了自己的经济和政治地位。

1866 年颁布的宪法正式废除了专制政体，赋予瑞典一种很像丹麦那样的两院制议会。这部宪法根据财产条件赋予有限的代表权，从而使富裕的农民和城市资产阶级可以在下议院获得多数席位，但上议院仍然在国王和贵族的控制之下。瑞典政府比邻国政府更加专制，更具家长作风，但通常对公民自由和民众要求的表达持比较宽容的态度，很少实施政治镇压。就如蒂尔顿（Tilton，1974）所指出的那样，反动集团很难轻易动用国家政权来进行镇压。

但是，争取普选权和代议制议会政治的斗争很晚才取得成功。首先，瑞典社会没有产生庞大的有自由思想的农民和城市资产阶级。城市资产阶级通常支持家长式的国家，而农民在经济或政治上太过虚弱，不可能凭借自己的力量要求进行宪政改革。因此，日益壮大的工人运动在进入 20 世纪以后的民主化进程中发挥了重要作用。在 1918 年最终争取到普选权和进行议会政治以前，即使到了政治权利扩大到较大一部分小土地所有者和工薪阶层的 1909 年，保守党仍一直成功地控制着议会。

进入 20 世纪以后，自由党和社会民主党迅速发展壮大，部分是因为选举权有所扩大，还因为工人阶级自身以很快的速度发展。自由党和社会民主党结成了一个松散的政治和社会改良联盟，这两个政党在 1911 年的选举中获得了下议院的多数席位；于是组成了一个自由党派政府，但上议院仍由保守党控制。但仅仅过了 3 年，在王室的干预下，这个政府因军事动员问题而被迫集体辞职。“一战”结束后，瑞典陷入了普遍的经济危机，保守党受到一起政治丑闻的牵连，瑞典政坛又重新热议议会改良问题。自由党和社会民主党再次拒绝支持增加军费开支，并且要求保守党下台。面对可能爆发的革命和大规模的示威游行，瑞典国王威胁要代表保守党进行干预。但由于担心俄罗斯局势在瑞典重演，又由于瑞典的主要实业家和保守党的部分派别同意全面推行议会政治的要求，因此，瑞典政坛避免了出现左右翼对抗的局面。瑞典重新组建了一个由社会民主党参加的自由党派政府，取消了对议会政治和普选权的长期限制。上述事件很好地说明了瑞典政治冲突的性质。在很大程度上，由于瑞典缺乏强大的自由主义势力，因此，政坛不同势力间的对抗要比丹麦更加激烈。

随着 1866 年宪法的颁布，瑞典诞生了第一批政党。1867 年，农民组建了一个名为“兰曼纳帕蒂特”(Lantmannapartiet)的组织，基本上是一个自由派议会党团，随后不久又出现了一个类似的保守组织。然而，直到 1889 年瑞典社会民主党成立，瑞典才出现永久性的全国性政党组织。自由派在 1902 年成立了一个政党，而保守派则在 1904 年成立了自己的政党。除了民主化问题之外，瑞典 19 世纪的主要冲突与关税和贸易保护主义问题有关。与丹麦自由党相比，瑞典的自由党力量太弱，无法抵制保守党强烈的贸易保护主义要求。

瑞典社会民主党是由瑞典工会领导人在丹麦社会主义运动领导人的帮助下建立的。就像丹麦社会民主党一样，瑞典社会民主党党员以技术工人和手工业者居多，虽然在学者赫贾马尔·布兰廷(Hjalmar Branting)的领导下，瑞典社会民主党变得更加注重理论。1897 年，布兰廷以自由党候选人的身份当选国会议员。1898 年，瑞典社会民主党改组为独立的政治和工会分支机构。但直到进入 20 世纪头十年，瑞典社会民主党才真正发展壮大。1905 年，该党成功地向议会派送了 13 位议员。从那时以后，该党在动员选民方面就变得雷厉风行。1914 年，瑞典社会民主党获得了超过 36%的选票；到了 1917 年便成了瑞典第一大党，获得了 39%的选票。

与丹麦相比，瑞典自由党占据政治支配地位的时间不长。1917 年以后，保守党开始恢复元气，自由党进入了一个漫长的衰退期。自由党在选举中不但输给了新成立的农业党，而且还败给了社会民主党。20 世纪 20 年代，瑞典政局不稳，没有一个政党(或政党联盟)能够组建多数派政府。与挪威一样，瑞典软弱的少数派政府频繁更迭。在三个非社会主义政党中，保守党仍然最为强大，但除了联手对付社会民主党以外，如在 1928 年的竞选活动中，这三个政党之间的严重对立阻止它们在议会结成联盟。1917 年，社会民主党遭遇了一些挫折，因为党内的一个左翼社会主义派别分裂了出去，两年后成立了瑞典共产党。虽然瑞典共产党在 20 年代和 30 年代实力要略强于它的北欧兄弟党，但从未对瑞典社会民主党的支配地位构成威胁。

在动荡的 20 世纪 20 年代，瑞典社会民主党未能充分阐明自己的纲领性立场。虽然瑞典工会运动已经从社会民主党那里争取到了组织上的自治，并试图提出更加"经济主义"的要求，但社会民主党很难在革命和改良之间作出选择。诚然，瑞典社会民主党确实致力于议会政治，其主要重点就是立刻进行务实的改良。但是，该党不愿接受在没有取得绝对多数的情况下执政的两难处境，而是继续"比丹麦社会民主党更认真地"对待社会化的纲领性承诺。因此，瑞典社会民主党一直是在丹麦社会民主党做出的选择和挪威工党做出的选择之间徘徊不定。不过，瑞典社会民主党异常稳定的理论和意识形态传统可能有助于解释其持续的激进主义倾向和最终对渐进式改良主义的屈从。

瑞典社会民主党在布兰廷的领导下培养了一批像恩斯特·威格福斯(Ernst Wigforss)、尼尔·卡莱比(Nils Karleby)和古斯塔夫·莫勒(Gustav Möller)这样的年轻理论俊才。后来，正当该党朝着更加务实的方向发展时，党内高水平且经常是激烈的理论争论为该党带来了无论是丹麦还是挪威兄弟党都没有的活力。这一点有助于解释为什么瑞典社会民主党在逐渐转向务实的社会改良主义的过程中没有受损让左派占到便宜。这些思想家，特别是威格福斯，在后来的几十年里也帮助他们的党树立了政治形象。他们脱离了马克思主义正统思想的残余(如关于贫困和资本主义即将崩溃的论断)，同时又把瑞典社会民主党说成旨在开展一场社会主义改造运动(Tingsten，1941)。

瑞典社会民主党在 20 世纪 20 年代时运不济。1920 年和 1928 年，该党通过威格福斯起草的竞选纲领两度向选民承诺将实行财富社会化。在这两次选举中，该党都遭受了挫折，因为资产阶级政党发动了猛烈的反击。与此同时，威格福斯提出了关于设立工人委员会和实行工业民主的立法议案，但这些都未能在瑞典工会联合会内部引起共鸣(Elvander，1980：88)。除了这些激进的政策以外，该党在一些直接相关的问题上不知所措，如亟待解决的失业问题。该党最重要的目标之一，就是代表工会改变国家在劳动力市场冲突中扮演的角色。与挪威一样，瑞典工会在 1909 年的大冲突中惨遭失败，而已有的立法和政府的做法限制了工会的行动自由。因此，虽然瑞典社会民主党在选举中表现得更加强势，但从组织结构角度看仍处于弱势地位，原因就是该党没有天然的盟友。

瑞典在 1918 年以后形成的五党体系既不适合资产阶级结盟，也不适合社会民主运动结盟。右派确实四分五裂，但社会民主运动不能指望获得三个资产阶级政党中任何一个政党的支持。自由党最有可能成为中间派的“候选人”，在选举中被挤压在农民党和保守党之间；而农民党即使不反对工会运动和瑞典社会民主党，也很不信任它们。正如史杰伦奎斯特(Stjernquist，1966：121)指出的那样，社会民主党继续坚持激进的社会化政策，是社会主义政党和资产阶级政党在意识形态上尖锐对立的根源。如果社会民主党在这个时期无法产生重大的政治影响，那么从长远看，该党在政治上受到的排斥可能是一种资产——可以在选举表现仍疲软无力的时候，不必在政治纲领上做出妥协。鉴于在漫长的少数党执政时期一直没有进行社会改良和经济改革，因此，瑞典社会民主党仍处于有利地位，因为它一旦能在 20 世纪 30 年代掌权执政，那么就可以推动一系列的重大立法改革。最重要的是，在经济萧条导致大量失业的时候，瑞典社会民主党并没有执政。

瑞典的政党制度成为一种阶级组织渗透的理想模式。在工人运动中，典型的斯堪的纳维亚工会、合作社和政党组织三位一体模式逐渐开始盛行起来。虽然瑞典的工会联合会在成立之初势单力薄，但随后的发展使它成了西方实力最雄厚的工会组织。瑞典的合作社运动规模也要比丹麦和挪威的合作社运动大，并且更有影响力。此外，瑞典社会民主党——由于实行会员集体入党制，并且拥有强大的地方基层组织——变成了一个自成一体的独立帝国。因此，瑞典社会民主党开始控制瑞典其他政党无法比拟的资源来进行选举动员和构建组织优势。

在瑞典的资产阶级政党中，只有自由党与瑞典的主要利益组织缺乏紧密的联系，这就解释了自由党无力进行有效动员的原因。与挪威自由党一样，瑞典自由党也是一个由节欲运动、知识分子和白领群体组成的混合体。瑞典农民党主要依靠农民组织的支持，而保守党代表着瑞典组织精良且集中度高的商业利益集团。在瑞典，有两个重要原因导致瑞典人如此重视组织力量建设：

一是瑞典人口分布分散，因此有必要跨区域对不同的利益集团和活动进行协调；二是瑞典有历史悠久的中央集权制传统，鼓励对官僚和行政决策进行组织缜密的渗透和参与。①

瑞典社会民主党在遭遇1928年选举失败后，便开始更加明确地转向务实的改良主义。佩尔·阿尔宾·汉森(Per Albin Hansson)用“人民家园”来强调动员基础更加广泛的选民的重要意义，并且在瑞典工会联合会和工人阶级选民的施压下认识到有必要采取积极的危机应对策略来对付不断加剧的失业。正如汀斯滕(Tingsten，1941)和勒温(Lewin，1967)认为的那样，20世纪30年代经济危机的爆发并没有被解读为实施革命策略的机遇，而是被理解为一个“除非工人运动能立即提供救济，否则就会遭受严重削弱”的实例。此外，对右翼法西斯主义和左翼共产主义的双重恐惧促使社会民主党进行政治联盟重组。

在大规模失业的背景下，瑞典社会民主党在1932年的选举中赢得了重大胜利，获得了近42％的选票，并开始执政(尽管没有获得议会多数)。自由党和保守党都遭受了巨大的损失，而且在民众心目中的合法性也急剧下降。随着瑞典民众对正统预算准则迅速失去信心，自由党和保守党被要求对日益恶化的经济形势承担责任。更重要的是，这两个政党由于与金融危机和军事镇压阿达伦(Ådalen)工人罢工有关，因此，受欢迎程度受到了影响。

瑞典社会民主党着手制定危机应对政策和社会福利法案，特别是失业保险法案，而威格弗斯和穆勒(Möller)是这些政策和法案的总设计师。② 但由于没有多数派的支持，而且拒绝承认共产党，瑞典社会民主党被迫在议会与右翼结盟。社会民主党根本没有与自由党合作的可能性，因为自由党坚守实施紧缩政策的承诺不松懈。剩下的唯一可能性就是与农民党合作，农民党起初似乎不太可能成为瑞典社会民主党的合作候选人。与挪威的农民一样，瑞典的农民在某种程度上被法西斯主义所吸引，而农民党不管怎样都强烈反对工会运动和工人社会福利法案；然而，瑞典社会民主党和农民党确实

---

① 早在1913年，规模还很小的瑞典社会民主党就成功地对养老金立法产生了相当大的影响，因为该党领导人哈亚纳尔·布兰廷曾派代表参加负责拟定养老金立法的政府委员会。事实上，1913年的养老金改革反映了布兰廷的全民保险思想(Elmer，1960)。

② 他俩的研究成果和建议在20世纪30年代用英文重印。请参阅Wigforss(1938：25—39)以及Möller(1938：47—71)。

不相信自由主义的正统性。因此，在社会民主党承诺立法支持农民主张的农产品价格后，农民党同意支持社会民主党的赤字筹款资助就业的计划和福利立法。到了1933年，瑞典社会民主运动已经进入了工人和农民缔结政治联盟的时代。

虽然瑞典社会民主党的危机应对政策可能只产生了非常小的实际经济影响，但却产生了非同寻常的政治影响。瑞典社会民主党在1936年的选举中取得了巨大的胜利，同时还削弱了共产党和保守党的势力。随着瑞典社会民主党的执政以及政府与劳动力市场关系的问题在1938年得到解决，《萨尔乔伯登协议》(Saltsjöbaden Agreement)结束了长期的劳资冲突。工人运动作为整体，现在可以——凭实力——直接与雇主组织和保守党就经济和社会立法、经济规划以及结构性经济改革的条件进行谈判达成双方都能接受的协议。工人运动终于正式承认财产私有权，以换取保守党做出继续忠于民主程序和接受社会民主改革的保证。从这个意义上讲，20世纪30年代见证了瑞典社会民主运动作出的“历史性妥协”。

从理论上讲，瑞典的危机应对政策可能并不引人注目。不过，按照著名的斯德哥尔摩经济学派的某些成员——如贡纳·迈尔达尔(Gunnar Myrdal)——提出的经济规划思想，逐渐对这些思想进行了完善。斯德哥尔摩经济学派这些成员的经济规划思想在1944年瑞典社会民主党的战后纲领中发挥了核心作用。

瑞典社会民主党的战时经历与其斯堪的纳维亚兄弟党的经历截然不同。当然，最重要的是瑞典成功地保持了中立，因而没有被德国占领。瑞典社会民主党接纳其他党派参加战时联合政府内阁，而造成关系紧张的一个主要原因是是否同意德国的要求，允许德国军队和武器装备经过瑞典领土从挪威开赴或运送到芬兰前线。瑞典社会民主党领导人最终屈服答应了德国的要求，受到了国内外的严厉批评。另一个造成关系紧张的因素是瑞典在战争期间继续向纳粹德国出口木材和金属等重要物资。1943年，在德国军队明显准备撤退时，瑞典政府最终决定不让德国军队过境并停止对德国的出口。

在1944年的选举中，社会民主党保住甚至扩大了其1936年以来的选票份额①,而瑞典共产党虽然没有取得像丹麦共产党那么引人注目的选票份额,但也大幅度扩大了自己的选票份额。瑞典社会民主党是在战争中崛起的,虽然不像它的丹麦兄弟党那样软弱妥协,但也没有它的挪威兄弟党那样英勇抗战。

“二战”结束后的社会民主运动

20 世纪 30 年代,斯堪的纳维亚三国的社会民主运动是通过完全不同的方式发展起来的,在相似的与农民阶级结盟的基础上形成了一种趋同的政治,这反过来又允许推行凯恩斯主义的充分就业政策和进行社会变革,从而在政治稳定的条件下确保了社会民主运动居于主导地位数十年。最重要的是,正是这种政治联盟重组使得斯堪的纳维亚的社会民主运动能在国际上独树一帜,并赋予它其他国家社会民主运动无法比拟的力量。很少有国家能够自夸有这样一个组织精良、善于表达自己的政治诉求且致力于民主的农民阶级,而农民阶级的这些特点对于工农达成互利政策的能力当然是至关重要的。简而言之,北欧农民阶级的特点最能令人信服地解释为什么斯堪的纳维亚社会民主运动能够获得如此大的成功、为什么这些北欧国家能够率先推行福利国家模式以及为什么这三个国家能在政治上趋同等问题。

在政治联盟重组的基础上,这三个北欧国家的社会民主党成功地把它们的左派和右派政敌置于边缘化的境地。它们通过把“唐尼斯中心”(Downesian center)改造成社会民主运动,也迫使资产阶级政党接受社会民主政策和纲领。从这个意义上讲,20 世纪 50 年代和 60 年代的北欧三国似乎支持了克尔施赫梅(Kirschheimer,1968)的“对立减弱”(waning of oppositions)理论。在很大程度上,由于要维持与农民缔结的联盟,50 年代,社会民主运动的意识形态平淡无奇,但又变化无常。随着联合政府最终在 60 年代开始瓦解,我们见证了新一轮的激进化和意识形态更新。

不过,我们也不应该夸大这三个北欧国家社会民主运动的趋同程度。这

① 在 1940 年非同寻常的选举中,瑞典社会民主党获得了惊人的 53.8%的选票。1944 年,其所占份额为 46.7%,而 1936 年为 45.9%。

三个国家的社会民主运动在巩固政权和执政能力方面存在巨大的差异，三国社会民主党或工党从开拓性的社会经济改革中获取政治红利的能力也大相径庭，事实上，这也是近年来这些政党经历如此不同命运的主要原因。正如埃尔范德(Elvander，1980)指出的那样，瑞典社会民主党和挪威工党的处境要好于丹麦社会民主党。丹麦早在战前就已经完成了重要的社会经济改革；此外，丹麦社会民主党在20世纪40和50年代较难推动关键的改革。政治力量对比能显示北欧三国另一个存在差异的方面。战后，瑞典的资产阶级政党仍然特别软弱和分裂；虽然挪威工党几十年来一直非常强大，但挪威各党派之间达成的政治共识有助于消除其他党派与挪威工党之间可能存在的任何差别；而丹麦社会民主党一直较弱，更加依附于崇尚自由主义的农民的政治盟主地位。

在这三个北欧国家，战后社会民主运动的命运主要取决于本国社会民主党或工党应对许多新的政治挑战的能力。阶级结构变化是它们受到的第一个也许也是最重要的政治挑战。农民人数的减少，加上白领阶层的快速壮大，迫使三国的社会民主党或工党设法进行新的政治联盟重组。就像三国社会民主党或工党在20世纪30年代以前把自己描绘成阶级党，而在那以后又自诩是人民党那样，它们在60年代被迫把自己重塑成工薪阶层党的形象，以便在与农民结盟失败后与新生的中产阶级结盟。这三个北欧国家的社会民主运动与新生工薪阶层结盟的能力大相径庭，这是造成三国社会民主党或工党在70和80年代的表现如此不同的一个主要原因。60年代末，随着战后的充分就业、福利国家模式导致经济捉襟见肘和政治资源濒临枯竭，这三个国家的社会民主运动迎来了第二个挑战。三国社会民主党或工党调整政策的能力与它们进行政治联盟重组的能力密切相关，瑞典社会民主党在政策调整和政治联盟重组方面都做得比较成功，因此避免了严重的党内分裂。但在斯堪的纳维亚三国，没有一个国家的社会民主运动能够完全遏制政治不稳定和选票不增加的趋势。随着丹麦和挪威加入欧共体、环境问题和核电问题等一系列新的跨领域政治问题的出现，丹麦社会民主党和挪威工党对选民的吸引力有所减弱。选民不但变得更加反复无常，而且更加两极分化，尤其是丹麦社会民主党发现自己夹在右翼和左翼之间腹背受敌。

对于这三个北欧国家来说，“二战”后的几十年是真正的“社会民主时代”。

但在选举方面，这三个国家的社会民主党或工党几乎没能成功地把选民对自己的支持率提高到 20 世纪 30 年代曾经达到过的水平。它们的平均议会席位一直相当稳定，只出现过轻微波动。因此，战后社会民主运动在选举中取得的成功在很大程度上就在于保住了“二战”前赢得的选民支持率，这三个政党在 70 年代开始经历选民支持率停滞甚至下降，但在战后政治发展背景下丹麦社会民主运动的分化达到了独一无二的程度，我们将在第四章中考察斯堪的纳维亚地区社会民主党分裂变化的经验数据。

“二战”结束后的丹麦社会民主运动

“二战”结束以后，丹麦社会民主党的选民动员能力再也没能达到 1935 年的水平。但在战后大部分时间里，该党仍以少数党或者联合政府的形式执政。1945 年，丹麦刚从德国占领军手中解放出来，丹麦共产党既强大又得民心，因为该党英勇地参加了抵抗运动，丹麦人民对丹麦红军取得的成就深表钦佩。就在那时，丹麦社会民主运动迎来了第一次考验。

丹麦社会民主党采取双管齐下的策略来应对丹麦共产党的挑战，一方面提高该党纲领的激进程度，另一方面是公开讨论两党合并的可能性。丹麦社会民主党在 1945 年制定的新纲领《丹麦的未来》(*Fremtidens Danmark*)，直接受到瑞典社会民主党战后新纲领的影响。这份新纲领旨在努力争取在不疏远右翼选民的情况下拉拢左翼选民，强调党的马克思主义思想遗产，并宣称最好没收大公司，尤其是银行和保险公司。这份纲领呼吁为了“共同利益”实施凯恩斯主义的反周期政策，承诺通过创建工厂和行业委员会以及制定中央政府计划来使私营企业“民主化”。这些承诺可能是为了提高党的纲领的激进程度，但它们的意义并不大：这份纲领的大部分内容都集中在短期的行政问题上，如战后恢复常态，定量配给，物资管制和恢复经济竞争力。

至于另一种策略——即努力实现两党合并，由于马上要举行议会选举，因此，两党迅速进行了合并谈判，但几乎随即就谈崩。社会民主党要求共产党接受该党战后制定的社会主义纲领，关闭共产党党报，在组织上与社会民主党合并；作为回报，共产党可得到一些“安全”的选区和内阁代表的名额。共产党方面拒绝了社会民主党提出的合并条件，并在选举中赢得了12.5%的选票。因此，社会民主党无法单独组阁执政。

在随后的选举(1947年)中，共产党的影响力明显下降，而社会民主党的影响力则有所上升。1950年，社会民主党组建了一个少数派政府，但这个少数派政府在1950年再次被一个资产阶级联合政府所取代；1953年后，社会民主党重新组建了一个少数派政府；直到1957年后，社会民主党才得以与激进自由党组成多数派政府，这个联合政府一直持续到1964年。因此，虽然丹麦社会民主党在整个20世纪50年代对政府有一定的影响力，但该党的地位很弱，其权力实际上受到了依赖资产阶级政党立法支持的限制。该党长期无力实现重大立法目标，无论是社会目标还是经济目标，既不能降低失业率，也无法把资源用于发展工业，因而不得不做出让步，接受自由党提出的实行紧缩性财政政策和宽松的农业补贴要求。丹麦社会民主党取得的唯一值得注意的立法成就，就是1956年通过的已经拖延很久的统一定额养老金给付法案。但同年，社会民主党政府被迫对罢工工人进行干预，从而招致工会领导层和普通会员的广泛抨击；他们在议会外举行了大规模示威。与此同时，为了迫使政府答应他们提出的加大农业补贴力度的要求，农民拒绝销售他们的产品。在公众心目中，这两次"罢工"密切相关。由于政府在立法扩大已有工会合同适用范围的同时还让步接受了农民的要求，因此，社会民主党在它自身阶级基础工人阶级心目中的合法性大打折扣。

由于发生了以上这些事件，再加上丹麦社会民主党长期以来一直软弱无力，如果不是苏联入侵匈牙利，并且丹麦社会民主党在阻止丹麦共产党影响工会运动方面取得了普遍的成功，那么，丹麦共产党有可能会重新执政。但不管怎样，社会民主党确实表现出了早期的衰微迹象。在整个20世纪50年代，丹麦社会民主党的党员人数持续减少，特别是青年党员，养老金领取者开始在党组织中占据主导地位，而党组织随着党员会议出席率的下降和许多地方分支机构的关闭而失去了活力。[①] 丹麦社会民主党的地方组织已经支离破碎，于是，它的中央领导人选择完全无视或绕过地方组织，从而在党内产生了一种地方组织无用感。例如，候选人提名由基层党员提出的越来越少，而由党的中央领导人提出的越来越多。米歇尔斯的铁律（Michels' iron law）又一次被赋予了经验性的内容。

如果丹麦社会民主党任由自己的传统组织分化瓦解和"寡头化"，那么就会失去它作为工人阶级政党的任何剩余形象。20 世纪 50 年代提出的"富有工人"（affluent worker）主题，再加上白领雇员人数的明显增加，让丹麦社会民主党的领导人相信党的传统形象已经过时。然而，就在该党推行无所不包的意识形态终结型政治时，形势的发展却把该党引向了相反的方向。

丹麦社会民主党在 1957 年以后与激进自由党组建的联合政府有足够的能力来应对积极的经济刺激政策、社会改革和收入再分配所遭遇的反对。丹麦开始了它的"第二次工业革命"：失业几乎不复存在，工资迅速上涨，农业对丹麦政策制定的全能控制开始减弱。但随着 1960 年丹麦社会人民党（SF）的成立，丹麦社会民主党就得面对新的左翼社会主义挑战。丹麦社会人民党的核心关切是外交政策问题，特别是丹麦是否要参加北大西洋公约组织的问题。由被开除出党的共产党领导人阿克塞尔·拉森（Axel Larsen）创建的丹麦社会人民党立即取得了成功，它第一次参加选举（1960 年）就赢得了超过 6%的选票。虽然该党的得票率没有超过大多数预测，但它还是成功地成为丹麦政治中的一个固定存在，而且还是丹麦社会民主运动的坚定左翼挑战者。丹麦社会人民党之所以在成立之初就能取得成功，是因为它有能力吸引前共产党员，而且还吸引了对社会民主党不满的社会民主党党员，特别是反对丹麦加入"北约"以及在丹麦境内布设核武器的青年党员。[②]

1960 年大选前夕，丹麦社会民主党与丹麦的各资产阶级政党就丹麦国防

① 根据托马斯（Thomas，1977：240）的数据，养老金领取者占丹麦社会民主党党员总数的比例从 1950 年的 5.6%增加到了 1963 年的 20%。到了 20 世纪 70 年代初，养老金领取者占丹麦社会民主党哥本哈根党员总人数的 50%——这个数据是由丹麦社会民主党全国执行委员会成员埃纳尔·巧根森（Ejnar Jørgensen）提供给笔者的。

② 罗格（Logue，1975：278）报告称，1974 年接受调查的社会人民党党员有 41%强调北约问题是他们入党的主要原因。

的未来和丹麦继续留在"北约"达成了一项新的协议，但丹麦选民中普遍存在反北约的情绪。除了外交政策立场外，丹麦社会人民党还在其第一次代表大会公报(1963年)中明确提出了把社会民主党引向左翼并迫使该党回到民主社会主义议程上来的目标。社会人民党的目的就是要动员左翼反对派，迫使社会民主党放弃与资产阶级政党结成的联盟，并缔结一个真正的社会主义联盟。

丹麦社会民主党在遏制社会人民党的影响方面并不是做得特别成功，该党领导人做出的第一反应是彻底与社会人民党为敌，并且指控社会人民党就是伪装的共产党，企图煽动分化工人阶级运动。社会民主党党魁延斯·奥托·克拉格(Jens Otto Krag)在20世纪60年代初曾多次表示，在任何情况下，他都不会考虑与社会人民党合作的可能性。然而，由于社会民主党的政策在传统选民中引发了深刻的分歧，因此，社会民主党奉行这种政策方针开始自食其果，而社会人民党却成了一支不可忽视的政治力量。

丹麦社会民主党与社会人民党第一次真正合作的可能性出现在1964年选举前夕。当时，激进自由党决定退出联合政府，但社会民主党决定继续以少数派的身份执政。1964年以后，国内政策是丹麦最重要的问题，特别是住房改革。社会民主党最初提出了一个强调平等主义的改革方案，但选择了与右翼达成广泛的妥协，而不是在社会人民党的支持下承担立法风险，从而严重削弱了改革的平等主旨。社会人民党对社会民主党的"出卖"行为发起了恶毒的攻击，认为这不仅会给业主带来不成比例的好处，而且会在房地产市场上引起大量的投机交易，[①]这场政治斗争造成了巨大的影响，在接下来的市政选举中，社会民主党因为社会人民党而遭受了重大损失。在1966年的大选中，社会人民党的得票率翻了一番，达到了10%，而社会民主党则失去了优势。

1966年选举后的丹麦政治形势岌岌可危。一方面，激进自由党转而效忠资产阶级政党；另一方面，社会民主党多数派要依赖社会人民党的支持。克拉格曾表示，"我们只有在接受别人观点之前才能坚持自己的观点"。事实证明，克拉格的这个观点是正确的。克拉格很快就感受到了来自党内和工会运动的

① 关于丹麦住房政策的详细说明，请参阅本书第六章。

压力，他被要求就可能的合作组阁问题与社会人民党进行谈判。丹麦社会民主党正处在一个历史性的十字路口：第一次有可能组建一个纯粹社会主义的政府。

丹麦社会民主党与社会人民党在国内政策问题上可以轻松达成一致，但由于社会民主党拒绝重新考虑加入北约或信守1960年的防务协议，结果谈判以失败而告终。因此，两党已不可能缔结正式联盟，但谈判的参加者一致认为，社会人民党会在一些具体的问题上向社会民主党少数派内阁提供支持。此后不久，两党在议会成立了一个非正式的联合协商委员会。右翼立刻抓住这个机会表示，这种安排是一种旨在暗中推行社会主义的隐蔽策略，并把这个委员会称为"红色内阁"。结果，这个"红色内阁"只存续了13个月，几乎没有通过任何资产阶级政党不能接受的立法(Damgaard and Rusk，1976：179ff)。在社会人民党内的一个分裂集团与该党决裂并组成丹麦左翼社会党(VS)以后，这个联合协商委员会就宣告解散。丹麦在1968年举行了选举，结果社会民主党和社会人民党遭遇了毁灭性的损失。与1966年相比，社会人民党几乎损失了一半的选票，而社会民主党也损失了4%的选票。

20世纪60年代丹麦社会民主党的传奇经历为普茨沃斯基所描述的选举困境提供了值得关注的证据。社会人民党的迅速崛起表明，有很大比例的选民，特别是青年选民，对温和的改良主义和对右翼的妥协不再抱幻想。此外，社会人民党不但是一个能吸引青年边缘分子的单一议题政党，而且在争取工人阶级选民方面做得非常成功。因此，社会民主党不得不重新考虑自己的政纲。从20世纪60年代中期开始，社会民主党还要对付来自左翼的威胁。虽然"红色内阁"实验只是一种尝试，但其他方面也出现了激进化的问题。1969年，社会民主党提出了一项彻底改组党的计划，更加强调参与式民主和民众行动主义。同年，该党提出了一项名为"新社会"(*Det Nye Samfuud*)的纲领修改案，旨在促进经济民主、鼓励工人参与工业企业管理、加大政府调控储蓄和投资的力度、推行积极的人力政策、建造更多的社会住房，但首先是促进平等。然而，社会民主党的左倾努力导致该党失去了右翼的支持，而且造成了更严重的后果——促使传统上分裂的资产阶级政党团结起来共同反对社会民主党。因此，社会民主党的回旋余地仍然很小。

1968年的选举并没有见证明显的“向右转”，极左派也因社会人民党遭遇选票损失而受益。我们可以说选民中正在萌发两极分化并出现新的波动。这次选举产生了一个由激进自由党领衔的资产阶级联合政府，这届政府主要致力于遏制公共支出和税收的快速增长，执政差不多整四年，但也没能完全降低国家支出的增长速度。事实上，税收和支出的增长速度比以往任何时候都要快。1971年，丹麦工会联合会明确拒绝接受立法规定的限薪措施，联合政府便宣布辞职。

到了1971年，丹麦选民的选择越来越不稳定，两极分化的趋势日益明显，但我们并不能把这归因于丹麦出现了全新的政治问题。相反，这些只是社会民主党分化的初始表现。社会民主党在与右翼合作时已表明自己没有能力维持对左派的凝聚力。但在它重新赢得持不同政见的左翼支持后却失去了右翼的支持。根本的问题在于，该党控制着内部分裂的工会运动和基本选民。20世纪60年代中期以后，社会民主党的政策，尤其是1965—1966年达成的住房协议，是导致选民分化的一个主要原因。我们将在本书后面的章节里分析这些问题。导致选民分化的关键在于，及至70年代选民的背叛主要与社会民主党在传统的左派问题上的表现有关。1971年以后，随着新问题的出现，社会分裂、选民波动和两极分化以及社会民主党衰落的趋势变得越来越明显，而且还有加剧的迹象。

丹麦社会人民党和社会民主党在1971年的选举中恢复了原先的地位，并且在社会民主党组建少数派政府以后，两党也恢复了之前的默许合作。但事实证明，这是丹麦近代史上最动荡的一个时期，而且这个时期最重要的问题是丹麦是否要加入欧共体。这主要是出于经济需要的考虑，十多年来，丹麦社会民主党一直支持丹麦加入欧洲共同市场。丹麦的出口越来越多地面向欧共体成员国，而且随着英国加入欧共体，据称，除非丹麦也加入欧共体，否则丹麦农业就无法生存。这个问题迫使选民在传统的党派之间做出选择。左派，尤其是社会人民党，与反对丹麦加入欧共体的保守的民族主义势力结成了反对联盟；而社会民主党为达成一个支持丹麦加入欧共体的纲领，则与几个主要资产阶级政党结盟。但是，社会民主党领导人遭到了来自党内和工会运动重要阶层——特别是非技术工人——的强烈反对。后来，社会民主党内部出现了两极分化。为了避免不可调和的分裂，该党决定放松内部纪律，允许党员公开发表个人意见。结果，随着全民公投的临近，党内纷争愈演愈烈。与挪威不同，丹麦的全民公投以多数票通过，赞成丹麦加入欧共体。①

全民公投对于社会民主党领导层来说是一大胜利，但对该党来说却是一场灾难。社会民主党领袖克拉格立即宣布辞职，并把首相职位让给了安克·乔伦根森（Anker Jørgensen）。乔伦根森在许多方面能发挥他的潜在辩证综合能力。首先，他是非技术工人工会联合会的前主席，但仍然支持丹麦加入欧共体。其次，他被认为在政治上站在左派一边，因而更能够安抚左翼叛逃者。最后，对他的任命表明社会民主党希望团结丹麦工会联合会内部的技术工人和非技术工人会员，对工会运动进行中央集权化领导，从而提高工人运动的凝聚力。

但是，乔伦根森的潜在辩证综合能力并没有起到作用。一方面，欧共体的问题并没有得到解决，过去的分裂依然困扰着丹麦人的政治生活；社会民主党在反对丹麦加入欧共体的选民中很难恢复自己的合法性。但其他事件也合力阻碍了重新团结和整合。1973 年，在社会人民党的敦促下，丹麦社会民主党政府起草了一项新的住房法案，显然是想解决 1965 年命运悲惨的法案中存在的不平等问题，并重新赢得租房者的忠诚。然而，1965 年的法案已经造就了一大批热衷于购房税收优惠的工人阶级群体。因此，新举措只会加剧已有的分歧。社会民主党内部的一个分裂集团在该党一名右翼议员的领导下成立了自己的组织——丹麦中间民主党（Danish Center Democratic party），具体反对增收业主税，并一般反对左翼社会民主运动。② 这是丹麦社会民主党自 1921 年丹麦共产党成立以来发生的第一次分裂，也是该党历史上第一次右倾分裂。住房法案未获得通过以及社会民主党内部的分裂迫使该党在 1973 年举行史称“灾难性选举”的选举。

1973 年的选举产生了值得注意的结果，我们只有根据前几年发生的政治

---

① 反对丹麦加入欧共体的势力呼吁加强北欧的经济和政治团结，以取代加入欧洲经济共同体。然而，北欧国家之间关于建立北欧共同市场的谈判在 1969—1970 年搁浅。

② 在丹麦工会联合会的敦促下，社会民主党在 1973 年提出了工资收入者集体基金计划；这无疑加剧了党内右翼的反对。有关这个问题的解决，请参阅本书第九章。

事件才能理解这年选举的结果。丹麦加入欧共体后，农民收入显著增加；随着补贴的取消，农产品价格上涨。虽然工资也有所增加，但食品价格涨得更快。不过，最重要的是，这些年来税率迅速飙升。总体结果是，工人阶级家庭经历了一个税收剧增、物价飞涨的时期，同时又因为名义收入提高而失去了公共福利。此外，据公开爆料，当时丹麦有人通过申请离婚、依赖福利或有意识地减少工作收入，在减少缴税的同时恢复享受公共福利的资格。他们以这种方式来牟取经济利益，从而导致公平冲突的爆发更具戏剧性。

莫更斯·格利斯特鲁普(Mogens Glistrup)这位备受争议的税务律师宣称他本人绝对没有就他百万克朗的收入缴纳分文税收，并在数以百万计的电视观众面前吹嘘他是如何做到这一点的，从而绝妙地使得因公平问题而引发的怨恨政治化。在 1973 年混乱的竞选活动中，这位律师成立了进步党(Fremskridts)，对税收、福利计划、官僚机构、整天与文件打交道的公共部门雇员以及旧时职业化政党的"阴谋政治"发起了全面的攻击。格利斯特鲁普提出的政治纲领展示了一种小资产阶级的布热德主义(Poujadism，1954—1958 年法国发生的一场思想保守的独立政治运动，名称取自该运动的创始人皮埃尔·布热德。这场运动的主旨是保障小商人和小手工业者的利益，反对征收重税。——译者注)，对于工人极具吸引力。他提议以用英文和俄文宣布"丹麦已经投降"的电话应答服务取代丹麦的国防力量，他成功地利用了民众对军费开支的不满。他要求派遣官僚和教师去挖沟开渠，成功地使工人与公务员对立起来，同时也使工资收入者和福利领取者之间的潜在对立具体化。

这些"抗议党"是 1973 年选举的赢家，进步党一夜之间获得了近 16%的选票，中间民主党几乎获得了 8%的选票；而社会民主党遭受了重创，大约失去了 12%的选票。传统的资产阶级政党(保守党、自由党和激进自由党)也是损失惨重。因此，1973 年的选举标志着丹麦旧时两大阵营政治格局的寿终正寝以及一种全新的政治分裂结构的诞生，这种分裂结构把抗议政治与前 30 年的社会民主福利国家模式对立起来。对于社会民主党来说，这就意味着该党损失了大量的传统核心选民；青年工人转向了那些明确表示反社会民主政治的政党。

1973 年以后，丹麦有 11 个政党在议会中有自己的代表，但没有一个政党能够组成一个有生存力的联合政府或一个看似有效的少数派政府。进步党虽然是当时丹麦的第三大党，但自称是议会的弃儿。因此，没有一个传统的政党愿意或敢于与格里斯特鲁普合作，最终的结果是，自由党组建了一个虚弱的少数派政府，一直存续到1975年。这一年，社会民主党以29.9%的选票成功地收回了之前的部分失地，但进步党仍保住了它的地位，而议会几乎仍然处于瘫痪状态。由于石油危机和世界性经济衰退导致丹麦经济遭受了比其他国家更加严重的打击，因此，丹麦的政治气候继续恶化。在这样的背景下，丹麦社会民主党又组成了一个软弱的少数派政府，结果没能撑过两年。经济危机和高失业率帮助社会民主党在1977年的选举中获得了37%的选票，但中间民主党和进步党都保住了它们1973年的支持率，从而阻扰了恢复“正常”的努力。同时，左派（一般来说），共产党（具体而言），迎来了一个新的发展壮大时期。

丹麦社会民主党为使一个又一个的一揽子经济危机应对方案能在议会获得通过，曾试图在议会缔结临时联盟，但收效甚微。有几次，如果该党能够承诺制定关于经济民主的立法，那么就能在严厉的收入政策立法上获得丹麦工会联合会的支持。但每次，各资产阶级政党——以及社会人民党——都拒绝接受。1977年大选以后，社会民主党试图通过接纳自由党来建立一个有能力存续的联合政府，但这只起到了对抗工会运动的作用。因此，这次建立在“广泛团结”基础上的联合政府试验也以失败而告终，并且在1979年再次举行了选举。在这次选举中，社会民主党的得票率略有增加，进步党的得票率首次开始下滑。社会民主党继续执政，但再次以议会少数派的身份，仍然没有任何真正的机会为使有效的危机应对政策获得通过找到支持。与此同时，失业率继续上升，经济失衡进一步加剧。1981年，社会民主党在无法在议会达成协议的情况下又一次被迫举行选举。

1981年的选举结果表明，丹麦此时的政治格局已经截然不同于20世纪70年代常见的政治格局。社会民主党损失惨重，而社会人民党的得票率跃升到了11.3%。在右翼，进步党又输给了保守党；而中间民主党实现了复兴。从某种意义上讲，1981年的选举结果标志着丹麦的政治格局又回归到了1973年前的分裂状态：进步党的作用有所减弱，传统的左翼-右翼政治格局重新显现。但不管怎样，就像欧洲其他国家的选举一样，社会人民党和保守党的崛起预示着选举结果的两极分化。因此,1981 年的选举以两极分化取代了四分五裂,但也加快了丹麦社会民主党走向衰败的步伐。该党的确继续执政——在左翼得到了社会人民党的暗中支持,而在右翼有激进自由党的支持——但围绕一项可广泛接受的危机应对政策,社会民主党并没能组建一个有效的议会多数派。社会民主党政府于 1982 年 9 月辞职,取而代之的是一个由保守党领导的中右联合政府。事实上,这是 20 世纪丹麦第一次由一名保守党首相领导。

自 20 世纪 60 年代丹麦社会民主党与农民缔结的联盟开始瓦解以来,该党就一直无法有效地重新缔结联盟。虽然曾多次尝试与社会人民党进行合作,但这并不意味着社会民主党能够实现联盟重组。为使任何重大的立法能在议会获得通过,社会民主党不得不一次又一次地与一个或多个资产阶级政党合作。最具决定性意义的是,社会民主党无力与新生的中产阶级结成任何形式的可持续联盟,而且在调整其政策方向上也显得非常无能。选民过去的四分五裂和现在的两极分化都可归咎于社会民主党的无力和无能,而该党的分化也与它未能为社会民主运动重新缔结新的联盟有关。

“二战”结束后的挪威社会民主运动

挪威社会民主运动在 20 世纪 70 年代也曾现出过停滞和分化的症状,但挪威社会民主运动的这些症状没有丹麦那么严重。事实上,挪威社会民主运动的分化之路与丹麦截然不同。从 40 年代到 60 年代初,挪威工党一直非常强大,直到该党对政府的完全垄断最终被打破。在将近 20 年的时间里,挪威工党在议会享有绝对多数,因此没有必要经常与资产阶级政党进行妥协。但挪威战后政坛有一个显著的特点,那就是资产阶级政党——虽然之间就像丹麦一样分裂,但都——接受社会民主政策和纲领。这种左翼与右翼达成政治“共识”的格局有助于解释挪威社会民主运动一度停滞的原因。然而,挪威社会民主运动之所以软弱无力,主要是因为它没有能力处理一触即发的新的分裂问题,特别是挪威是否要加入欧共体的问题以及挪威社会民主运动被禁锢在旧式城市工人和农民阶级联盟中的问题。一个新兴的工薪阶层联盟在最需要它的时候中途夭折。

挪威工党是依靠一个与丹麦和瑞典相似但在某些重要方面又有所不同的政治联盟，在 20 世纪 30 年代诞生的。首先，总的来说，挪威的整个资产阶级阵营，特别是农民党，并没有丹麦资产阶级阵营所具有的政治影响力。挪威农业党反对保守党的传统历史更加悠久，因此，反对挪威工党的资产阶级很难结成联盟。其次，与丹麦和瑞典兄弟党的第二个关键差别是，挪威工党总能在党内动员大量的小农、渔民和林业工人，因此，党内存在一种非同寻常的内部联盟，而其他两个北欧国家基本上不存在这种联盟。这个特点赋予挪威工党一种浓郁的民粹主义色彩，并且阻止该党放弃旧式联盟。第三，挪威的选举制度赋予最大政党过多的代表权，但不利于在议会为组阁结盟。因此，即使在没有获得绝对多数选票的情况下，挪威工党也能保持议会多数一直到 1961 年。这就意味着那几届政府都是强势、高效的政府，能够在不作出重大妥协或稀释内容的情况下进行重要立法。第四，挪威工党的战时经历帮助它在民众心目中确立了合法性，并且提高了它把社会民主作为国家利益政治来呈现的能力：挪威工党曾是民主和爱国抗德先锋。

最后，把社会民主运动带入战后时代的凯恩斯主义福利国家模式比丹麦版的福利国家模式更加激进和咄咄逼人，并且强调发展规划经济、工业民主，并推崇集体主义。由于挪威工党有能力履行这样的纲领性承诺，因而能把立法胜利与整合温和派和左派选民的能力结合在一起。由于在挪威工党掌权之前几乎没有推行过改革，因此，该党也处于有利的地位，可以把自己描绘成推行进步变革和社会进步的先锋。但由于资产阶级政党战时决定支持挪威工党旨在促进福利国家发展、充分就业和有计划的工业扩张的纲领，因而严重影响了挪威工党从中获利的可能性。田园诗般的左翼和右翼共识当然从来就是不可能的事情，但挪威的各资产阶级政党却小心翼翼地避免了严重的政治对抗。因此，挪威工党被迫在一种达成共识的环境下为社会民主运动争取盟主地位而斗争。该党成功地为社会民主运动确立了一定程度的盟主地位，而这一点在其他国家很可能是无法做到的。这种盟主地位产生了令人意想不到的后果，那就是它很难起到调动忠诚度和政治热情的作用。

就像丹麦一样，挪威共产党在 1945 年的大选中获得了将近 12%的选票。

挪威工党在战前的最后一次选举中失去了一定的优势，但挪威的选举制度仍允许工党组建一个多数派政府。到了 1949 年，挪威共产党在选举中遭遇了重创，此后又继续衰微；而工党则变得更加强大，并在整个 20 世纪 50 年代继续走强。在资产阶级政党中，保守党实力最强，但无法与停滞不前的自由党或者农业党(在 50 年代以后变成了挪威中间党)进行整合，因此无力向社会民主运动发起挑战。

因此，挪威工党能够巩固自己介于左派和右派之间的中间地位。控制议会的绝对多数和宣传相当激进的政纲，肯定有助于挪威工党削弱左翼共产党的反对势力。虽然挪威工党的纲领在 20 世纪 50 年代失去了一些较为社会主义的特征，但该党仍继续推行其以国家为主导的充分就业型经济增长政策，并且取得了很大的成功。挪威工党的经济政策产生了选举效益，挪威没有发生丹麦在 1956 年出现的情况：丹麦社会民主党政府觉得不得不对工人或工会进行干预。挪威工党也没有被迫作出那种会引起工人阶级异议的让步。

挪威工党的致命弱点是它的国防政策。就像丹麦社会民主党一样，虽然党内存在一些反对势力，但挪威工党还是赞同挪威加入北约。因此，该党长期受到党内反军国主义反对派的困扰。在挪威工党于 1960 年重申加入北约的决心以后，党内分歧加剧，一名著名的反北约党员被开除出党，从而导致挪威社会人民党的诞生。与丹麦兄弟党相比，挪威社会人民党是一个明确的单一问题政党，党的纲领专门针对北约问题。在随后的选举中，社会人民党未能获得实质性支持，这一点不难解释。除了北约问题以外，挪威没有多少问题能让左翼社会人民党对社会民主运动的批判获得动能。

然而，1961 年的选举确实给挪威工党造成了问题。虽然社会人民党只赢得了 2.4%的选票，而挪威工党只损失了 1.5%，但工党失去了在议会的绝对多数。右翼进行了一次小规模的联盟重组，保守党以牺牲自由党和农民党为代价取得了巨大的进展。随后，挪威工党政府虽然是一个少数派政府，但仍在更加困难的条件下继续执政。一方面，三个资产阶级政党开始放弃以前的对立，联合起来一致反对社会民主运动；另一方面，随着挪威加入欧共体问题第一轮谈判的开始，1961 年大选后不久，特别是在戴高乐不同意挪威加入欧共体以后，挪威工党支持挪威加入欧共体的立场削弱了该党的势力。挪威是否加入欧共体的问题在挪威引起了极大的分歧，以一种破坏社会民主运动的方式重新导致了过去中心-外围式的分裂。挪威工党在其传统（强烈反对挪威加入欧共体）的农村外围选民和城市左翼工人中失去了公信力。由于挪威工党在这个问题上与保守党结盟，因此，社会人民党能够吸引反对挪威加入欧共体的选民。简而言之，关于挪威是否加入欧共体的问题引发了新的跨党派分歧，从而削弱了挪威工党维持党内团结的能力。20 世纪 70 年代初，当有人旧事重提时，之前的分歧一触即发。

1963 年，挪威国王湾国营煤矿发生了一起矿难，对工党社会民主运动的盟主地位构成了威胁。据爆料，挪威内政部未能进行适当的安检，由此引发了一起公共丑闻。内政部长引咎辞职，三个资产阶级政党在社会人民党的支持下推翻了工党政府，一个资产阶级联合政府接管了政权。28 天后，社会人民党投票支持对工党的不信任动议。这一插曲虽然短暂，但对挪威日后的政局产生了巨大的影响。社会人民党把自己定位为一支不可忽视的左翼反对力量，而挪威的各资产阶级政党证明了它们有能力团结起来，并且形成一股可取代工党政府的力量。在 1963—1965 年的几次大选中，挪威各资产阶级政党结成了统一反对工党的阵线，并且开始制定共同纲领。

在 1965 年的选举中，工党失去了社会人民党的支持，社会人民党的得票率增加了 1 倍多，而资产阶级政党自 20 世纪 30 年代初以来首次获得议会多数。挪威中间党（Norwegian Center party）领袖佩尔·博尔滕（Per Borten）牵头组建了一个资产阶级联合政府。因此，1965 年以后挪威的政治分裂格局似乎更像丹麦，资产阶级阵营正在形成一个反对工党的农场主和城市“资产阶级”联盟，而工党则还要面对社会人民党的竞争。挪威 1965 年后的资产阶级联盟类似于丹麦 1968 年后出现的资产阶级联盟，因为几乎没有偏离基本的社会民主模式。

虽然在 1969 年的大选中，挪威的资产阶级联盟的得票率有所下降，而挪威工党的得票率有所提高，但资产阶级联盟在大选后仍继续执政。它之所以能够做到这一点，是因为社会人民党失去了议会席位。就像丹麦一样，1969 年以后，挪威人人关心的问题就是挪威是否要加入欧共体这个旧话重提的问题。1970 年的议会表决结果显示：大多数议员支持挪威加入欧共体；工党领导层虽然在20世纪60年代初经历过此事,但仍坚决支持挪威加入欧共体。该党举行了两次代表大会,绝大多数代表都对党的领导层投了赞成票,但党内仍有人数相当多的少数派坚决反对挪威加入欧共体,工会运动的一些分支机构也表示强烈反对。有关这个问题的辩论越来越激烈,很明显,工党的领导遭遇其选民的坚决反对——尤其是在选民几乎全都表示反对的外围地区。

欧共体问题对挪威社会民主运动造成的创伤比丹麦更加严重。挪威工党内部的反对者与工党决裂,并且加入了新成立的共产党和社会人民党联盟组织——领导反对挪威加入欧共体全国运动的社会主义选举联盟(Socialist Election Alliance,SV)。由于受到无法控制的分裂的威胁,挪威工党领导层采取了丹麦兄弟党的策略,允许个人偏离党的官方路线。但是,该党仍然坚持正式支持挪威加入欧共体的立场,因而自然加快了党员异化的速度,并且增加了投靠社会人民党的叛徒。挪威工党维护党内团结和统一的传统能力已经不复存在。但右派也同样是四分五裂。保守党是赞成挪威加入欧共体的最坚定支持者,而中间党——以及后来很小的基督教人民党——变节投靠社会人民党参加了反欧共体运动。自由党在这个问题上分歧严重,最终分裂成一个既有党员亲欧共体又有党员反欧共体的政党。在这样的条件下,资产阶级政党联合政府显然已无法继续执政。于是,挪威工党组建了一个看守政府,一直执政到1972年举行挪威是否加入欧共体的全民公决为止。

欧共体的问题对挪威的政治格局造成了严重的破坏。支持挪威加入欧共体的阵营包括保守党、自由党的一部分和工党右翼;而反对挪威加入欧共体的阵营则包括同样奇怪的政治伙伴——农民党、工党左翼和社会人民党。这场冲突规模之大,突破了传统的区分左翼和右翼的轴线。此外,工党依靠它支持挪威加入欧共体的纲领,不但成功疏远了它在外围农村地区的传统基本选民,而且还把它的城市青年选民推向了社会人民党或者社会主义选举联盟。

全民公决产生了一个反对挪威加入欧共体的多数派,而这个结果当然无助于工党领导人恢复合法性或者挪威民众对它的信任。工党立刻宣布解散政府下野,于是,一个中间党和基督教人民党组成的少数派政府执政到1973年大选。乍一看,挪威1973年的大选就像丹麦“灾难性选举”的孪生兄弟。工党遭遇了重创,损失了超过11%的选票。这次大选的最大赢家是社会主义选举联盟，获得了11.2%的选票。这一年的选举产生了一个新的布热德主义"抗议党"安德斯·朗格党[Anders Langes，后来又改名为"挪威进步党"(Norwegian Progress Party)]。这个政党也代表右翼民粹主义者攻击税收和福利国家政策，但明显弱于它的丹麦的兄弟党。除了导致左翼社会主义势力大幅度增强以外，挪威1973年的选举看起来很像丹麦同一年的选举。不过，丹麦这一年的选举是建立在大规模反对社会民主运动(和资产阶级政党)的福利国家政治的基础上的，而挪威这一年的选举主要是由于挪威是否加入欧共体的问题导致冲突的结果。在挪威的资产阶级政党中间，那些反对挪威加入欧共体的政党大大提高了自己的得票率，而自由党则一败涂地。因此，挪威的这次选举在很大程度上复制了挪威是否加入欧共体问题造成的分裂。只有安德斯·朗格这个抗议党才是挪威新的政治秩序中唯一与挪威是否加入欧共体这个问题无关的因素，而这个因素的意义微乎其微。

挪威工党虽然遭遇了重大损失，但仍着手组建了一个少数派政府。由于社会主义选举联盟获得了值得注意的选票份额，又由于资产阶级政党之间出现了新的分裂，因此，在社会主义选举联盟的支持下就能形成议会多数。在1977年的选举中，挪威工党重新赢回了1973年选举中失去的选票。虽然社会主义选举联盟只获得了相当于社会人民党1973年前平均水平的支持率，但挪威工党仍能继续执政。1977年，挪威资产阶级政党又重新结成了一个新的联盟，保守党、中间党和基督教人民党参加了这个联盟。挪威差不多恢复了过去的政治秩序，而传统的左、右翼分裂格局再度占据主导地位。进步党的得票率有所增长，但无法产生与丹麦兄弟党相当的影响力。

挪威20世纪70年代拥有的石油财富使得工党政府不必实施引人注目的分裂性危机应对政策。由于挪威拥有北海油田，因此，挪威政府能够维持充分就业并继续推行福利国家扩张政策。挪威工党试图通过重新强调石油开发和核能利用方面的环保问题来重新赢得持不同政见的左翼的支持。在早先时候，挪威政府已经确保自己对石油工业各个方面的控制，而工党现在开始实施一项旨在确保石油开采不会危害自然环境的谨慎政策。

不管怎样，社会民主政策在20世纪70年代导致挪威工党分化。在"欧共体"危机之后，挪威工党试图重新动员转向左翼城市青年中产阶级以及其外围农村地区的传统选民。该党转而改用收入政策,并且在 1973 年建立一种值得注意的收入解决机制以后推行了一种实际有利于农民和渔民的收入再分配政策。由于这项政策需要采用一种累进税率已经很高的累进税制来增税筹款,工党甚至进一步疏远了中等收入者阶层。我们只要把工党的收入政策与它通过大量发放公共补贴和收购濒临破产的工业企业的策略联系在一起,即便不考虑工党在 1977 年强制推行的工资冻结政策,也能明白为什么工资收入者大量转向保守党的问题。

与丹麦和瑞典社会民主党不同,挪威工党最近这些年并没有实质性地更新其政治纲领。如前所述,“二战”以后,与其北欧其他国家的兄弟党相比,挪威工党为自己树立了一种更加激进的意识形态形象。挪威强调计划经济的时间远远早于瑞典和丹麦,从而反映了它的城乡混合社会基础以及它的战前影响。挪威工党曾经旗帜鲜明地宣称支持地方分权化的反官僚主义决策模式,从 20 世纪 50 年代中期开始就转向意识形态终极型政治。从某种程度上讲,挪威工党不再强调计划的重要性,是资产阶级政党攻击它事无巨细的经济调控的结果。该党转向了一种比较狭义的经济增长意识形态,但仍保留了一些传统的激进主张,如金融监管和工作场所民主化。从 60 年代开始,挪威工党对其纲领的表述更加突出了分散化决策以及区域自治和发展的重要性。挪威工党对自己纲领的表述与资产阶级政党尤其是挪威中间党的主张几乎没有什么矛盾,但却证实而不是质疑了挪威工党一直忠于自己过去与农民缔结的联盟。

挪威工党在 20 世纪 60 年代遭遇的失败并没有促进意识形态在该党纲领中的复兴。当时,挪威工党已经清楚地认识到,有必要在党的充分就业型经济增长思想和更加关心人类环境之间进行平衡。该党在 70 年代初非常不适当地提倡自由堕胎的政策导致新妇女运动的影响力不断增强,这个问题被证明会出乎意料地导致分裂,并进一步推动了基督教人民党内反堕胎运动的兴起。进入 70 年代以后,工党几乎没有修改自己的纲领,但更加重视直接参与式民主和生态问题。

今天,挪威工党的意识形态和纲领性立场缺乏丹麦和瑞典社会民主党特有的经济民主新理念。奇怪的是,这或许可用以下这个简单的事实来解释:挪威工党在整个战后时期更加成功地实施了加大监管投资和银行社会化的力度的政策。然而,在当前各政党势力基本不变的情况下,挪威工党无力彻底修改自己的纲领,因而有可能会阻止新的盟主时代所需的那种政治联盟重组。

“二战”结束后的瑞典社会民主运动

战后瑞典的社会民主运动经常被描绘成一种旨在稳定、不间断地争取更大的权力和政治成就的运动。其实,我们必须改变这种印象。走出战争的瑞典社会民主党并不比挪威工党强大,也不能确定自己的未来会特别美好。到了 20 世纪 40 年代末,瑞典社会民主党被迫搁置它在 1944 年纲领中制定的大部分目标。1950 年前后,瑞典社会民主党与工会联合会的关系变得紧张起来。瑞典社会民主党在 50 年代开始变弱,并因此而进入了意识形态和纲领不确定和死气沉沉的十年。瑞典社会民主党与瑞典中间党的决裂和 1959 年在养老金问题上取得的胜利确保了该党有一个新的开端和更大的纲领创造力,而这反过来又有助于白领阶层和工人阶级建立新的政治联盟。但到了 70 年代,瑞典社会民主党又来到了另一个迷失方向和选民支持率下滑的时期。其间,该党通过了经济民主计划,有可能实施那种能够开启动员新时代的联盟重组。

20 世纪 30 年代,瑞典社会民主党因推出自己版本的农民联盟和充分就业福利国家一揽子计划脱颖而出,并且(至少与丹麦社会民主党相比)处于比较有利的位置。瑞典社会民主党通过选举变得更加强大,成了在联合政府内更多是居于主导地位的政党,而且还能因 30 年代取得了立法成就——尽管现在看起来也许微不足道——而获得选举方面的好处。该党在大萧条时期推行失业保险和大幅降低失业率的能力,使自己成了改革的有效和有力推动者。应该强调的是,瑞典社会民主党不仅仅依靠工人阶级获得了新的合法性。在企业界的大部分领域,瑞典社会民主党振兴瑞典资本主义的能力有助于瑞典社会民主运动成为经济繁荣和高效政府的最佳保障。就像丹麦和挪威兄弟党一样,战后瑞典共产党深得民心,从而促进了社会民主运动纲领的激进化。随着瑞典社会民主党开始兑现它对社会福利的承诺,瑞典共产党的实力很快下降到了战前的“正常”水平。一方面，瑞典经济相当活跃；另一方面，社会改革可以通过削减战时沉重的国防开支来筹措资金。按照米达尔委员会（Myrdal commission）的建议，瑞典社会民主党政府推行了一项强势的经济扩展政策，结果与英国的一样，很快就造成了通胀压力和国际收支困难，必须采取严厉的对策来解决。

到了1949年，瑞典社会民主党陷入了政治困境。资产阶级政党对瑞典社会民主党执行不力的政策及其对不受欢迎的经济合同的执着发起了有效的攻击。由于处于守势，瑞典社会民主党在1948年的选举中蒙受了损失，并被迫放弃了它的经济规划理想。然而，真正严肃的政治问题是如何推行不会激怒工会的经济稳定政策。此外，按照英国的模式，瑞典社会民主党要求工会联合会接受工资上限，从而导致与工人运动的关系变得非常紧张。未来，瑞典可能会隐约出现“走走停停”政策无止境循环往复的情况。瑞典工会联合会说服瑞典社会民主党永久性地搁置收入政策，改为执行科斯塔·雷恩（Gösta Rehn）主张的积极劳动力市场政策，这无疑导致瑞典社会民主运动面临一个新的转折点。正如希金斯和阿普尔（Higgins and Apple，1982）令人信服地证明的那样，要不是这样，瑞典社会民主党很可能成为英国工党长期政治瘫痪的牺牲品。

瑞典社会民主党虽然在选举中的表现好于丹麦兄弟党，但在20世纪50年代经历了10年的停滞，而且也无法像挪威兄弟党那样依靠自己45%～46%的得票率来获得议会多数。因此，从1953年到1957年，瑞典社会民主党通过与农民党（Bondeförbundet）结盟恢复了该党与农民的传统同盟关系，两党淡化了纲领和意识形态观念，并且把自己的政治力量集中在教育改革上，因为教育改革是一个这两个政党能达成一致的纲领。

当时瑞典同时出现的两个趋势导致瑞典社会民主党与农民党决裂：一是阶级结构变化，另一是来自瑞典工会联合会的压力。由于当时瑞典农民正在迅速减少，农民党的势力不断减弱，因此，该党已经不是社会民主党未来政治联盟的合适“候选人”。其间，白领雇员正在不断增加，中产阶级已经成为瑞典社会民主党和资产阶级政党进行选举动员的新目标。

与此同时，瑞典工会联合会不断向社会民主党政府施加压力，要求其改变经济政策，加大政府指导结构性改革、储蓄和投资等的力度。工会联合会还要求进行补充养老金计划立法，以使工人能与传统上享有特权的公务员享受同等待遇。由于最初没能通过集体谈判来实现这个目标，因而瑞典工会联合会坚持要求立法，并且把养老金改革视为一个能同时达到以下两个目的的途径：既有助于以集体基金的形式积累大量储蓄，又能使全体工薪阶层的养老金待遇平等化。

对于瑞典社会民主运动来说，养老金改革问题就变成了一个历史性的转折点。如果退休制度改革立法获得通过，那么，这项改革将有助于缔结一个广泛的工薪阶层联盟；此外，如果集体缴费有保证，那么，就能赋予政府实质性影响经济政策的手段。因此，这个问题将决定是由社会民主党还是由资产阶级政党来领导正在崛起、组织日益严密的白领阶层。瑞典社会民主党在向工会联合会提出集体缴费养老金改革计划时，也引发了与农业党的决裂。为了在养老金改革问题上与瑞典社会民主党展开竞争，也为了赢得白领阶层的支持，瑞典各资产阶级政党提出了不同的替代方案。[①]

在养老金改革问题上，瑞典政坛经历了新的意识形态两极分化，这与廷斯腾（Tingsten，1954）几年前的预言正好背道而驰。瑞典的三个资产阶级政党抨击社会民主党的养老金改革方案是一种新的阴谋计划，目的就是要搞社会主义，但它们自己又无法就任何形式的反对意见达成一致，尤其是瑞典自由党，由于要依靠白领阶层的选票而举棋不定。经过长期混乱的冲突，包括全民公决和政府辞职，1959 年，社会民主党通过动员，成功地在下议院以 1 票的多数通过了养老金改革法案。

这些事件对瑞典社会民主党的未来以及更广泛意义上的瑞典政治产生了持久的影响。首先，养老金改革有助于结束社会民主党与农民的联盟。第二，这项改革加剧了瑞典三个资产阶级政党之间的分歧，从而使社会民主党有更大的回旋余地来实施马基雅弗利战术。第三，冲突使选民动员达到了最高水平，而社会民主党受益最多。在 1960 年的选举中，社会民主党获得了近 48%

① 正是在这种背景下，农民党把自己的名称从“Bondeförbundet”（字面意思是“农民协会”）改为“瑞典中间党”（Swedish Center party）——这显然是为了增强其对中产阶级选民的吸引力而进行的一次尝试。

的选票；有了共产党(获得了 4.5%选票)在议会的暗中支持，社会民主党可以事实上的多数派身份执政。最后，这毕竟是冲突的全部内容，养老金改革极大地提高了社会民主党在白领选民及其工会中的地位。1956—1960 年，瑞典社会民主党从下层白领选民那里获得的支持率从 37%上升到 42%，而做到这一点并没有影响体力劳动阶层对社会民主党的忠诚。此时，瑞典社会民主运动正在酝酿一次阶级联盟重组。

瑞典养老金改革斗争的最后一个结果是，在思想动员和政治对抗的条件下，瑞典社会民主运动证明自己有能力巩固自己的地位。资产阶级政党名誉扫地，而社会民主党获得了一项新的授权，这可以被理解为意味着放弃曾获得一致同意的传统福利国家政策得到了广泛的支持。因此，20 世纪 60 年代，瑞典社会民主党在瑞典工会联合会施压的基础上经历了一次激进化蜕变，并且巩固了自己的选民基础。在这 10 年里，瑞典社会民主党推行了一项重新制定的纲领，强调加大政府经济调控的力度，加速实现工业结构现代化，积极引导国家投资和住房开发，最后是强调工薪阶层团结和收入均等化。瑞典社会民主党在这些领域进行的立法改革取得了相当大的成功，而且还成功地进一步巩固了它的工薪阶层政治基础。在 1968 年的竞选活动中，瑞典社会民主党与工会联合会一起强调表示国家为了解决失业问题必须加大投资调控力度，从而导致与资产阶级政党的意识形态分歧再次凸显出来。事实证明，这是一个瑞典社会民主党可用来争取选举获得大胜的因素(社会民主党在 1968 年的选举中获得了 50.1%的选票)。

然而，瑞典社会民主党的新纲领既不够强势，也没有产生负面影响。从 20 世纪 60 年代末开始，该党的盟主地位开始动摇。当时，瑞典的实际失业率仅略有上升，但参加各种劳动力市场再培训和就业计划的人数却急剧增加。瑞典社会民主党的积极劳动力市场政策正变得负荷过重，民众对失业的担忧再次抬头。此外，有迹象表明，一些部门的工会运动和广大民众对政策制定、工会组织和工业等方面的集中趋势感到不满。1969 年基律纳(Kiruna)矿的野猫罢工获得了民众的广泛支持，因为这次罢工象征着对政治和工会集权主义的尖锐批评，也因为它加速了经济合理化。

瑞典社会民主党做出的第一个反应是放慢经济结构调整和劳动力流动的

速度;第二个反应是修改纲领关注工作场所的民主化改革。为了达到这些目的,20 世纪 70 年代初,瑞典社会民主党通过议会制定了一系列法律,但选举红利仍低于预期。与此同时,针对政府缺乏足够的投资指导工具的现状以及要求财富再分配的呼声,瑞典工会联合会开始通过工资收入者集体基金来制定它自己的经济民主计划。瑞典社会民主党重新强调平等和民主化显然是不够的:在 1970 年的选举中,该党开始了长达 10 年的得票率不增反降,而瑞典中间党则(第一次)成为新一轮得票率波动的主要受益者。这种情况在 1973 年和 1976 年两次重复出现,当时三个资产阶级政党完成了一项它们有史以来从未完成过的任务,即联合组建一个由中间派领导的联合政府。

瑞典既没有欧共体问题造成政治混乱,也没有右翼或左翼反对福利的政党打破政党间的均势。由于资产阶级政党还没有机会证明自己的执政能力,选民的怨恨很可能会被引向传统的非社会主义政党。换句话说,虽然瑞典社会民主党确实失去了支持,但总体选举形势的变化相对较小。总的来说,瑞典各资产阶级政党,特别是瑞典中间党,可以从瑞典社会民主党形象的三个基本弱点中获益。瑞典社会民主党第一个并且也是最难以具体确定的基本弱点,是战后社会民主政治模式在逐渐失去效力。这种模式在 20 世纪 60 年代经受不住重新结盟和激进化的影响,在 70 年代瑞典社会遇到新问题的情况下显得不堪重负和缺乏创见。主要是,瑞典社会民主党没有令人信服的方案来满足以民主化、权力下放、平等和生态保护为一方面与以充分就业、经济增长、提高国际竞争力和增加收入为另一方面的互不相容的要求。一场为期 2 年的经济衰退,再加上瑞典社会民主党执政后几年空前的工资激增,只会帮助证实这种印象。

瑞典社会民主党遇到的第二个并且也是更尖锐的问题关涉核电争议,而且还关系到涉及面更广的环境和生态问题。核电是瑞典社会民主党-工会联合会充分就业型经济增长战略一个不可分割的组成部分,社会民主党政府已经建造或计划建造大量的核反应堆。该党最初在这些问题上表现出来的迟钝和固执被左翼的共产党(VPK)和右翼的瑞典中间党所利用。因此,瑞典社会民主党失去了意义重大且不断发展壮大的“绿色运动”的支持,并且强化了该党没有能力对权力下放和环境保护与经济高效增长进行协调的中央集权机构的形象。瑞典社会民主党在这些问题上不得人心的立场导致了它的失败，也导致瑞典中间派出人意料地在 1976 年的选举中大获全胜(Särlvik，1977)。

具有讽刺意味的是，瑞典社会民主党的第三个基本弱点是瑞典工会联合会在工资收入者集体基金问题上的表现。鲁道夫·米德纳(Rudolf Meidner)提出的经济民主计划就在 1976 年选举前召开的瑞典工会联合会代表大会上获得了通过。瑞典工会联合会居然非常笨拙地把这项计划转交给瑞典社会民主党作立法准备。瑞典社会民主党因核电问题已经四面楚歌，并正忙于令它揪心的选前民调，因而对工会联合会的这个举动颇感意外。面对媒体发动的反对工会新发明的"社会化战略"的攻势，瑞典社会民主党领导层试图通过把这个问题交给一个独立委员会处理的方式来掩盖这个问题。但媒体精心策划了这场攻势，不可能轻易善罢甘休。在 1979 年的选举中，瑞典社会民主党再次被迫采取守势，而雇主组织和三个资产阶级政党则向媒体大肆宣传它们反对经济民主的主张。

资产阶级联合政府虽然经历了几次分化，但凭借其出乎预料的韧劲还是一直执政到 1982 年。在它的第一个任期里，资产阶级联合政府在核电问题上发生了分歧；在第二个任期内，在税收改革问题上发生了分歧。但在它们执政的 6 年里，资产阶级政党之间的均势随着中间党和自由党的衰微而发生了重大变化，而保守党则不断发展壮大。在大多数问题上，这几届资产阶级政府不能或者不敢采取任何从根本上背离传统社会民主政治的行动。充分就业仍然是压倒一切的第一要务，并为此推出了大力补贴私营企业的政策。虽然预算赤字猛增，但削减预算的努力却收效甚微。资产阶级联合政府无法在 1982 年的选举中存续下来：这几届资产阶级联合政府已证明自己是瑞典社会民主党的低效替代品，失业率继续上涨，稳定政策的最后努力要求重新引入现金福利的等待期制度——这可是工人运动的禁忌。

瑞典社会民主党揣着重新设计的经济民主计划参加了 1982 年的选举，并且正式承诺一旦获胜就推进这项计划的立法工作。和以前一样，新计划在竞选期间遭到了猛烈的抨击。但是，资产阶级政党，由于之前糟糕的执政记录，又由于他们没能让瑞典经济走出衰退的令人信服的替代政策，因而无法阻止瑞典社会民主党在选举中取得大胜。比起失业和福利国家支出削减的直接威胁,选民们似乎并不那么关心工资收入者集体基金的问题。

瑞典社会民主党能否与白领阶层重新结盟仍有待观察,但重新与这个阶层结盟为构建光明而又稳定的政治前途所必需。显然,这个瑞典政党比它的北欧兄弟党更好地度过了 20 世纪 70 年代,部分原因就是该党成功地避开了像瑞典是否要加入欧共体这样会引起分歧的问题,部分原因则是它有幸在经济严重恶化之际被迫下野成了反对党。不过,瑞典社会民主党的相对优势不能单靠运气来解释。70 年代,瑞典社会民主党也许只是停滞不前,但并没有遭受严重的挫折。进入 80 年代以后,该党似乎正处在进行全新的政治联盟重组的边缘。我们可以在卡斯尔斯(Castles,1978)的论述中找到一种解释:瑞典社会民主党能够长期执政,是资产阶级政党阵营内部长期分裂的直接结果。如果说丹麦和挪威的资产阶级政党都表现出了联合执政的能力,那么,瑞典的资产阶级政党就没有这个能力。瑞典社会民主党一直巧妙地玩弄马基雅维利式的权谋,而瑞典资产阶级在 1981 年税制改革问题上之所以有意见分歧,是因为瑞典社会民主党成功地背着保守党单独与自由党和中间党达成了协议。

然而,造成瑞典资产阶级集团结构性虚弱的真正原因,是瑞典社会民主运动不可撼动的力量。1980 年的大罢工清楚地表明,如果一个非社会主义政府试图强制进行不必要的立法,那么就注定要失败。雇主不能指望资产阶级政府的政治支持,恰恰是因为资产阶级政府不敢与工薪阶层组织作对,毕竟这些组织代表了 80%以上的选民。同样,正如 1982 年的福利金领取等待期制度问题所表明的那样,资产阶级政府不能容忍劳动阶级认为神圣不可侵犯的改革。

那么,这种不可撼动的力量来自哪里呢?这种力量在一定程度上来自一个组织性极强的同质工人阶级所实现的非同寻常的团结。然而,正如我们多次观察到的那样,工人阶级的人数正在减少,从长远看,不可能保证瑞典社会民主党在议会的持续多数。因此,毫无疑问,瑞典社会民主党令人印象深刻的表现,即便是在麻烦不断的 20 世纪 70 年代,也得益于该党动员新生白领阶层执行旨在吸引工人和工薪雇员的政治纲领的能力。60 年代的养老金改革显然也是如此,这在某种程度上也是 70 年代导致瑞典社会民主党遭遇失败的问题。

换句话说，20 世纪 60 年代是瑞典社会民主党历史上的一个分水岭，因为就是在那个时候传统的体力劳动阶层和新生的白领雇员阶层之间建立了早期的联盟。然而，这种联盟是一种脆弱的联盟，而且仍然需要不断地重新谈判。这种联盟重组仍有待决定，而且就像瑞典社会民主党目前的处境所表明的那样：某种经济民主模式必须作为内容纳入谈判。但几乎可以肯定的是，瑞典社会民主党也必须放松对收入均等化的承诺。

瑞典社会民主党还有一个即便不是有别于国际社会主义政党，也至少有别于北欧其他国家社会主义政党的特点，这个特点就是该党的选举表现具有明显的周期性。但与其他政党不同的是，瑞典社会民主党似乎在纲领激进化和政治两极分化的条件下屡屡获益，并且在 20 世纪 40 年代提倡政府制定经济规划和著名的福利国家凯恩斯主义，从而迎来了它的鼎盛时期。50 年代，就在甚至连偏爱理论的瑞典社会民主党领导层也接受了意识形态终结论，而该党似乎也放弃了它那些更加雄心勃勃的目标以接纳它的农民盟友时，它的选民支持率却下降了。反过来，在 50 年代后期养老金改革冲突导致严重的两极分化之后，瑞典社会民主党又迎来了一波新的选民动员高潮，甚至能够围绕 60 年代后期有力的投资政策承诺进行动员，但在 70 年代退却陷入纲领性沉闷状态时再次遭遇了选票损失。虽然两者之间的这种联系可能被证明是虚假的，但应该指出，在 80 年代高度两极分化的政治气候下，瑞典社会民主党的命运再次得到了改善。

第四章　社会民主党的分化趋势

政党分化的概念由 W. D. 伯纳姆(W. D. Burnham, 1970)提出，他提出这个概念的主要目的是用它来衡量美国两党选举制度中选民投反对票和弃权不投的总体情况(aggregate voter fallout and demobilization)。伯纳姆用这个概念来表示党派得票率下降和选民弃权不投的趋势。这个衡量指标并不适合斯堪的纳维亚国家的多党制，因为这些国家的多党制有它的特点，如实行比例代表制，以及各党派有自己强大的常设组织、与工会和利益集团保持着直接的联系、阶级特性明显的基本选民及各自不同的政治纲领。但如果我们对伯纳姆的概念进行修正，使它适应相关的制度差异，那么，这个概念仍然是分析斯堪的纳维亚三国社会民主运动选民动员和分化的有用工具。

首先，在比例代表制和议会进入门槛相对较低，因而新政党有充分的机会代表利益未得到明确表达的群体的情况下，选民弃权不参加投票的影响无关紧要。因此，不投票将无法反映选民疏远现有政党的情况。其次，政党分化指标必须对斯堪的纳维亚三国政党和政党制度的特点具有敏感性。与美国的政党相比，斯堪的纳维亚三国社会民主党具有以下特点：(1)有强大的党组织和众多的党员；(2)与工会保持着密切的联系；(3)有依靠工人阶级的传统；(4)在不冒险失去工人阶级支持的前提下，致力于渗透同盟阶级的选民。因此，我们的衡量指标必须对阶级投票影响变化——“阶级政治特性”(political distinctiveness of class)——和政党的阶级构成变化——“政党的阶级特性”(class distinctiveness of parties)具有敏感性(Alford, 1963)。

因此，我们将从以下几个方面来对斯堪的纳维亚三国社会民主党分化的问题进行概述：

1. 选民总支持率,即社会民主党在国民议会选举中获得的选票百分比。

2. 左翼阵营党派势力的强度,即非社会民主左翼政党的规模。

3. 社会民主党党员的发展趋势。

4. 工会会员的政治特性,即工会会员投票支持社会民主党的百分比。

5. 社会阶级的政治特性,即工人阶级和白领阶层投票支持社会民主党的百分比以及投票支持资产阶级政党或非社会民主左翼政党的百分比。

6. 社会民主党的阶级特性,即按社会阶级划分的社会民主党选民百分比。

7. 代际分化。

这最后一个指标对于各政党来说特别重要。有效动员新一代选民的能力是一个表示有可能发生的分化的特别敏感的指标,原因有二。首先,我们由选民研究知道,早期的忠诚一旦形成,必将是选民长期行为的一个非常重要的决定因素。社会民主党动员每一代新选民的能力对党的长远发展至关重要。其次,一个政党没有能力动员新一代选民,可能表明它未能重新调整党的纲领来反映选民因时而变的重大关切。社会民主党在历史上是基于一些具有以下特点的分裂结构发展起来的:具有一定程度的持久性;反映各代选民的世界观。因此,鉴于这种稳定性,再加上历史变迁,现在的问题是不同政党是否能够不断吸收和动员新的选民。因此,代际支持率变化应该能够说明,社会民主运动有能力在动态调整新的政治诉求的基础上重新构建选民忠诚度。

党派总体实力的变化趋势

与我们通常认为的不同,斯堪的纳维亚三国社会民主党在"二战"以后几乎没有获得发展,但在两次大战间隔期里取得了巨大的选举成就。[①] 事实上,丹麦

---

① 以下的分化趋势比较是在对选民调查数据进行二次分析的基础上略去了关于总选民支持率和党员人数的数据。丹麦的数据取自两个独立的调查序列。笔者部分引用了罗珀中心(Roper Center)1959—1975 年的盖洛普调查数据。这些调查都是在选举期间进行的。此外,笔者还获准援引了丹麦政治学家奥勒·博雷、汉斯·约根·尼尔森、斯滕恩·绍尔伯格和托本·沃尔(Ole Borre、Hans Jørgen Nielsen、Sten Sauerberg, and Torben Worre)完成的一系列选民调查(1971—1981 年)研究。挪威的选民调查数据由特伦杜西姆大学(University of Trondheim)社会学系的奥拉·里斯特豪格(Ola Listhaug)和奥斯陆大学(Oslo University)的伯恩特·阿恩特(Berndt Arndt)提供。瑞典的选民调查数据部分发表在瑞典统计局目前的"Allmänna Valen"系列上。不过,本章和后面章节中的大部分分析多亏了博西尔维克(Bo Särlvik)教授和奥洛夫彼得斯(Olof Petersson)教授的友好合作才得以完成。

社会民主党后来再也没有取得过可与它在 1935 年取得的选举结果相提并论的业绩，而瑞典社会民主党曾两次打破 50％的神奇得票率纪录：该党在非同寻常的战时选举和 1968 年的选举中分别获得过 53.8％和 50.3％的选票。

因此，战后这三个北欧国家的社会民主党一直是在为维持 20 世纪 30 年代取得的选民支持率进行不懈的斗争。但是，这三个国家的社会民主党这样做的能力大不相同。在 60 年代以前，丹麦社会民主党的得票率一直保持在 40％左右，但随后就开始下滑，最初是缓慢下滑，到了 1973 年就——从 37.3％——猛跌到了 25.6％。虽然该党在后来的选举中成功收复了部分失去的选票，但似乎已经无力恢复昔日的得票率。

挪威工党和瑞典社会民主党的选举业绩要比丹麦社会民主党好很多，它们的平均得票率保持在 45％～48％。在 20 世纪 60 年代中期之前，挪威工党的得票率一直非常稳定，但随后就开始下滑。就像对于丹麦社会民主党那样，1973 年的选举对于挪威工党来说就是一场灾难，尽管挪威工党的损失没有丹麦社会民主党那么严重。挪威工党的得票率在 70 年代剧烈波动，直到 1977 年才恢复正常，但挪威工党在 1981 年的选举中惨遭失败。相比之下，瑞典社会民主党的得票率则显示了它的稳定性，在 70 年代之前一直徘徊在 48％左右，然后轻微下跌——但足以迫使该党在 1976—1982 年期间下野变成了反对党。在 1982 年的选举中，瑞典社会民主党重新恢复了它在 60 年代的强势。

斯堪的纳维亚三国的共产党几乎一直处于边缘化的状态，这种情况对于巩固三国社会民主运动具有极其重要的意义。在战后第一次选举中，三国共产党暂时推迟了历史性的灭绝，但后来，它们要么像在丹麦和挪威那样销声匿迹，要么像在瑞典那样稳定保持着 4％～5％的得票率。但在 1960 年前后，斯堪的纳维亚三国左翼党派的情况发生了重大变化，一个新的非共产主义左翼反对党在丹麦获得了稳步发展，而且得票率相当稳定地保持在 10％～12％的水平上。丹麦社会人民党和左翼社会党共同确立了丹麦社会民主运动反对党的稳定地位。1960 年前后，左翼社会主义运动也在挪威获得了发展，但以一种比较不稳定的方式，因而很难说它是一股制度化的反对势力。挪威左翼社会党仅在 1973 年讨论挪威是否要加入欧共体的背景下获得过一次重要的选举胜利。

战前斯堪的纳维亚社会民主运动的崛起主要与这个地区各非社会主义政党获得的选民支持率下降有关。这个地区的资产阶级政党只是在过去10年左右的时间里才经历了一次复兴，特别是丹麦的资产阶级政党。20世纪70年代左翼社会主义运动的崛起伴随着右翼势力的复兴：首先是1973年以后丹麦进步党（Danish Progress party）的诞生，最近丹麦保守党也异军突起。挪威也明显出现了类似的两极分化现象，但没有丹麦那样极端。挪威在1973年也出现了一个布热德主义抗议党，不过，该党只获得了很少的选民支持。但近年来，挪威保守党的选民支持率增幅已经超过了挪威工党以及自由党和中间党。瑞典非社会主义政党的选民支持率也呈现出这样的趋势。70年代，瑞典中间党获得了异乎寻常的发展；80年代初，瑞典保守党占据了瑞典资产阶级阵营的盟主地位。

简而言之，斯堪的纳维亚三国的社会民主运动在其发展过程中既有过趋同的趋势，也出现过相异的趋势。这三个国家的社会民主运动目前都在经历两极分化，因为三国的保守党获得了发展壮大，而中间党派则因此而付出了代价。主要由于政治左派内部存在严重的分歧，因而丹麦的社会民主运动最为两极分化，甚至是四分五裂。丹麦社会民主党不但是三国最弱的社会民主党，也是社会主义阵营内部分裂的最大受害者。丹麦社会民主党损失的选票显然流向了左翼和右派，但该党在过去20年里遇到的主要问题似乎是社会人民党吸纳了背叛社会民主运动的选民。在挪威和瑞典，左翼政党分裂产生了相对较小的作用。在挪威，左翼社会主义力量的骤增只是一个暂时现象，是由挪威工党在挪威是否要加入欧共体的问题上的溃败造成的。在瑞典，共产党代表了一个虽然稳定但很小的左翼反对派。至少就这一点而言，只有丹麦的社会民主运动才明显出现真正的分化迹象。

党的组织和党员优势

丹麦社会民主党和挪威工党的组织与瑞典社会民主党相比可谓是相形见绌。只有瑞典社会民主党的党组织没有出现衰退的迹象。如表4.1所示，自20世纪50年代以来，丹麦社会民主党和挪威工党党员投票支持本党的相对和绝对比例都急剧下降；而瑞典社会民主党党员投票支持该党的比率保持稳定，党员的绝对人数则持续增加。虽然丹麦社会民主党和挪威工党在这方面的情况看起来比较相似，但这两个政党在这方面的变化趋势实际也显示出一些不同的地方。挪威工党的党组织一直比较薄弱，而丹麦社会民主党在“二战”之前几乎与瑞典社会民主党一样强大和举足轻重。从某种意义上说，丹麦社会民主党的衰退是一个“自作自受”的问题：在 50 年代消费扩张的环境中，丹麦社会民主党领导人认为，政治上有组织的集体和休闲活动已经过时，而党组织也已成为一种政治恐龙。

表 4.1　1945 年以后丹麦社会民主党、挪威工党和瑞典社会民主党党员人数情况

	丹麦社会民主党		挪威工党		瑞典社会民主党	
	党员人数（千人）	党员支持率（%）	党员人数（千人）	党员支持率（%）	党员人数（千人）	党员支持率[a]（%）
1945	261	38.8	191	31.5	564	38.7
1950	284	34.9	201	25.0	722	35.5
1955	278	33.2	174	21.0	770	45.0
1960	259	25.3	165	19.2	801	30.4
1964	229	20.3	163	18.5	881	42.6
1970	178	18.2	155	15.4	890	39.5
1974	120	15.4	—	—	1 001	42.4

资料来源：Thomas(1977:270)；Scase(1977:337—338)；Lorenz(1974:215).

a. 最近的全国大选。

不管怎样，由于丹麦社会民主党的选举业绩下滑，因此，党组织的衰微开始引起注意。20 世纪 60 年代末，丹麦社会民主党采取了一些旨在恢复党组织的措施，但完全无效，党的组织逐渐趋向于消亡，无论是从象征意义上还是从字面意义上来说都是如此。如今，丹麦社会民主党的基层俱乐部主要面向年老的养老金领取者（玩宾果游戏和喝咖啡），一旦老一代党员去世，俱乐部也得关门。这就意味着丹麦社会民主党的基层组织将不再是进行选举动员和渗透新一代选民的有意义的工具。

挪威工党的基层组织从来就没有像丹麦和瑞典社会民主党的基层组织那样发挥过重要的作用。与丹麦社会民主党不同，挪威工党在 20 世纪 50 年代之前实际上一直保留着工会会员集体入党的制度，但这一制度从未真正发挥过作用，因为工会没有缴纳集体党费（Elvander，1980：165）。瑞典社会民主党集体党员占大多数，大约要占到该党党员总人数的 70%～75%。瑞典社会民主党的独到之处在于它能够吸收新的个人党员。据埃尔范德（Elvander，980：166）报告，自“二战”以来，瑞典社会民主党个人党员增加了 1 倍多，而且还在继续增加。虽然挪威工党的集体党员在逐渐消失，但瑞典社会民主党似乎没有受到任何影响。反对集体入党的现象当然相当普遍，特别是在非社会民主工会的会员中，但没有迹象表明这一制度受到了威胁或将会走向衰落。

多年来，瑞典社会民主党与丹麦社会民主党一样对自己的组织进行了重大改组。由于瑞典社会民主党重新进行了内部机构合并，以适应瑞典新的市政行政体制，因此，它的独立俱乐部和附属机构也有所减少。虽然缺乏确凿的证据，但瑞典社会民主党的党员——尤其是青年党员——活动也可能有所减少。不过，瑞典社会民主党的组织仍然生气勃勃。①

以上这些差异显然会对斯堪的纳维亚三国社会民主党的表现和命运产生影响。党员人数多在财务上对党也有所帮助，并且能为党动员选民和开展宣传工作发挥非同寻常的网络作用。充满活力的基层组织也有利于密切党的基层活动与党的议会和组织精英之间的联系，从而确保党有更好的机会动态适应社会变化。正如埃尔范德对这一问题的精彩论述所表明的那样，瑞典社会民主党的资源远远优于丹麦社会民主党或挪威工党。瑞典社会民主党的工作人员大约是丹麦社会民主党的 20 倍，是挪威工党的 5 倍。在选举时，瑞典社会民主党有 20 万竞选工作人员，挪威工党有 5 万竞选工作人员，而丹麦社会民主党则只有 18 000 个工作人员（Elvander，1980：181）。②

这种定量指标掩盖了对于社会民主党基层组织来说可能是最重要的方面，即社会民主党在本国确立“盟主”地位的能力。当然，社会民主党的基层组

① 笔者在走访丹麦和瑞典社会民主党基层俱乐部时收集到的令人印象深刻的证据表明，这两个党存在着巨大的差别。如前所述，丹麦社会民主党的基层俱乐部主要已成为老年养老金领取者的咖啡馆；而瑞典社会民主党的基层俱乐部似乎秉承了积极开展政治文化辩论和教育的传统，学习小组非常常见，党员参与率似乎也惊人的高。

② 北欧三国社会民主党的财力是人力资源的镜像。1975—1976 年，丹麦社会民主党的预算约为 1 500 万克朗，挪威工党的预算为 2 600 万克朗，而瑞典社会民主党的预算则高达 1 亿克朗左右，其中有 1 500 万克朗是国家补贴（Elvander，1980：181）。

织有助于它们构建非正式社会网络和影响力来源。凡是在有大批党员积极分子活动的地方，社会民主党也能利用他们渗透当地社区的能力，并向社区居民灌输社会民主精神。社会民主党还可以通过社会民主运动利用像文化中心、教育机构、合作社和代表团体利益的各种协会这样的姐妹组织和机构的能力来完成向社区居民灌输社会民主精神的任务。同样，瑞典社会民主党在这些方面比它的斯堪的纳维亚兄弟党做得更好，并且取得了令人印象深刻的成就。虽然这三个北欧国家的社会民主党都有自己庞大的教育中心和消费合作社网络，但瑞典社会民主党还有一个由养老金领取者（35 万）、租房者（62.4 万）和住房合作社社员（34 万）组成的异常庞大的组织网络。挪威工党和丹麦社会民主党也有类似的协会或者组织，但成员人数却相形见绌（Elvander，1980：186－187）。

我们不能忽视基层党组织对于动员选民和保持党的活力的重要作用。基层党组织通常采用下列两种方式发挥作用：一方面帮助党进行政治动员；另一方面还可以帮助党避免分歧、分化和分裂。坚实的基层党组织能够促进广泛的团结，而广泛的团结在党的政纲陷入困境——就如丹麦和挪威展开是否加入欧共体的辩论时那样——就具有决定性的意义。凡是在党的基层组织机构遭到破坏的地方，观点和意识形态分歧就更容易转化为零和对抗，原因就是党没有讨论有争议的问题和调和不同意见的框架。而且，分歧更有可能导致背叛和异化，或者更加专制的领导风格。简而言之，瑞典社会民主党强大得多的组织机构可能既有利于促进党内动员，又有益于避免党的分裂和分化。

工会会员的政治特性

20 世纪 70 年代，斯堪的纳维亚三国动荡的政治和经济气候导致工会和社会民主党关系紧张。丹麦早在 1956 年就出现了这种情况，并且引发了总罢工。而且，有关丹麦是否应该加入欧共体的争议和随后政府试图实施各种危机应对政策又重新导致了这种紧张局势。70 年代初，野猫罢工、占领工厂和行业封锁等针对工会领导层和政府采取的行动急剧增加，因此，紧张局势也明显加剧。这些年里，一些传统上忠于社会民主运动的工会开始推选亲共产党的工会干部，尽管最近社会民主党似乎重新掌控了局面。

挪威工会与工党之间的紧张关系主要集中表现在挪威是否应该加入欧共体的问题上，但在那场辩论结束以后似乎有所缓和。20 世纪 70 年代，挪威的石油开采热降低了出现紧张局势的可能性。丹麦工人饱受高失业率和实际工资下降的困扰，而挪威工人则几乎没有失业风险，而且实际工资大幅提高。在瑞典，工会与社会民主党之间的关系也没有丹麦那么紧张。瑞典还没有出现过任何政府直接干预劳动力市场谈判的情况，也没有遇到类似于是否要加入欧共体这样的问题。虽然核电争议削弱了瑞典社会民主党的影响力，但可能几乎没有对工会与该党的关系产生影响，这一方面是因为工会领导层坚定地支持社会民主党，而另一方面则是因为这个问题很难让工会联合会的普通会员与领导层对立。瑞典社会民主党也没有陷入不得不管理不景气的经济并为紧缩政策辩护的不幸境地。相反，资产阶级政府内阁最近限制消费和削减社会支出的企图显然触犯了工会会员，导致他们奋起反对政府。失业和工资收入者集体基金等问题一直是导致瑞典工会和社会民主党关系紧张的根本原因，但这两个问题不太可能导致工会会员背叛瑞典社会民主党。

表 4.2 列示了斯堪的纳维亚三国支持社会民主党或左翼社会主义政党的工会会员占会员总数的百分比。这三个国家这方面的情况各不相同。挪威工会会员支持挪威工党的百分比在 20 世纪 70 年代末实际有所上涨。瓦伦(1981)报告称，即使在 1973 年“挪威是否要加入欧共体”的灾难性公决中，挪威工会联合会的会员仍然忠于挪威工党。① 但必须记住，挪威工会的会员人数远远少于其他两个斯堪的纳维亚国家。

表 4.2　　斯堪的纳维亚三国工会会员的政治特性

（党派支持率，%）

	丹麦				挪威				瑞典			
	社会民主党		左翼社会主义政党		社会民主党		左翼社会主义政党		社会民主党		左翼社会主义政党	
	1971	1977	1971	1977	1965	1977	1965	1977	1970	1979	1970	1979
体力劳动阶层（工会联合会会员）	66	63	15	17	67	76	8	3	75	68	6	6

① 1973 年，挪威工会联合会有 81%的会员支持挪威工党。

续表

	丹麦				挪威				瑞典			
	社会民主党		左翼社会主义政党		社会民主党		左翼社会主义政党		社会民主党		左翼社会主义政党	
	1971	1977	1971	1977	1965	1977	1965	1977	1970	1979	1970	1979
白领阶层（工会会员）[a]	46	47	8	13	33	37	5	7	38	37	3	6

资料来源：丹麦——electoral surveys，1971 and 1977；挪威——electoral surveys，1965 and 1977；瑞典——Statistiska Centralbyron，198lb：tables 37—38。

注：不包括非选民会员。

a. 丹麦的这些数据只包括工会联合会下属工会的白领会员；挪威的数据包括工会联合会下属工会的白领会员和白领雇员独立工会的会员；瑞典的数据只包括瑞典白领雇员工会联合会（Confederation of Swedish White-Collar Employees，TCO）的白领会员。

在丹麦，社会民主党和左翼社会主义政党之间的分歧反映在了工会运动中。如果拿 1971 年的数据与 1977 年的数据进行比较，我们就能发现，丹麦左翼社会主义政党获得的支持率在继续增长，但丹麦白领雇员对社会民主党的支持率有所提高，因为相关数据只包括那些是工会联合会会员的白领雇员，因而比其他工会联合会的会员更有可能支持社会民主党。不过，丹麦白领雇员的这个趋势与那些是丹麦工会联合会会员的体力劳动者的趋势相似。由于瑞典工会联合会与瑞典社会民主党之间的关系远没有另外两个北欧国家工会与社会民主党之间的关系那么紧张，因此，我们不会预期工会会员对瑞典社会民主党的支持率会大幅下降。但在 1970—1979 年期间，瑞典体力劳动阶层中恰恰发生了这种情况。瑞典工会联合会背叛社会民主党的工会会员并没有投靠瑞典共产党，所以，这意味着 20 世纪 70 年代瑞典曾出现过一种明显的“资产阶级化”现象。但是，瑞典工会联合会对社会民主党的总体支持水平仍远远高于丹麦工会支持丹麦社会民主党的水平。

根据这个分化指标，丹麦社会民主党分化程度最为严重，事实上，随着时间的推移，丹麦社会民主党似乎一直在目睹丹麦工会联合会会员对其忠诚度的不断下降。挪威工会联合会对挪威工党的支持率实际上一直都在上升，而对左翼社会主义政党的支持率则微不足道。瑞典有工会会员背叛社会民主党的迹象，但他们并没有（像丹麦工会会员那样）投靠左翼。虽然目前还没有相关数据，但我们仍有望发现，1982 年的瑞典选举能把瑞典工会联合会的会员重新带回社会民主阵营。

社会阶级的政治特性

在过去一个世纪里，斯堪的纳维亚三国的社会民主党为了适应本国阶级结构的变化和政治结盟的新条件，已经改变了自己的形象。在 20 世纪 30 年代前后，"阶级党"模式已经让位于"人民党"模式，当小资产阶级的衰败不再能为民粹主义形象辩解的时候，这三个北欧国家的社会民主党把自己的前途寄托在致力于代表工人阶级和新生中产阶级综合利益的"工薪阶层党"的模式上。尽管如此，这些政党基本上仍然是工人阶级政党。

即使这三个北欧国家的社会民主党能够垄断工人阶级的选票，它们目前获得的支持率仍会禁止它们获得议会多数。"二战"以后，北欧三国社会民主党或工党面临的主要两难问题是，加大团结白领选民的力度是否会导致传统工人阶级的支持率下降。在这一节里，我们将考察工人和白领雇员政治特性的变化。跟踪考察不同阶级的政治特性可用来评估社会民主党或工党团结不同阶级的能力。凡是在工人或者白领阶层的政党支持率出现下降和分流的地方，就存在阶级分化的问题。

在分类投票的比较研究中，北欧国家的得分通常很高(Rose and Urwin, 1971)。[①] 我们没有找到北欧三国"二战"前的分类投票数据，但我们可以有把握断言：北欧三国社会民主党或工党的崛起是建立在不断提高工人阶级的选举参与度和动员他们支持社会民主党或工党的基础上的。在 20 世纪 50 年代之前，这些政党还得益于阶级结构中工人阶级的相对壮大，而工人绝大多数是

---

① 近年来，斯堪的纳维亚国家出现了大量关于党派选择的阶级和其他社会基础的专著，反映了过去一二十年来积累的选民调查数据。虽然大多数研究仅限于个别国家，但也有一些研究进行了国家间的比较。进行这类国家间比较的专著主要有 Glans(1975)、Uusitalo(1975)和 Esping-Andersen(1980)。最重要的单一国家选举研究有 Borre et al. (1976, 1979), Särlvik(1966, 1970, 1977), Petersson(1977), Holmberg(1981), Valen and Martinussen(1977)以及 Valen(1981)。Elvander(1980)和 Worre(1980)也提供了同样的数据。

社会民主党或工党党员。[①] 现在的问题是:“二战”以后,工人阶级停止发展,传统的工人阶级共同体逐渐受到侵蚀,工人接受教育变得富裕以后,工人阶级是否还能保持这种程度的政治特性。

表 4.3 至表 4.5 列示的数据并不表明情况总是如此。丹麦体力劳动阶层的政治特性急剧下降,而挪威和瑞典体力劳动阶层的政治特性则略有下降。丹麦 1959 年的数据夸大了社会民主党获得的支持水平,但即使我们从工人阶级和白领阶层的社会民主党选民中扣除 5%～7%甚至 10%的实际比例,在过去的 20 年里仍然出现了一个明确的趋势:体力劳动阶层在政治上变得四分五裂,对社会民主党造成了绝对的损害。一方面,20 世纪 60 年代有相当大比例的工人把选票投给了各左翼社会主义政党,并且随后就保持不变;另一方面,甚至更多的工人选民背叛了社会主义阵营,投入了非社会主义政党的怀抱。

这个趋势可分为两个阶段。第一阶段从 1960 年到 1973 年,工人投靠左翼政党。1973 年以后,工人又转向了右翼政党,但左翼社会主义政党并没有失去很多选票。不管怎样,我们必须谨慎对待第一阶段的变化趋势,然后才能下结论认为:丹麦的工人阶级虽然可能有点延误,但又一次经验证明了资产阶级化的论断。1973 年后工人阶级对资产阶级阵营的大部分支持流向了两个新成立的抗议党——中间民主党(从社会民主党分裂出来的以业主为基础的右翼集团)以及布热德主义进步党。[②] 丹麦的白领雇员也表现出类似的倾向,但没有那么明显。他们也在 20 世纪 60 年代转向了左翼政党,但并没有抛弃社会民主党。70 年代,丹麦社会民主党失去了转而支持资产阶级政党的白领雇员的支持。但总的来说,白领阶层的表现要比工人阶级稳定。

---

① 从最早的调查数据中可以看到这一点。Valen(1981)报告称,1949 年,74%的体力劳动者投票支持挪威工党。Statistiska Centralbyron(1975B)表示,1956 年,瑞典 74%的体力劳动者投票支持瑞典社会民主党。而盖洛普的丹麦调查文献显示,超过 80%的工人在 1957 年把选票投给了社会民主党(这项调查对投票支持社会民主党的选民进行了过度采样)。Rokkan(1966:100)试图追溯估计挪威工人的投票行为。他认为,在 20 世纪 20 年代前后,76%的挪威工人投票支持挪威工党。

② 1973 年,支持资产阶级政党的体力劳动阶层有 16%是支持进步党的。

表 4.3　**1959—1977 年丹麦工薪阶层的政治特性**

（党派支持率，%）

	1959	1966	1968	1971	1973	1975	1977
体力劳动阶层							
左翼社会主义政党	1	21	14	18	13	13	16
社会民主党	79	64	65	60	38	49	48
资产阶级政党	20	15	21	21	48	38	36
N=	(367)	(444)	(382)	(443)	(344)	(314)	(439)
白领阶层							
左派社会主义政党	1	11	7	16	7	11	11
社会民主党	39	31	37	36	28	25	35
资产阶级政党	60	58	56	48	65	64	54
N=	(200)	(280)	(301)	(306)	(323)	(330)	(354)

资料来源：1959—1973 年：Gallup surveys；1975 年和 1977 年：Danish electoral surveys.

注：由于四舍五入，百分比加总并不一定等于 100%。

挪威的分类投票数据波动性较小。除了 1973 年不寻常的选举外，体力劳动阶层对左翼社会主义政党的支持率一直稳定在 10%以下。但 20 世纪 70 年代末出现了分化的迹象，当时工人和白领雇员都转向了右翼政党。瑞典的分类投票在整个 60 年代一直非常稳定。瑞典社会民主党一直得到白领阶层更多的支持，60 年代该党动员这些群体的能力特别令人印象深刻。瑞典社会民主党在 70 年代也失去了对工薪阶层的吸引力，但没有丹麦社会民主党那么明显。

表 4.4　**1957—1981 年挪威工薪阶层的政治特性**

（政党支持率，%）

	1957	1965	1969	1973	1977	1981
体力劳动阶层						
左翼社会主义政党	2	8	5	14	6	5
社会民主党	75	69	69	54	64	59
资产阶级政党	22	24	26	32	30	36
N=	(592)	(634)	(638)	(484)	(600)	(471)

续表

	1957	1965	1969	1973	1977	1981
白领阶层						
左翼社会主义政党	1	4	4	9	5	6
社会民主党	39	36	39	32	33	29
资产阶级政党	60	60	57	59	62	65
N=	(243)	(404)	(465)	(345)	(469)	(531)

资料来源：1965 年、1977 年和 1981 年：Norwegian electoral surveys；1957 年、1969 年和 1973 年：Valen(1981：table 6.7)。

注：由于四舍五入，百分比加总并不一定等于 100%。

简而言之，这三个国家社会民主党或工党的体力劳动阶层和白领阶层政治特性各不相同。在这三个案例中，社会民主党或工党在工薪阶层中失去了优势地位，但这是在不同条件下以不同速度发生的。丹麦较早开始出现这种情况，后果也较为严重。丹麦的工人阶级虽然没有两极分化，但已经在政治上四分五裂。最近，丹麦体力劳动阶层往往离弃右翼政党重新回到社会民主党的怀抱。这种趋势是否能够继续下去，并使丹麦社会民主党恢复其作为工人阶级唯一真正代表的历史地位，现在还真不好说。到目前为止，我们只能说，按照这个标准，丹麦社会民主党已经达到了一个很高的分化水平。丹麦情况的一个显著特点是体力劳动阶层与白领阶层分类投票数据之间的关系。如果此消彼长的假设能够成立，那么，我们就能预期这两个阶层之间的趋势呈反向变化的关系。但我们发现体力劳动阶层和白领阶层的分类投票数据呈现一种平行的格局：他们对丹麦社会民主党的支持率涨跌几乎呈现相同的趋势。换句话说，蓝领阶层支持率的下降并没有被白领阶层支持率的上升所取代。

表 4.5　　1956—1979 年瑞典工薪阶层的政治特性

（政党支持率，%）

	1956	1960	1964	1968	1970	1973	1976	1979
体力劳动阶层								
左翼社会主义政党	3	4	6	2	5	6	5	5
社会民主党	74	77	75	77	70	69	68	66

续表

	1956	1960	1964	1968	1970	1973	1976	1979
资产阶级政党	23	17	19	21	24	25	27	29
N=	(392)	(508)	(974)	(1 055)	(1 380)	(851)	(1 184)	(1 135)
白领阶层[a]								
左翼社会主义政党	2	1	1	2	4	3	3	6
社会民主党	49	53	52	54	48	48	43	38
资产阶级政党	49	46	45	43	48	49	54	56
N=	(259)	(415)	(841)	(979)	(1 419)	(841)	(592)	(772)

资料来源：Statistiska Centralbyron(1975b：table 32，1981b：tables 23—25)；Swedish electoral survey，1976.

注：由于四舍五入，百分比加总并不一定等于100%。

a. 瑞典调查使用的分类方法不同于丹麦和挪威的调查。瑞典的数据中既有低级白领，也有中级白领。因此，瑞典的调查很可能包括更多的职业。

挪威工党可能正在经历分化，但远没有丹麦社会民主党那么明显。挪威工党选民的两极分化和四分五裂程度并不特别严重，但它对工人阶级的影响也只能算中等程度。挪威分类投票数据的特点似乎是选民普遍背弃了挪威工党。对于挪威工党就如同对于丹麦社会民主党，此消彼长的假设并不适用，因为体力劳动阶层对挪威工党忠诚度的下降并不能通过提高白领阶层的支持率来弥补。用这个变量来衡量，瑞典社会民主党几乎没有分化，但工人阶级支持率的下降趋势倘若得不到纠正，那么就会朝着这个方向发展。同样，瑞典社会民主党也失去了它在20世纪60年代取得的对白领阶层的控制。瑞典也没有证据支持此消彼长的假设。①

社会民主党的阶级特性

对于社会民主党来说，阶级特性是一个核心问题，因为它能反映一个政党

① 然而，对普鲁兹沃斯基假说的真正检验必须包括关于社会民主党阶级特性的数据，因为他的论点是：随着联盟阶级成员在党内的比例增加，左翼工人阶级的拥护者就会叛变。因此，政党是适当的分析层次。

吸引和代表其核心社会基础利益的能力。阶级特性对于一个政党确定自己的纲领、思想体系和明确的政策议程的能力也是非常重要的。一个政党的社会基础越是同质和团结,那么就越有可能提出明确的政纲,发起基于共识的改革,避免内部分裂,促进广泛的团结,而且改革就越不可能因内部利益冲突而遭遇失败。但是,阶级纯洁性显然不足以实现议会社会主义,除非党能吸引多数选民。要做到这一点,在传统工人阶级占少数的情况下,就必须把其他阶级或阶层包括在阶级凝聚对象中。

现在,我们看到了北欧三国社会民主党所遇到的两难困境的症结所在。那么,这些政党能否在不失去体力劳动阶层忠诚的情况下吸引越来越多的白领阶层选民呢?就如笔者将要回顾的那样,普济沃斯基对这个问题的回答是以阶级结构发展为前提条件的,而笔者的回答则强调党的政策的影响力。对这两种假设的比较检验,有待我们对党的改革进行分析。现在,我们将把重点放在可观察到的趋势上。

阶级特性——或者就如罗斯和乌尔温(Rose and Urwin,1971)所说的“阶级凝聚力”(class cohesion)——是一个表示政党结构的衡量指标。罗斯和乌尔温研究过1960—1970年的一些欧洲政党,根据他俩的说法,大多数欧洲政党只有中等程度的阶级凝聚力。不过,采用他俩的衡量指标对斯堪的纳维亚三国社会民主党进行评估,得出了这三个政党凝聚力很高的结论。[①] 毫无疑问,这是因为这三个政党具有悠久历史的阶级特性传统。现有的最早数据显示,1948年瑞典社会民主党76%的支持者是体力劳动者(Stephens,1976:243);1954年,丹麦83%投票支持社会民主党的选民是体力劳动者(Høgh,1956:16);1957年,工人占挪威工党选民的70%(Valen,1981:131)。

让我们先来看看如表4.6至表4.8所示的过去20年里北欧三国社会民主党的阶级特性变化情况。请注意,最近几次全国性大选这三个政党获得的选举结果已经在这三张表格列示。显然,在这三个政党获得的选票份额增大或者缩小的时候,阶级凝聚力的问题就具有不同的意义。

---

① 罗斯和乌尔温的阶级凝聚力指标规定,一个政党至少有66%的选票必须来自同一阶级。这个66%的界限规定得相当武断。而且,与大多数类似的研究一样,阶级划分采用了简单的体力和非体力二分法,这意味着不同层次的白领、城乡自谋职业者都被归入其中的一类。

表 4.6　　1959—1979 年丹麦社会民主党的阶级特性

（该党获得的支持率，%）

	1959	1966	1971	1973	1975	1979
体力劳动阶层	71	72	64	56	61	59
低级白领阶层	12	10	20	31	23	25
中、高级白领阶层	7	13	9	10	13	12
城市和农村小资产阶级	10	5	7	4	3	4
N=	(416)	(401)	(419)	(224)	(519)	(711)
选举结果[a]	42	38	37	26	30	37

资料来源：1959—1975 年：Gallup surveys；1979 年：Goul Andersen and Glans(1981)。

注：不包括养老金领取者；家庭主妇按丈夫的身份分类。

a. 最近的全国大选。

表 4.7　　1959—1977 年挪威工党的阶级特性

（该党获得的支持率，%）

	1959	1966	1971	1973	1977
体力劳动阶层	70	65	65	64	63
低级白领阶层	8	12	18	13	18
中、高级白领阶层	8	9	8	14	7
城市和农村小资产阶级	14	13	9	9	12
N=	(643)	(682)	(687)	(411)	(652)
选举结果	48	43	47	35	42

资料来源：1957 年、1969 年和 1973 年：Valen(1981)；1965 年和 1977 年：Norwegian electoral surveys。

注：无职业者根据户主的职业分类；由于四舍五入，百分比加总后并不一定等于 100%。

表 4.8　　1960—1979 年瑞典社会民主党的阶级特性

（该党获得的支持率，%）

	1960	1968	1970	1973	1976	1979
体力劳动阶层	69	67	65	68	67	65
低级白领阶层	20	20	25	20	22	24

续表

	1960	1968	1970	1973	1976	1979
中、高级白领阶层	6	9	5	8	8	5
城乡小资产阶级	5	4	5	4	3	4
N=	(663)	(1 458)	(1 801)	(1 047)	(1 040)	(1 147)
选举结果	48	50	45	44	43	43

资料来源：1960—1973 年和 1979 年：Statistiska Centralbyron（1975b，1981b）；1976 年：Swedish electoral survey。

注：无职业者根据本人以前的职业或者户主的职业分类；由于四舍五入，百分比加总后并不一定等于 100%。

在丹麦社会民主党获得的支持率中，体力劳动阶层所占的份额有所下降，中、下层白领选民的比例却在上升；城乡自谋职业者的比例也大幅下降。值得关注的是，丹麦社会民主党的阶级结构变化似乎反映了它从人民党转变为工薪阶层党的愿望：白领阶层不仅越来越多地取代了小资产阶级，而且也明显取代了工人阶级。如果我们拿党的阶级构成变化趋势与党的选举业绩进行比较，那么就能发现以下这种格局：20 世纪 60 年代，丹麦社会民主党的选票损失主要与小资产阶级支持者的影响有关；70 年代，丹麦社会民主党的支持率下降与体力劳动阶层的影响和白领阶层支持者占比显著增加有关。这表明了以下这种此消彼长的情形：60 年代，丹麦社会民主党能够团结体力劳动阶层和白领阶层，而代价是失去了小资产阶级的支持；在这一时期，“工薪阶层党”的策略似乎取得了一定程度的成功。70 年代的“此消彼长”是出现在体力劳动阶层与低级白领阶层之间——而不像有人预期的那样，出现在体力劳动阶层和中级白领阶层之间。简单地说，由于丹麦社会民主党在 70 年代的选举业绩已经恶化，因此，它失去了一些工人选票。

挪威工党经历了不那么明显的选民阶级结构变化。体力劳动者选民占挪威工党选民的比例有所下降，而白领选民的比例则有所上升。但令人惊讶的是，挪威工党小资产阶级选民的比例并没有真正下降，而体力劳动者选民只是逐渐被白领选民所取代。在 1965 年的选举中，挪威工党的支持率出现了可以说急剧的下降，这与白领阶层的发展壮大和体力劳动者人数减少有关。挪威工党在 1973 年遭遇的第二次支持率大幅下降绝对没有改变它的选民阶级结构，最后，瑞典社会民主党的选民支持率显示了它的稳定性。应该指出的是，小资产阶级对于瑞典社会民主党的作用总要比这个阶级对丹麦社会民主党和挪威工党的作用小许多。遗憾的是，瑞典有关白领阶层的数据并不完全可以与丹麦和挪威的相关数据进行比较，因为瑞典没有区分社会民主党中、下层白领选民的数据。由于瑞典社会民主党的选举业绩起伏很小，因而没有什么依据可用来考察与选举结果变化有关的选民阶级特性变化。

还要请读者注意，表 4.6 至表 4.8 并没有考虑选民阶级结构的基本变化。衡量政党选民阶级特性随时间变化的更好指标必然对“边际选民”进行控制；也就是说要包括一个估计某个阶级或阶层选民被过度代表或代表不足程度的指标，我们可以用偏差点数（deviation points）来表示，偏差点数表示某个政党给定选民群体偏离该群体在该政党选民总样本中相对规模的百分点数。过度代表和代表不足的变化应该能更加有效地反映某个政党团结其基本选民阶级或阶层以及在不失去体力劳动阶层选民的情况下增加白领阶层选民的能力的相对变化情况（见表 4.9）。

表 4.9　1957—1977 年丹麦社会民主党、瑞典社会民主党和挪威工党的阶级特性

（代表过度或不足百分比）

	1957—1960	1965—1968	1969—1971	1973	1976—1977
体力劳动阶层					
丹麦社会民主党	+29	+29	+24	+16	+19
挪威工党	+18	+22	+19	+19	+19
瑞典社会民主党	+23	+21	+21	+25	=22
低级白领阶层					
丹麦社会民主党	+3	+2	=2	+7	+7
挪威工党	−3	−2	−1	−5	−4
瑞典社会民主党	+4	+3	+3	+3	+2

资料来源：请参阅表 4.3、表 4.4 和表 4.5。

注：这三个国家进行调查的年份略有不同。本表把彼此最接近年份的数据组合在一起，例如，1957—1960 年的数据包括丹麦 1959 年的数据、挪威 1957 年的数据和瑞典 1960 年的数据。还请注意，三国白领阶层的数据没有严格的可比性：瑞典的数据包括中、低级白领阶层，而丹麦和挪威的数据仅包括低级白领阶层。

在对过度代表和代表不足问题进行控制以后，相关数据显示北欧三党存在更加明显的选民阶级结构差别。首先，在20世纪70年代之前，丹麦社会民主党的体力劳动阶层选民一直存在被严重过度代表的问题，当时这类选民在丹麦社会民主党选民中的地位急剧下降。同期，挪威工党和瑞典社会民主党的体力劳动阶层选民在这两个政党选民总量中的占比一直保持稳定。在1973年的选举中，丹麦社会民主党和瑞典社会民主党的遭遇形成了鲜明的对照。我们应该还记得，1973年的选举对于瑞典社会民主党来说是一次糟糕的选举，而对于丹麦社会民主党和挪威工党来说就是一场灾难。在相似的条件下，这三个政党在那年的选举中遭遇了不同的命运。对于丹麦社会民主党来说，灾难性的选票损失集中在体力劳动阶层；瑞典社会民主党体力劳动阶层选民的份额实际有所增加；而挪威工党体力劳动阶层选民的份额则基本保持稳定。这三个政党的情况表明，瑞典社会民主党选举结果的恶化导致该党阶级结构的“净化”：工人阶级基本上留下没走，而其他阶级的一些成员则率先离它而去。丹麦的数据表明，丹麦社会民主党的情况正好相反：支持率急剧下降主要与体力劳动阶层选民有关。如果我们还记得在1977年丹麦社会民主党支持率有所提高的选举中再次出现了工人阶级被过度代表的问题，那么就会觉得这个结论是可靠的。最后，挪威工党在1973年的选举中遭遇惨重的失败，但这并没有影响体力劳动阶层选民对该党的忠诚度。

低级白领阶层的支持率并不总是与体力劳动阶层的支持率成反比关系。20世纪70年代，丹麦的这种此消彼长关系显而易见，尽管白领阶层支持率的上升并没有抵消体力劳动阶层支持率的下降。在挪威，两者似乎没有直接的相关关系：体力劳动阶层选民的支持率保持不变，而白领阶层的支持率则随着该党的选举业绩恶化而下降。这表明挪威工党能够维持对体力劳动阶层选民的凝聚力，但维持凝聚白领阶层选民的能力较差。在瑞典，这种趋势是如此稳定，以至于不可能观察到任何可能的此消彼长现象。当然，这可能表明，瑞典社会民主党并不那么为此消彼长的困境所困扰。综上所述，按照我们的阶级特性衡量指标，似乎只有丹麦社会民主党遇到了严重的分化问题，具体表现为该党无法团结并留住其传统的体力劳动阶层基本选民。

“政治代别”与社会民主党分化

“政治代别”(political generations)研究是满足赖特·米尔斯(C. Wright Mills,1967:6)坚持的“社会学应该研究个人故事与公共生活相互作用”的要求的一种很好的方式。“政治代别”有助于将个人的直接经验与他们所面临的更大社会问题联系起来。一代社会成员也许比以任何其他形式归类的社会成员都能更加深刻地影响社会意识,具体取决于历史条件。卡尔·曼海姆(Karl Mannheim,1959)是最早对几代人进行系统社会学研究的学者之一。在他看来,每个时代都有自己鲜明的时代精神,按照每种新的时代精神的兴衰就能很容易反映代际差异。作为某个特定历史时期的代表,生活在同一历史时期的几代人凭借他们自己的实力构建社会集体——一种跨越阶级、宗教和其他分裂根源的社会集体。曼海姆还强调,代际认同一旦形成,就会随着时间的推移而趋于稳定。这一概念很受联邦德国纳粹时期的学者的欢迎,因为它有助于他们区分社会哪些阶层最有可能支持或者最不可能支持希特勒(Heberle,1951;Neumann,1965)。

最初的问题是如何在相关代或同生代之间划定界限。我们可以像曼海姆那样用30年的间隔,或者像卡尔松和卡尔松(Carlsson and Karlsson,1970)所做的那样用5年的间隔来划代。不过,在理论思考的基础上定义一代人似乎更加合适。因此,出于我们的目的,我们可以用受到某种决定性历史事件——可能会对受影响的同生代后半生产生持久影响的事件——影响的同生代来定义一代人(Ryder,1965:850ff;Hyman,1959:131;Lipset,1960:279ff;Zeitlin,1966:493ff)。因此,一代人的相关起点应该处于这代人个体生命周期内明确形成其政治认同的时间周围,也就是处于政治社会化年龄附近。海曼(Hyman,1959)认为,这个年龄在18~25岁之间。[①]

从前文关于社会民主运动兴衰的描述中,我们应该已经清楚地看到代际效应研究很可能十分重要的原因。20世纪30年代的政治联盟重组规模如此

---

① 请读者注意,在下文的代际分析中不进行系统的“同代分析”,因为同生代分析需要区分年龄、同代和时期效应。有关丹麦和瑞典数据的同代分析,请参阅 Esping-Andersen(1980:chap. 11)。

之大，以至于肯定产生了强烈的代际认同。这种代际认同再度让选民接受一种持续到60年代的政治模式。60年代，随着人数非常多的新一代步入成年，社会民主运动的政治路线和纲领开始发生变化。他们这一代人的共同经历并没有停留在大萧条时期的政治中，而是固定在了福利国家的模式上。

社会民主政权的长期发展几率取决于社会民主党动员新一代选民的能力，新一代选民的社会认同可能与前几代选民有很大的不同——他们的利益和世界观实际上可能与前几个"政治代"的选民相冲突。换言之，社会民主运动不能允许代际分裂发生；它必须能够统一不同代和不同年龄组选民的集体认同。严重的代际分裂会引发严重的社会民主运动阶级形成的问题，对社会民主运动忠诚度的重大代际差别应该能够提醒我们，社会民主党没有能力重塑自己的政纲在不疏远上几代选民的前提下动员下几代选民。年轻一代和新进入的几代选民对社会民主运动的忠诚度大幅下降，这意味着社会民主党正走向严重的分化。最终，社会民主党的未来取决于新进入社会的那几代人的政治特性。

因此，我们应该对北欧三国进行比较，比较这三个国家社会民主党在过去20年里受到的代际支持。鉴于上文的论证，读者自然会预测丹麦比其他两个社会民主国家遭遇了更加严重的代际分裂。如表4.10所示，实际情况确实如此。该表显示了北欧三国社会民主党在大约10年的时间里从不同年龄组同代选民那里获得的支持率，从而使得考察"老龄化效应""代际效应"和"时期效应"成为可能。①

表4.10　1959—1979年北欧三国同代选民对本国社会民主党的支持率

（占同代选民的百分比，%）

年龄组	丹麦			挪威			瑞典		
	1959	1966	1975	1957	1965	1977	1960	1970	1979
21～30岁[a]	50	40	20	45	42	34	60	49	42

① "老龄化效应"是指政党偏好随着人口年龄增长发生变化的可能性；"代际效应"是指不同同生代系统地表现出不同行为方式的可能性；而"时期效应"则反映广泛的历史趋势。"老龄化效应"可从表4.10的纵列垂直向下读取，"代际效应"可从左往右对角读取，"时期效应"可横向水平读取。应该强调的是，这里不可能同时区分并分离出老龄化和代际效应的相对影响(Glenn，1977)。

续表

年龄组	丹麦			挪威			瑞典		
	1959	1966	1975	1957	1965	1977	1960	1970	1979
31～40 岁	55	39	23	44	49	45	60	51	45
41～50 岁	53	34	30	45	51	51	53	48	43
51～60 岁	50	46	37	44	42	50	45	50	48
61 岁以上	50	43	43[b]	36	44	44	42	49	47
各年龄组平均	**52**	**40**	**32**	**43**	**46**	**45**	**52**	**49**	**45**

资料来源：Danish Gallup surveys；Norwegian electoral surveys；Statistiska Centralbyron(1975b：table 35；1981b：table 31)；Valen and Martinussen(1972：tables 9.6，10.3)；Esping-Andersen(1980：tables 11.1—11.12).

注：没有包括非选民。

a. 20 世纪 70 年代，这个年龄组由 18～21 岁的选民组成。

b. 在 1975 年的盖洛普调查中，由于改变了编码，“51～60 岁”和“61 岁以上”年龄组经过了“分拆和组合”。这年，盖洛普对年龄较大的年龄组“51～64 岁”和“65 岁及以上”进行了编码，这与以前的做法不同。为了适应这一情况，取自“51～64 岁”年龄组 1/3 的受访者与“65 岁及以上”的年龄组进行了合并。编码的变化实际上并没有造成多大的差异：“65 岁以上”年龄组的比例应该是 44%，而不是“61 岁及以上”年龄组在拆分和组合后的 43%。本书的后续表格只要合适，都将采用同样的方法；在任何情况下都不会改变拆分和组合方式。

我们在看表 4.10 时能够发现，最初一年各年龄组选民投票结果国别差异惊人。在丹麦(1959 年)，年轻人和老年人的投票结果几乎没有任何差异；而在挪威(1957 年)和瑞典(1960 年)，老年选民明显没有把选票投给社会民主党。在第二个时间点，情况发生了变化：在所有三个国家，各年龄组的投票情况非常相似。但在最后一年，差别再次出现。丹麦(1975 年)出现了非常强烈的年龄组效应：老年人仍然忠于社会民主党，而年轻人几乎都已“弃船而去”。挪威到了 1977 年也出现了类似的现象，但由于这种现象似乎只出现在非常年轻的年龄组中，因此，影响并不是很大，选民的年龄差别也没有那么极端。瑞典(1979 年)有迹象表明，年龄差异虽然有点微弱，但最年轻的选民却并不是那么忠于社会民主党。

鉴于丹麦 1959 年没有出现任何年龄差异，后来成为选民的那几代年轻选民的社会民主党忠诚度下挫显得尤为明显。我们还可以注意到，21～31 岁年龄组和 31～40 岁年龄组选民的忠诚度下降幅度远远超过了这个时期的总降幅。1959—1975 年的时期效应使忠诚度下降了 20 个百分点；21～40 岁年龄组选民的忠诚度下降了 30 个百分点。相比之下，老年组选民的社会民主党忠诚度下降幅度低于时期效应。挪威老年组选民的工党忠诚度实际有所上升，只有 21～30 岁年龄组选民的工党忠诚度出现了大于时期效应的下降幅度。[①] 在瑞典，时期效应导致瑞典社会民主党损失了 7 个百分点的选民忠诚度；几个低年龄组选民的社会民主党忠诚度降幅大大超过时期效应，而高年龄组选民的社会民主党忠诚度增幅趋向于抵消以上忠诚度的降幅。

说到不同代选民行为的问题，我们也许可卓有成效地对大萧条时期的那一代选民（即那些在 20 世纪 30 年代大萧条和社会民主党掌权执政时期开始成年的选民）与福利国家时期的那一代选民（即那些在繁荣的 50 年代甚至 60 年代这个政治时期成年的选民）进行比较。50 年代末“大萧条时期一代”选民的年龄大约在 41～50 岁；60 年代中期“福利国家时期一代”选民的年龄大约在 21～30 岁。[②] 在北欧三国，“大萧条时期一代”选民的政治立场比较稳定。在丹麦，这代选民的社会民主党忠诚度在 1959—1975 年期间下降了 10%（即从 1959 年 41～50 岁年龄组的 53%下降到了 1975 年 61 岁及以上年龄组的 43%），但这个降幅只是这个时期丹麦社会民主党忠诚度总降幅的一半。挪威“大萧条时期一代”选民的工党忠诚度完全保持稳定，而瑞典“大萧条时期一代”选民的社会民主党忠诚度则下降了 6 个百分点，略小于时期效应。

“大萧条时期一代”选民的社会民主党忠诚度与“福利国家时期一代”选民的这种忠诚度形成了鲜明的对照。1966 年丹麦 21～30 岁年龄组选民的社会民主党忠诚度到了 1975 年大幅下降，是时期效应导致的降幅的 2 倍多。因此，这个年龄组的选民对社会民主党的依附性很小。挪威“福利国家时期一

① 请注意，挪威 1957 年的数据对挪威工党获得的忠诚度采样不足。

② 对于瑞典，我们没有 20 世纪 60 年代中期的观察点，因此，我们不得不选择 1960 年或 1970 年的数据。由于瑞典实行福利国家政治要比其他两个国家早很多年，因而选择 1960 年的数据似乎是合适的。

代”选民就没有这种倾向;而瑞典“福利国家时期一代”选民对社会民主党的支持率不是大幅下降就是没有下降,具体取决于采用哪种计量方法。笔者认为,最合适的做法是跟踪调查1960年年龄在21～30岁的选民。请记住,这一代选民在1960年被证明是社会民主党非常有力的支持者;因此,这一代选民忠诚度的下降将反映出1960年的支持水平可能并不是一种自然支持水平。不管怎样,“福利国家时期一代”选民的社会民主党忠诚度在1960—1979年期间大幅度下降——从60%下降到了43%。如果我们把1970年作为进入“福利国家时期一代”的基准年,我们就不会看到忠诚度的降幅会大于时期效应导致的降幅。

那么,我们应该如何解释不同年龄组和同代选民社会民主党支持率的变化趋势呢?我们必须再次指出,时期效应导致的丹麦社会民主党支持率降幅普遍较大。于是,有一个问题值得注意,那就是这个降幅在不同年龄组和同代选民中是如何分布的。对于丹麦社会民主党的长期生存几率来说,情况不妙,因为数据显示,该党已经丧失了动员年轻选民的能力,无法保住“福利国家时期一代”选民的忠诚度。丹麦社会民主党已经成为一个那些接近领取养老金年龄的老年人的政党。除非这种趋势得到扭转,否则我们就不得不得出如下结论:我们可以自信满满地假设,随着老一代选民的去世,丹麦社会民主党必须进行彻底的政治联盟重组。

挪威的数据呈现出一幅不同的图景。首先,它们显然错误地反映了时期效应,因为我们的样本没有反映挪威工党忠诚度在1957—1977年期间下降的情况。但是,挪威工党巩固了它在老年选民中的地位,我们只能看到一个分化指标,那就是1977年年龄在21～30岁的选民对挪威工党的支持率有所下降。如果这种情况得不到扭转,那么,挪威工党就有可能像丹麦社会民主党那样按照螺旋形下降的趋势发展。此外,挪威工党并没有在“福利国家时期一代”的选民中失去自己的影响力。这表明造成挪威工党问题的根本原因比造成丹麦社会民主党问题的根本原因距今较近,因此,我们可以怀疑欧共体问题是主要的影响因素。

瑞典的情况喜忧参半。由于1979年年轻选民和年长选民之间差别很小,因而没有明显的迹象表明瑞典不同年龄组选民之间存在严重分歧的问题。但瑞典社会民主党领导层应该会为“福利国家时期一代”选民忠诚度的下降感到担忧。瑞典的数据表明，瑞典社会民主党在20世纪50年代和60年代非常成功地动员了青年选民，但这似乎只是暂时的现象。如果1960年该党的选民以青年居多，那么，现在该党选民的年龄构成比较均匀。虽然这种趋势可能对瑞典社会民主党不利，但该党没有出现选民分化的迹象。

有一个关键的问题与几代年轻选民的政治取向有关。有三种可能性：由于没有出现选举投票率下降的迹象，因而他们几代年轻选民必然要么是转向了左翼政党或者右翼政党，要么是朝着两个不同的方向两极分化。笔者对重新进行的社会民主动员的解释最终必须建立在主导趋势的基础上。

表4.11显示，在年轻选民群体中出现了一种明显的左翼社会主义倾向，而年长选民群体在选择社会民主党以及转向左翼或右翼政党的问题上表现相当稳定。丹麦的左翼社会主义倾向呈不可阻挡的态势，1975年21～30岁的选民中足足有30%支持左翼政党。这个选民群体在1966—1975年期间也曾转向右翼政党。换句话说，这个选民群体如果不是两极分化的话，就是一个四分五裂的群体。[①] 他们大约把一半的选票投给了明确反对社会民主运动的左翼政党或极右政党。在年长选民群体中，这种格局比较稳定，也不那么极端。在丹麦，工人选民中的这种“反社会民主运动”两极分化趋势也同样非常明显：在“福利国家时期一代”工人选民中有33%支持左翼社会主义政党，8%支持丹麦进步党；在“大萧条时期一代”工人选民中分别有14%和1%投票支持左翼社会主义政党和丹麦进步党。在挪威，两极分化的程度要小得多。与年长选民相比，年轻选民更加左倾或者右倾，但趋势不很明显，整代选民转而投票反对挪威工党的趋势也不是特别明显。丹麦和挪威的年轻选民可能会变得更加“资产阶级化”，但瑞典年轻选民却没有这种倾向。20世纪70年代，瑞典年轻选民对左翼政党（特别是瑞典共产党）的支持率翻了一番，而对资产阶级政党的支持率却有所下降；其余年龄组的选民基本保持稳定。

---

① 资产阶级政党的支持率在年龄最小的选民群体中急剧上升，几乎完全是由格里斯特鲁普(Glistrup)领导的丹麦进步党造成的，该党获得了这个选民群体14%的选票。

表 4.11　　斯堪的纳维亚三国不同年龄组和代别选民对左翼社会主义政党和资产阶级政党的支持率

年龄组	左翼社会主义政党的支持率(%)						资产阶级政党的支持率(%)					
	丹　麦		挪　威		瑞　典		丹　麦		挪　威		瑞　典	
	1966	1975	1965	1977	1970	1979	1066	1975	1965	1977	1970	1979
21～30岁	21	30	8	11	6	12	39	50	50	56	52	46
31～50岁	14	11	5	3	2	4	50	62	44	48	54	52
50岁以上	7	7	3	3	3	3	48	51	53	52	48	50

注:关于资料来源与说明,请参阅表 4.10。

总而言之,北欧三国社会民主党的上述分化格局表明,这三个政党陷入了性质不同的选民动员困境。丹麦社会民主党显然是遇到了两极分化的问题。由于丹麦几代比较年轻的选民右转把选票集中投给了丹麦进步党,因此,很难把这种转向解读为资产阶级化。相反,根据丹麦进步党的主张,我们可以把左倾和右倾两极分化看作是公然反对社会民主政治(一般而言),特别是福利国家(具体来说)的不同表现。在挪威,左倾和右倾分化趋势平行不悖,但不那么明显;而在瑞典,年轻一代选民对资产阶级政党的支持率下降,而对瑞典共产党的支持率却不断上升,两者合在一起表明,瑞典社会民主党的问题并不是较年轻的选民太过左倾;而更有可能是,瑞典几代年轻选民对瑞典社会民主党的支持率下降反映了他们对瑞典社会民主政治传统形象的不满,也可能反映了他们希望看到更加左倾的联盟重组。因此,我们将特别关注北欧三国各代选民对本国社会民主党新政策特别是经济民主的支持度。

社会民主党分化的基础和结果

那么,我们应该怎样来解释政治和文化如此相似的国家怎么会出现如此不同的政治结果——尤其是考虑到这三个社会民主国家在 20 世纪 30 年代的政治联盟重组及其后果不可能更加趋同时?这个问题的许多答案必须到社会结构特别是阶级结构中去寻找。斯堪的纳维亚三国的政党制度以及由此产生的社会民主党,都是在不同阶级结构的背景下出现的。当时,丹麦的产业资本主义仍然以家庭农业和城市手工业为基础,从而保证一个特别崇尚自由主义的小资产阶级能够确立它的盟主地位。而且，由于大部分工人阶级甚至白领阶层，一直在执着地支持这种盟主地位的永久化，因此，很难撼动这种盟主地位。

丹麦 20 世纪 60 年代爆发的“第二次产业革命”产生了一个白领阶层，而不是体力劳动阶层。这个白领阶层在阶级结构和政治上被夹在了逐渐衰微的农村不同阶级和停止发展（但没有衰落）且依然组织松散的工人阶级之间。此外，白领阶层的发展壮大主要发生在公共部门。

这些阶级结构特征决定了丹麦工会运动的性质、崇尚自由主义（但相互竞争）的各资产阶级政党的长期政治优势以及社会民主党与右翼政党进行妥协和合作的无情需要。因此，丹麦社会民主党为左翼政党留下了巨大的真空地带。由于丹麦社会民主党无力进行政治联盟重组，因此，丹麦的左翼社会主义政党就乘虚而入，抢占了这个真空地带——这些政党恰恰迎合了社会民主党无法调和的那种体力和非体力劳动“工薪阶层”混合群体的需要。

挪威的农村经济催生了外围地区动荡不安的农民阶级，南方只有一个小农阶级。因此，农村不同阶级在大多数问题上都存在分歧，而挪威工人阶级则是准无产阶级化农民和农业工人的俄式混合群体。挪威另外只有一个被边缘化的城市手工业者阶层。

挪威的工业化——大量外国资本渗透到挪威农村仅能维持生存的外围地区——与典型的第三世界依赖型飞地经济的工业化非常相似。挪威从未出现过强大的民族资产阶级。相反，公务员体系仍然是保守党的堡垒，而城市小资产阶级则成了自由党的阵地。① 如果再加上根深蒂固、持久不变的中心-外围分裂格局，我们就能理解为什么工联主义能在早期的工人运动中扮演如此重要的角色。此外，挪威没有一个重要的独立农民阶级或城市资产阶级能够构建可在丹麦见到的那种量级的自由主义势力。

瑞典的阶级结构在很大程度上就像正统马克思主义所预言的那样发展起来的。因此，瑞典的阶级结构依然比丹麦和挪威更加两极分化或二元化，瑞典的政党制度也是如此。与周边国家相比，瑞典的城市工人阶级规模更大，也更

① 但是，商船运输产生了一个主要持外向观的资产阶级。

加同质化，因而有助于组织据说是当今世界最强大的工会运动和社会民主党。虽然瑞典也有大批农村半无产者，但依靠20世纪30年代的危机应对政策已经把这个阶层的利益纳入社会民主运动。不过，在整个两次世界大战间隔期里，这些农村半无产者已经被证明确实很难组织起来。白领工会运动在渗透力和组织性方面堪与传统的工人阶级工会运动媲美，从而使得劳动力市场与政治之间的关系达到了在其他国家看不到的程度。最后，除了可能几个短暂的时期以外，瑞典没有任何的农村或城市小资产阶级拥有足够大的政治或经济影响力来决定阶级联盟的结盟条件和政治结果。事实上，瑞典城乡小资产阶级的这个政治弱点有助于解释他们在经济上迅速消亡的原因。

因此，阶级力量为这三个北欧国家的社会民主动员确定了特殊的不同参数，并且已经开始影响国家的性质和公共政策的内容。由于国家的性质和公共政策反过来又深刻地影响社会不同阶级的强弱差别，因此，社会民主运动对国家的影响既是阶级结构化的原因，又是阶级结构变化的结果。

如果不是因为其他原因，而是因为社会民主运动选择了通过选举政治和议会改良主义来进行它的那种版本的阶级斗争，那么，我们自然会预期社会民主运动的长期阶级形成能力将越来越多地受到国家结构和国家政策的影响。国家就成了社会民主运动最有希望把阶级的“原料”铸成集体政治推动者的机制，同时又是阻碍社会民主运动谋求掌权执政的机制，因为国家不断增强的影响力可能同样会导致社会民主运动必须依赖的选民个性化、碎片化或者分化。

因此，笔者提出另一种阶级和政党之间的理论关系，一种特别强调社会民主改良及其对社会民主运动阶级形成可能产生影响的理论关系。如果我们要解释为什么近几年这三个社会民主国家的政党分化情况如此不同，那么就绝对有必要说明改革是如何使阶级结构和党的动员相互影响的。之所以要这么做，是因为严格意义上的阶级结构解释无济于事。如果说北欧三国阶级结构的早期发展存在很大的差别，那么，种种迹象都表明战后出现了阶级结构趋同的趋势。尤其是丹麦的阶级结构开始呈现瑞典的特点，农村小资产阶级逐渐被边缘化，工人阶级的手工业者特征逐渐弱化，新生的白领阶层已成为最大的阶级构成元素。但是，除了阶级结构趋同以外，在任何情况下都很难发现白领阶层的出现与社会民主党分化之间的直接联系，这恰恰是因为这个阶层的出现实在是太突如其来。

因此，一种建立在国家政策因果影响基础上的理论可以说是相当有道理的。问题是如何给出它的经验解释，我们现在来解决这个问题。本书的第二编将考察在过去一个世纪里建立起来的“社会公民国家”（social citizenship state）的变化；随后将集中关注住房和经济政策促进团结或助长分化的作用有什么不同，如何促进或阻止社会民主阶级的形成。

第二编

社会民主运动的政治基础

第五章　社会公民国家

今天,“社会民主国家”其实已经成为“福利国家”的同义词。因此,我们能够理解以下这种说法:我们在考察社会民主占据主导地位的国家,特别是社会民主占据主导地位的斯堪的纳维亚国家时,就是在考察最发达的社会保障制度;与此同时,这种说法又错误地暗示一种直接的因果关系。许多国家(荷兰是其中一个著名的例子)有很容易与斯堪的纳维亚国家相提并论的社会支出,但却没有体验过同等水平的工人阶级政治力量。

一般来说,在不考虑福利国家的内容和特点的情况下,就简单地把社会民主国家和福利国家等同起来,是一种错误的做法。同等水平的社会支出可能使我们忽略福利体系制度构成上的重大差异。高水平的社会支出并不一定就意味着慷慨大方或对实际社会公民权的承诺,而可能只是反映一个国家没有能力有效解决大规模失业和持续贫困等社会问题。我们没有先验的理由可用来假设社会主义者为了自己的利益而贪婪地渴望大量的社会支出。

正如这个问题的大多数权威人士(Briggs,1961;Rimlinger,1971;Flora,1981)所指出的那样,关于社会改良和改革起源的问题,并没有什么是特别社会主义的东西。像迪斯雷利和俾斯麦(Disraeli and Bismarck)这样的传统保守党人也渴望推动社会立法,并把这作为确保已有秩序和工人阶级忠诚的一种手段。自由党人当然并不那么情愿这样做,但在政治上势在必行——并且最终认识到社会保险可能有利于提高经济效率的情况下,就连他们也做出了让步。在这两种情况下,福利措施往往是在没有或实际违背社会主义意愿的情况下发展起来的。因此,政治上重要的问题不是进行福利改革,而是社会主义者成功地进行了什么样的改革。

作为社会主义目标的社会公民权

社会改良主义不仅仅是一种旨在取代已被抛弃的革命政治纲领的社会民主主义发明。无论是在改良派还是革命派的领导下，社会改良从工人阶级组织问世伊始就成了一个至关重要的问题。因时而变的是，在争取建立美好社会的斗争中曾经赋予社会政策较大的历史作用，而社会政策问题历来是一个既有现实必要性又具理论重要性的问题。

在社会主义初始阶段，社会改良问题主要是按照正统的观点——即通过国家采取行动来改善社会只能有助于巩固资本主义、分化工人阶级以及利用国家权力来反对革命——来理解的。这就是 1891 年提出的埃尔福特纲领的基本要点，被德国的奥古斯特・倍倍尔（August Bebel）以及古斯塔夫・邦（Gustav Bang）这样的斯堪的纳维亚社会主义者所接受（Bryld，1976）。即使在存在社会改良可能性的情况下，认为能在资本主义制度下实施真正具有解放作用的改良也是不切实际的。

但是，这种理论充满了漏洞。首先，马克思和恩格斯在《共产党宣言》的结尾处列出了一份从社会主义角度看是可取的改革清单。① 罗莎・卢森堡和卡尔・考茨基称赞"社会"或"政治"工资是提高具有政治危险性的贫民无产阶级（Kautsky，[1892] 1971）的地位和在失业和贫困的条件下加强工人阶级团结的一个必要先决条件。对于那些忠于经典著作的人来说，还有其他理由支持积极的社会政策。因此，社会主义者有时会诉诸马克思主义的价值论来为他们提出的养老金和社会福利诉求辩护，并且认为应该把社会工资视为一种仅仅是归还之前榨取的剩余价值的手段（Rasmussen，1933：144ff）。

撇开理论和意识形态问题不谈，社会主义政党几乎不能忽视社会立法。从资本主义市场没有社会立法就无法生存这个意义上讲（Polanyi，1957），由于来自下层的压力迫使当局进行社会立法，到了 19 世纪末，保守党和自由党

① 马克思对《英国工厂法案》（British Factory Acts）的分析似乎也表明，他对社会改革可能实现的目标持一种乐观的态度（Marx[1872]1967，chap. 10）。

都深度参与社会改良。社会主义政党别无选择,只能表明自己的立场,原因无非是资产阶级立法会"引诱工人偏离正确的道路"(Rimlinger,1971:125)。因此,德国社会民主党强烈反对俾斯麦的工人保险计划;英国独立工党左翼在基尔·哈迪(Keir Hardie)的带领下曾反对劳埃德·乔治(Lloyd George)提出的国民保险法案,但没能取得成功。据说,在这两个案例中,立法都会加深技术工人和非技术工人之间已有的分歧。同样,丹麦社会民主党在1883—1884年坚决反对保守党提出的国家补贴养老保险的议案,因为他们拒绝接受这种保险的自助性质。工人阶级内部也潜伏着敌人,因为享有特权的技术工人和手工业者往往能从中受益,并且常希望加强社团主义行会式的福利计划。就如在德国海曼(Heiman,1929)、瑞典俊根(Jungen,1931)和意大利葛兰西(Gramsci,1978)等学者的著作中都能看到的那样,社会主义政党已经意识到了反对职业福利制度的必要性,因为这些制度阻碍了阶级团结。

不管怎样,社会主义政党被迫努力推行社会改革:工人显然既需要又要求社会改革;而且,大家都明白不进行社会改革就很难实现政治动员和阶级团结。由于现有的对穷人的救济通常会剥夺受助者的权利,因而取消对穷人的救济会带来选举好处,同样有必要消除工人中的极端贫困和经济不确定性的问题,因为这些问题会阻碍工会和党组织的发展,而且常使工人在就业和收入竞争中相互对立。社会保障的缺位使资本家居于强势地位,从而使工人运动长期处于劣势。

对于社会主义政党来说,福利政策必须推进三个重要目标。首先,改革必须促进而不是阻碍阶级团结。这个目标促使社会主义政党很早就提出了一些对其组织和影响力都有普遍意义的改革方案,从而减少了工人阶级内部的差别,并促进了工人阶级内部的集体认同。于是,他们就反对要接受经济状况调查才能获得救济的计划以及国家或私人保险计划的原因:前一种计划会产生强烈的污名化效应,而后一种计划则只会加剧已有不平等和增加已有特权,甚至有可能把工人与资本主义国家结合在一起。

如何促进团结政策的制定和执行以及应该把哪些人包括在团结对象中的问题,是更加难以解决的问题。正统的马克思主义规定了一种解决这些问题的模式,而修正主义和议会社会主义则规定了另一种模式。前一种模式在"一战"以前一直是大多数社会主义运动的典型模式。从依靠纯粹的无产阶级进行斗争的意义上讲,这种模式具有战略排他性。旨在维护工人阶级团结的"贫民党"(ghetto party)模式,是要使工人免受资产阶级在意识形态和日常社会生活方面的影响。在这种情况下,社会改革就完全成了工人阶级的事情,由工人运动——而不是资产阶级国家或资本家雇主——来承担。后一种模式显然要依靠议会多数才能付诸实施。由于这种模式需要盟友,因此必须确定更加广泛的团结对象。于是,我们必须根据党是"人民家园"的理念,通过推行有利于广大民众甚至全体人民的政策来解决包容和如何设计社会改革的问题。

如果说包容问题就是团结的问题,那么,如何设计社会改革的问题就是要让工人免受市场惩戒鞭子鞭笞的问题。劳动力在市场上的商品地位一直被认为是阻止集体主义的障碍,它加剧了竞争和不确定性,并且增强了雇主讨价还价和在厂内行使权力的能力。因此,出于意识形态或纯粹务实的考虑,从使工人地位去商品化——也就是降低工人依赖市场交易的程度——的意义上讲,社会改革能够帮助工人实现自我解放。生病、年老和失业时有充分的福利保障,自然能削弱市场交易的强势,并且在经济条件恶化时对抗激烈的竞争。因此,社会福利就成了改良主义的一个核心目标;而发展完整的社会公民身份——无论社会主义政党是否保持革命的雄心壮志——就成了社会主义运动的一个目标。但重要的是,要改变社会公民的确切性质。

社会主义福利政策的第三个也是最后一个关键目标,是促进平等。这个目标在一定程度上是前两个目标的必然延伸,因为团结和社会权利保障意味着待遇和地位平等。社会主义政党很少把社会政策视为推进平等社会主义社会的动力。① 不过,收入和财富均等化是实现其他两个目标的必要先决条件。团结政策必然涉及经济和利益方面的再分配。如果提高同质性是实现社会和政治团结的先决条件,那么缩小贫富差距就成为社会主义政策的一项重要任务。

---

① 这种情况在"二战"结束以后发生了变化。"二战"结束后,英国工党的重要人物,如C. A. R. 克罗斯兰(C. A. R. Crosland,1967),试图发展一种基于凯恩斯主义经济学、福利国家政策和累进税制的社会主义理论。

因此，除了人道主义和利他主义目标外，社会政策还能在社会主义力量动员方面发挥重要的作用。我们可能会认为，社会民主工人运动的长期政治命运取决于它们通过社会立法实现团结、去商品化和平等的能力。相反，如果社会主义政党不能用社会主义来取代自由党或者保守党的社会改良主义，那么就会削弱工人阶级实现政治团结和动员社会民主力量的能力。

主张分裂性福利国家的社会民主运动必然会面临相当大的政治风险。如果允许社会服务按照职业或其他社会界别来提供，那么，不但要付出牺牲狭隘的职业身份认同的代价，而且还要牺牲更多人的忠诚。凡是在私人和职业福利计划激增的地方，对公共福利计划的集体认同和集体忠诚特别容易随着税率的提高而消失。因此，社会主义政党要冒阶级和忠诚分裂的风险，只要它们领导的福利国家允许自由主义或保守主义继续大行其道，那么就可能发生"福利抵制"。社会民主党特别是丹麦社会民主党的严重分化，可归因于充斥自由主义的福利国家，因为这种国家加剧了跨越阶级界限的社会分层和分裂。

社会民主福利政策的起源

在"一战"之前，甚至在"一战"结束以后，社会主义政党在"社会问题"上的立场并不特别一致，有时还自相矛盾。社会主义政党的社会问题立场包括三个基本原则：对资产阶级改良主义的批评；在"贫民党"的传统下发展互助计划；努力影响任何可能出台的改革立法。

社会民主运动在规模尚小并被排斥在政权之外时还可以遵守埃尔福特纲领。社会民主运动把工人视为它们唯一的天然政治委托人，并且有一种几乎令人信服的经济贫困理论武装自己。这就意味着，当选为国会议员的社会主义政党领导人必须利用他们仅有的一点影响力来抨击现有的救济机制以及资产阶级的改良举措。在丹麦，社会民主党反对自由党和保守党提出的养老保险议案，并坚持认为，这项议案一旦获得通过，就会加剧社会地位差别，对改善最弱势群体的命运几乎没有帮助(Rasmussen，1933；Dich，1973)。

为了维护已有秩序和争取工人的选票，资产阶级政党正在推动社会改良。

如果不加抵制，资产阶级政党就能通过这样的改良赢得工人阶级的忠诚。[①]社会主义政党做出的回应是在社会主义运动内部制定社会保障和集体援助计划。有人认为，社会主义政党和工会可以在互利会、失业基金、社会主义教育和文化机构、住房建造互助会以及无数娱乐设施的基础上创建一种原始社会主义"聚居区"。这种"聚居区"有助于实现吸收党员和会员、使工人免受资产阶级影响并使他们为在美好社会过集体生活做好准备、促进团结并且满足迫切的物质需要等多重目标。

在现实中推行社会主义"聚居区"战略是出于几方面的考虑。从很多"工人阶级贵族"成员已经从各种兄弟互利会受益的意义上讲，推行"聚居区"战略从某种意义上讲是由历史决定的。此外，在德国和丹麦(挪威和瑞典在较小的程度上)具有历史悠久的自愿医疗保险基金传统(Kuhnle，1978；Rimlinger，1971；Tennstedt，1976)，而且已经有很多工人参加这种自愿医疗保险基金。社会主义政党没有冒险屈从于敌对的资产阶级国家，而是觉得自己有渗透到敌对的资产阶级国家的战略优势。由于政治影响力与经济贡献挂钩，因此，社会主义政党在逻辑上反对任何赋予雇主更大经济责任的立法；而同样的问题在争取失业保险的斗争中显得更加突出。

在瑞典和丹麦，工会十分重视控制失业基金，并且尽量不让雇主参与和国家插手，因为失业基金是一种在罢工期间可以利用的武器。在这个问题上，完全由工会或国家控制的失业基金陷入两难困境。一方面，工人运动加强了对失业津贴和只有工会会员可以申请这个条件的控制；而另一方面，申请失业津贴的会员条件意味着大量没有参加工会的工人就没有资格领取失业津贴，从而有可能导致工人之间更加严重的分裂。[②]

---

① 因此，Butler 和 Stokes(1971)认为，工人阶级中的托利主义现象，特别是老年工人中的托利主义现象，可以用(19 世纪与 20 世纪的)世纪之交保守党的改良主义形象来解释。

② 德国失业保险立法的命运反映了这种冲突的实质。德国工会联合会(ADGB)希望保留对失业保险基金的控制权，并把它作为吸引工人参加工会的一种手段，因为德国工会联合会担心公共失业保险计划会剥夺在罢工期间拒绝工作的失业工人的福利；而德国社会民主党(SPD)则提出了一项覆盖全体工人的公共失业保险计划。1927 年，当该计划最终进入立法程序时，失业保险已成为一种妥协，即没有一个利益集团得到充分的满足。保险范围扩大到医疗基金的任何成员，失业保险基金由雇主和雇员代表共同管理(Preller，1949；Rimlinger，1971)。在丹麦和瑞典，工会运动更加成功地保住了对失业保险基金的控制权。

直到(19 世纪与 20 世纪的)世纪之交,“聚居区”模式在斯堪的纳维亚社会民主党人的心目中仍占有相当重要的地位。但即便如此,逆流还是占据了上风。有时,社会主义政党的议会代表也会提出一些与当时的社会主义原则直接相抵触的想法或议案。因此,丹麦社会民主党在病假工资自治基金(autonomous sick-pay funds)和国家应该承担全部医疗费用的要求之间摇摆不定(Dich,1973);而在养老金问题上又为采用统一定额养老金还是与收入挂钩的养老金犹豫不决。从理论上讲,瑞典社会民主党虽然更加倾向于进行社会主义的社会立法,但在社会主义的社会立法应该是什么样的问题上也同样没有把握。亚尔马・布兰廷(Hjalmar Branting)最初热衷于俾斯麦式的工人保险计划,但在奥地利推行这种工人保险计划引发争议后转而又支持一项更像丹麦老年人援助计划的全国性统一保险计划,一项由反社会主义的反对派保守党提出的计划(Elmer,1960)。

直到 20 世纪 30 年代,自由党一直占据着支配地位,而社会民主党的影响力充其量也是处于边缘位置。当时有两项原则在斯堪的纳维亚半岛很是流行:一项是旨在培养自力更生、勤俭节约和市场参与自由价值观的自愿保险原则;另一项是逐步但并不是完全消除与贫困救济有关的污名化的原则。随着俾斯麦精神在挪威资产阶级政党中的影响日益增大,瑞典出现了一种更加强调强制性工人保险的趋势。因此,这个时期社会民主运动的首要任务是反对“资产阶级”立法。

但这个时期还有一个特点,那就是积极寻找一种适当的社会主义福利政策。虽然大多数挪威工党党员仍然坚定不渝地忠于他们的反议会革命纲领,但丹麦和瑞典社会民主党人却投入了热烈的社会改革问题辩论,其中最重要的贡献者有丹麦的 F. 泽森(F. Zeuthen)和 K. 斯汀克(K. Steincke)以及瑞典的威格福斯(Wigforss)、穆勒(Möller)和荣根(Jungen)。到了 20 世纪 20 年代,丹麦社会民主党差不多已经放弃任何意识形态的借口,这也反映在了他们处理社会问题的方法上。几乎没人抱任何幻想,而且很可能根本没人在乎社会政策会不会促进社会主义。丹麦社会民主党最有影响力的两位代言人——斯汀克(1920 年)和该党领袖斯图宁(Stauning)——主要受到人道主义问题的影响：消费不足理论的模糊应用和明显需要的事实。[1] 他们的首要任务是废除基于道德和经济状况调查的救济制度，增加救济金，并把救济覆盖面扩大到全体公民。

丹麦社会民主党与它的瑞典和挪威兄弟党不同，当时处在与自由党改良派竞争的逆境中。丹麦自由党和激进自由党一直非常积极地参与社会立法，因此，丹麦已经建立了一个相对全面的社会服务和社会保险网络（自愿工伤事故保险与病假工资基金），从而对丹麦的社会民主运动产生了两种有害的影响。

首先，自由主义在很大程度上影响了丹麦的社会福利规定。为了扭转这种局面，社会主义政党必须开展艰难而又乏味的斗争，特别是因为这些福利计划一旦付诸实施，就会培育它们的忠实选民。因此，自愿参保原则仍然作用巨大；很难改变自助理念，特别是医疗保健和病假补偿方面的自助理念。私人解决和自力更生的理念变得如此盛行，以至于当社会民主党提出全国统一、以救济金平等和通过征收累进税来筹款为特征的计划时，穷人与富人迅速流露出嫉妒情绪。简而言之，在社会福利领域，社会民主运动要面对自由党已经确立的盟主地位。

其次，丹麦社会民主党无法从开创性的社会改革中获益（Elvander，1980：268）。最迫切需要的社会改革已经完成，因此，丹麦社会民主党除了修订和恢复已有的计划之外，几乎没有其他事情可做。正如我们将要看到的那样，这种情况从长远看产生了深远的影响。丹麦的社会立法没能产生瑞典社会主义政党获得的政治动员红利，而继续依赖激进自由党——更不用说自由党——则意味着丹麦社会民主党无法沿着明确的社会主义方向修改社会政策。

瑞典社会民主党人的社会问题著述更加丰富，理论上也更为成熟。尼尔斯·卡莱比（Nils Karleby，1926）的影响尤其重要，因为他从理论上把短视改革与社会主义的未来前景串联起来。就像奥地利的鲍尔（Bauer，1919）和阿德勒（Adler，1933）一样，瑞典社会民主党人坚信社会主义斗争必须基于社会福

---

[1] 个别人受到瑞典和奥地利修正主义理论的启发，像弗雷德里克·博格杰格（Frederik Borgbjerg）那样宣称，社会立法有可能创建一种“资本主义与社会主义之间的过渡性关系”（Bryld，1976：105）。

利立法——部分是因为经济上没有保障和没有受过教育的工人几乎没有能力参与社会主义运动，部分又是因为市场在分配社会福利方面的作用有助于分化和分裂工人，部分还因为渐进式改革可能促使资本主义制度朝着更具社会理性的方向发展。

20 世纪 30 年代，瑞典社会民主党最终掌权执政。从政治上讲，瑞典社会民主党当时很幸运：因为保守党和自由党在它们长期的统治时期里几乎没有推行什么社会改革。除了财务状况不佳的工会失业保险基金外，瑞典当时没有失业保险，而疾病保险覆盖面也很小。当然，瑞典是第一个（在 1913 年）立法规定全民养老保险的国家，但养老金充其量也只能算是微薄。此外，当经济萧条导致失业剧增时，瑞典没有一种有效的机制能够创造公共就业机会。因此，瑞典的社会民主制度处于非常有利的地位，可通过推进社会立法来获得巨大的政治红利。

在 20 世纪 30 年代以前，挪威工党很少关心福利改革。该党在 20 年代推行的反议会革命战略明确排斥参与资产阶级立法的可能性。而且，挪威工党当时的首要任务是经济社会化问题。30 年代初，在该党最终重新调整纲领和策略时，挪威当时的情况与北欧其他两个国家的情况略有不同。首先，挪威的阶级政治基础一方面是农村无产者，另一方面是城市工人。其次，社会政策的传承在很大程度上受到保守党立法的影响。挪威几乎完全没有自愿疾病保险基金，在俾斯麦改革的直接启发下，挪威保守党在 1909 年已经开始实行强制性疾病保险（Kuhnle，1978）和工伤保险。这些具有俾斯麦保守主义典型特征的强制性国家保险计划是专门为工人阶级设计的。

此外，挪威工党也能从过去没有福利立法的现实中受益。具体来说，挪威没有任何退休养老金制度，旧时的自愿失业保险计划完全不足以应付经济萧条时期的失业，特别是农村无产者在经济萧条时期的失业。

这三个国家的社会民主党虽然在理论上对改良主义和一般政治经济问题的认识大不相同，但在 20 世纪 30 年代进行政治联盟重组后都主张几乎相同的福利政策。无论是否幸运地率先推行改革还是仅限于修订已有福利计划，这三个政党确定了相同的目标：开展旨在实现普遍团结的社会斗争，努力使工人、农民和工资收入者地位平等，提供良好的福利并取消各种资格条件，并通过发放定额福利金和征收累进税来促进大规模收入再分配(Esping-Andersen and Korpi,1984)。从这三个国家的社会民主党最终——主要是在战后时期——成功地实施这些政策的意义上讲,这些社会民主福利国家在性质上也不同于美国、澳大利亚甚至英国的自由主义主导型福利制度,也不同于德国、意大利和法国的保守主义福利制度。

因此,全民权利平等开始战胜职业隔离计划和对私人保障的严重依赖。以往的就业和收入记录逐渐失去其重要性,而经济状况调查和污名化处理方式也逐渐被废除。最重要的是,随着越来越多的福利和分配问题由市场转交给政府来处理,公私之间的界限不断缩小。

斯堪的纳维亚三国的社会民主福利政策基本相同,这可用以下两个重要因素来解释。首先,这三个国家的社会民主党都选择放弃"聚居区"模式,转而支持议会多数模式。它们不得不培育和促进工人、农民和正在崛起的白领阶层之间的团结,因而自然要求它们坚持福利政策的全民模式。其次,这三个国家的社会民主党都是在20世纪30年代依靠类似的政治阶级联盟上台执政的,并且在这种联盟中占据了政治主导地位。与其他国家一样,大萧条危机也凸显了这些国家工人阶级团结所面临的大规模失业和贫困化威胁,而且还使这些国家社会民主党认识到法西斯分子动员贫穷的农民和城市小资产阶级的可能性。这一切都表明,有必要推行一种把社会保障和平等福利扩展到社会各个阶层的策略。

认为北欧三国的社会民主党绘制了一幅完整的战后福利国家蓝图,是不正确的。由于这些政党把社会化问题搁在了一边,而是奉行凯恩斯主义充分就业政策,因此,社会改革自然就成了一个需要优先完成的纲领性任务。20世纪30年代,这些政党都把精力集中用在了危机管理、经济救助以及最重要的失业问题上(Esping-Andersen and Korpi,1984)。直到"二战"结束,它们才推出更加系统的福利国家战略。事实上,只有挪威制定了一项内容全面的保障计划——"全民保障"(Folketrygd)纲领性计划。这项经挪威各党派签署的纲领性计划承诺:(1)消除对公共救济的需求;(2)保证人人过上适足的生活;(3)提高平等水平;(4)维持充分就业(Lund and Langholm,1967)。虽然这三个北欧国家社会民主党的福利国家纲领并不十分周密,但确实为战后福利国家奠定了立法基础。

我们已经指出过，丹麦社会民主党的成就基本上仅限于对已有计划进行便于行政管理的合并。虽然该党在争取社会救助福利享受权原则制度化的斗争中取得了胜利，[①]但总的来说，20 世纪 30 年代并不是丹麦社会民主福利进步的分水岭。瑞典社会民主党和挪威工党在政治上能更好地从社会改革中受益。1934 年，瑞典社会民主党通过了一部当时瑞典急需的失业保险法，并且还成功地大幅提高了养老金和其他救济金水平。从选举的角度看，该党为大型公共就业项目——支付标准工资——立法的能力可能也同样重要。挪威工党也能率先进行重要的社会福利改革。1936 年，在资产阶级政党的支持下，挪威工党推出了挪威的第一份养老金计划（事实上，主要模仿瑞典的已有计划），不久又制定了残疾人抚恤金计划，并且在 1938 年立法通过了斯堪的纳维亚半岛唯一一部强制性失业保险法。事实上，挪威的强制性失业保险法能很好地说明普遍原则对社会民主运动非常重要。鉴于挪威工党在农村有很重要的政治基础，并且那些构成挪威工党农村政治基础的群体难以参加工会的自愿失业保险计划，因此，他们明确需要全国性的强制性失业保险。

“二战”期间，这三个北欧社会民主国家之间唯一的重要区别，就是它们利用社会改革作为政治动员激励手段的能力各不相同。正是随着战后福利国家的发展，这三个国家首次出现了决定性的政治差别。在本章的其余部分，我们将考察这三个国家战后福利国家的发展情况，然后比较可能会影响三国社会民主党选民凝聚力的因素。这些因素主要包括制度化团结的程度、“去商品化”程度以及再分配结果。

作为福利国家的社会民主运动

如果说“二战”以前，在自由党的主持下，丹麦在制定社会政策方面走在了斯堪的纳维亚其他两个国家的前头，那么，瑞典在社会民主党的领导下成了战后斯堪的纳维亚社会政策制定工作的引领者。认为斯堪的纳维亚有与众不同

① 该法虽然沉重打击了以往的领取救济耻辱观，但仍保留了惩罚贫困救济传统做法的一些残余因素。也可以说，1933 年社会改革的基本行政性质意味着对以前自由党制定的制度的暂时承认。

的福利国家模式的流行观点是有一定道理的，但是，这三个国家具体取得的福利改革成就和产生的政治影响仍存在差别。毫无疑问，社会民主运动一直是斯堪的纳维亚三国推动福利国家发展的主导力量，虽然三国条件不同，但情况就是这样。在丹麦，社会民主党推动福利国家发展的雄心壮志受到了代表小资产阶级利益的自由党的严重制约。就单项改革而言，双方几乎没有发生过直接的冲突，但这并不必然意味着双方达成了共识。有人可能会说，丹麦社会民主党被允许扩大公共社会福利，但必须坚持自由党关于如何扩大社会福利的理念。因此，相对于著名的“斯堪的纳维亚模式”，丹麦的福利国家已经变成了某种程度的“外部模式”。

挪威和瑞典的福利国家在内容和结构上看起来都非常相似。在某种程度上，这部分可解释为政治扩散，挪威有时只是模仿瑞典的做法。但主要的原因是，挪威工党和瑞典社会民主党：(1)战后在国内的盟主地位更加稳固；(2)只是略有压力要与资产阶级政党妥协；(3)通常控制着更加明显和持久的议会多数。此外，正如卡斯尔斯(Castles，1978)所强调的那样，挪威工党和瑞典社会民主党成功地利用了本国资产阶级政党之间的长期分裂，而这两个政党与本国工会关系的性质也并非无关紧要。

虽然瑞典和挪威的福利国家大致相同，但它们赖以发展的政治条件却大相径庭。挪威的社会民主福利国家改革是在征得了资产阶级政党的同意以后推行的(Kuhnle and Solheim，1981)，可追溯到战后计划福利国家发展的合作纲领(“全民保障纲领”)。因此，挪威的福利国家改革似乎并不是一项特别的社会民主成就。瑞典必须在非常紧张的左、右翼冲突的条件下完成一些重大的福利国家改革。自从选举获胜以来，瑞典社会民主党一直能在政治上获利。从某种程度上讲，20 世纪 50 年代初疾病保险改革的情况就是如此，而 50 年代末的退休养老金改革也是这样。

北欧三国战后的福利国家发展政治可以分为两个阶段。[①] 第一阶段贯穿整个 20 世纪 50 年代，其主要特点就是实现了实行全民社会保障，全民享受平等的定额福利金的首要目标。第二阶段从 60 年代开始，重点转向了提高福利

---

① 这段关于战后福利国家发展的介绍参考了 Esping-Andersen 和 Korpi(1984)。

标准的适足水平、确保平等、推行预防性社会政策和扩大福利享受权利。

当今福利国家的基础是在20世纪40年代和50年代奠定的。这三个北欧国家基本上都遵循相同的原则并采用相同的方案，目前的重点是在一个全面的保障体系内普遍扩大覆盖面并实现福利均等化，并且赋予每个个人享受基本保障和福利的公民权利。大多数立法都遵循马歇尔(Marshall，1964)的社会公民思路。在这方面，斯堪的纳维亚作为一个整体的发展不同于其他地方。大多数国家通过把新的群体纳入已有的保障体系(Perrin，1969)来扩大社会保障覆盖面，而丹麦、瑞典和挪威明确打破了自由主义的社会保障传统，推行个人不缴费的全民社会保障计划。从原理上讲，它们参照了贝弗里奇(Beveridge)计划，但斯堪的纳维亚的福利国家改革走得更远。[①]

1948年瑞典社会民主党推行的养老金改革开始采行普遍主义原则，实行社会保障全覆盖，推行统一的福利标准，并取消一切保险缴费或据以确定福利享受资格的经济状况调查。丹麦在1956年复制了瑞典的养老金改革计划(但直到1964年才完全付诸实施)，而挪威在1957年也复制了瑞典的计划。这是击败旧式救济援助机制取得的胜利，也是击败资产阶级政党青睐的保险制度取得的胜利，但并没有大获全胜。首先，这三个国家的社会民主党不能把成功推行全覆盖的不缴费养老金计划都记在自己的功劳簿上。虽然资产阶级政党曾经推行过自筹资金式保险，但在公众舆论支持全覆盖不缴费养老保险计划时，这些政党令人惊讶地欣然接受了这种养老保险计划。不过，如果我们能想到这些政党的政治基础主要是难以参加保险计划的城乡小资产阶级，那么就不会觉得奇怪。

丹麦还有一个问题，那就是大多数雇主都很小，几乎无力承担社会保障的缴费负担(Friis，1971)。[②] 此外，丹麦社会民主党还必须对私人养老金计划做出慷慨的税收优惠让步(Friis，1971；Vester Jensen，1982)。

战后还有一个重要的社会民主要求，那就是平等的全覆盖儿童(或家庭)

① 贝弗里奇计划保留了保险元素，但作了淡化处理；而斯堪的纳维亚社会保障体系除了失业保险外，在很大程度上取消了缴费责任与享受资格之间的任何联系。

② 丹麦社会民主党早在战前就感觉到了这一约束(Zeuthen，1944)。

补贴，这也是自20世纪30年代以来工人运动的一个重要诉求。[①] 在这个问题上，挪威工党在1946年充当了北欧三国社会民主党的先锋，而且其他两个国家的社会民主党很快就跟进；工伤保险（一种由国家管理的强制性全覆盖险种）改革的情况也是如此。同样，丹麦社会民主党对自由党也做出了明显的让步，因而允许私人继续经营工伤保险业务。

第一场严重的政治斗争发生在医疗保险问题上。由国家筹款的全民医疗保险和病假支付工资的目标可以追溯到早期的社会民主党纲领。德国社会民主党把这个目标纳入了1891年的埃尔弗特纲领，而丹麦社会民主党则在他们1913年有点偏激的纲领中特别提到了这个目标。但这个问题比较复杂，特别是在丹麦，因为丹麦的工人运动同时在自治病假工资基金中争取到了战略利益。因此，医疗保险问题其实包括两个问题：(1)国家提供全民免费公共医疗服务；(2)国家对自治医疗保险基金进行补贴，以减轻工人的经济负担。在挪威和瑞典，自治病假工资基金从来没有像在丹麦那样发挥过主导作用，而且覆盖缺口也很大。

因此，在医疗保险立法方面，瑞典先行，挪威随后就跟进，这也是可以理解的。在瑞典，医疗保险立法问题引发了社会民主党与资产阶级政党的政治对抗，因为社会民主党希望推行国家筹款、现金福利与收入挂钩的强制性全民医疗保险。[②] 这场冲突持续了很长时间，一直到1955年医疗保险法获得通过才结束。一年后，挪威几乎照搬了瑞典的方案。[③] 丹麦必须要等到1960年才开始医疗保险改革，而改革又包括惯常的社会民主党与自由党的妥协。国家承担了大部分经济负担，但这个医疗保险制度在组织上仍属于准自治医疗保险基金范畴。丹麦必须要等到1971年的改革才能把医疗保险改成完全由国家

---

① 起先，主要目的是阻止生育率下降（Myrdal and Myrdal，1934）。但战后普遍存在对平等的关切（Elmer，1978），因为大家认为，社会有集体责任确保全体儿童——不论家庭收入和成员多少——都应获得同样的成长和进步机会。在20世纪60年代和70年代，另一个目的也起到了作用，性别平等问题显得格外突出（Baude，1978）。

② 请注意，在这种情况下，社会民主党背离了他们平等、统一福利的传统模式。与后来实行的分级福利一样，其动机也是为了确保适当的收入折合率，并使工人与享有特权的公务员享受同等待遇。

③ 丹麦的医疗保险制度也没有做到真正的全覆盖，因为仍保留了对高收入家庭成员和低收入家庭成员的区别。高收入家庭成员只支付象征性的缴费，但无权享受许多福利；而低收入家庭成员必须支付较高的缴费，但可享受范围更广的免费福利。

控制的全民保险。

北欧三国社会立法的主旨都基于泰特姆斯(Titmuss,1974)所说的“福利国家制度化”。这就意味着两个方面的重要承诺。首先,社会承担责任为全体成员提供和保证适当水平的福利;公民应享的权利,而不是家庭或市场契约,构成福利分配的纽带。其次,废弃社会污名化且有辱人格的公共救济形式,代之以享受由现行社会标准决定的某种水平福利的不可侵犯权利。在这两方面,“制度化”是社会民主改革政策的基石。事实上,它已经包括在挪威工党战后的“全民”纲领中。

北欧三国要通过经济状况调查才能享受福利的项目在 20 世纪 50 年代就失去了它的传统重要性。不管这种项目遗留下来的是什么,但都保留着惩罚性救济的性质。瑞典社会民主党在 1956 年的改革中消除了这些残余因素,而挪威工党是在 1965 年完成了这项任务。丹麦的连续改革在 1974 年以一项全面改革达到了高潮。[①] 结果,通过经济状况调查才能获得救助的项目在斯堪的纳维亚三国所起的作用比其他任何国家都要小很多。

北欧三国特别是丹麦的资产阶级政党反对派虽然偶尔也会反对各种社会改革,但主要集中反对制度化问题。[②] 20 世纪 50 年代末、60 年代初,丹麦掀起了一场关于制度化问题的辩论。当时,丹麦经济从停滞转向增长和充分就业。资产阶级政党,特别是自由党,声称这种经济增长消除了扩大社会保障的需要。但在激进自由党这个盟友的支持下,社会民主党成功地辩称,正是由于经济增长,才能兑现早就许下的扩大社会权利和福利的承诺(Christiansen,1975:11)。

当时斯堪的纳维亚三国的争论焦点是应不应该采用一种更具选择性的福利计划——假设大多数人可以通过家庭、社区和市场获得自己的福利,社会支出是否应该只花在穷人身上。正是社会民主党赢得这场原则之争的能力确保

① 丹麦的改革由于许多原因而吸引人。丹麦立法规定了以下这项基本原则:保证全体公民收入和生活水平不会突然下降。因此,不论困难是由什么原因造成的,都能按规定获得有保证的社会收入。这可能是世界上最先进、成本最高的社会救助计划。不幸的是,正是在丹麦经济陷入衰退的时候,再加上破产的百万富翁接受公共资金来维修他们的游艇的故事在政治上引起了轩然大波,结果导致几年后对这项计划进行修改。

② 顺便说一下,挪威资产阶级政党在 1945 年签署全民福利计划时已经完全致力于福利制度化。

他们在 20 世纪 60 年代和 70 年代获得了足以使福利国家制度化的充分授权。由于私人福利计划在丹麦已经具有很大的影响力，因此，社会民主党没有获得充分的授权。

斯堪的纳维亚社会民主党在福利国家制度化问题上取得了胜利，这无疑与制度化基本上已是既成事实有很大关系。福利基金机构的任务是不论公民的市场地位或就业情况如何，向全体公民提供保险服务；把经济责任与福利享受资格分开；把集体服务扩展到越来越广泛的社会需要领域。结果，社会民主党得以赢得绝大多数选民的支持，而选民则支持社会民主党的福利国家发展模式。因此，战后的改革结果证明是资金充盈的政治投资帮助社会民主党去实现其他抱负。

但是，这些改革也有其固有的缺点，这一点在普惠型定额福利无法提供充分的收入替代水平时就会变得非常明显。为了补偿总收入的增长，各国政府确实引入了指数化和增加福利的做法，但这里有一个三重问题。首先，从长远看，人口结构的变化和不断增加福利的压力有可能导致公共财政负担过重。其次，出现了一种新的贫困，很明显，社会福利不足以保证最依赖社会福利生活的人能过上体面的生活。最后，定额原则无意中导致了一种新的社会分层。高收入阶层自然会寻求通过私人计划来补充有限的公共福利。与此同时，随着公务员队伍的壮大，为公务员提供慷慨社会福利的悠久传统似乎越来越不公正。总之，由于正义、平等和财政紧张等原因，社会民主党被迫重新考虑社会政策准则。

简单地把定额福利的水平提高到适当的标准显然是不可能的，因为这将大大加重税收负担。唯一现实的选择是实施一种按收入分级缴费的补充保险制度，最好是自筹型补充社保制度。其实已经有这样补充保险制度存在。与往常一样，瑞典社会民主党这回又起到了带头作用，在 20 世纪 50 年代中期，瑞典社会民主党提出了一种全覆盖的补充养老金计划。为了防止社会集体团结受到侵蚀，所谓的“补充养老金计划”(ATP)坚持要求公共和私营部门的全体雇员都必须参加(自谋职业者自愿参加)；为了确保养老金适足，这份补充养老金计划把年养老金定为劳动者 15 年最高劳动收入平均水平的 2/3。雇主和雇员共同承担缴费责任，但雇主承担大部分缴费。这项主要由瑞典工会联合会设计的补充养老金计划还提出了另一个目标，即用公共控制基金吸纳并积累巨额储蓄。

对于工会来说，这项改革有一举两得之妙：既能在不大幅增加国家或工人负担的情况下解决养老金困境，又可把吸收储蓄的责任由私人市场转交给公共部门。因此，补充养老金计划不只是一个养老金问题，而且也是为采用积极的信贷政策来补充积极的劳动力市场政策作出的努力。当然，瑞典资本家和三个资产阶级政党不会接受这项计划。因此，这项计划在战后瑞典引发了一场严重的权力斗争（Molin，1967）。

瑞典的雇主并没有拒绝补充养老金计划，甚至准备承担部分费用，而主要是反对集体控制养老基金：这种基金会把国家的权力扩大到投资领域，从而减少私人储蓄，而且还违背自由企业的原则。雇主也不喜欢补充养老金计划的强制性；他们更喜欢私人自愿养老金计划，因为私人自愿养老金计划可由他们自己来管理。对于瑞典社会民主党来说，幸运的是，资产阶级阵营经常会自动分裂，补充养老金问题引发了一系列相互冲突的反方案。

瑞典雇主联合会（SAF）起初坚持通过集体谈判而不是立法来达成解决方案。保守党提出了自己的方案，与雇主联合会的观点基本一致，执政的社会民主党的联盟伙伴——中间党（Bondeförbundet）提出了第三种方案。当时，瑞典并不存在达成政治共识的基础。因此，1957 年，政府别无选择，只能把这个问题交由全民投票公决，结果是雪上加霜，引发更多的冲突。在三个备选方案中，瑞典工会联合会和社会民主党的方案获得了相对多数的支持，但没有获得绝对多数的支持。此外，资产阶级政党仍坚持把公投结果解释为多数选民反对社会民主党的方案。

面对政治僵局、激烈的意识形态对抗和社会民主党与中间党联盟的瓦解，瑞典社会民主党既不能继续执政，也不能放弃自己的承诺，因此被迫要求举行新的选举。然而，这次选举结果也没有使该党获得通过该法案所需的议会多数，僵局依然存在。这个问题的最终解决让我们大致了解到补充养老金计划冲突是如何促使瑞典社会民主党进行战后最重要的联盟重组的。

这场大戏的一个关键“演员”是瑞典的白领雇员工会联合会（TCO）。瑞典的白领雇员工会联合会与工会联合会不同，它仍然独立于任何政党。但是，人数不断增加的白领选民显然为社会民主党或自由党增添了新的力量。在1958年竞选期间，白领雇员工会联合会投票决定支持社会民主党提出的议案，对于该议案的通过起到了决定性的作用。自由党被迫与另外两个资产阶级政党分道扬镳向社会民主党靠拢。与此同时，中间党和保守党联合支持一项私人自愿养老保险计划。这个问题在当时已经以政治路线对应阶级阵线的方式造成了两极分化：保守党和中间党代表雇主和城乡小资产阶级，而社会民主党则努力与蓝领和白领工薪阶层结成联盟。

瑞典社会民主党少数派政府在广大工薪阶层的支持下，向议会提交了补充养老金议案。尽管该议案在由社会民主党主导的第一议院轻松获得了通过，但可以预见在第二议院将以一票之差遭到否决。然而，最后的结果颇具喜剧性，一名自由党议员居然被说服弃权，该议案终于以一票的优势获得通过。

如果说瑞典政坛在这之前似乎是"意识形态已经终结"，那么，补充养老金计划之争使得瑞典两个政治阵营之间的基本意识形态分歧重新变得显而易见。社会民主党在这场与资产阶级政党进行的激烈政治对抗中取得了胜利，这并非没有意义。大多数观察家一致认为，瑞典社会民主党已经成为一个比瑞典其他政党强大得多的政党(Molin，1967；Särlvik，1977；Elvander，1980)，并且成功地加剧了资产阶级政党之间的分歧。瑞典社会民主党倡导的改革颇受欢迎，而这些资产阶级政党因此而失去了民心。瑞典社会民主党在随后进行的选举中赢得了胜利，特别是在白领阶层中获得了不少选票。但最重要的是，补充养老金计划问题导致社会民主运动传统的工农联盟解体，并帮助该运动为未来缔结了一个新的工薪阶层联盟，而这个新的工薪阶层联盟后来就成了瑞典社会民主运动持续保持力量优势的主要原因之一。

几年后，丹麦和挪威也出现了补充养老金计划的问题。但在这两个国家，这个问题没有给社会民主运动带来政治上的好处。在挪威，也是由工会联合会发起了有关补充养老金计划的辩论。到了1960年，挪威通过集体谈判达成了一项补充养老金计划协议。但是，工会联合会坚持要求对这项协议进行立法，在1963年发生社会民主政府危机后，由于新成立的挪威社会人民党不断施加压力，挪威工党通过了一项几乎与瑞典相同的补充养老金计划(Rokkan，1966)。但是，挪威工党并没能因此而在选举中获利，因为挪威的资产阶级政党担心重蹈其瑞典兄弟党的覆辙，于是也要求就补充养老金计划进行立法(Elvander,1980:268)。结果，挪威的补充养老金计划最终是由资产阶级政府在1967年付诸实施。

如果说补充养老金计划曾使瑞典社会民主党获益，对挪威工党产生了中性的影响，那么使丹麦社会民主党遭遇了明显的失败。在丹麦，工会联合会敦促社会民主党提出一项与瑞典类似的议案。1963年，在立法确定收入政策一揽子方案的背景下，工会联合会得到了社会民主党关于补充养老金计划的承诺。1964年通过了一项非常温和的补充养老金计划，但这项计划未能满足对它提出的大多数要求。由于这项计划适用范围比较有限，它规定的缴费数额如此之低——而且主要由雇员单方面负担，以至于很难为集体投资提供资金；补充养老金是如此之少，以至于几乎不会影响雇员退休后的收入。[①] 1967年，在丹麦社会民主党红色内阁执政时期，有人提出了瑞典式补充养老金计划(在丹麦是“ITP”)的问题。有关议案在第一次议会听证会上就遭到了否决。令人费解的是，社会民主党随后放弃了这项计划，通过增加须经收入状况调查才发放的养老金补贴(提高了基本养老金水平)和在1971年颁布了“社会养老金”法，解决了养老金适足的问题。社会养老金法旨在为公共部门提供一定的资金，但财政只能通过正常的税收收入来拨款。

事实证明，在养老金问题上，丹麦社会民主党没有能力赢得新生的中产阶级的支持。具有讽刺意味的是，丹麦社会民主党在补充养老金计划问题上也经历了一个类似于瑞典社会民主党在20世纪50年代经历的政治转折期。丹麦社会民主党与激进自由党的传统联盟陷入了混乱，而激进自由党则由于社会民主党开始与社会人民党接触而转向了右翼。但是，丹麦当时的政治形势不允许社会民主党进行政治联盟重组。与瑞典的情况不同，丹麦的资产阶级政党结成了意见一致的反对派，并且因社会民主党转向左翼而正在团结起来，而不是分裂。

我们还必须考虑到之前取得的政策成就所产生的政治影响。在之前的养老金改革协议中，丹麦社会民主党在税收优惠问题上作出了让步，以鼓励私人

---

① 该计划没有采用收入分级制，而且缴费和补充养老金都是固定的。这项计划没有根据生活费用对补充养老金进行指数化，因此，通货膨胀会严重侵蚀补充养老金。

养老金计划。[1] 但是,无论是以企业附加福利或个人养老保险的形式存在的私人养老金计划,主要是有利于负担得起费用和能够享受税收优惠的高收入者。由于工薪阶层已经参加私人养老金解决方案,因此很难动员他们支持公共补充养老金计划。以往的改革助长了新的社会分裂,而新的社会分裂削弱了社会民主运动的力量。

在瑞典补充养老金改革的引领下,包括丹麦在内的北欧国家开始把收入分级福利原则移植到其他改革项目,如病假工资、失业保险和事故赔偿,目的就是要创建一个福利金水平高到足以使个人受益者不会遭受重大净收入损失的收入替代机制。资产阶级政党和雇主坚持认为,这种机制会纵容工人缺勤和打压工人士气。对此,社会民主党成功地通过立法确定了几乎能让替代收入达到正常工作收入水平的收入替代率。另一项改革同样遭到了雇主的强烈反对,那就是取消领取病假工资和失业救济金等的资格条件。

重新强调这些福利问题的一个结果就是,导致平等问题再次受到关注。瑞典的补充养老金计划连同新的病假福利改革已经消除了体力劳动阶层和其他工薪阶层之间先前存在的地位差别。但瑞典的补充养老金计划并没有给那些因年龄太大而不能参加该计划的老年人带来助益。为了消除受益人之间长期存在的待遇差别,斯堪的纳维亚三国的社会民主党或工党都开始推出一系列须通过收入状况调查才能领取的福利补助。虽然重新重视选择性定向福利,无疑有助于降低不平等程度,但也是对社会民主运动关于全民有权享受福利的传统承诺的严重背离,而且还必然会加重税负,有可能导致公平问题政治化一触即发。那些主要承担税负的纳税人自然也没有资格享受须通过收入状况调查才能领取的福利补助。因此,如果福利国家不能兑现它信誓旦旦地作出的团结承诺,那么,推行差别待遇更容易引发抗税和抵制福利国家的事件。

---

① 最重要也是最有问题的改革是所谓的“指数合约”(index contract)。公共预算将保证私人养老保险的保费能够跟上通货膨胀。自从 20 世纪 60 和 70 年代通货膨胀稳步上涨以来,公共预算的负担明显加重。

福利国家的不相容问题

社会民主福利国家试图实现三个基本目标，而且取得了相当大的成功。这些目标主要得通过国家来实现。因此，随着公共部门规模的爆炸式扩大和充分就业条件下的经济增长势头的消退，福利国家潜在的不相容问题开始浮出水面。在斯堪的纳维亚三国，社会民主党正面临福利国家纲领带来的政治回报日益减少的问题，并且被迫重新评估福利国家模式与资本主义经济之间的关系。毫无疑问，丹麦的问题更加严重，因为经济危机已迫使社会民主党取消了部分福利目标。

福利国家不相容的问题使得北欧三国社会民主党认识到，在已有的国家经济关系中不可能做到福利全覆盖和福利享受权利平等。[①] 第一种不相容就是我们所说的不平等的市场力量和试图采取的纠正措施之间的不相容。市场竞争会决出输家和赢家，而福利国家承诺人人地位和收入平等。随着社会服务和转移性支付被用于纠正市场造成的不平等，公共预算的成本不断增加，这证明了市场持续处于霸权地位。通过普遍赋予公民社会福利享受权谋求的社会团结，由于市场具有差别化和培育竞争的自然倾向而受到损害。只要公共政策无法消除市场的这种倾向，“政府超载”的可能性就会持续出现。

凡是在公民权利允许劳动者实现一定程度的与市场效率相抵触的去商品化的地方，第二种不相容就会显而易见。在把劳动者从生病还要工作或者出于无奈从事不合意工作的非人道义务中解放出来的愿望的驱动下，有意识地取消了领取现金福利的等待期，但却发放慷慨的现金福利。这样做预计会导致劳动者的缺勤率上升，纪律性下降；然而，这种去商品化改革主要被处于劳动力市场底部的劳动者所利用。因此，只要“坏工作”持续存在，这类享受福利的权利将有助于降低劳动者的生产率，同时还会刺激公共支出增加。

福利国家的目标本身互不相容。扩展慷慨、普遍的社会服务和福利，就必然要增加税负。越是追求普遍性和享受权利，那么，对税收收入的需要就越

---

① 笔者在其他场合(Esping-Andersen，1981b，1982)曾更加广泛地讨论过这个问题。

大，从而就意味着公共预算失去了通过累进税制进行实质性再分配的潜在可能性，因为收入需求的每一次边际增长都必须提高税率表中的税率。由于大部分应税收入集中在中等收入家庭，因此，结果必然是工人和白领阶层承担过高比例的福利国家负担。

这些优先目标之间的冲突有可能十分严重，特别是在税收基础停滞或者萎缩，经济停滞导致社会支出增加的情况下。正是在解决这些冲突的过程中，我们才能找到许多造成丹麦社会民主党比瑞典社会民主党和挪威工党分化程度严重得多的原因。解决福利国家不相容问题的一个关键先决条件是对经济增长实施有效的政治控制。自然，充分就业有助于降低社会问题的发生率，最大限度地提高产出和纳税能力，但政府控制经济的能力尤为重要，因为有计划的合理化有助于淘汰那些最不可能提供良好工作条件和不错工资的行业。

正如笔者在本书第七章将要指出的那样，毫无疑问，瑞典社会民主党和挪威工党通过采用以上这种方式减少了福利国家不相容的问题。瑞典实施积极的劳动力市场政策当然是付出了很大的代价，但无疑有助于淘汰低工资工作，并将多余的劳动力转移到更有活力的行业。瑞典和挪威工人运动在推行有利于团结的收入政策方面取得的成功有助于缩小收入差距，从而减轻公共预算的收入均等化和再分配压力。同样，瑞典版的补充养老金改革虽然本身并不具有重要的再分配效应，但却降低了公共部门提供适足退休收入的必要性。[①]与丹麦社会民主党不同，瑞典社会民主党和挪威工党成功地把提供总福利的部分责任从公共预算转移到了整个经济。瑞典社会民主党和挪威工党的这种做法也许有助于解释为什么丹麦出现了比瑞典和挪威更加凶猛、强劲的反福利国家和抗税势头。

但是，如果说对经济的政治控制是缓解福利国家不相容问题的一个先决条件，那么，有能力促进足够牢固的社会团结，从而使福利国家免受为争取公平的斗争和抗税活动造成的危害，则是另一个先决条件。福利国家的组织方式必须不会导致纳税人和福利受益人之间的利益冲突，或者不会导致在福利和成本方面处于不平等地位的群体相互嫉妒。基于以上理由，丹麦社会民主

① 在瑞典，这个问题引起了激烈的争论。瑞典经济规划秘书处（SEP，1970：184）声称，瑞典版的补充养老金计划具有很大的再分配效应，而 Ståhlberg（1981）则证明了这种计划并没有再分配效应。

党的福利国家实践要比瑞典社会民主党或挪威工党的福利国家实践更有可能导致新的社会分裂和选民投票反对。在下一节里，我们将回顾北欧三国衡量福利国家业绩的一些指标。一般总体指标，如税收和支出水平，似乎并没有发生重大变化。当我们审视结构性和分配性指标时，就会发现更具决定性意义的变化。

福利国家扩张的后果

福利国家扩张会造成两个不可避免的后果：社会支出和税收双双增加。表5.1显示，在20世纪60年代和70年代，北欧三国的社会支出和税收收入都持续增长。挪威的增长速度相当缓慢，而瑞典的增长速度在70年代后期变得非常快。这种状况可归因于挪威异常强劲的经济增长势头，而丹麦和瑞典都经历了经济停滞。在解释福利国家遭到强烈反对的国别差异方面，社会总支出数据似乎没有提供任何线索。70年代初，在抗议活动达到高潮时，丹麦和瑞典的社会支出几乎相同，而挪威的社会支出则要少很多。

表5.1　　**斯堪的纳维亚三国社会支出和税收增长**

（占国内生产总值的百分比，%）

	丹　麦	挪　威	瑞　典
社会支出			
1962	10.6	9.7	10.9
1972	19.3	15.8	20.3
1978	26.2	21.9	33.1
税收			
1960	26.0	35.6	30.0
1970	40.0	41.2	41.0
1978	42.9	48.7	50.9

资料来源：OECD(1980a)；Nordisk Råd(1980：table 193)；NU(1966—1975).

一般而言，如果社会支出或税收总水平能够解释反福利国家情绪的变化，那么，我们就能预期瑞典会产生最强烈的影响，而事实上，这种情况并没有发生。海登海默等(Heidenheimer et al.,1975)指出,税收增长率也许能够更好地解释进步党为什么在丹麦取得了如此的成功。表 5.1 显示,1960—1970 年期间丹麦税收以惊人的速度增长;而瑞典在 1960—1966 年期间也出现了类似的冲击波,但没有发生明显的抗议后果。

我们可以说,税收结构有可能在促进广大民众忠于福利国家方面发挥作用。这里有必要考虑几个问题。首先,国家的财政收入在多大程度上来自企业税、直接税和间接税以及社会保障缴费等不同来源。北欧三国企业税的作用并不大,因为这三个国家实施了通过降低企业留存收益税来鼓励投资的政策。丹麦的企业留存收益税收入约占税收总收入的 3%;瑞典约占 2%;而挪威如果不包括石油业的收入(OECD,1981),那么约占 3%。

如果说威伦斯基(Wilensky,1976)认为隐性税收能提高公众对高税收容忍度的观点是正确的,那么,关于其他三种显然构成这三个国家绝大部分收入来源的税收,问题部分在于税收的累进度,部分又在于税收的能见度。表 5.2 对北欧三国的税收结构进行了功能分析。丹麦的税收结构与其他两个北欧国家不同,因为丹麦严重依赖直接所得税,而社会保障缴费只起到次要作用。丹麦的情况似乎证实了威伦斯基的观点,因为依赖能见度很高的所得税应该会使分配怨恨政治化。这种解释的唯一问题是,丹麦一直存在这种情况。税收能见度必须与其他因素——如同时增加税收以及对福利的性质或者福利分配的不满情绪日益高涨,或者认为税率设置不公平——相结合,才能发挥重要的作用。

表 5.2　1968 年和 1978 年斯堪的纳维亚三国所得税、间接税和社会保障缴费

(占税收总额的百分比,%)

	丹　麦	挪　威	瑞　典
所得税			
1968	46.9	36.0	41.7
1978	59.7	34.7	39.7
间接税			
1968	40.4	36.0	29.7
1978	38.6	34.0	24.4

续表

	丹　麦	挪　威	瑞　典
社会保险缴费			
1968	4.6	23.2	17.0
1978	1.2	25.2	23.7

资料来源：OECD(1980a)；Danmarks Statistik(1978：table 342)；Nordisk Råd(1980：table 186).

接下来，我们就应该解决如何分摊财政负担的问题，这个问题可以通过几种方法来解决，其中的一种方法就是背离这样一个假设：雇主或政府一般收入(相对于个人缴费)占社会保障筹款的份额越大，"财政团结"的发生率就越高，从而能使一般税率累进度保持不变。相反，个人缴费所占份额越大，公众对"他人"慷慨的福利支出的宽容度就越低。表5.3显示了北欧三国在这方面的巨大差异。从一般政府收入占社会支出筹款的主要份额这一点看，北欧三国财政团结的程度相当高。在挪威，相当一部分社会支出是由雇员自己承担的。挪威和瑞典两国都把大部分社会支出总负担转嫁给了雇主。同样，丹麦是一个极端例子，国家一般收入几乎承担了全部的社会支出。

表5.3　　1964年和1975年斯堪的纳维亚三国社会支出筹款贡献度(%)

	丹　麦		挪　威		瑞　典	
	1964	1975	1964	1975	1964	1975
政府贡献度	82	88	53	30	62	65
雇主贡献度	3	10	22	47	21	24
雇员贡献度	15	2	25	23	17	11

资料来源：NU(1969：48，1978：50).

根据这些调查数据，是无法得出明确的结论的。在税收指标方面，丹麦始终是一个例外：直接税和"能见税"(或价外税)居于主导地位，政府一般收入几乎承担全部社会支出。挪威和瑞典的情况相当接近，但挪威更加侧重于间接税和缴费。从某种程度上讲，这些差异可以简单地解释为丹麦缺乏缴费型补充养老金计划，而这种补充养老金计划的缴费肯定是挪威和瑞典社会保险缴费的主要来源。此外，丹麦雇主有效地抵制了这种缴费，而瑞典社会民主党非常成功地把越来越沉重的社会支出筹款负担转嫁给了企业。

我们可以说丹麦的福利国家财政政治基础比较薄弱，因为它的福利国家财政能见度高。如果我们大家都认为，个人缴费与个人福利之间的直接联系有助于提高对制度的忠诚度，那么，没有直接的雇员缴费机制就可能加剧福利国家财政的政治脆弱性。但反过来也可以说，浓厚的个人主义色彩可以激发利己主义，而不是激发对福利国家团结的承诺。浓厚的个人主义色彩一方面有可能增强个人的权利意识(Pinker，1971)，但另一方面也可能会导致人们拒绝接受针对非缴费者的社会福利项目。

福利国家与平等

社会民主国家关于福利国家的承诺历来是在一种宽泛的平等主义意识形态下提出的，但很少明确规定平等的确切含义。这里的平等可以包括机会平等、公民地位平等或收入分配平等。正如许多批评者在 20 世纪 60 年代开始争论的那样，社会民主国家的福利国家似乎不幸在后一个维度上遭遇了失败。[①]

主要是在 20 世纪 60 年代出现的新左翼分子批评了北欧三国社会民主党未能实现基本的收入再分配，并且成功地促使社会民主党“重新树立”平等主义的理想。事实上，这是斯堪的纳维亚掀起的第一波反对福利国家的浪潮。这三个国家的社会民主党与工会一起，采取言行双管齐下的方式做出了回应。三国的社会民主党都成立了专门委员会来研究这个问题，而它们的纲领表明一个收入再分配新时代的到来。三国的工会，特别是瑞典工会，动员会员重新努力缩小职业、地区、行业和性别之间的工资差别。

实际上，北欧三国只有很小的空间可以通过税收和支出政策来进行更大规模的再分配。强调慷慨的全民服务以及人人都可享受同等数量和质量的福利，就意味着要承担沉重的税收负担，就连收入不高的人也不能幸免。此外，

① 例如，关于英国的情况，可参阅 Titmuss(1962)、Wedderburn(1974)以及 Westergaard 和 Reisler(1975)。关于斯堪的纳维亚的情况，可参阅 Hansen(1973)、Aakerman(1973)和 Leion(1970)。关于社会民主国家的一般情况，可参阅 Parkin(1972)。

虽然全民福利可能有助于社会团结，但全民福利的再分配效应仍然相对较弱。北欧三国的社会民主党普遍奉行三种政策来促进平等：一是设法在税收结构中增加累进税种，并取消或减少税收优惠；二是重新推行申请转移性支付——如住房补贴和养老金补贴——要接受收入状况调查的制度；三是控制并可能降低公共雇员已经较高的收入——鉴于公共部门就业机会不断增加，公共雇员的收入具有很大的再分配潜力，特别是在他们的收入要用税收来支付的情况下。[①]

众所周知，我们很难评估福利国家的再分配效应，尤其是如果我们希望进行跨期和跨国比较的话。现有的数据似乎证实了笔者的观点，即社会支出的扩大限制了税收的再分配潜力。总的来说，虽然现在公共部门的规模比 30 年前扩大了 2 倍，但通过公共部门进行再分配的能力并不比 30 年前强多少。1939—1971 年有关丹麦的许多研究表明，税收和支出的再分配效应在这个时期一直相当稳定——总效应似乎是，由于实行福利国家政策，收入平等程度提高了大约 6%～8%。此外，随着时间的推移，税收结构对平等的贡献似乎越来越小，其中大多是社会转移性支付造成的结果(Lykketoft，1973)。[②] 有关瑞典的研究似乎也表明，收入平等化高潮出现在 20 世纪 30 年代和 40 年代，但瑞典——可能是因为在确保充分就业方面取得了更大的成功，所以——再分配效应较大。

不过，瑞典在 20 世纪 60 年代末和 70 年代初经历了第二波收入平等化高潮。一方面，瑞典在 1971 年大幅度提高了所得税税率的累进度；另一方面，社会民主党成功地减少了高薪公务员的税收特权。因此，瑞典的净结果是，税后和支出后的收入分配比丹麦平等。[③] 对瑞典来说，1972 年税前和税后收入分配估计相差 12.7%(Sawyer，1976)。

在挪威，收入平等化主要发生在 20 世纪 40 年代和 50 年代，同样与持续

① 第四种收入再分配方式与财富集中有关。这个问题主要由工会负责处理，因此，工会提出了工资收入者集体基金的建议。

② 这些结论根据 Olsen 和 Kampmann(1948)、Ussing(1953)、Bjerke(1961)、Økonomisk Råd(1967)以及 Lykketoft(1973)等的研究得出。1975 年以后，丹麦政府对所得税税率进行了累退方向的调整，因此，税收的再分配效应变得更加微弱。

③ 关于瑞典的主要研究有 Bentzel(1952)，United Nations(1967)，Fran zen et al. (1975)，Leion(1970)，and Spånt(1976)。

的充分就业有关。[1] 根据大多数相关研究（Sawyer，1976；TCO，1981），挪威的所得税结构是累进程度最高的之一，这一点有助于解释挪威在减少税前收入不平等方面取得的良好绩效（Sawyer，1976），挪威的税后收入分配大约比税前收入分配平等了13%。不过，请读者注意，挪威政府长期以来一直奉行有利于农民的收入政策，因为他们是出了名的低收入群体。70年代，挪威政府又加大了执行这项政策的力度，但现在评估其影响可能还为时尚早。因此，根据相当少的现有数据来看，挪威和瑞典在缩小收入差距方面似乎收到了相似的效果，而丹麦则还远远不够。[2]

但是，像基尼系数这样的综合指标对于我们来说并不适用，因为我们特别关注福利国家政策的政治影响。我们需要更多地了解税收和社会福利如何影响社会民主运动的核心政治基础——工人——和其他社会阶层。表5.4显示，普通工人家庭、中等收入者家庭和高收入者家庭的税率累进度丹麦远低于瑞典或挪威。如上所述，丹麦相对较差的表现反映了1975年所得税改革减轻中等和高收入者税负的影响。[3] 但是，即使瑞典的税制，特别是挪威的税制，从普通工人阶级家庭的角度看，也具有大得多的再分配效应，因此，也是这两个国家非常成功地通过推行团结工资政策实现了更大程度的收入平等，从而减轻了公共部门的负担。

表5.4　1977年斯堪的纳维亚三国普通产业工人、中等收入者和高收入者家庭纳税情况比较

收入指数＝	丹麦			挪威			瑞典		
	100%	200%	400%	100%	200%	300%	100%	200%	400%
直接所得税和社会保险缴费占总收入的百分比	33.0	48.6	59.0	25.4	42.8	57.8	32.6	53.3	68.9

---

① 对于挪威，笔者主要参考了Seierstad（1974），Rødseth（1977），Ringen（1979），and Sawyer（1976）等文献。

② 还应该指出的是，在大多数国际比较中，挪威和瑞典在收入平等方面处于极端平等的一端（Sawyer，1976；Stark，1977）。

③ 评估公共社会支出的收入分配属性要困难得多，因为我们对公共服务和集体产品使用情况的变化知之甚少。不过，关于现金转移性支付，经合组织最近的一项研究表明，这种转移性支付的净值（占总收入的百分比）与所有三国——普通工人家庭——收到的转移性支付大约是一般中等收入者家庭收到的转移性支付的2倍（OECD，1980：table 30）。

续表

收入指数＝	丹　麦			挪　威			瑞　典		
	100％	200％	400％	100％	200％	300％	100％	200％	400％
工人与中等收入者的纳税比例	100∶147			100∶228			100∶211		
工人与高收入者的纳税比例	100∶179			100∶228			100∶211		
按边际税率缴纳的税款占总收入的百分比	54.0	64.8	64.8	33.4	60.4	68.4	55.1	80.0	85.0
工人与中等收入者按边际税率缴纳的税款分别占他们总收入的比例	100∶120			100∶181			100∶145		
工人与高收入者按边际税率缴纳的税款分别占他们总收入的比例	100∶120			100∶205			100∶154		

资料来源：TCO(1981).

注：假定每个典型家庭有两个孩子。工人家庭的收入指数为100％，中等收入者家庭的收入指数为200％，而高收入者家庭的收入指数则为400％。

显然有多种方法可用来研究收入不平等问题。如果我们加上随时间变化的问题，那么就得回答如何考虑劳动力构成的结构性变化。让我们仅限于考察三个收入分配指标：工人与其他职业阶层之间的工资差别、男女性别之间的工资差别以及工人之间(即行业间)的工资差别。

首先，现有的最佳可比数据显示，北欧三国的职业间工资差别显著不同。如果非技术工人的收入指数为100，那么，非技术工人收入与高级白领收入的比例丹麦约为1∶3，瑞典为1∶2.45，而挪威仅为1∶1.8(见表5.5)。我们有挪威和瑞典1971年前几年的可比数据。瑞典非技术工人与高级白领雇员之间的工资差别似乎已大大缩小。①

① 1963年，非技术工人与高级白领雇员的收入比例为1∶3.10。值得注意的是，非技术工人和低级别白领雇员之间的收入比例似乎没有任何变化(United Nations，1967：table 5.16)。同样在1963年，挪威非技术工人与高级白领雇员之间的收入比例为1∶2.06(Seierstad，1974：table 14)。

表 5.5　　1971 年斯堪的纳维亚三国职业间收入差别

（非技术工人收入为 100）

	丹　麦	挪　威	瑞　典
非技术工人	100	100	100
技术工人	140	116	141
低级白领	133	130	134
高级白领	309	181	245

资料来源：Uusitalo(1975：table 7.11).

注：数据以每个职别领薪雇员的平均收入为基础。

至于男女性别之间的工资差别，我们遇到的一般问题是男、女雇员经常从事不同类型的工作。但不管怎样，多年来，北欧三国的这种工资差别已经明显缩小，但挪威的差别已经小于丹麦和瑞典（见表 5.6）。最后，行业间工资差别的数据显示，这三个国家的变化趋势截然不同（见表 5.7）。

表 5.6　1960 年、1970 年和 1977 年斯堪的纳维亚三国女性与男性劳动者平均小时收入

（女性劳动者收入占男性劳动者收入的百分比，%）

	丹　麦	挪　威	瑞　典
1960	66.5	67.6	69.3
1970	74.4	75.1	81.3
1977	85.5	79.8	87.3

资料来源：SAF(1978，1980).

表 5.7　　1960 年、1970 年和 1977 年斯堪的纳维亚三国行业间工资差别（%）

	丹　麦	挪　威	瑞　典
1960	21.4	25.2	29.6
1970	22.0	25.4	20.0
1977	36.2	25.0	12.6

资料来源：请参阅表 5.6。

注：指数按照 Olsson(1980)提出的方法计算——工业平均工资指数(100)减去低于 100 的平均工资指数加上高于 100 的平均工资指数。结果的数值越大，工资差距就越大。这些数据根据小时工资、标准奖金、计件工资和加班费计算得到。

北欧三国工资差别的情况各不相同，丹麦最初是三国各种工资差别最小的国家，但在20世纪70年代经历了真正显著的行业间工资差距扩大。我们发现挪威的工资差别保持不变；瑞典在20年里工资差别显著缩小。瑞典工资差别的缩小大部分可归因于工会联合会坚持的团结工资政策（Andersson and Meidner，1973；LO，1980），尤其是在劳动力市场不景气的20世纪70年代；而丹麦在相同的10年里工资平等状况恶化可能是因为工会在严重的经济危机和失业时期无力坚持团结工资谈判，特别是在产业工人占比较小的部门。[①]关于工资差别的数据显示，总体而言，这三个国家之间存在着值得关注的差别。

首先，丹麦的工人运动显然最没有能力提高收入平等水平，唯一的例外是相对于男性雇员收入而言的女性雇员收入。总的来说，挪威在其他两方面显然最为成功：一是通过税收重新分配财富；二是工人和高级白领雇员之间的收入差距很小。挪威似乎把精力主要集中在实现阶级间收入再分配上，这与瑞典形成了鲜明对照：瑞典的主要成就似乎集中在缩小工人阶级内部的工资差别上，但工人与高级雇员之间的收入差距的缩小程度也值得注意。

从政治分析的角度解释这些调查结果并非易事，因为根据这些结果很容易推导出两种对立的假设。一方面，可以认为大幅度缩小各社会阶层内部和之间收入差别的努力有可能导致某些人严重不安——特别是前特权阶层成员；[②]另一方面，我们也可以认为，成功的收入平等化有助于改善社会民主运动的命运，特别是考虑到20世纪60年代后期左翼分子发起的主要挑战恰恰就是要求提高平等水平。

以上从两个方面进行的解释反映了这样一种的现实：一旦当今的社会民主运动由“人民”联盟转变成“工薪阶层”联盟，就会暴露出极其棘手的不相容问题。收入平等纲领对于贫困的农民和工人都很有吸引力，但很容易疏远白领阶层，因为他们对经济特权的向往由来已久，他们希望自己接受的教育能获得高回报，他们对收入差别有着天然的兴趣。如果社会民主运动能与工会运动相结合，那么就能把收入平等化的过程转交给劳动力市场来完成，而两者之

① 不过，丹麦工会以手工业为导向的分裂结构也起到了重要的作用。

② 就目前北欧社会民主党试图与新生的中产阶级结盟而言，它们取得的平等化成就很可能在政治上适得其反。

间的矛盾就会得到缓解。然而,社会民主运动如果被迫动用公共政策——无论是税收政策还是收入政策——来争取平等,那么很可能加剧公平冲突的政治化,并阻碍新的政治结盟机会。北欧三国的社会民主党必须解决这个矛盾。我们必须用挪威人对平等非常积极的追求来解释为什么近年来挪威工党在争取白领阶层方面的表现如此糟糕。

作为团结动因的福利国家

如前所述,普遍化和制度化可被视为构建社会团结的基本组织原则。前者意味着所有公民都能享有相同的地位和享受任何特定福利的权利;而后者则意味着集体福利是由于分配的原因从市场或慈善事业中分离出来的。私人市场的福利计划占据主导地位,就反映了一种福利在人口中的分布能比较逼真地反映市场分层的情况。表 5.8 列示了斯堪的纳维亚三国公共和私人养老金支出的数据。

表 5.8　　斯堪的纳维亚三国私人和公共养老金支出(亿克朗)

	丹　麦	挪　威	瑞　典
公共养老金支出	175	135.51	28.7
私人个人养老保险养老金支出	6.26	7.46	6.44
私人职业养老计划养老金支出	4.56	1.88	17.87
私人养老金总支出占公共养老金总支出的份额	38.22%	6.99%	11.70%

资料来源:Danmarks Statistik(1981a); Statistisk Sentralbyrå(1978:table 7); Swedish National Audit Board(1982).

注:丹麦是 1977 年的数据,挪威是 1975 年的数据,瑞典是 1977 年的数据;公共养老金支出中不包括公务员的养老金支出。

有关私人保险覆盖率的数据存在一些问题,尤其是挪威的数据。[①] 但是,即使能找到更加准确的数据,也很可能不会改变这三个国家之间的排名顺序。丹麦允许私人保险计划蓬勃发展是一个极端的例子。如上所示,这显然是丹

① 丹麦私人养老保险计划的确切支出数值要大于表 5.8 所示的数值。不过,丹麦的官方统计数字并不包括全部私人养老保险计划;挪威的情况也是如此;瑞典的相关数据要全面一些。

麦社会民主党与资产阶级政党达成必要妥协的结果，当然还有社会民主党没有能力通过推行瑞典版补充养老金计划式的养老保险改革来增加补充集体公共养老金的原因。如果丹麦的私人养老保险计划是一般契约型保险计划（就像瑞典的职业养老保险计划几乎覆盖全体工人），那么，它们的支离破碎和分裂效应可能会小一点。但实际情况并非如此，丹麦主要有两种私人养老保险计划：个人养老保险合同和主要由白领雇员享受的企业职业基金。同样有证据表明，税收优惠型个人养老保险合同购买者的分布非常不平衡（Vesterø Jensen，1982；Olsen and Hansen，1981）。由于全覆盖的公共养老金金额相当有限，因此，最终的结果是整个养老保险体系中存在严重的二元分化问题，从而在主要依靠公共养老保险制度的人——非技术工人和单身妇女——以及还能享受私人保险的人——高级技术工人——之间产生了分裂。从本质上讲，这种分裂从内部分化了工薪阶层。

在瑞典，私人契约式养老保险计划与公共养老保险体系并存，它们对团结的潜在影响可以说是不同的。一方面，私人养老保险计划提供的养老金相对于雇员退休总收入而言并不重要；另一方面，私人职业养老保险计划通过集体谈判来确定，因此覆盖整个职业的全体雇员，从而防止了这种保险计划产生严重的分层影响。在挪威，个人或职业养老保险计划只提供很少的养老金，因此应该不会产生值得一提的分层结果。

简而言之，北欧三国社会保障计划促进社会团结的潜力大相径庭。丹麦的社会保障计划具有非同寻常的分裂特性，其政治后果也显而易见。公众对全民公共养老金制度的广泛支持已经有所减弱，丹麦社会民主党前社会事务部大臣里弗特·布杰热加德（Ritt Bjerregård）甚至准备废除这个制度，支持恢复须通过经济状况调查才能享受的养老补助。此外，在慷慨的私人养老保险减税制度中能享受税收减免的人士获得了既得利益，因此，丹麦社会民主党虽然多次努力，但仍然无法减少这些不公平的税收支出，[①]而瑞典和挪威的社会保障制度则都没有出现类似的问题。

---

① 1982年8月，丹麦社会民主党少数派政府因这个问题被迫辞职。为了削减社会支出和增加财政收入，丹麦社会民主党向议会提出了一份增收节支的一揽子计划：他们准备大幅度削减社会保障福利项目，以换取收紧私人养老金储蓄计划中的减税政策。

第六章　住房问题

住房政策应该是检验北欧三国社会民主运动成就的理想工具，因而也是检验三国社会民主运动政治动员能力或政治分化程度的理想工具。首先，住房是家庭福利的核心。住房在工人阶级和广大民众的需求排序中历来名列前茅。其次，住房问题以一种特别复杂的方式与社会和经济政策交织在一起，而住房的分配、标准和成本则是福利政策必须关心的问题。但是，政府在住房市场采取行动的一个常见动机是刺激或抑制宏观经济活动和促进就业，而住房政策很容易夹在这两项政策中间，例如，有意识地减少住房生产，以便把资本资源用于工业或其他投资。换句话说，住房政策是一个敏感且可能自相矛盾的政治问题和领域，也是主要的公众压力来源，而且还导致——无论是哪种政治倾向的——政府在福利和经济效率两者之间左右为难。[①]

对于福利国家来说，住房市场是相对较新的发展领域。在"二战"之前，中央政府很少干预住房市场，通常仅限于为应对危机采取一些临时性措施；地方政府偶尔会参与针对穷人的温和住房计划，有时也会提供租金补贴或实行租金管制。在北欧国家，与在其他国家一样，住房仍然几乎完全是一种市场商品(Adams，1975；Donnison，1967；Esping-Andersen and Korpi，1984)。

然而，住房一直是造成阶级政治冲突的原因。正如弗里德里希·恩格斯(Friedrich Engels，[1872]1951)在谈到19世纪的英格兰时以及唐尼森(Donnison，1967)、温特(Wendt，1962)、汉密尔顿(Hamilton，1967)和卡斯泰

---

① 这种两难问题在斯堪的纳维亚国家尤为严重。由于这些国家经济规模小且开放，因此住房市场很容易影响国际收支。

尔斯(Castells,1972)在谈到当今西欧时指出的那样,住房政策往往是在实际或被感觉到的工人阶级好斗性、共产党的崛起或革命热潮的驱动下出台的。这些驱动因素促成的住房政策已经被称为“豪斯曼战术”(Haussman tactics,中文一般称“豪斯曼改建”——1852年,新即位的拿破仑三世委任豪斯曼男爵负责大规模的巴黎改建工程。“豪斯曼改建”的内容包括拓宽巴黎街道、修建大楼和豪华楼宇、修缮下水道和城市供水系统等。——译者注)(居民区改造),或者更经常被称为“俾斯麦战术”(Bismarckian tactics,通过独户自有住房计划、住房拆迁和郊区化等方式来进行住房合作)。保守或自由势力预想的政治红利是,工人阶级可能更加热衷于不那么拥挤和狂暴但可能更具分裂性和个性化的总体社会经济秩序。

20世纪30年代,斯堪的纳维亚社会民主运动的重新结盟实践,并没有像社会保障和就业政策那样,成为这些国家住房政策的历史分水岭。丹麦、挪威和瑞典社会民主党的努力确实促进了住房建设的发展,但它们推行的都是就业计划,而不是真正的住房政策。直到“二战”爆发前,北欧三国的社会民主党坚持用“聚居区模式”来解决住房问题,强调工会——或者党——为工人阶级家庭发起创建非营利性住房合作社的作用。丹麦和瑞典有着特别悠久的合作社传统,这两个国家工人阶级的城市化进程当然远远走在了挪威前头。

“二战”中止了新房建造的发展,而且在挪威——至少在挪威北方——毁坏了大量的已有住房。这场战争虽然因此而抑制了住房建设的政治积极性,但却有助于刺激战后旨在缓解日益严重的住房短缺问题的改革运动。在战后的几年里,北欧三个社会民主国家都转而采取一种非同寻常的积极行动策略,出于福利的考虑制定住房政策,并对住房市场实施前所未有的政府管制。在北欧三国的战后政治中,住房政策始终是一个特别政治化的问题,战后住房严重短缺、标准低下和分配等问题又进一步加剧了住房问题。虽然北欧三国最初的住房政策几乎相同,但到了20世纪60年代和70年代,这些国家的住房政策政治化性质以及由这种性质造成的后果就出现了巨大差别,主要原因是这三个国家的社会民主党推行了不同的住房政策。

正如我们将要看到的那样,这三国社会民主党的战略分歧已经严重到了不能再明显的地步。丹麦社会民主党恢复了对自由市场的监管,并通过税收制度来鼓励在郊区建造独户自有住房。挪威工党决定保留政府对住房融资和分配的有力管制，但同样支持自有住房建设。最后，瑞典社会民主党青睐合作式公寓开发和信贷及其配置的政府管制。只有挪威的战略似乎能够在不引发公平冲突和产生政治抵制效应的情况下优化缓解短缺和保证消费承受力、高标准和平等等多重目标。从政治动员的角度看，丹麦的住房策略很容易成为最具灾难性的策略，因为它有助于引发为争取公平而进行的激烈斗争，还会引发通胀性房地产投机。瑞典的住房策略在消除供应短缺和建造经济适用房方面相当有效，但它对郊区卫星城市高层公寓的痴迷在20世纪70年代就开始显现。鉴于这些明显的差异，住房政策为我们提供了检验其选举效应差别的独特机会。

战后北欧三国的住房政策

与大多数其他地区一样，战后斯堪的纳维亚的住房市场也受到了供应严重短缺、住房过度拥挤、标准过时和价格上涨压力的困扰。[①] 在“二战”期间，几乎无法新建房屋，而城市人口流动却在加速。此外，缺乏一般性维修使得住房问题变得更加严重。

但是，北欧三国的先决条件截然不同。瑞典和挪威的城市化程度仍然很低，主要是因为工业分散，城市住房市场不久前才感受到压力。在这两个国家，工人阶级聚居的传统不及丹麦，这种情况自然影响到了住房政策的性质。不过，丹麦的住房情况要好于其他两个国家。住房短缺可能没有那么严重，而且平均住房标准明显较高(Donnison，1967)。挪威面临的另一个问题是，德国军队在撤退时几乎炸毁了这个国家北方大部分地区的全部建筑。

由于以上种种原因，在战后的几年里，北欧三国社会民主党在推行具有高度干预性的住房计划时显然遇到了较少的政治障碍。此外，这三个国家的社会民主党很有能力扩大国家对市场的调控，因为战时已经实施物价和物资管制，并且战后又保留了这些管制。这三个国家在1946年进行了第一次住房改

① 在这一章里，笔者将以一种比较简要的方式来讨论住房问题。对更多细节有兴趣的读者可参阅 Esping-Andersen(1980)。

革。虽然这次住房改革确实标志着彻底扭转战前实施的住房政策，目的就是要市场接受政府对住房金融、定价和分配等的广泛控制，但这次住房改革似乎并没有导致明显的政治决裂。

起初，北欧三国采取了几乎相同的做法，政府继续执行住房建筑材料、居住标准、成本上限等方面已经实施的复杂管制措施——尽管在 20 世纪 40 年代末和 50 年代初逐渐放松了这些方面的管制。但是，随着这些管制措施的实施，国家差不多接管了信贷分配，因此，几乎所有的新建住房都是利用低于市场利率的国家固定利率贷款建造的。这些年的主要政策目标是在物资短缺和国民经济允许的条件下建造尽可能多的新房。这三个国家的社会民主党政府自然在信贷供应方面给予住房合作社优惠待遇，但很少直接供应公共住房。①

因此，在战后时期，公共财政与合作住房建设的结合意义重大。国家提供的住房信贷占全部住房信贷的最大部分，而政府和合作建造的住房要占到全部新建住房的 1/3～1/2。1958 年，丹麦 73％的新建住房、挪威 64％的新建住房和瑞典 94％的新建住房由国家贷款提供资金。20 世纪 50 年代中期，丹麦非私人新建住房占 43％，挪威占 25％，而瑞典则占 57％（United Nations，1966：25－28，annex 2）。②

虽然北欧三国都实行了大规模的国家干预，但侧重点各有不同。挪威的住房法鼓励独户住宅。由于政府发放公共贴息抵押贷款（最多可达到购房款的 100％），因而可以认为，每个家庭都有能力购买独户自有住宅——特别是因为这么大一部分住房是采用非营利方式建造的。相比之下，丹麦和瑞典社会民主党在 20 世纪 40 年代和 50 年代都支持城市公寓建设，其中大部分是住房合作社建造的自住公寓房和用于出租的公寓房。如上所述，目标首先是最大限度地增加新建住房的数量，因为住房短缺被认为是比住房分配或住房标准问题更加急需解决的问题。由于住房政策是一种具有一般性和普遍性的政策，而不是具有选择性和针对性的政策，因此得到了广泛的政治支持。的确，北欧三国战后新建住房的数量令人印象深刻，在国际上也是名列前茅（United

① 瑞典是个例外，中央政府和地方联合开发的合作项目在瑞典十分常见。

② 政府住房支出一直居高不下：1955 年，丹麦政府的住房支出占公共总支出的 12％，挪威占 17％，瑞典占 11％（Elvander，1980：275）。

Nations,1966;Donnison,1967)。

但是,公平、负担能力和分配等问题依然存在,迫使社会民主党政府增加诸如租金管制和租金补贴等选择性项目。由于住房继续短缺,因此,丹麦对战前的旧房,特别是在哥本哈根市区的旧房,仍然实行租金管制。但是,此举往往进一步加剧了日益激烈的公平冲突,并对住房市场造成了严重的扭曲。当然,战前住房的老年居民不愿搬进面积较小、费用通常较高的新建住房。与此同时,有孩子的年轻家庭被迫选择较新的住房,这就意味着要为较小的住房支付较高的租金。因此,租房者可按年龄来区分。此外,实行租金管制的战前住房明显不同于其他住房。在哥本哈根老工人居住区,绝大多数公寓没有中央供暖系统,而且常常只有公共厕所。当然,住房市场一直都是严格按阶级和收入分割,但选择性租金管制导致了新的分裂,并且有可能加剧租房者的不公平感。虽然北欧三国都存在类似的问题,但丹麦的问题更加严重。

直到 20 世纪 50 年代末,北欧三国一直实施基本相似的住房政策。总的来说,三国的社会民主党都可以为自己取得的成就感到自豪。但是,20 世纪 50 年代是一个具有历史意义的转折期。此后,这三个国家就朝着不同的方向发展。基本问题就是三国制定了新的住房目标,并且提出了新的住房要求,部分是因为住房短缺问题得到了缓解,还因为公平冲突逐渐加剧。① 因此,这三个国家的社会民主党不得不调整自己的住房政策。

丹麦:从社会政策到市场商品

在丹麦,住房问题变得非常政治化。资产阶级政党在强大的利益组织的支持下坚持认为,既然住房短缺问题已经得到缓解,就不再需要继续实行管制。他们认为,应该允许通过自由市场来调节新建住房的价格和信贷。此外,他们能够成功地证明,与现行方法相比,市场是一种能根据丹麦人丰富的社会

① 丹麦住房部的一份报告(Boligministeriet,1968:47)显示,到了 1960 年,战前和战后住房单元的租金差别已经大得令人难以容忍。住在 1931 年前(实行租金管制的)单元里的家庭有 60%房租不到其收入的 10%,而居住在 1955—1960 年建造的住房单元中的家庭只有 4%房租不到其收入的 10%。在后一组租房家庭中,有 16%以上的家庭房租超过其收入的 30%。

偏好来供应住房的更优机制。丹麦社会民主党倘若不与右翼政党合作，即使与激进自由党结盟，也无法通过新的住房法案。此外，丹麦的资产阶级政党承诺在自由放任的条件下建立一个快速增长的住房市场——但要用慷慨的抵押贷款减税政策来刺激，因此很容易在建筑行业引起共鸣。与往常一样，丹麦社会民主党很难指望工会运动中手工业主导部门的工会能与工业部门工会进行团结。

1958年，丹麦社会民主党与资产阶级政党达成了一项内容广泛的妥协协议，并且通过了一项完全背离以往政策的新的住房法案。这项法案规定，国家必须退出信贷市场，只留下私人储蓄贷款机构和传统银行，并且逐步取消房租管制；作为回报，社会民主党获准继续执行针对有子女家庭的房租津贴制度。

丹麦1958年的改革出现了一些新的问题，而且，这些问题因通胀压力不断增大而加剧；而公平问题引发的冲突不但范围还在扩大，而且强度也在继续增大。由于一些政治原因，房租管制不可能迅速取消，政府转而采取逐步调整住房价格的做法。但是，新建住房的价格增速更快，因此，战前已有住房的租金仍然比新房的租金低40%(Sørensen，1967)。丹麦还遇到了另一个更加严重的问题，那就是在新的自由放任住房市场上出现了投机交易。丹麦社会民主党起草了一份限制房地产投机的法案作为1958年签署的妥协协议的补充，但没有料到得到丹麦各非社会主义政党支持的农民、土地所有者、建筑商和金融家议员居然联袂投票否决了这项法案。因此，到了20世纪60年代中期，丹麦的住房市场再次陷入危机。

这时，丹麦的政治形势已经发生了很大的变化。一方面，社会民主党在1963年的土地管制法案上刚刚遭受重创；另一方面，1964年后，激进自由党退出联合政府后，社会民主党只能独立执政。与此同时，新的左翼反对党社会人民党出人意料地获得了发展，对1958年的"反社会"住房改革进行了激烈的抨击。与1958年的情况形成鲜明对照的是，社会民主党现在陷入两难境地，必须在是与左翼政党达成新的住房妥协还是像之前那样与右翼政党达成新的住房妥协之间做出选择。结果，社会民主党选择了后者，这一决定可能比任何其他决定都更加有助于该党在选举中遭遇失败。

丹麦1966年的住房改革基本上是重新肯定了1958年的住房法案。为了在未来几年逐步取消剩余管制措施，这次改革试图通过减税优惠来刺激私人拥有住房，并鼓励把现有出租公寓改造成业主公寓。这次改革进一步明确了国家必须退出金融市场(尽管国家确实设立了一个规模适中的贷款基金，旨在为低收入家庭住房的合作建造者提供特别贷款)。社会民主党也设法扩大了须通过收入状况调查才能享受的房租补贴的发放范围。

当时，丹麦社会民主党进行了两次大清除，从该党的社会福利纲领中删除了住房问题，并把住房问题再次交给市场这只看不见的手来处理。1958年的住房法案显然是丹麦有史以来最重要——并且也是最政治化——的住房法案。但是，这项法案获得通过后，丹麦的政治动荡并未因此而平息。声势浩大的反对来自于工人运动内部，特别是来自于社会人民党。签署妥协协议的伙伴纷纷赞扬这部法律的合理性，就连社会民主党的住房大臣卡伊·安徒生(Kaj Andersen)也热情洋溢地表示，“我们消除了规模最大、最复杂的政治冲突”(Wilhjelm，1971：73)。

然而，租房者的反对势力依然很大，丹麦社会民主党在接下来的地方选举中损失惨重，而它的对手社会人民党的得票率迅速飙升。虽然没有证据表明改革加剧了社会民主党内部的分裂，但该党的几位领导人显然认为，这是社会民主党最严重的政治失误之一。用社会民主党财政大臣亨利·格林鲍(Henry Grünbaum)的话来说：

> 住房协议是本党在战术和政治上的重大失误之一。克拉格(Krag)[首相]拒绝从社会人民党那里寻求支持，从而迫使我们勉强接受不太有利于工人阶级但绝对有利于业主的立法。这项立法对于改善租房者境况并没有带来很大的帮助，而且也没有促成公共住房基金的建立。社会民主党理应在这项立法上更加明智地与社会人民党合作。(引自1976年12月19日的采访)

在随后的几年里，制定新住房法律的压力有增无减。虽然租房者补贴不断增加，但工会和社会人民党都要求取消业主可享受的税收优惠，并加强国家对住房金融的管制。社会民主党曾多次提出改革法案，但都是一提出就遭否决——其中的一个原因是越来越多的工人购置了住房，并希望能够享受减税。1973年，社会民主党提出了一份旨在减少税收减免的议案，此举甚至引发了由艾哈德·雅各布森(Erhard Jakobsen)领导的右翼势力的分裂,最终导致新的中间民主党问世。

丹麦住房市场出现了发展迅速的"再私有化"现象。到了20世纪70年代中期,只有17%的新建住房是用国家贷款建造的(1958年为74%),而82%的新建住房是由私营企业建造的(而1958年只有57%)。在住房供应方面,自由放任政策似乎收到了显著的效果。丹麦是北欧国家中住房最宽敞的国家,也是世界上住房标准最高的国家之一;丹麦有很高比例的工人拥有自己的住房,可能在60%左右。但住房再私有化政策显然产生了负面的分配效应:业主受到了偏袒,租房者处于不利的地位。[①] 这项政策还损害了丹麦的经济——尤其是在过去20年里,通货膨胀刺激了大量的房地产投机活动。最后,自由放任显然无助于社会政策目标的实现。丹麦低收入家庭的房租支出几乎是瑞典的3倍,中等收入家庭的房租支出几乎是瑞典的2倍(Nordic Housing Administration,1981)。

挪威:作为社会政策的自有住房政策

挪威的住房政策历史沿革不需要那么详细的介绍:挪威的住房政策自出台以来,几乎没有发生过什么变化。而且,住房政策似乎从未引发过导致分裂的公开争议。在20世纪50年代和60年代初,挪威工党保留甚至加强了政府对住房金融的管制,并且加大了支持合作公寓建造者的力度。后来,挪威几乎所有的住房都是用国家贷款建造的。挪威一直十分重视独户自有住房的问题。但与丹麦不同,这种"偏袒"在分配上是中性的,因为对抵押贷款可减税付息额实际上根本没有产生任何作用。相反,政府通过向低收入家庭发放特别折扣低息贷款在住房金融端实现了分配目标。

1966年,挪威进行了唯一一次重大的住房政策改革。当时,挪威由资产阶级政党联合执政,但几乎没有变更已有的住房政策。国家降低了其对高收入群体抵押贷款融资的贡献度,因此,高收入群体不得不提高自筹资金的比

① 1970年,业主享受的减税额估计约是政府房租补贴和合作住房补贴的4倍(Wilhjelm,1971:53)。

例。与此同时,挪威通过了一项由工党发起的房租补贴计划,其政治目的是保证住房支出不超过普通劳动者平均收入的20%。

挪威的住房政策虽然偏袒业主,但一直是北欧三国中最一贯、刻意注重平等和团结的住房政策。挪威存在租房者和业主(许多业主也住在合作建造的公寓单元里)之间的税收公平,挪威的平均住房成本在北欧三国是最低的。此外,租房者和业主的平均住房支出占典型家庭总收入的比例几乎相同(Nordic Housing Administration, 1981; Elvander, 1980; Guldbrandsen and Torgerson, 1978)。

瑞典:住房政策从社会化到再私有化

瑞典政府坚持1946年的改革路线一直到20世纪60年代后期,但在70年代初开始转向丹麦的住房改革方向。瑞典虽然躲过了"二战"的蹂躏,但战后的住房问题可能比丹麦还要严重,部分原因是战时建造新住宅过少。瑞典遇到的最大问题是战时和战后人口极其迅速且突然向城市迁移。1945—1955年,净迁入城市的人口高达25万(Wendt,1962:102)。在1931—1960年的30年里,瑞典城市人口从占全国总人口的38%猛增到了73%(Adams,1975)。因此,战后瑞典政府自然立即启动紧急住房建设计划。1945—1960年,瑞典新建90万单元的住房,此举令人印象深刻。按人均计算,只有联邦德国达到了这个记录(Adams,1975)。事实上,瑞典城市大多是在1945年以后建成的。

瑞典对较旧住房在一定程度上保留了战时实行的房租管制,但似乎没有像丹麦那样产生灾难性不公平影响。新旧住房的租金差别也比丹麦小,部分原因是政府对土地和建筑费用进行了更有效的控制,从而更加有效地遏制了通胀影响。①

瑞典社会民主党的住房政策几乎只关注建造公寓——但也鼓励合作建造住房。当然,这有助于降低如此大规模的住房计划的执行成本。此外,社会民主党有意推行使自由市场作用边缘化的住房政策,并且相当成功地实现了这

① 由于市政当局对土地的控制,房地产投机被控制在最低限度。实际上,只有在市政当局拥有的土地上开发的住房项目才有资格申请国家信贷(Swedish Institute,1977;Anton,1975)。

个目标。到了 1955 年，瑞典只有不到 25％的新建住房是用私人资本建造的（Wendt，1962：86—87）。如果说瑞典的住房合作社在“二战”以前处于相对边缘化的位置，那么，瑞典社会民主党的战后住房建设计划使住房合作社在住房融资、住房自有和住房建造方面做出了杰出的贡献。目前，租户储蓄建房协会（Tenants’ Savings and Building Association）是瑞典最重要的住房合作建造机构，但工会建房合作社也发挥了很大的作用。

虽然战后瑞典实施了这些雄心勃勃的住房计划，但整个 20 世纪 50 年代，住房短缺问题依然存在，等待住房排起的长队仍看不到尽头。因此，在 50 年代末，瑞典启动了一项新的住房计划，目的就是要大幅度增加新建住房。这项所谓的“百万计划”——即在 10 年内建造 100 万单元的新房——实际实现了预定的目标。这项新的住房计划旨在利用根据补充养老金计划新成立的养老基金来满足大量的资金需求。和以前一样，合作公寓建造机构和业主得到优先考虑，私人住房融资和独户自有住房进一步被边缘化，而政府则加强对住房开发用地的控制。为了确保实现最高水平的成本效益比，政府大力支持在郊区卫星城镇建造大型公寓楼。此外，政府在规划住房开发时要同时考虑社会阶层和他们的收入问题。

然而，无论多么高效或者平等，无论当局多么努力强调地方自治和社区发展，如雨后春笋般发展起来的卫星城镇因其单调乏味的设计、逐渐造成社会和文化贫瘠和匿名并推高异化和犯罪发生率（Anton，1975；Adams，1975）而受到尖锐的批评（Anton，1975；Adams，1975）。这些特点，再加上往返城市通勤时间较长的问题，都有助于解释卫星城镇住房空置率经常保持在相当高的水平以及在某些地区空置率可能还会上升的原因。在“百万计划”完成之前，瑞典社会民主党不得不着手解决独户自有住房需求不断增长的问题。

在住房金融方面，瑞典的住房政策有意排斥私人金融，主要是人为地把住房贷款利率设定在低于市场利率的水平上，并且最多可提供相当于购房款的抵押贷款。相比之下，私人建房人必须自筹至少 15％的建房资金。在如此全面的政府管制下，政府部门有效地控制了新房的设计、产量和分配，并且在一定程度上还控制了新房的定价。

瑞典在 1967 年进行了第一次重大的住房政策改革。当时，社会民主党认为,瑞典的住房短缺问题差不多已经得到了解决。这次改革通过允许抵押贷款利率更加接近市场利率的方式,降低了国家在住房融资总额中所占的份额。然而,为了补偿补贴损失,瑞典又推出了一种新的——允许还贷利息在贷款期内更加均匀分布——“平价贷款”制度。虽然1967年的住房政策改革确实减少了政府的金融监管,但这次改革的主要目的是要解决平等问题。最终,瑞典取消了长期存在的房租管制,并用一种独特的确定租金的“使用价值”法取而代之,以确保相同面积和质量的公寓租金相同。房租估算以合作公寓协会的公寓单元为基准。

但是,新的房租补贴计划主要服务于平等主义的再分配理念。瑞典实行了可能是世界上金额最大和最慷慨的房租补贴制度。申请条件非常宽松,养老金领取者可用房租补贴支付大部分房租。到了1970年,大多数养老金领取者和50%的租房者都得到了房租补贴。

政府成功地通过减税和人为设定低租金的方式,把房租补贴保持在几乎相当于付给业主的税式支出的水平上。[①] 然而,这种公平和谐的状态并没有维持多久。首先,政府大幅度缩小了房租补贴计划的规模。其次,由于高边际税率、不断加剧的通胀以及瑞典人普遍希望拥有自己的住房等原因的综合影响,20世纪70年代,瑞典的住房政治——虽然没有丹麦那样极端,但——已经可与丹麦相提并论。因此,70年代,新建的私人独户自有住房急剧增加,而业主减税的问题经常出现在当时的政治辩论中。[②] 因此,重新执政的社会民主党很可能要面对越来越具分裂性且日趋政治化的住房形势,而这种形势很可能会导致选民分裂。

北欧三国的住房政策模式在强调平等、团结和政府管制方面的差别如此之大,因此可以预料会对这些国家社会民主党的选举业绩产生不同的影响。显然,丹麦社会民主党的住房政策不但政治化程度最高,而且也最具分裂性。同样显而易见的是,挪威工党的住房政策不但最为公平、最具团结性,而且还

① Boberg等(1974)认为,1973年减税总额约为20亿克朗,而房租补贴约为17.5亿克朗。

② 值得注意的是,瑞典住房市场的私有化趋势因阶级偏好而截然不同。在丹麦,工人阶级家庭普遍拥有自己的住房,而在瑞典则截然不同:工人阶级业主的比例实际呈下降趋势,而中产阶级业主的比例却在迅速增长(Frykman,1983)。

能满足民众对独户住房的普遍需求。正如埃尔范德(Elvander,1980)所指出的那样,瑞典处于以上两个国家之间。但更重要的是,瑞典社会民主党很可能必须承受由租房者和业主之间愈演愈烈的利益斗争造成的选举结果;而且,阶级或阶层之间不断扩大的住房差别可能会导致瑞典社会民主党更难把它传统的工人阶级委托人与中产阶级业主团结在一起。

第七章　商业周期的政治性调控与经济政策的制定

社会民主党的经济政策长期受到一些两难困境的困扰，普兹沃斯基(Przworski,1980)和廷斯滕(Tingsten,1941)强调的第一个两难困境与意识形态有关。社会主义政党如果放弃激进的社会化要求，就有可能失去左翼选民的支持；如果不能满足工人迫切的物质需要，那么就无法在议会中获得多数席位。大多数社会主义政党都为摆脱这个两难困境而进行了不懈的斗争。对于1934年以前的德国社会民主党来说，这场斗争可能比其他地方更加艰难，因为当时共产党的反对势力不断发展壮大(Przworski and Sprague,1977;Nolan and Sabel,1982)；而对于瑞典(Tingsten,1941)、挪威(Dahl,1969;Elvander,1980)甚至一贯务实的丹麦工人运动(Togeby,1968;Bryld,1976)来说，也都是一个相当重要的问题。

第二个相关困境出现在社会主义政党与议会政治有了实际的接触以后。那么，一个政党在支持明确旨在纠正资本主义制度缺陷的政策时，如何能够同时坚持其促进社会主义事业发展的政策呢(Lewin,1967)？一旦社会主义政党陷入长期致力于管理资本主义经济，那么就会出现这种困境的某种变体。在大萧条时期，社会民主党由于担心经济全面崩溃只会进一步削弱工人阶级的团结和力量而决定掌权执政。然而，管理资本主义的战略决定给社会民主党提出了一个特殊的问题。正如斯特拉奇(Strachey)在20世纪30年代指出的那样，如果经济增长的条件消失，工党政府就很容易发现自己不得不约束自己的工人阶级选民(Strachey,1933)。因此，政治性商业周期管理是社会民主运动争取政治存续的关键。

这两个困境在历史上都有得到解决的先例。第一个困境的解决方案就是社会民主党心照不宣或者明确决定搁置国家社会化的纲领。一旦斯堪的纳维亚社会民主党人明白，紧随激进的社会化纲领而来的是选举失败和资产阶级发起的大规模反击行动，就不难做出这样的决定。第二个困境出现在社会主义政党开始参与公共经济政策制定的时候，特别是在 20 世纪 20 年代的不稳定时期。社会主义政党在这个时期几乎没有可行的政策；而且，即使有可行的政策，他们的经济分析也很混乱。他们的社会化纲领几乎没有实际价值，而民主社会主义的经济政策也只有很少可用的替代性指导方针。这三个国家明显缺少相关的模式。丹麦社会民主党在“一战”时期的经济管制实践中找到了一些灵感，开始玩弄一些工业规划概念。与此同时，该党一直在马克思主义的消费不足分析和对平衡预算的正统自由主义原则的奇怪忠诚之间徘徊。瑞典社会民主党从国家社会化转向了工业民主计划，同时也有一些模糊的规划理念。

总的来说，斯堪的纳维亚三国社会民主党在两次大战间隔期里的经济政策模式演变为一组或者三个基本建议。第一个基本建议就是设立工人委员会并实行劳资共同决策制度，第二个建议是进行经济规划，而第三个建议则是逐步推行凯恩斯主义积极的危机应对政策。前两个建议可以说是针对社会主义的长期承诺和眼前现实的——尤其是在俄国革命之后，工人委员会和经济规划都已成为公认的社会主义政策。根据社会民主运动的有组织资本主义和“职能社会主义”理论，这两个建议在理论上也是站得住脚的。

但是，就如政治经历很快就证明的那样，资产阶级主导的议会不可能立即对意义深远的工业民主或国家规划问题进行立法。从推进社会主义的角度看，很难为采纳凯恩斯主义学说辩护。凡是在像德国社会民主党那样为争夺工人阶级选票而要面对强大的共产党势力竞争的国家，社会民主运动既不可能轻易参与拯救资本主义的行动，也无法声称自己正朝着构建美好社会的方向前进。采纳凯恩斯主义的决定迫使社会民主党人重新考虑短视的经济政策与未来社会主义经济之间的意识形态联系。一种应对方法就是完全无视意识形态问题，丹麦社会民主党就是这样做的（Togeby，1968）；另一种应对方法是把这个问题置于职能社会主义的分析框架内，就像瑞典社会民主党所做的那样;而第三种应对方法则是阐述一种全新的民主社会主义理论,就像战后英国工党的斯特拉奇(Strachey,1956)和克罗斯兰(Crosland,1967)所做的那样。

撇开意识形态困境不说,正如迈克尔·卡莱茨基(Michael Kalecki)所说的那样,奉行凯恩斯主义的一个基本理由是,它可以进一步增强工人阶级的力量。20 世纪 20 年代的高失业周期以及 30 年代出现的长期失业强化了工人运动由来已久的认识,即充分就业是工会力量壮大和政治动员的必要先决条件。此外,经济萧条,特别是农业萧条,可能很容易推进法西斯主义,而不是社会主义。30 年代,斯堪的纳维亚三国社会民主党决定与本国各农民党派合作推行积极的危机应对政策,当时对法西斯主义的恐惧在这方面发挥了关键作用(Elvander,1980;Dybdahl,1975;Lindhagen,1972)。

社会民主党刚致力于资本主义管理就遇到了一个具体的问题,那就是如何确保经济稳定增长和充分就业,而又不必规训自己的工人阶级基本选民以免失去他们在政治上的支持。这个问题的一个方面是要保证充分就业、物价稳定,还要在斯堪的纳维亚三国这样的开放型出口经济体中确保国际竞争力;而另一方面则是,经济增长是建设社会公民国家的先决条件,而战后社会民主党就是根据建设社会公民国家这个目标制定选民动员策略的。

社会民主运动能否长期、持续地发展壮大,这要取决于社会民主党控制商业周期的能力。这一章讨论两个问题:第一个问题是社会民主运动在多大程度上能够把自己的政治力量转化为对经济的有效控制;第二个问题是经济政策的变化能否解释不同国家社会民主运动的不同政治命运。斯堪的纳维亚的社会民主国家奉行不同类型的经济政策,因此,它们控制资本主义经济的程度也大不相同。

社会民主凯恩斯主义的起源

斯堪的纳维亚社会民主运动从问世到 20 世纪 30 年代奉行凯恩斯主义的演化过程始于政治趋同,经历了分歧,最后又以趋同结束。在 1914 年之前,北欧三国的社会民主党都坚持尽快兑现其生产资料社会化的纲领性承诺,但没有绘制建设新政治经济的蓝图。由于这些政党没有或者几乎没有机会掌权执政,因此,这个问题在当时没有现实意义。然而,第一次世界大战的经历和随后普选制的巩固大大改变了这种情况。

丹　麦

丹麦社会民主党领袖托瓦尔德·斯图宁(Thorvald Stauning)参与了丹麦激进自由党内阁实施的战时经济管制。社会民主党因此而相信,国家为了国民的共同利益可以使资本主义生产合理化(Bryld,1976:82)。丹麦社会民主党在1919年成立了一个“社会化委员会”,但这个委员会的报告表明,社会民主党越来越热衷于在议会与激进自由党进行合作,并且放弃了社会化措施,而是提出了一个涉及工业民主、劳动力市场监管和集体谈判改革的综合方案。工会运动根据这个综合方案提出了对劳资共同决策问题进行立法的要求。丹麦社会民主党少数派政府在1924年提出了这项立法议案,但立刻在议会遭到了否决。

在1920年后的这个时期里,丹麦社会民主党的经济思想有了新的突破。该党虽然保留了1913年激进的政治纲领,但在竞选纲领中提出了比较平和的目标,如实行进口管制、在公共部门创造就业机会、实行农业补贴和扩大经济规划范围。20世纪20年代,丹麦社会民主党踏上了实现“意识形态终结”的漫漫征途,并且承诺只实施在获得议会多数席位和经济状况允许的情况下可以采取的政策。然而,这种实用主义没能消除困惑。丹麦社会民主党领导层一方面表达了一种原始的凯恩斯主义,主张用财政赤字来资助国家支持工业和公共工程,从而解决失业问题;另一方面又支持正统的货币政策,并且拒绝投票支持克朗贬值(Bryld,1976:91ff)。丹麦社会民主党在1924—1926年执政期间的一个主要目标就是证明自己的行政能力和坚持自由经济政策(Hansen,1974:40—44)。

因此,丹麦社会民主党通过强调在政治受到尊重的重要意义来应对议会多数政治和意识形态纯洁性之间的冲突。例如,丹麦社会民主党政府财政大臣布拉姆斯奈茨(Bramsnaes)试图通过坚持强调“社会民主党政府能够维护财政金融秩序的重要意义”(Hansen,1974:44)来平息资产阶级的担忧。1926年,丹麦社会民主党的党报《社会民主报》(*Socialdemokraten*)发表社论表达了这种新的立场：

> 我们已经渗透到中央和地方政府的所有国家机构；在宣传运动和民众支持率上升的作用下，我们通过立法把过去的极权国家改造成了与社会和睦相处的国家。因此，我们自己也能在更大程度上与国家和睦相处，而且远远超过了政府是从我们的社会阶层演变而来的外在象征所能表现的程度。但是，如果国家真的变成一种能更加有效地表达社会意愿的手段，如果工人阶级和社会持续变得更加团结，那么，我们也更加应该关心和回报社会。现在，我们鼓励的三个要素必须是严肃认真、责任意识和公众利益意识。(Bryld，1976：27—28)

由于拒绝支持物价管制，因此，社会民主党被赶下了台。自由党取代社会民主党一直执政到1929年。但从1929年开始，社会民主党与激进分子结盟，一直联合执政到1940年丹麦被纳粹占领为止。因此，当发生经济危机时，丹麦社会民主党已经完全巩固了它与小农阶层结成的政治联盟，并且已经承诺要担负起拯救资本主义的责任。很少有丹麦社会民主党人认为，大萧条是马克思资本主义崩溃理论的印证。与德国社会民主党的希尔弗丁(Hilferding)不同，丹麦社会民主党的领导人拒绝采取彻底的国家社会化和其他类似的措施。到了1929年，丹麦社会民主党已经树立了一种为国民利益服务的人民党形象。

丹麦1929年以后的联合政府自然是推行惠及社会各阶层的政策。联合政府在施政纲领中承诺通过反垄断立法，进行土地再分配，发放失业救济金，创造公共部门就业机会以及进行教育和福利改革来满足小商人、农民和工人的共同需要。丹麦社会民主党是逐步推出，而不是按照某项总体计划一次性制定其危机应对政策的。丹麦社会民主党奉行的实用主义改良使它在1932年的大选中获得了充分的回报。在那次大选中，社会民主党大获全胜。该党一直到1931年1月才推出真正的经济危机应对一揽子方案，因为该党这时才成功地与它的激进盟友和自由党达成了妥协。这种交易方式为挪威和瑞典随后达成的危机应对协议树立了榜样：为农业提供价格支持，以换取向工人发放救济金和在公共部门创造就业机会。然而，丹麦社会民主党的危机应对一揽子方案也是奇怪的反凯恩斯主义方案。社会民主党要求工会暂时接受工资冻结和罢工禁令，并通过使克朗贬值来帮助农业出口（Olsen，1962；Philip，1939）。实际上，丹麦政府在20世纪30年代曾多次反复实施工资和价格管制，理由是恢复丹麦的出口比凯恩斯主义的刺激国内购买力主张更加重要（Hansen，1974；Olsen，1962）。令人惊讶的是，这种针对工会的规训行为并没有引起工人阶级的强烈抗议。在1935年的选举中，丹麦社会民主党赢得了有史以来最大的胜利，获得了46.1%的选票。

也许没有哪个社会主义政党能像丹麦社会民主党那样巧妙地与议会民主和资本主义和平相处。"二战"结束以后，机会刚出现，丹麦社会民主党就毫不迟疑地加入了一个激进自由党政府，而且避开了短期改良主义和社会主义终极目标这个意识形态困境，并在党的议程中删除了社会主义终极目标。丹麦社会民主党在没有认真讨论意识形态或战略的情况下，就转而为自己树立了包容社会各阶层的"人民党"形象。简而言之，丹麦社会民主党绝没有理由沉迷于某种划时代的"历史性妥协"，因为劳动阶级在获得足够的力量要求资产阶级作出重大让步之前早就已经与资本主义"握手言和"。

挪　威

挪威从正统的社会主义迈向凯恩斯主义的征途要坎坷许多，事实上与丹麦相比几乎没有比这更鲜明的对比了。"一战"结束后，挪威工党满腔热情地承诺要进行社会主义革命，在俄国革命胜利后加入了共产国际，挪威工党因此重申将致力于工人委员会和国家社会主义两者的结合。1923年，挪威工党不愿接受民主集中制，因此退出了共产国际。挪威工党虽然已经与莫斯科挥手告别，但仍奉行其经典的社会主义战略。在以后的5年里，挪威工党分裂成右翼改良派和多数革命派，但在1927年重新统一后获得了选举胜利。而令挪威工党惊讶的是，国王要求它组建挪威第一个工党政府，从而给社会主义政党造成了很大的麻烦，因为这些政党一贯严格奉行考茨基主义，反对与资产阶级政党结盟或以少数派的身份执政。它们坚信资产阶级民主是假象，并且拒绝修改它们的革命纲领（Dahl，1969）。

很难说，挪威工党作出了辩证的反应，因为它忽视了考茨基的禁令，但仍坚持其革命议程。挪威工党政府的施政纲领引发了一场经济危机，因为挪威资本家纷纷把资本转移到国外，而挪威的金融体系面临崩溃的威胁。执政仅两个星期，挪威工党就因自由党投不信任票而被赶下了台（Dybdahl，1975；EIvander，1980）。

这种经历可能促使挪威工党改变自己的政治路线，就像瑞典社会民主党在社会化纲领的问题上遭遇失败后所做的那样。但事与愿违。在随后的党内辩论中，有人再次提出了战略两难的问题（Rokkan，1966）。一方面，党内的革命派认为，失败只能进一步证明资产阶级民主是不可信的；而党内的另一派则认为，党需要温和的政策才能动员优势更大的议会多数。这场辩论由党内的革命派发起，挪威工党在1930年带着一个激进的社会主义纲领参加了选举。资产阶级政党——和媒体——发动了大规模反击，并得益于创纪录的高投票率，成功地动员选民投票反对工党，而工党没能凭借自己的革命纲领赢得新的选票。

这次选举标志着一个转折点，挪威工党开始改变其政治路线。在重组联盟的过程中，有许多因素产生了作用。首先，在20世纪20年代不稳定时期，资产阶级政府更迭频仍，通常坚持顺周期的经济教条，一般是通缩型的那种经济教条。投资疲软，农村债务达到了引发危机的程度。但在20年代，那些保住工作的工人实际工资有所增加。农民党自然与各资产阶级政党和工人运动处于对立状态，在这种两极分化的政治环境中，挪威农民开始转向纳粹主义。其次，我们可以发现，挪威外围地区的准无产阶级化农民和渔民正团结在挪威工党的周围，他们迫切需要经济救济，而不是意识形态上的满足。在地方一级，社会民主政治家深入基层落实救济政策。因此，挪威工党领导层对意识形态纯洁性的承诺显然与基层的愿望格格不入。最后，经济危机对挪威经济的冲击可能比其他斯堪的纳维亚国家更加严重，在城市造成了更高的失业率，在农村导致农民变得更加贫穷。这也可能有助于解释农民大量加入挪威工党的原因（Dahl，1971）。[①]

在1930—1934年期间，挪威工党的改良派担任该党的领导职务，并且推

① 达尔报告称（Dahl reports，1971：91）挪威工党至少10%的党员是林业和农业工人。

行一项务实的危机应对计划。在党内，奥莱·科尔布约尔森(Ole Colbjørnson)是一个有重要影响力的人物，他在很大程度上是通过介绍苏联的经济计划和对斯大林消费不足理论的阐释形成他自己的思想的，而他提出的第一个建议就是国家投资社会化。不过，在拉格纳·弗里什(Ragnar Frisch)的努力下，挪威工党得以削弱苏联的影响。到了1934年，挪威工党得以推出一项危机应对计划，主张创造生产性公共就业机会、以赤字财政来刺激工业(包括向企业发放补贴)和实施经济救济(Nordvik，1977；Elvander，1980)。[①]

在挪威工党公布了对议会政治和务实的改良主义承诺以后，该党的选举业绩有所改善。[②] 1933年，挪威工党获得了40.1%的选票。但直到1935年挪威工党与农民党达成了基本交换条件协议以后，挪威才实现了政治联盟重组的飞跃。工党在基本交换条件协议中答应支持农产品价格和收入分配，以换取议会对失业救济和积极的危机应对政策的支持。

由于挪威资产阶级政府已经在1934年强制推行收入政策，因此，挪威工党就不用完成对工人阶级选民强制实行限薪的艰巨任务(Dybdahl，1975)。挪威工党1934年提出的危机应对计划，从财政的角度看比瑞典版的危机应对计划更加“凯恩斯主义”，要求公共支出增加37.5%，其中的60%要通过举债来筹措(Nordvik，1977：290)。但实际上，20世纪30年代的危机应对政策是一种更加审慎扩展的政策；而且按照与农民党结盟的要求不再提及社会化(Mjøset，1981)。就像与丹麦社会民主党那样，挪威工党从革命转向了改良，并且开始接受积极的危机应对政策，从而削弱了挪威共产党的势力。

虽然最终的结果惊人的相似，但丹麦社会民主党和挪威工党却通过几乎相反的方式从社会主义正统转向了凯恩斯主义的经济教条。选择与农民阶级结盟，最终确保了社会民主融合。我们将看到，社会民主融合也是瑞典的最重要因素。然而，工农结盟可能并不足以解释斯堪的纳维亚模式的确立。值得注意的是工会与工党间关系的演变，正如斯图姆塔尔(Sturmthal，1943)指出

① 这个纲领还要求政府积极参与工业发展和国家计划，因而说明挪威工党仍在坚持它过去的主张。

② 挪威工党直到1939年才正式承认议会政治。

的那样，工会的政治自主权意味着意识形态教条与工会实用主义的对立。

丹麦很早就出现过以上两种情况。一方面，社会民主党被迫承认农业利益集团的经济和政治优势。合作的决定受到了农村小资产阶级明显的自由-改良主义倾向的重要影响，当然也受到了他们在争取普选斗争中的传统伙伴的影响。另一方面，丹麦工会运动宣称自己甚至在“一战”之前就已经独立于丹麦社会民主党。因此，讲究实际的工会运动终于战胜了该党领导人冷漠和愚昧的意识形态原则(Galenson，1952)。

在挪威，两股妥协势力直到很晚才能在社会民主政治上留下自己的烙印。首先，挪威的社会阶级结构有着质上的不同。一方面，旧保守势力和崇尚自由的农民之间的对立更加严重和历史悠久；另一方面，农村各阶级间本身也存在严重的分歧。农村的有产阶级先是与自由党结盟，后来又与农业党结盟，但与其他任何国家都不同的是，挪威大批准无产阶级的小土地所有者、林业工人和渔民在工党那里找到了自己的政治归宿(Rokkan，1966)。反常的是，这种内在的工农结合也许可解释挪威工党长期以来树立的革命形象和它最终的改良主义取向。从俄国的经验很容易得出这样的结论：城乡无产阶级选民是革命队伍的组成部分。但是，在经济危机期间，就是这个阶级的选民帮助说服了工党领导人放弃革命，推行救济政策。其次，直到20世纪30年代，挪威的工会运动一直很不稳定。挪威工会联合会组建较晚，但在20世纪的头几十年里迅速发展壮大。到了1912年，挪威工会联合会已经实行中央集权化管理，并且采用行业工会原则。然而，一场声势浩大的工联运动阻止挪威工会联合会把挪威工党推向经济改良主义(Elvander，1980：38—43；Galenson，1949)。

瑞　典

乍一看，瑞典的社会民主运动似乎介于丹麦版和挪威版的社会民主运动之间。就像挪威工党那样，瑞典社会民主党没有现成的政治盟友，而且坚持激进主义意识形态的时间比它的丹麦兄弟党更长。但是，瑞典社会民主党很快就抛弃了社会主义正统观念，比它的挪威兄弟党更加容易接受议会政治和资本主义。瑞典社会民主党在20世纪30年代所走的“历史性妥协”道路不只是一条介于丹麦和挪威之间的“中间道路”，而是一条有瑞典特色的道路。

瑞典农村的阶级结构与丹麦或挪威的农村阶级结构有很大的区别。与挪威不同，瑞典没有长盛不衰的农村准无产阶级群体，瑞典的农村准无产阶级群体很容易被社会主义政策所吸引；瑞典也没有崇尚自由主义、人数绝对占优、实力雄厚的独立的农民阶级。与丹麦社会民主党一样，瑞典社会民主党同样为了民主而与农业党并肩战斗；然而，在实现民主之后，这两个政党几乎没有任何其他理由继续保持政治上的团结。瑞典没有一股充分强大的自由-改良主义政治势力能够迫使社会民主党早日默从，而瑞典社会民主党也不能使农村或城市小资产阶级向社会民主运动靠拢。20 世纪 20 年代，由于没有政治妥协的余地，瑞典主张中央集权化的保守势力、软弱的自由势力以及社会民主势力之间几乎一直处于对峙状态，因此是一个长期不稳定和少数派内阁低效执政的时期。

当时，瑞典的政治均势很不稳定，几乎没有迹象表明，瑞典社会民主党和工会联合会能在短短的几十年后成为世界上最强大的工人运动。20 世纪 20 年代，迫于来自各方面的压力，瑞典社会民主党试图在僵硬的意识形态和务实的改良主义之间玩走钢丝。在瑞典就像在德国一样，僵硬的意识形态和务实的改良主义两者的结合被认为是避免因左倾或者右倾而在选举中遭遇惨败的唯一可行途径。因此，瑞典社会民主党的纲领和政策表现出某种“政治分裂症”就不足为奇了。

在布兰廷的领导下，瑞典社会民主党不断试图通过世俗的改良主义来实现社会主义的承诺。1911 年，瑞典社会民主党似乎想通过推行自己的土地政策来得罪所有的人，但却没有得罪任何人：“农业用地应该在加强土地使用者权利和土地肥力的条件下，根据情况分为大规模经营土地和小块经营土地[Severin，1969：30]”。瑞典社会民主党在 1920 年的纲领中呼吁立刻对自然资源、银行和大公司实行社会化。与丹麦社会民主党不同，瑞典社会民主党仍准备以要求耕地集体化来与大地主抗衡(Lindhagen，1972)。

瑞典社会民主党实际上是在 1920 年应邀组建政府的。当时，该党虽然是少数党，但还是接受了邀请；而瑞典工会联合会虽然没有表示反对，但内心十分矛盾。不管怎样，瑞典社会民主党领导层准备按照 1920 年党纲制定的路线进行立法，结果使原本相互冲突的资产阶级政党团结在了一起，发起了一场声势浩大的反社会主义运动，而社会民主党提出的法案也遭到了否决。瑞典社会民主党执政不到1年就被赶下了台。该党突发奇想，要把模糊的意识形态转化为立法现实，于是就成立了“社会化委员会”，提出了相应的对策建议。但这个由里卡德·桑德勒(Rikard Sandler)担任主席并在理论上受到威格福斯(Wigforss)和卡莱比(Karleby)影响的委员会，在设立后的16年里从未提交过一份总结报告。①

对于瑞典社会民主党来说，20世纪20年代是党的基本纲领修正时期。瑞典社会民主党既没有像丹麦社会民主党那样放弃社会化问题，也没有像挪威兄弟党那样坚持国有化的教条。在这个时期，瑞典社会民主党(特别是党内的威格福斯)受奥地利马克思主义者启发提出的“职能社会主义”战略逐渐进入了纲领性修订阶段，而该党则开始倡导流量资本而不是存量资本社会化，并且(特别是党内的威格福斯)开始强调经济计划和工业民主。

瑞典社会民主党修改后的社会化模式在1928年党的竞选纲领中已经显而易见。恩斯特·威格福斯提出了一份旨在大幅度减少财富和资本代际转移的遗产税计划。为了抵消由此造成的储蓄减少，他建议把遗产税收入用于设立公共投资基金——这种想法在20世纪60年代末以一种不太正式的方式被纳入了社会民主党的立法议程。② 新的经济社会化计划促使资产阶级重新发起反社会主义运动，而瑞典社会民主党在1928年的选举中遭遇了重挫(Tingsten，1941)。尽管如此，瑞典社会民主党在对当时紧迫的政策问题采取真正务实的态度的背景下对自己的纲领进行了重新审议，在1921—1923年期间得以重新掌权执政，并在经济严重衰退的情况下试图实施福利改革和救济立法。但是，资产阶级政党却拒绝投票支持向卷入劳资纠纷的工人提供失业救济，结果白兰廷内阁被迫辞职。1924—1926年期间，瑞典社会民主党第三次掌权执政，但由于自由党拒绝扩大失业救济和现金救济的范围，社会民主党再次被迫下野。瑞典经济再次陷入衰退，但社会民主党无法说服自由党改变其对紧缩

---

① 桑德勒在20世纪30年代确实写过两份非正式报告，但它们毫无实际意义，因为当时已经没有实行社会化的可能。

② 最近梅德纳(Meidner)的经济民主计划也有明显的相似之处。关于这个主题，请参阅 Wigforss(1981:201)。

预算的承诺。

如前所述，20世纪20年代瑞典社会民主党与德国社会民主党有着很大的相似之处。这两个社会主义政党都试图在务实的改良主义和社会主义意识形态之间玩走钢丝，而且都被实际阻止做任何二选一的尝试。只要社会民主党提出哪怕是温和的福利改革方案，各资产阶级政党就很容易弥合它们之间的分歧，因此，社会民主党无法选择直截了当的改良主义策略。但是，社会民主党也不可能做出激进的选择，因为资产阶级势力毫不费力就能引发选民对社会主义幽灵的焦虑。不管怎样，瑞典社会民主党与它的德国兄弟党还是有不同的地方，没有在不断壮大的共产党反对派和日益强大的反动势力的压力下分化。瑞典社会民主党既没有因为参与有争议的立法——无论是支持军事拨款还是镇压工人暴动——而损害自己在工人阶级心目中的形象，也没有被迫把自己的大部分精力用于捍卫民主。在1923年和1926年，瑞典社会民主党两次选择退出政府，而没有选择在不可接受的立法问题上进行合作。此外，瑞典的农民也没有德国的农民那样有组织或者在政治问题上那么能言善辩。

在遭遇了三次参与无权内阁的痛苦经历以后，瑞典社会民主党的领导层开始重新审视党的执政条件。议会多数已成为参与内阁的先决条件（Elvander，1980；Landauer，1959），但很明显，在可预见的将来，瑞典的阶级结构不会演变为严格意义上的工人阶级多数。因此，政治联盟问题又有了更重要的意义。但是，社会民主党在瑞典政坛没有希望找到天然的阶级盟友。该党领导层历来认为，自由党最有可能成为他们的联盟伙伴。但由于自由党对自由放任经济学的教条主义承诺只会随着经济危机而加剧，因此，社会民主党也不可能与自由党结盟，而与农民党（Bondeförbundet）结盟的希望就更加渺茫。社会民主党一直反对农民提出的价格保护要求；而农民党则通常反对工人阶级——尤其是农业工人——提出的福利保障要求，并且对工会运动怀有极大的敌意（Lindhagen，1972：236－242）。

不断加剧的经济危机打破了瑞典的政治僵局。当危机来袭时，社会民主党很幸运，已经下野，而执政的自由党则拒绝偏离他们平衡预算的理念。随着工人和农民生活条件的不断恶化，瑞典人对自由党经济智慧的信任也在不断减弱。结果，保守党和自由党在1932年的选举中双双遭受打击，社会民主党却因此而获得了差不多42%的选票和104个议会席位。社会民主党虽然没有获得议会多数,但还是被说服单独组阁执政,而且组阁后便着手准备通过立法来应对经济危机。

由新任财政大臣恩斯特·威格福斯制定的一揽子危机应对计划并没有包含任何社会化措施,倒是建议刺激就业和总消费,为公共工程项目、福利改革和公共救济进行立法。威格福斯在这份危机应对计划中还要求安排预算赤字——而不是增加税收——来弥补追加公共支出留下的缺口,并且规定公共就业项目按当时通行的标准支付工资(Wigforss,1938;Möller,1938)。这实际上是世界上第一份有意制定的凯恩斯主义计划(Tingsten,1941)。

然而,社会民主党并没有获得议会多数,无法实施积极的危机应对政策。自由党仍坚持其平衡预算的理念;而农民党似乎和以往一样不太可能成为社会民主党的盟友,因为在1932年大选期间,农民党曾发起过一场激烈的反社会主义运动,并将农业经济危机归咎于工会(Söderpalm,1976)。此外,随着农产品价格和自由党信任度的大幅度下跌,农民的舆情转向了社会民主党,特别是在该党领导人表示愿意发放农业补贴以后。在签署了著名的1933年协议以后,瑞典社会民主党和农民党组建了联合政府,农民党支持威格福斯的赤字筹款刺激计划,以换取对农产品价格的支持。

在佩尔·阿尔宾·汉森(Per Albin Hansson)的领导下,瑞典社会民主党巩固了其新的意识形态定位,消除了该党旧阶级形象的剩余痕迹,并且把自己的号召力扩大到了所有的经济弱势群体,这是汉森提出的著名口号"人民家园"所表达的一种重新定位姿态(Berkling,1982)。积极的危机管理和意识形态信息扩散似乎产生了综合影响,瑞典社会民主党也因此而得到了回报:在1936年的选举中,以接近46%的得票率大获全胜。

瑞典社会民主党采取的经济危机应对措施看来非常有效,到了1939年,瑞典的失业率已经跌破10%(Lindbeck,1975:23)。但在现实中,凯恩斯主义刺激计划的象征意义可能要大于它的直接经济影响。事实上,1933—1934年,瑞典政府支出的增幅勉强超过瑞典国民生产总值的1%。瑞典经济的快速复苏在很大程度上是走运的结果。1931年,瑞典已经放弃了自由党执政时期采用的金本位制,而克朗对外国货币的价值则被低估。20世纪30年代中期，外国需求开始回升，这显然有助于瑞典出口（Lundberg，1968；Lindbeck，1975；Jörberg，1976）。瑞典社会民主党成功的悲剧性讽刺之处在于：对瑞典钢铁和木材产品的需求激增，而且与纳粹加速重整军备同时发生。

因此，正如林德贝克（Lindbeck，1975：33—34）所指出的那样，瑞典政府扩张性经济政策的意义在于其遵循的原理，而不是其实际结果。从政治上看，这可以说是一件好事。瑞典社会民主党可以令人信服地宣称，它的改良主义不但造福于工人，而且还惠及全体国民，从而有助于让焦虑不安的资本家相信，社会民主党执政时期推行的国家积极干预政策，要比资产阶级政党内阁执政时期总搞阶级斗争更加可取。瑞典社会民主党在20世纪30年代提出了一种可接受的劳资正和模式，特别是在1938年签署了《萨尔特舍巴登协议》（Saltsjöbaden Agreement），瑞典最终达成了“历史性妥协”之后，情况尤其如此。通过这次党派联盟重组，瑞典工人运动与资本主义“握手言和”（更确切地说，是达成了休战协议）。

战后的商业周期管理

取得社会民主国家（或者至少是政府）权力的道路是构建在积极的危机应对政策和与农村不同阶级结盟的基础上的。这种联盟构成了社会民主党几乎不间断的长期执政的基础。此外，联盟的性质继续决定战后经济政策的适用范围和界限。这种联盟支持积极的经济刺激政策，并承诺继续保持充分就业，但前提是社会民主党能够同意放弃其更加雄心勃勃的社会化和国家计划纲领。

随着长期效应的显现，已经形成的经济政策模式自然会遇到其自身不相容的东西。战后社会民主党所处的困境在很大程度上是与它们克服这些不相容的东西的能力交织在一起的。第一个问题是如何协调充分就业与价格稳定和有序的国际收支状况之间的关系。第二个问题是积极推动工业发展的主旨将不可避免地与社会民主党农村盟友的利益发生冲突。此外，因农民和新生的中产阶级都要求分享对自己有利的收入份额而导致的收入分配问题，迫使社会民主党设法摆脱其在国家经济发展方向方面的自增强型约束。

北欧三国的政治联盟结构和社会民主党在联盟中的地位各不相同。我们现在可以看到,这种情况已使这三个国家的社会民主党成功管理商业周期的能力发生了明显的变化。

丹麦自由党的盟主地位

丹麦社会民主党可能是第一个组建联合政府对商业周期进行积极的政治管理的政党,但该党试图把国家管制扩大到常规的总货币和财政政策以外的所有努力都没有取得成功。[①] 在整个战后时期,丹麦社会民主党未能实现对劳动力和资本市场的政府管制,对经济结构变化的性质也只施加了很小的政治影响。因此,丹麦社会民主党既无法阻止无处不在的投机交易,也无力阻止对国家资源的低效使用。丹麦社会民主党政府为了恢复丹麦的国际竞争力和稳定丹麦的经济,曾多次被迫通过收入政策和一揽子经济危机应对措施来约束工会。除了 20 世纪 60 年代至 70 年代初的 10 年外,该党一直无法保证充分就业、物价稳定和国际收支平衡。总而言之,丹麦社会民主党一直遭受几乎不受控制的商业周期的困扰。

我们不能把丹麦社会民主党在经济领域遭遇的失败归因于该党不愿对经济进行更大程度的政治控制。工会运动,特别是实力雄厚的金属加工业工会联合会和非技术工人工会联合会不断施加压力,要求政府加大对投资的管制力度,并对结构性变化进行控制。丹麦社会民主党曾多次提交旨在满足这样的要求的法案或方案。

在社会民主党执政时期,丹麦经济表现疲软,这是由多方面的原因造成的,其中的一个显著原因就是工会的分裂和手工业者占据工会运动的主导地位,从而把很大一部分工人阶级与古老的企业形式结合在一起,使得工会内部一直难以达成共识。另一个关键原因是丹麦经济不稳定的国际地位,丹麦除了土地肥沃以外没有其他自然资源,因此,丹麦的出口业绩取决于进口资本品和原材料的价格与丹麦制成品的国际需求之间的脆弱平衡。长期以来,农产品出口一直是丹麦经济的关键因素,也是决定丹麦国际收支状况和外汇收入

① 下文对丹麦战后经济政策的介绍大量引用了下列文献:Hansen(1974)、Schmidt(1971)和 Handelsministeriet(1973—1974)。

的基本因素。由于必须适当考虑农民的利益和诉求，因此，政策选择受到了严格的限制。丹麦工业的特点显然也是一大障碍，除了少数几家大型企业——主要是造船企业——外，丹麦工业通常是由传统手工生产（家具和设计）以及小型制造企业组成。因此，只要成本和需求发生微小变化，丹麦的大多数工业企业就要受到影响。

除了以上这些结构性障碍外，丹麦仍缺少一个党派构成能使推行更加积极进取的社会民主经济政策成为可能的议会。代表农业和工业资本的资产阶级政党自然会否决允许国家加大管制力度的法案。农民和小企业主都是通过非常强大的游说团体施压要求国家提供保护和补贴来确保自己的经济生存。但是，丹麦社会民主党对“资产阶级”经济政策的屈从也激起了左翼社会主义者的强烈反对，他们要求采取更加激进的政策。

丹麦社会民主党的战后纲领体现了一种激进的经济政策方针，其重点是进行广泛的宏观经济规划，促进工业发展，政府对生产和金融实施管制。继瑞典社会民主党内部辩论之后，丹麦社会民主党也主张继续实行战时监管和物资管制，并同时推行经济计划和积极的财政政策，以防止经济再次陷入衰退（Bille，1972）。我们必须从战后丹麦共产党发起了有力的挑战这个角度去理解丹麦社会民主党这种不正常的激进表现。

由于丹麦资产阶级政党成功地利用民众对政府管制的不满，又由于通胀压力迫使政府以牺牲充分就业为代价实施紧缩性财政政策，这波来势凶猛的社会民主行动很快就平静了下来。在 20 世纪 50 年代的大部分时间里，充分就业和刺激工业发展的政策遭到了有效的反对。这一时期的特点是紧缩政策、紧缩信贷、平衡预算、经济增长缓慢和失业率高企。[①] 丹麦经济几乎完全依赖农产品出口，因此，丹麦的农民组织实际上阻止了任何积极的凯恩斯主义充分就业计划。公共部门支出增幅不得超过国民生产总值的增幅，平衡预算被作为任何社会民主改革措施的评判条件。因此，在从 1945 年到 1957 年的这个时期里，应对失业和经济萧条的主要手段就是降低贴现率来刺激建筑业。但此举迅速导致通货膨胀加剧，并造成了危及国际收支的危险。这个时期，丹

---

① 1946—1960 年，丹麦的失业率在 10％左右徘徊。国民生产总值的年实际增长率（1950—1957 年）是经合组织国家中最低的 2.7％，挪威是 3.5％，瑞典是 3.3％（Hansen，1974：148）。

麦各届政府在无休止的"走走停停"措施中徘徊不前(Hansen,1974)。

高失业率有助于压低产业工人的工资。1956年,丹麦爆发了大规模的罢工和停工事件,社会民主党政府被迫进行干预,立法通过一种以前被工人否决的解决机制。20世纪50年代中期以后,农业状况严重恶化,农民先前对经济政策的控制力有所削弱,从而使得丹麦社会民主党能够转而采取更加积极的工业刺激政策。造成丹麦农民地位下降的原因是,国际市场农产品价格大跌,再加上丹麦农业的出口能力趋于饱和(Hansen,1974;Westergärd Andersen,1974)。由于农民收入大幅下降,因此需要政府提供额外的补偿和出口补贴。与此同时,丹麦工业产品的国际需求出现了增加的迹象,这在很大程度上多亏了欧洲自由贸易联盟(EFTA)的成立和贸易普遍自由化。丹麦工业出口有史以来首次超过了农业出口。

这一变化对丹麦可实行的经济政策产生了深远的影响。丹麦经济对农业的依赖已经减弱,不可能继续依靠农业创造外汇来促进工业增长。1957年的选举结果是导致丹麦调整经济政策的另一个关键因素。在这次选举中,社会民主党和激进自由党最终获得了议会多数席位。新政府推出了一项刺激工业发展的政策,其基本内容就是向外国借款,同时降低企业税,国家向关键产业(尤其是钢铁业)提供信贷,还有就是实行不那么紧缩的财政。这些政策有力地推动了工业的强劲发展,丹麦1957年后的经济增长速度是之前的2倍,制造业固定资产形成年均增长20%。

丹麦工业投资激增在某种程度上得益于相对较低的工资水平。总而言之,1957年,丹麦社会各阶层之间的力量对比发生了变化。因此,直到打破农民对经济政策的"垄断",社会民主联合政府才得以把经济资源用于增加工业就业和投资,但农民并没有就此屈服于新的政治经济。这一变化引发了丹麦近代史上最值得关注的一场阶级冲突。

农民收入的减少促使农业利益组织要求国家给予补偿和保护。1958年,社会民主党政府给予农民国内生产价格补贴。1959年继续提供国内生产价格补贴,但1961年农民要求补贴5.5亿克朗(约占1960年丹麦国民总收入的1.5%)。由于这种补贴的通胀效应及其对收入分配的影响,工会表示强烈反对。政府答应补贴3亿克朗,但遭到农民组织和自由党的断然拒绝。当农民举行“罢产”时就爆发了冲突、大规模的示威和严重的对抗。社会民主党首相维果·坎普曼(Viggo Kampmann)被迫与自由党达成和解,答应在两年内向农民提供4.25亿克朗的补贴。农民获得的政治胜利意味着他们的收入问题变得更加政治化。

上述冲突的结果表明,丹麦农民仍有能力向产业工人和资产阶级主张自己的利益。实际上,1961年的协议对“1957年的突破”进行了限制,因为农民成功地扭转了明显的从农业向工薪阶层和工业再分配的势头。这场冲突非但没有降低社会民主党对农民的依赖,反而迫使他们重新就20世纪30年代的政治解决机制进行谈判。农民在政治上重申自己立场的能力,是导致丹麦社会民主党在加大政治控制经济力度方面停滞不前的一个主要因素。

1961年的政治解决方案抑制了丹麦的工业进步,因为公共资金被用于农业补贴。此外,这些补贴减缓了农业逐步合理化的步伐,并且使得生产力较低、竞争力较弱的农场得以生存。农民基本上不可能被迫为工业部门的工资增长提供资金。因此,丹麦经济一直面临着巨大的通胀压力,因为分配问题上的阶级冲突很容易成为工薪阶层、工业利润和农民收入之间僵持的零和事件。在整个20世纪60和70年代,丹麦反复诉诸收入立法,也只能从这个角度来理解。

为了降低1961年签署的协议造成的直接通胀压力,丹麦政府暂时停止了新的建设项目,并试图创造预算盈余。但是,失业率迅速下降,加上长期存在的工资增长滞后问题,使得工会能够在1960—1962年间谈判要求把名义工资提高23%。同时,由于前不久进行了养老金改革并采取了其他社会福利措施,公共支出急剧增加。结果,1961—1962年丹麦的通胀率达到了10%。事实上,这个时期经常被称为“收入狂欢”(income binge):农民得到了补贴,工人增加了工资,从而导致丹麦的社会工资水平显著提高。“收入狂欢”对国际收支的负面影响迫使社会民主党政府为寻找收入政策解决方案坐下来谈判,结果就是在1963年签署了所谓的“一揽子交易”(package deal)协议(Schmidt,1971;Hansen,1974;Ibsen and Vangskjaer,1976)。

1963年签署这项所谓的“一揽子交易”协议,部分是为了消除之前收入激增造成的不稳定影响,部分是因为前不久立法通过的增值税未能扭转工资和价格螺旋形上涨以及消费快速增长的趋势。[①] 这项协议包含许多立法要素，除非议会整体通过，否则政府就拒绝执行。这项法案包括冻结集体协议规定的工资两年、稳定价格、取消工资指数化制度中的税收和对农业进行补贴等内容。公共部门雇员和养老金领取者的收入与工会联合会会员的工资挂钩，增加病假现金补贴，向低收入工人发放特别补助，所有这些在一定程度上都是为了抵消增值税法造成的累退效应。政府还向工会联合会承诺将着手准备为补充养老金计划立法。

这项收入解决机制包含了社团主义收入政策的所有经典成分。冻结工薪阶层的收入，以换取改善社会福利和继续充分就业和稳定物价的许诺。价格管制没有发挥作用，因此总的效果是不利于工薪阶层的收入再分配——尽管工人阶级中收入最低的阶层明显改善了他们的相对地位（Hansen，1974；Munk et al.，1980：56—57）。

“一揽子交易”协议很可能有助于恢复经济稳定，但也导致了政治不稳定，因为争夺收入份额的斗争被进一步政治化，而求助于政策从一开始就表明更加需要政府对经济进行管制。在议会审议、讨价还价期间，这项法案遭到了左右翼的一致反对。社会人民党之所以反对该法案，部分是因为这项法案意味着政府干预工会集体谈判的自主权，而且还因为该党希望集中关注国家加大投资指导力度的必要性，但“一揽子交易”协议几乎没有如何更加合理、有效地利用国家资源这个基本问题的内容。

在这个时期里，社会民主党为打击投机性资源使用做出的主要努力，就是在 1962 年提出了土地改革法案。在快速城市化的背景下，社会民主党多年来一直在准备这项旨在加大政府管制土地使用力度并减少土地投机动机的立法。社会民主党在把这项法案提交议会表决时实际遭到了资产阶级多数派的阻挠。后来，社会民主党在 1963 年举行了全民公投。在自由党和保守党宣称社会民主党偷偷在搞土地社会化以后，公投拉票活动就变得异常激烈；而社会

① 起初，增值税附加税是在零售环节征收，但迫于零售业协会的政治压力，社会民主党政府转而改为在批发环节征收。虽然非技术工人工会联合会表示反对，但增值税法案还是获得了通过。虽然增值税是一个小问题，但却能反映丹麦政治中的力量对比，工人运动屈从于小资产阶级组织的要求——尽管这意味着要违背其核心选民的利益。

民主党则极力辩解，试图让选民相信，这主要是一个进行更严格分区的技术问题。最终，该法案遭到了否决，从而使得长期存在的通胀性土地投机问题继续延续下去，而且还伴随着对资本的非生产性吸收。

如果说丹麦在 1957 年前由农民主导经济政策的话，那么接下来的一个时期则以一种奇怪的动态僵持为特征。20 世纪 60 年代，丹麦与其他国家一样，以持续的高工业投资率实现了非常高的经济增长率。事实上，丹麦当时发生了"第二次工业革命"(Hansen，1974)。但是，这次经济扩张很不稳定，失业的消失就意味着工会可以要求提高工人的实际工资。[①] 然而，工人阶级的强大产生了不稳定的后果：一方面，农民仍然实力雄厚，这就意味着要把城市经济增加的部分收入用于补贴农业；另一方面，各行业产能参差不齐，无法通过提高生产率来抵消工资上涨的压力。对于为国内消费生产的企业——如建筑行业的企业——来说，情况更是如此。工人阶级的强大助推工资和价格螺旋形上涨。由于雇主组织和低生产率部门雇员组织的力量阻碍了经济合理化，因此它们的存续对于达成新的收入政策协议产生了额外的压力。

虽然丹麦工业在出口、劳动力参与和占国民收入的份额等方面都超过了农业，但在 20 世纪 60 年代——特别是在 1965 年以后——，服务业尤其是公共部门服务获得了大幅度增长。公共支出增长快于国民生产总值，非教育福利支出在 1960—1968 年间每年以 5.1%的速度增长。[②] 农业就业人数在不断减少，工业就业人数停滞不增，而公共部门的就业人数开始显著增加。

经济活动的变化并没有伴随着政治力量的重组。因此，蓝领工人、不断发展壮大的白领阶层和公共部门雇员的工资增幅大于生产率增幅，而且工资增长造成的压力并没有被其他阶层相对收入的减少所抵消。虽然部分压力由公共和私人国外借款释放，但这种分配僵局促成了爬行式通货膨胀，并造成了国际收支方面的困难。虽然生产率的增幅经常无法赶上工资增幅，但公共和私人国外借款使得高投资率和充分就业得以持续。

工会和日益壮大的左翼社会主义反对派联袂发起了一场旨在加强政府对信贷和经济结构改革进行管制的运动。除了一些小改小革和失败的立法尝试

① 20 世纪 60 年代，丹麦的失业率平均只有 2%～3%。

② 1968 年以后，福利开支猛增，平均每年增长 18%。

外,社会民主党无法做出有力的回应。因此,收入政策仍是实现经济稳定的唯一可用工具。

1967 年,丹麦第一次为实行经济管制做出重大努力。当时,社会民主党——迫于工会联合会的重压——按照之前瑞典进行的补充养老金改革计划提出了一份丹麦版的补充养老金改革计划,目的就在于补充 1964 年进行的力度极小的改革,并把储蓄注入集体养老基金。补充养老金计划改革法案在走立法程序时总是止步于第一次议会听证会。随后不久,在红色内阁垮台时,这项立法也就中途夭折。

因此,经济政策仍然是最后时刻的危机管理手段。1967 年,英国宣布英镑贬值,丹麦农业再次受到威胁。丹麦社会民主党只能通过让克朗贬值和开征销售税来做出回应。这次是在零售环节征收,此举直接导致社会民主党政府垮台,因为社会人民党拒绝支持一项会降低工薪阶层购买力的政策。传统上与社会民主党结盟的激进自由党,现在与其他两个资产阶级政党结盟组建了丹麦第一个非社会主义联合政府。

1966—1967 年前后,丹麦进行根本性政治联盟重组的时机已经成熟。丹麦社会民主党能够像瑞典社会民主党在 20 世纪 50 年代末所做的那样,在补充养老金计划的问题上与社会人民党结成以工薪阶层为基础的新的联盟,但又不愿与中间党决裂。不过,撇开战术上的优柔寡断不谈,在有关更加激进的经济政策的各种建议纷纷夭折以后,客观形势已经明朗。我们还必须考虑丹麦社会民主党在 1965—1966 年达成的妥协性住房协议以及该党对丹麦加入北约和欧共体——遭到社会人民党强烈反对——的承诺造成的后果。

虽然新组建的资产阶级政府为了抑制通货膨胀和减少国际收支赤字而支持紧缩性信贷政策,但结果适得其反。1970 年,通货膨胀率恢复到了年率 6%或 7%的水平,令人惊讶的是,税收占国民生产总值的百分比从 1969 年的 33%上升到 1971 年的 44%(Munk et al. ,1980:58)。这在一定程度上是在社会民主党执政时期已经立法推行的改革造成的结果。但是,资产阶级政府由于没能抑制公共部门增长或通货膨胀,因此在 1970—1971 年提出了新一轮的收入政策,并且要求工会继续接受已经签署的合同。为了支持沃伦(Warren,1972)提出的观点,丹麦工会联合会拒绝接受非社会主义政府的收入政策,而收入法案也因此而中途夭折。

1971 年，丹麦社会民主党在社会人民党的暗中支持下组建少数派政府重新执政。新政府继续执行以前的紧缩性财政和货币政策，并提议征收 10%的进口关税。丹麦加入欧共体的问题压倒了所有其他问题，丹麦加入欧共体的决定得到了资产阶级政党和社会民主党的支持，但遭到了社会人民党和其他左翼政党的强烈反对。对于社会民主党来说，这是一个极其微妙的问题，因为工会联合会的大部分会员，特别是金属加工业工人和非技术工人工会联合会的会员表示反对。社会民主党内部出现了严重的分歧，1972 年全民公投产生了一个支持丹麦加入欧共体的多数派。但在接下来的选举中，这个问题显然伤害了社会民主党。

丹麦的经济越来越不稳定，迫使政府抑制公共部门的扩张，并重新开始了争取经济变革控制权的斗争。1973 年，社会民主党与工会联合会联合提出了通过设立工资收入者基金来推行经济民主方案。这项旨在帮助丹麦走出经济政策停滞困境的方案，就是要通过利用集体基金积累投资资金的方式来抵消工薪阶层受到的收入约束。① 但是，这个方案受到了右翼政党的阻扰，甚至还遭到了社会人民党的反对。1973 年 12 月，社会民主党政府因建议逐步减少业主的税收优惠而被赶下了台。

在外国工人运动的配合下，丹麦社会民主党在 20 世纪 70 年代进入了一个意识形态激进化爆发的时期。该党 1969 年的纲领性文件《新社会》(*Det Nye Samfund*)要求党与不平等作斗争，并开展经济生活民主化斗争。社会民主党党首安克·乔根森(Anker Jørgensen)试图通过把社会民主党定位在“中间偏左”的位置来凸显该党的新左翼政党形象。1977 年 9 月，丹麦社会民主党通过了名为“团结、平等和福祉”(*Solidariet*、*Lighed*、*og Trivsel*)的新纲领，从而在议会充实了它的新意识形态形象。社会民主党在它的新纲领中确认了自己通过再分配政策和经济民主改革来消除不可接受的不平等现象和集中经济权力的意图(Socialdemokratiet，1977)。但是，在 20 世纪 70 年代的经济危机中，这种重铸的意识形态对社会民主党的实际政策几乎没有产生什么

① 本书第九章阐述了经济民主问题。

影响。

这种把启动经济民主作为党的政策的新的开路先锋式尝试立刻就遭遇了失败。丹麦社会民主党的新纲领并没能激发工人的很大热情，也没有帮助该党削弱左翼社会主义反对派的势力，但却被丹麦左翼社会主义反对派斥责为“阶级背叛”。但不管怎样，在经历了 1973 年 12 月灾难性的选举和 1974 年后的经济衰退之后，社会民主党被迫采取守势。20 世纪 70 年代，在失业人数上升的背景下，丹麦社会民主党别无选择，只能批准一些重复的收入政策解决方案和紧缩性财政政策。

丹麦在 1974 年后的经济衰退中受到的打击显然比其他大多数国家严重。1973—1978 年，丹麦的投资稳步下降；1975—1979 年，丹麦的平均失业率占参保劳动力的 11.2%。[①] 1975—1980 年，丹麦的国际收支逆差增加了 5 倍(按时价计算)。同样令人不安的是，公共部门的债务负担急剧加重。

丹麦政府只有两种补救长期失业的办法：一是增加公共部门的就业机会(从 1970 年的 50 万增加到了 1980 年的 80 万)；二是推行慷慨但昂贵的失业救济金制度。虽然公共部门的就业人数有所增加，前不久又推行了(特别是针对年轻人的)就业机会创造计划，但总失业率并没有呈现下降的趋势。由于没有像瑞典人享有的那种积极的劳动力市场政策工具，丹麦不可能轻而易举地通过开展再培训或庇护性就业等活动来吸纳公开失业者。

丹麦社会民主党政府在 20 世纪 70 年代转而实行分步危机管理，并把自愿或强制性收入政策作为主要工具：1975 年通过立法强制推行收入仲裁，而 1976—1977 年则要求自愿进行工资约束；1979 年又通过立法对已签署的劳动合同展期 2 年(虽然这次对低工资工人进行一定的补偿)。无论通过什么方式，社会民主党都是想通过经济民主立法来补充工资约束。但是，在没有进行所希望的经济民主改革的情况下，工资约束在 70 年代严重影响了工会联合会和社会民主党的关系——到了 1978—1979 年社会民主党和自由党联合执政时期几乎达到了破裂的程度。

---

① 因此，如果按照劳动力总数计算，失业率约为 6%(Nordisk Råd，1980：table 46)。这个时期的特点是 1973—1976 年的投资增长率为－2.2%，1976—1978 年投资增长率是－0.6%(Munk et al.，1980：50)。

由于税收减少(因为经济停滞)和非生产性支出增加(因为失业),因此公共债务负担快要达到危机的程度,从而迫使社会民主党政府积极参与公共支出削减。由此,社会民主党再次陷入进退两难的境地,因为公共支出削减加剧了失业,[①]同时又让社会民主党充当废除以往立法成就的角色。20 世纪 70 年代末,社会民主党试图建立一种推行积极就业政策的机制,但没有取得明显的成功。该党还扩大实施临时就业机会创造计划的范围,并且增加对同意雇用长期失业者的雇主提供的工资补贴,但提高劳动力市场政策制度化程度的努力仍然受到非社会主义政党的阻挠。1979 年,丹麦为实施劳动力市场政策花费了 90 亿克朗,其中 84%是提供给失业者的非生产性现金救济(NU,1980a:1,102)。[②]

最后,丹麦的社会民主经济政策一直被禁锢在自由模式中。20 世纪 70 年代,经济的政治导向能力几乎还没有“二战”前大。70 年代社会民主党采取的危机应对行动,只是再次证明资本主义经济对社会民主运动继续行使着它的权威。

挪威朝着计划经济迈进

挪威战后经济管理具有独一无二的结构特征。[③] 首先,挪威的资本存量在战争期间受到了严重的破坏,因此,挪威战后的工业化进程有些滞后。挪威经济对水力发电、林业和金属矿产等自然资源有着压倒性的依赖,因此具有一定的飞地性质。第二,农业依然薄弱,相对而言无利可图,而渔业则是占据主导地位的出口部门。第三,工业部门似乎具有二重性。建立在金属和林产品加工基础上的大公司依靠旺盛的国际需求获得了蓬勃发展,并通过出口收入为挪威赢得了一定程度的经济自由。国家在这个部门持有的所有权和控制权

① 1975 年的预算案要求通过解雇 3 000 多名教师来节省 1.85 亿克朗的公共支出。后来发现,由于需要向失业教师支付失业救济金,因此,这次裁员并没能节约公共支出。

② 相比之下,瑞典和挪威分别只有 10%和 43%,而信贷控制一直是这两个国家解决失业问题的主要手段。

③ 本章引用的关于挪威战后经济政策的主要著作包括:Statistisk Sentralbyrå(1965)、Haarr(1982)、Mjøset(1981)、Eriksen 和 Lundestad(1972)以及 Bergh(1977)。关于挪威的收入政策,请参阅 Leiserson(1959)、Schwerin(1980,1981a,1981b)以及 Cappelen(1981a,1981b)。关于挪威的产业政策,请参阅 Grønlie(1977)、Cappelen(1981a,1981b)和 Sejersted(1978)。

开始发挥关键的作用。第四，挪威的消费品制造业一直欠发达，小企业居多。这些情况的结果是，挪威经济非常开放，①但又不像其他经济开放的国家那么脆弱，因为挪威的主要出口商品国际需求持续旺盛。此外，与丹麦一样，挪威的总体经济结构主要由第一产业主导；但又与丹麦不同，挪威的农业一直非常薄弱。②

因此，挪威的条件更加有利于工党政府促进工业扩张，并把国家作为这一进程的关键推动者。鉴于战争促成了国民普遍的团结意识，挪威工党有能力围绕其战后"人人有工作"的经济纲领（如由所有党派签署的"全民保障"纲领）动员国民达成共识，并且在议会占据绝对多数的席位，因此，挪威工党处于非常有利的地位。该党制定的积极工业化计划——内容涉及政府补贴、信贷控制、制定计划和国家直接参与钢铁和金属加工等行业——赢得了保守党的支持（Mjøset，1981）。挪威工党还因长期承诺致力于工资约束和消费限制而获得了工会的支持，部分原因是这项承诺有助于经济增长和充分就业，部分原因是把储蓄资金注入集体公共机构。此外，挪威工党还赢得了农民阶级和外围农村地区的持续支持，因为该党同时作出了对农业和渔业进行合理化调整以及提高农业和渔业相对收入与实行价格保护的承诺。挪威社会很少有人偏好像丹麦政府那样对战后经济增长进行的消极监管。

挪威战后经济政策的制定可分为四个不同的阶段。第一阶段是 1945—1952 年，这个阶段的特点是进行非同寻常的深思熟虑和雄心勃勃的规划与管理。第二阶段从 1952 年前后开始，到 20 世纪 60 年代初结束。在这个阶段，挪威顺应了自由化和重新肯定市场力量的国际趋势——但继续奉行关于国家仍要积极参与信贷分配和投资的广泛政治共识。第三阶段从 60 年代初开始，到 70 年代初结束。在这个阶段，挪威开始恢复国家干预，即使在 1965 年以后资产阶级政党执政时期也没有间断。第四阶段是 1973 年以后，国际经济危机和挪威开始生产石油使挪威经济与过去彻底决裂。挪威工党政府增强了国家

---

① 1950 年，挪威、丹麦和瑞典出口分别占本国国民生产总值的 38%、28%和 22%，而到了 1970 年则分别为 42%、28%和 24%（OECD，1980a）。

② 1946 年，挪威第一产业（农业、渔业和林业）的就业人数占其劳动力总数的 30%；丹麦 1940 年的这个比例是 28%；而瑞典 1940 年的这个比例则是 25%（Elvander，1980：59）。

在投资和控股方面的直接作用，推行了作用非常大的反周期政策，并开始非常积极地利用收入政策。挪威工党在这个过程中遇到一个压倒一切的重要问题，那就是如何使其积极进取的产业促进计划与农村外围基础阶层施压要求采取的社会保障、价格补贴和经济保护措施相互协调。

挪威和其他国家一样，战后重建要求国家广泛实行监管、配给和管制。然而，挪威详细的微观经济计划和一般宏观经济规划合并显示出更加有力和持续的作用。此外，挪威政府可以在无须做出妥协的情况下相对自由地执行1944年在伦敦起草并由挪威各党派签署的战后重建计划，因为工党控制着议会多数。此外，由于战时挪威经济受到严重了破坏，[①]而且纳粹占领了许多挪威的工业（特别是水力发电业和金属加工业），因此，就像奥地利一样，挪威有一个现成的理由要求国家对重要产业进行国有化或者指导。另外，挪威的工业非常薄弱。

但是，很可能是挪威战后重建计划的构思为挪威各党派达成共识做出了最大的贡献。挪威工党与丹麦社会民主党不同，它之所以能够促进国家控制工业积累，是因为执政党对手的政治阻力已经被化为乌有。[②] 这项重建计划是正和政治的一个很好例子。虽然工业积累需要有计划的长期工资约束和消费牺牲，但对于工会联合会和普通民众来说是可以接受的，因为工业积累给人以充分就业的希望。此外，有了价格和利润管制的保证以及政府对投资的指导和对工资的节制，就不可能产生不可接受的利润。虽然实行价格和利润管制，但重建计划仍受到了工业资本家的欢迎，因为这项计划给人以在充分就业的条件下有充足的廉价信贷供应并实行工资约束的希望，而且还给人以通过有计划的农业合理化就能使人力资源从第一产业流动到第二产业的希望。最后可能最重要的是，农民阶级、小渔民和林业部门可能愿意接受这种模式——尽管它的明确意图是让第一产业经济合理化，因为它还给人以提供可观的收入补偿和价格补贴的希望。除了使第一产业合理化的意图外，政府奉行的积

① 挪威50%的商船和渔船已经沉没或者无法作业，18.5%的资本存量已遭破坏（Leiserson，1959：22）。挪威1945年的工业产值只相当于1938年工业产值的57%（Statistisk Sentr albyrå，1965：365）。

② 挪威资产阶级对经济规划的抵制很少涉及目标本身，政治冲突通常集中在技术和行政问题上（Elvander，1980）。

极规划和投资政策曾经并仍然绝对向资本品生产行业以及那些与挪威自然资源相关的产业倾斜，而消费品制造则通常交给市场和企业来完成（Sejersted，1978）。

挪威工党设立了一个庞大的机构来对工业扩张进行规划和管制。该党虽然恪守战前的激进传统，但立即引入了旨在促进投资、规划和产业组织方面的民主参与的规划委员会（Bransjeråd）和生产委员会（Produktionsutvalg）制度。然而，这些委员会很快就被降格为联合协商机构，并且失去了决策中心的作用。更重要的是，工党政府建立了国家金融信贷体系，以便对投资资本配置进行管制。这个体系包括国家工业投资银行（Tiltaksfondet and Den Norske Industribanken）、住房投资银行（Husbanken）和农业与渔业投资银行（Landbruksbanken and Fiskarbanken）。农业与渔业投资银行的任务就是在第一产业经济部门迅速推进资本化和合理化，以确保这个产业具有经济活力，并且还要促进劳动力从农业向工业流动。[①] 重要的工业部门特别是能源部门的公有制进一步促进了经济规划工作。

最后，全部的管制和规划工作都基于一个准自愿收入政策体系。从1944年签署伦敦协议开始，挪威政府就在制定工资和收入发展模式方面发挥了核心作用。挪威工党并没有强制推进工资立法，而是依靠工会联合会和雇主联合会执行公共工资委员会指导标准的意愿，并且在劳资谈判无法达成一致的情况下启动强制性仲裁机制。挪威与丹麦不同，工资冲突通常可以在不诉诸直接立法干预的情况下得到调解（Elvander，1974a；Schwerin，1981a）。[②]

由于农业、渔业、林业和航运业具有相似的组织特征，因此，社团式谈判具有非常适宜的环境。但显然，要不是挪威工党有能力获得工会的默许，那么，这种谈判模式早就被弃用。挪威工会联合会之所以接受没完没了的工资计划，部分是因为这种方式比强制性限薪可取，部分是因为这种计划设有内置式

---

① 值得注意的是，挪威和瑞典在国家指导经济转型的做法上有着明显的差别。瑞典社会民主党主要利用积极的劳动力市场政策来进行可控的变革，而挪威工党则一般依靠积极的信贷政策来做同样的事情。

② 挪威仅两次公开出台国家强制实施的收入政策：1947年（历时9个月）和1979年。但“二战”爆发以后，已经进行过多次强制仲裁，工会联合会也自愿遵守公共工资委员会的指导标准（Cappelen，1981a：112）。指导性工资纠纷解决机制似乎很少激起普通民众的抗议（Schwerin，1981a，1981b），因而是与当前的大部分新社团主义理论背道而驰的。

安全阀机制。因此，这种工资计划允许局部地区或者行业的工资有一定幅度的浮动，而工会联合会中央集权化的工资解决机制（不论是否设有强制性仲裁机制）有时被分散进行的谈判所取代。①

20 世纪 50 年代初，持续的价格和利润管制破坏了挪威和谐的阶级关系。工党希望继续实施价格和利润管制，但资产阶级政党发起了一场反管制运动，成功地迫使工党走向自由化。然而，挪威在 1952 年以后推行的经济自由化政策并没有像斯堪的纳维亚其他国家那样产生深远的意义。

从某种意义上讲，挪威在 20 世纪 50 年代撤销了计划机构，又在 1953—1954 年废弃了价格、股息和利润管制并撤销了规划委员会。此外，政府还赋予工会更大的工资谈判自主权，但仍然保留了为可接受的工资增幅制定指导性标准的做法；而工党在低息贷款政策的背景下继续保留了选择性指导投资信贷的做法。然而，除金融和投资指导以外，在收入分配和人力资源配置方面，政府更多地依靠市场力量来体现它的经济政策。在协商决定指导标准的框架内，挪威全国工会联合会赋予下属联合会更大的合同谈判自主权。在某种程度上，为了恢复工资差别，工会放弃了制定团结工资的目标。②

对于挪威工党来说，幸运的是，经济自由化在保持经济持续增长、充分就业、价格稳定和国际收支稳定方面同样取得了成功。20 世纪 50 年代中期，挪威经济出现了一些威胁性的信号，当时价格管制放松和经济快速增长共同促成了通胀压力和巨额国际收支逆差。工党可能正在失去对商业周期的控制力。该党通过实施紧缩性财政政策，要求工会自愿限薪并控制金融信用水平来作出回应（Statistisk Sentryalbyra，1965）。但是，降低食品价格补贴的决定，再加上强制推行限薪，引发了一些零星的罢工，而政府的回应是恢复补贴。因此，虽然挪威经济在 20 世纪 50 年代末出现了一些不平衡的迹象，但工党政

---

① 20 世纪 30 年代，挪威工会联合会已经转向全国集中进行的谈判，而它的中央执行机构对其下属工会联合会拥有很大的控制权。此外，与瑞典工会联合会一样，挪威工会联合会自 1938 年以来一直致力于有利于低收入工人的团结工资谈判，但挪威工党在计划和收入政策上取得更大的成功，这很可能要归功于挪威工会联合会的组织凝聚力。

② 1952 年和 1956 年，挪威进行了分散化劳资谈判。显然，挪威工会联合会决定暂时放宽其团结工资政策，原因是它发现非技术工人人数开始超过技术工人（Leiserson，1959：127）。

府继续履行其充分就业、实际工资增长和价格稳定的承诺。[①] 国家主导的工业扩张政策也成功地实现了它的次要目标。以牺牲当前消费为代价的投资规模仍然很大,成功地把人力和资本转移到了制造业和其他工业部门,特别是出口导向型和充满活力的部门,同时又实现了使第一产业合理化的目标。[②] 此外,工党遵守了其对农民作出的收入平等承诺。[③] 最后,工党进一步加强了国家对资本市场的管制。1958—1961 年,公共储蓄占总储蓄的比例超过了 50%(Seierstad,1974:78),而公共直接投资——虽然主要是针对传统资本品制造业——大约要占到总储蓄的 1/5(Furre,1971:307;Seierstad,1974:79;Statistisk Sentralbyrå,1965:131)。

20 世纪 60 年代,许多情况促使工党加强对经济活动的政治控制。但这第三阶段也预示着政策目标的重新定位。一方面,急剧转向分散化区域发展政策;另一方面,公共支出增加——尤其是社会政策方面的公共支出增加——产生了一种转向包容各方的社团主义收入政策谈判的趋势。在这种收入政策谈判中,社会工资开始在收入解决机制中占据重要的地位。

支持分散化区域发展的行动有其政治根源,因为挪威工党在农村和省级选区的传统盟友越来越不稳定,特别是在快速工业化和合理化开始对当地社会造成伤害的时候。促进地方分散化发展的工作是从设立“区域发展基金”(Distriktenes Utbygningsfond)开始的。这种基金实际上是在大幅度扩展 1951 年业已存在的“挪威北方计划”的基础上设立的,但新基金的宗旨是通过国家直接投资以及对地方工业发展和重组提供慷慨补贴来促进挪威全国各地的投资。与此同时,工党增强了国家其他金融机构的实力,如住房银行和出口信贷银行。

但在 20 世纪 60 年代初,挪威工党遇到了一些政治问题,特别是征得政治

① 失业率平均为 2%。从 1946 年到 1957 年,实际工资增长了 44%。1946—1957 年,人均国民生产总值增长率为 2.9%,是斯堪的纳维亚地区最高的人均国民生产总值增长率(Leiserson,1959:94;Nordisk Råd,1980:127)。

② 1951—1960 年,净投资占国内生产总值的比例平均为 20.1%(Seierstad,1974:86);农业就业人数减少了 50%,而工业就业人数则增加了 40%(Leiserson,1959:130;Sejersted,1978)。

③ 1946—1955 年,农业收入增加了 80%,而林业和渔业收入则增加了 118%(Leiserson,1959:130)。

同意的能力方面的问题。在一个从挪威工党内部分裂出来的派别成立了社会人民党以后，挪威工党突然要面对左翼政党的反对，并且在1961年的选举中失去了议会多数，而社会人民党则在这次选举中获得了胜利。在挪威各右翼政党经历了几十年的不团结以后，挪威非社会主义政党开始形成共同的反工党纲领(Rokkan，1966)。虽然挪威社会人民党和各资产阶级政党都没有对工党的经济政策模式提出彻底否定的质疑，但工党的盟主地位却受到了威胁。工党的问题最终与挪威社会的阶级结构变化有关。传统农村选民人数的减少与城市中产阶级、白领群体人数的增加不相上下。虽然挪威工党的新区域发展规划和增加农业补贴都是为了重新赢得农村选民的忠诚，但要争取中产阶级和白领阶层的支持则难度更大(Rokkan，1966)。这些明显的迹象表明，挪威的社会民主阵线应该进行政治联盟重组。

我们可以从挪威阶级或阶层结构变化趋势的角度来审视挪威工党推行的新政策。如前所述，挪威工党重新关注地方和区域现代化的问题，是对其失去传统农村基本选民支持做出的回应，第一次为了迎合不断发展壮大的白领阶层而做出的努力包括降低税率，因为中等收入的白领工薪阶层尤其受到高边际税率的打击(Rokkan，1966)。现代挪威社会民主运动的转折点出现在1963年。那年，一座国有矿山发生了矿难，结果激起了公愤，内政大臣被迫辞职。挪威工党政府也因此而下台，取而代之的是一个由三个资产阶级政党组建的政府(但这个政府只维持了28天)。在社会人民党有条件的支持下，工党重新掌权执政，但这又产生了把工党推向左翼的结果。①

挪威工党的政治联盟重组战略是建立在以下几方面的基础上的：(1)国家更加积极主动地对经济进行指导和调控；(2)促进工业民主；(3)推进形式和内容非常类似于瑞典的与收入挂钩的缴费式补充养老金计划。工党的补充养老金计划政策清楚地表达了该党在政治上与工人、白领阶层和农村居民结盟的愿望。工党的联盟重组战略由于承诺增加养老金，为进一步的区域发展积累

① 挪威社会人民党反对挪威工党，与丹麦社会人民党反对丹麦社会民主党的情况不同，似乎仅限于挪威是否加入北约的问题以及后来的挪威是否加入欧共体的问题。挪威社会人民党也没有对工党的经济政策问题构成重大威胁(Westergård Andersen，1976)，但确实推动工党在20世纪60年代更加重视经济民主化问题(Mjøser，1981)。

资金,并且加大政府调控经济的力度,因此似乎能惠及挪威全体公民。这种联盟重组战略显然帮助挪威工党赢得了新生的白领阶层更加广泛的选举支持,但却没能阻止该党在 1965 年的选举中输给资产阶级政党结成的联盟。

在中间党的领导下,资产阶级政党联合政府一直执政到 1971 年。但是,非社会主义政府的政策与社会民主政府的政策几乎没有差别。联合政府中的基督教人民党坚持积极的社会政策,而中间党则坚持要求继续给其农村基本选民享受优惠待遇。资产阶级政府在其任内立法通过了含有旨在推行全民社会保障制度的"全民纲领"以及挪威工党提出的补充养老金计划基本元素的法案。①

挪威资产阶级政府实际加强了国家严格管制信贷市场的传统,特别是在推行新的区域发展规划方面。政府设立了公共信贷机构资助有计划的工业合理化和研发,并在 1969 年大幅度扩大了区域发展基金,而且还继续秉承政府提供农业补贴和参与解决工资问题的悠久传统。事实上,1968 年的集体协议是执行社团主义收入政策的一个典型例子。为了贯彻社团主义收入政策,挪威工会联合会恪守限薪承诺,以换取政府提供价格保障、改善社会福利和缩短每周工作时间(Cappelen,1981b)。但是,挪威是否要加入欧共体的问题加快了资产阶级联合政府的垮台。

与丹麦一样,挪威为加入欧共体的问题进行了长达数年的谈判。这个问题再次在挪威各政党(特别是工党)内部和之间导致了严重的分歧。对挪威工党来说,幸运的是,谈判开始时,资产阶级政党已经掌权执政。由于中间党反对挪威加入欧共体,而自由党和保守党则支持挪威加入欧共体,因此,联合政府在 1971 年解体。随后的工党内阁也陷入了困境,而工党虽然受到了来自党内和左翼社会人民党的强烈反对,但仍继续就挪威加入欧共体的问题进行正式谈判。与丹麦不同的是,挪威在 1972 年为挪威是否加入欧共体举行的全民公决产生了反对挪威加入欧共体的多数派,但这并没能解决突然困扰挪威政

① 在这方面,说"巩固了共识"可能更为恰当。从长期看,资产阶级政党很难逃避履行"全民纲领"承诺的责任。关于补充养老金计划改革,反对这项改革具有政治危险性,特别是考虑到这项改革在瑞典被广泛接受。瑞典的资产阶级政党由于反对补充养老金计划改革而遭受了重创,很明显,挪威资产阶级政党当然不希望遭遇类似的命运(Elvander,1980)。

坛的不稳定局势。那年，工党政府下台，接着是资产阶级政党的短暂执政。在1973年的选举中，挪威工党遭受了巨大的损失，而反对挪威加入欧共体的社会主义左翼力量则取得了巨大的胜利。在左翼社会人民党的支持下，工党又组建了一个少数派政府。

只有认识到是否加入欧共体的问题具体体现了挪威战后重建政策对阶级联盟模式造成的长期紧张局势，才能理解这个问题的重要性。与积极主张加入欧共体的丹麦农民不同，挪威农村居民认为加入欧共体会对他们的生存构成巨大的威胁，并且与挪威外围地区强烈的地方主义和区域主义情结格格不入。因此，挪威工党支持挪威加入欧共体的正式立场促使其昔日的盟友与以左翼城市白领阶层为基础的社会人民党临时结盟组成了充满敌对情绪的反对派。由于在挪威是否加入欧共体的问题上发生了冲突，因此，挪威工党同时还疏远了该党传统的农村盟友和潜在的白领盟友。要想解释挪威工党在20世纪70年代改变其政策方针的任何原因，就必须从该党为自身复兴和重新获得政治支持而进行的斗争中去寻找答案。一方面，挪威工党必须在国际经济严重萎缩的情况下进行这场斗争；而另一方面，大量石油资源的发现给摇摇欲坠的工党政府提供了必要的回旋余地。

为了应对1974年后发生的全球经济衰退，挪威工党启动了一项很有可能是全球最宏大的凯恩斯主义赤字财政刺激政策。如果说1970—1973年挪威工资一直没涨，那么，1974年政府设计的收入协议增加了10亿克朗的公共支出，原因包括减少雇员的社会保障缴费和中等收入工薪阶层的税收、发放补贴以及增加社会支出(Cappelen，1981a：192)。随后几年，通过签署一系列一揽子收入协议，进一步加大了促进实际收入增加的力度。除了增加城市工薪阶层的实际收入以外，挪威还进行了一次有利于农村居民的惊人的财富再分配。① 执行1977年的最后一轮收入协议又花费了政府20亿克朗(Cappelen，1981a：194)。挪威工党不仅把收入再分配和增长作为应对联盟瓦解的手段，而且还在20世纪70年代开始了一波经济民主化改革，内容包括改善工作条

① 从1976年开始实行的一系列转移支付计划，旨在使农村居民的收入与普通工人的收入均等化，效果几乎是立竿见影。农业、渔业和林业的收入份额从1970年的20.2%上升到1978年的29.5%(Cappelen，1981a：160)。

件、提高员工参与企业决策的程度和银行民主化。

这些扩张性收入政策与协调一致的反周期努力合力防止了失业，并保护挪威工业不受国际需求普遍下降的影响，特别是不受挪威国际竞争力大幅度下降的影响。挪威劳动力的平均成本要比经合组织成员国的平均水平高出25%(OECD,1978)甚或更多(Sejersted,1978;Haarr,1982)。政府在1975—1978年间利用预期石油收入启动了一项旨在实施选择性工业补贴的赤字融资计划，内容包括扩大投资信贷、贷款和国家对工业的直接投资。除了这些刺激措施以外，政府还实行低息政策，并且大幅度增加积极的劳动力市场项目，如就业培训和创造就业机会(NU,1980b)。

挪威工党政府因其决定补贴陷入困境(如果还没有破产的话)的企业而遭到了严厉的批评，尤其是来自保守党的批评。有人认为，这项决定会阻碍挪威工业为适应竞争更加激烈的市场进行必要的结构调整(Sejersted,1978;Haarr,1982)。[①] 除了实施扩张性的财政和货币政策外，工党政府还开始明显转身直接参与投资配置，1973年成立了作为投资信贷机构的工业基金(Industrifond)，以扩充已有的公共信贷供应网络。但更重要的是，政府以购买股票的形式掀起了一大波直接投资浪潮。除了政府持有多数股权的石油工业外，国有股占挪威总股本的百分比从1970年的18%上升到了1978年的30%(Olsen,1980);如果把挪威国家石油公司的股本包括在内，那么，这个比例就跃升到了50%左右。

在1977年选举之前(包括选举期间)，挪威工党仍然坚持其实施反周期扩张政策的承诺;但在恢复执政以后，工党来了一个180度大转弯，采取了一系列紧缩措施。挪威工业仍然毫无竞争力可言，已经累积了巨额国际收支逆差，再加上拿未来石油收入作抵押积欠的借款，挪威的公共赤字从1975年的10亿克朗猛增到1978年的80多亿克朗(Mjøset,1981)。[②] 由于石油收入少于预期，显然必须紧缩财政和货币政策才能恢复稳定。

从1978年开始，工党政府放弃了低息政策，实行货币贬值，大幅削减对工

---

① 然而，哈尔对这个问题的绝妙分析，让人怀疑这项补贴计划实际上是否仅仅拯救了投机企业。但他认为，在非常不利的情况下，这项计划可能有助于维持挪威的生产能力。

② 1978年，挪威公债总额占国民生产总值的40%(Nordisk Råd,1981:179,186)。

业的选择性补贴，而且还实施了价格冻结；随后在1979年通过立法冻结了工资，并在1980年又规定了允许工资浮动的上限（Schwerin，1980；Cappelen，1981a；Haarr，1982）。在工业振兴总计划的框架下，工党政府又启动了一项规模相对较小、旨在促进工业合理化和新产品开发的计划，目的在于取代慷慨的工业补贴。直到1978年，工党政府才成功阻止了失业恶化，虽然成本很高，但可以坚持其基本原则。1978年以后，挪威又出现了失业率小幅攀升的趋势。

近几十年来，挪威工党为政府管理并调控经济发展和商业周期建立了一个异常复杂的机构。事实上，除了麻烦不断的20世纪70年代，该党的经济政策看起来是取得了成功。失业率几乎从未超过2%，储蓄率和投资保持高位且稳定，工业化快速发展，经济总体保持健康、持续增长。当然，我们无法确定同样的结果是否会出现在自由放任的条件下（丹麦的经历），但可以说，挪威的经济成功在很大程度上得益于挪威在50年代和60年代扩张性国际市场上"搭上了便车"。尽管如此，我们仍必须承认，挪威工党已经能够履行自己的承诺——也是政治上必需的充分就业条件下的经济增长。

20世纪70年代是一个决定性的转折节点。如果不是因为巨额石油收入这个幸运的巧合，挪威工党很可能会像它的丹麦兄弟党那样，被迫进行防御性危机管理。然而，虽然工党政府得益于石油收入，但它的经济政策因挪威是否应该加入欧共体的争议而承受的压力，似乎也已经迫使该党采取一系列结果适得其反的政治和经济救助行动。挪威工党实施收入再分配政策是为了安抚其准备叛逆的盟友，但这项政策却助长了收入分配的政治化和公平冲突——尤其是1978年后的形势要求冻结工薪阶层的收入。补贴政策的目的是要保护就业，但这种政策却使该党受到了来自右翼的严厉但可能是有效的批评。

首先，挪威工党在20世纪70年代推行的经济政策有一个明显的问题，那就是它们没能帮助工党与新生的中产阶级缔结一种现代且有前途的工薪阶层联盟。增加转移给农村各阶层的巨额收入，证明工党仍放不下其传统的盟友。而且，这些转移性支付很可能导致该党进一步疏远了白领阶层，因为白领阶层历来反对工党再分配力度很大的税收政策。政治联盟重组的另一个问题是，挪威工党现有的政策模式已经使其政策本身的能量消耗殆尽。1979年，工党决定转向收入政策立法，并且允许失业率上升，这些都能证明这一点。此外，挪威工党与它的瑞典兄弟党——甚至与它的丹麦兄弟党也——不同，没有像工资收入者集体基金这样具有政治效应的机制，把利润和工资之间的负和冲突转化为资本重组的正和模式。不管怎样，我们必须记住，对于挪威工党来说，很难构建一种用于与广大白领阶层结盟的政策模式，因为挪威的白领阶层没有中央集权化、协调一致的工会组织来保护他们的利益。工党在目前的条件下无法提出新的政治纲领，而且工党已经把很多白领雇员推到了保守党的怀抱，因此，必要的社会民主联盟重组看来是遥不可及的。

瑞典模式

“二战”结束时，瑞典与它的两个斯堪的纳维亚邻国相比居于非常有利的位置。[①] 战时保持中立，使瑞典免遭破坏和经济掠夺；而战后，瑞典的资本设备完好无损。此外，“二战”期间，瑞典是拥有比较优势的钢铁和木材等与战争有关的关键物资的出口国。这种比较优势一直延续到战争结束以后，因为战后瑞典是欧洲当时少数几个能够满负荷运转的经济体之一。

战后的政治形势对瑞典的社会民主运动来说是喜忧参半。瑞典社会民主党在战时联合政府中占据主导地位，特别是在 1940 年的特别选举之后，因为社会民主党在这次选举中获得了 53.8%的选票。虽然社会民主党在 1944 年的选举中失去了部分选票(在这次选举中，瑞典共产党的选票突然翻了一番)，但战后瑞典工会联合会和社会民主党的地位都非常稳固。不过，与挪威兄弟党不同，瑞典社会民主党无法依靠抗德英雄的形象来为社会民主运动的未来在全国范围内达成广泛的共识。

总之，瑞典工人运动的经济政策之所以能取得成功，主要是因为工人运动在瑞典政治力量较量中居于优势地位。如果工人运动无法迫使瑞典各资产阶级政党与它达成共识，还能依靠它自身的力量并利用瑞典三个非社会主义政党之间的长期不和。此外，与丹麦社会民主运动的传奇形成鲜明对照的是，瑞

---

① 已经有很多作者讲述过瑞典战后经济政策的故事，也已经有一些很好的英文综述文献，其中包括 Lindbeck(1972)和 Martin(1973,1975,1979,1981)。关于瑞典来源的标准文献，笔者特别依赖 Södersten(1974)、Andersson 和 Meidner(1973)以及 Edgren 等(1970)等学者的文献。下面的叙述主要引用了 Esping-Andersen(1980)以及 Esping-Andersen 和 Friedland(1982)的文献。

典社会民主运动并没有长期被迫屈从于自由主义。瑞典在经济政策方面受到的结构性制约与丹麦有很大的区别。瑞典的出口收入和国际收支稳定，从来不依赖某种像大宗农产品这样的占主导地位但又很脆弱的产品；而与挪威相比，高品质的铁矿储藏以及充足的木材和电能供应为应对世界经济波动提供了缓冲。瑞典的社会民主政策也无须应对以手工业为基础、已经过时的行业（在这些行业中，雇主和雇员都死守保护性生存措施不放）普遍存在的问题。相反，瑞典的产业结构由高度资本化和集聚、控制权实际集中在少数人手里的大型企业主导，而瑞典的资本家则很容易被说服接受由国家参与的经济合理化。

鉴于以上这些情况，瑞典必须比挪威等待更长时间才能对资本主义进行社会管制，但等待的时间要比丹麦短很多。战后，瑞典有一个制约经济增长的重要因素，那就是没有低工资和闲置劳动力储备可用来支撑经济增长。此外，《萨尔乔巴登协议》排除了国家直接干预工资谈判的可能性。这就意味着，战后瑞典社会民主党面临的最大政策困境就是如何确保在没有通胀的情况下保持充分就业。

瑞典社会民主党按照明确的时间顺序推行其经济稳定政策。战争刚结束，该党就按照正统的需求管理处方来制定它的经济政策。20 世纪 50 年代，瑞典工会联合会和社会民主党齐心协力，通过积极的劳动力市场政策来推进著名的结构调整和合理化政策。到了 60 年代末，仅靠这些显然已经不够，于是，社会民主党试图通过引导投资来补充积极的劳动力市场政策。到了 70 年代中期，战后政治模式的红利因瑞典陷入新的国际经济混乱而消失殆尽，而瑞典国内的经济冲突也变成了工资和利润之间的零和博弈。

瑞典社会民主党在它著名的战后政治纲领《阿贝塔罗瑞森纲领》（*Arbetarrörelsens Efterkrigsprogram*）中呼吁确定一种制定经济计划与实施私人资本民主控制相结合的战略。这份纲领把国有化目标放在了一边，但主张放松战时实行的物资管制，并且强调用积极的财政政策来刺激需求，并制定用于总体资源配置的宏观经济规划。然而，《阿贝塔罗瑞森纲领》提出的这两个目标都没能实现。瑞典资产阶级政党利用民众对管制的不满，得以迫使社会民主党放弃其主张制定经济规划的纲领。因为，在 1948 年的选举中，社会民主党失去了右翼选民的选票。在积极的刺激政策的问题上，社会民主党夸大了战后瑞典面临的经济衰退的威胁，结果造成通货膨胀和国际收支问题，因为充分就业导致工资大幅增长，而利润遭到挤压。总之，瑞典社会民主党面临的情况与英国工党非常相似，采取的解决办法也与英国工党政府相同，对不情愿的工会联合会强制实行两年的工资冻结。

虽然收入政策有助于恢复经济均衡，但会打破政治均势。瑞典工会联合会明确表示完全不能接受继续诉诸收入政策的做法，因为这种政策糟蹋了工会联合会在劳动力市场上自由砍价的宝贵能力，并允许雇主不惜以牺牲工资为代价积累利润。不过，除了这些标准的反对意见外，工会联合会还认为工资约束会危及团结，因为能力强的工人更容易利用工资浮动的机会。但是，瑞典工会领导人与他们的英国同行不同，成功地提出了一种建设性的政治方案取代无休止"停停走走"型的措施——著名的雷恩(Rehn)模式。瑞典工会联合会的经济学家戈斯塔·雷恩(Gösta Rehn)表示，收入政策不仅在工资团结目标方面令人反感，而且还因为管制随后会引发工资"暴涨"；管制允许有活力的企业赚取令人无法接受的高额利润，同时又保护那些因低效而赚不到钱的企业。

瑞典工会联合会在1951年采纳了雷恩模式，瑞典社会民主党最终也采纳了这个模式。[①] 这是运用新古典经济理论来满足工人运动的绝佳例子，雷恩的理念是通过进行积极的工资-团结谈判并实施积极的人力资源和紧缩性财政政策来解决充分就业-通货膨胀问题，从而对经济进行结构性调整。推行团结工资谈判制度，是为了实现跨行业和地区的工资均等化；而全面施加工资压力的方式，应该能够奖励生产率高的企业，并惩罚生产率低的企业。因此，集体谈判有助于驱逐低效企业——在雷恩的分析中就是那些要靠接受通胀性价格补贴来抵御工资压力的企业。因此，雷恩模式有助于消除衰退行业裁员时工会只能被动防守的情景，并代之以允许甚至鼓励裁员的主动出击型合理化政策。反过来，冗员问题则通过积极的人力政策的制度化来解决，而积极的人

① 戈斯塔·雷恩与鲁道夫·梅德纳在1948年《潮流》杂志上发表的一篇题为"Ekonomisk Politik vid Full Sysselsättning"的文章中首次阐述了他的充分就业稳定政策理论。瑞典工会联合会版本的这篇文章题名为"Fackföreningsrörelsen och den Fulla Sysselsättningen"(1951)。

力政策能保证下岗工人不用个人承担合理化的风险和成本。雷恩的积极人力政策要依靠工人再培训和教育、就业交流、庇护就业以及为不愿或无力流动的工人在当地创造就业机会等方面的集中协调，才能确保劳动力从衰退行业顺利流向新兴产业。

雷恩建议的政策通过使技术性失业的风险社会化，自然能够消除迅速合理化和结构性调整的主要障碍。雷恩的政策建议通过帮助把人力转移到效率更高、利润更多的企业，就能在充分就业和高工资的条件下提高经济的竞争潜力，同时又消除为维持就业而补贴低效企业的必要性。

起初，瑞典社会民主党一直犹豫不决，到了 1956 年才决定推行积极的劳动力市场政策。在随后的几年里，成立于 1939 年的瑞典劳动力市场委员会(AMS)获得了促进劳动力流动、培训和创造就业机会的资源。这个委员会是一个具有很大自主权和浓郁社团主义色彩的准国家机构，由 3 名瑞典工会联合会的代表、2 名瑞典白领雇员工会联合会的代表、1 名瑞典专业雇员工会联合会的代表和 3 名瑞典雇主联合会的代表组成。[①] 执行积极的劳动力市场政策，就意味着推进对经济的社会民主管理。政府与工会运动保持联系，从而获得推进结构性变革的政治手段(但这种政治手段更多是产生间接作用，因为它要依靠劳动力流动来刺激所需的资本流动)。积极的劳动力市场政策可以被看作是瑞典一项类似于挪威为了引导经济变革而采用的信贷管制政策的政策。

瑞典劳动力市场委员会很快就成了一个极其重要、作用巨大的经济管制机构。最初，它的预算相当有限，但随着权力的扩大和 20 世纪 60 年代合理化步伐的加快，劳动力市场委员会的预算大幅度增加。[②] 该委员会业务范围的扩大部分是经济结构迅速调整的意外结果，部分可归功于审慎决策。首先，经济合理化导致了一种不平衡的发展格局，其特点是经济不断向大城市集中，而

① 这个委员会的成员构成能够确保瑞典工会联合会和瑞典白领雇员工会联合会通过统一投票来获得多数。

② 1956 年，劳动力市场委员会的支出只有 1.25 亿克朗，到了 1971 年已增加到了 30 多亿克朗(约占国民生产总值的 2%)。从 1976 年到 1981 年，劳动力市场委员会年支出占国民生产总值的比例一直在 2%～3%徘徊。一般来说，劳动力市场委员会约有 60%的支出被指定用于创造就业，40%用于提高劳动力流动性，如培训和提高工作岗位和员工的匹配程度(Johannesson，1982：52—53)。

外围地区特别是北方的经济则停滞不前。到了60年代中期,瑞典人对劳动力流动的抵触情绪日益高涨,瑞典劳动力市场委员会肩负着提供比预期更多庇护就业的任务(Berglind and Lindquist,1972)。1965年,瑞典政府进一步加大了实施区域发展政策的力度,对位于衰退地区的工业给予优惠待遇,由劳动力市场委员会负责落实区域发展和产业区位政策也是顺理成章的事情。瑞典劳动力市场委员会权力得到扩大的另一个方面是执行住房政策,因为劳动力快速流动需要有现成的住房供应。60年代推出住房建设应急计划以后,劳动力市场委员会把大量的养老基金资金投向了住房开发。此外,瑞典劳动力市场委员会对社会民主党以前通过立法制定的"投资准备金制度"拥有管理权。

投资储备制度是战前建立的,但在1956年得到了极大的扩展,主要是为了方便对商业周期的管理。这项制度要求企业把自己高达40%的税前年利润存入一个封闭的公共账户,而存入这个账户的资金一直要到获得政府批准才可动用。这项制度可为企业利润节约大量的税收;而政府的好处是可以通过在经济衰退时释放资金,而在经济过热时抽走资金的方式来调节经济适应商业周期。这项制度最初规定由企业管理层全权决定获准动用的资金的投向,但瑞典劳动力市场委员会越来越多地试图利用自己的影响力来影响这些资金的区域分布。

积极的劳动力市场政策无疑在稳定经济增长和实现充分就业条件下的经济增长方面取得了成功,但也给被迫流动、接受再培训或"自愿"提前退休的工人个人带来了困难(Berglind and Lindquist,1972;Berglind and Rundblad,1978)。不过,话又说回来,在自由放任的条件下,这种困难无疑会变得更加严重。毫无疑问,积极的劳动力市场政策有利于工人运动发展壮大,有助于避免失业,并允许工会在工资-物价螺旋形上涨风险较小的情况下与资方讨价还价,而且也显然赋予社会民主党政府更大的权力来执行经济政策以促进结构调整。此外,这项政策还通过团结工资谈判来帮助工会实现收入平等(Meidner,1974)。另有证据表明,这项政策对经济业绩产生了有益但难以评估的影响(Lindbeck,1975),可能也有助于抑制充分就业型经济造成的通胀压力,而且还有利于扩张型行业增加投资和提高生产率(Andersson and Meidner,1973)。最后,到了1970年,瑞典出口部门产值占总产值的份额增加到了

40%，因此巩固了瑞典的国际收支平衡。

但这项政策也产生了一些有问题的副作用。如前所述，由于这项政策专注于经济效率，因此，虽然有瑞典劳动力市场委员会这顶保护伞的庇护，但仍导致有关个人付出了相当大的代价。其次，这项政策促成了惊人的资本集中度，从而加剧了财富分配不均的问题（SOU，1968；Dahlkvist，1975；Spånt，1975），而且还把工人运动推入了一个特难选择的两难境地。按照瑞典工会联合会的说法，财富不均日益加剧是团结工资政策的副产品，因为高利润行业的工人被迫不充分利用他们的讨价还价能力。[①] 积极的劳动力市场政策的第三个缺点是无法保证适当的新投资率。有迹象表明，20 世纪 60 年代末，瑞典工资压力挤压利润的力度如此之大，以至于资本家不愿或无法通过提高生产率来进行补救（Edgren et al.，1970；Bergström，1971）。在投资率下降的同时，市场工资和政府社会支出非常迅速地增长。除了失业-通胀困境重复出现外，积极的劳动力市场政策本身也开始遇到了棘手的问题——裁员的速度超过了瑞典劳动力市场委员会以平稳方式把劳动力转移到正在不断扩大的行业的能力。当劳动力市场的流动性被证明不足以支撑长期稳定的经济增长时，瑞典工会联合会就开始施压要求国家对投资进行指导。

就投资在商业周期不同阶段的配置而言，投资准备金制度也许是一种成功的尝试，但它并不是控制投资在不同行业分布的有效手段。[②] 因此，社会民主党要解决的问题是如何以积极的投资政策来补充积极的劳动力政策。

瑞典的投资问题很快就集中在如何使用根据补充养老金计划设立的养老基金所积累的巨额资金上。瑞典雇主联合会敦促在私人信贷市场上释放资金，而瑞典工会联合会则要求把这笔资金转入公共投资基金。20 世纪 60 年代中期不断加剧的失业问题帮助社会民主党相信有必要采取一种协调的投资政策。1967 年，社会民主党答应了工会联合会的要求，立法创建了一家由“补

---

① 这主要是团结工资政策造成的超额利润问题，促使瑞典工会联合会要求采纳鲁道夫·梅德纳（Rudolf Meidner）提出的雇员资本基金的建议。

② 到了 1970 年，投资准备金已经超过 40 亿克朗，相当于这一年瑞典工业投资的一半以上。投资准备金 1968 年进行的一次大规模投资占当年私人总投资的 11%，这就能反映投资准备金制度对瑞典总投资的影响（Lindbeck，1975：150）。此外，由于这个制度主要有利于拥有大量资产和规划能力的企业，因此自然加快了企业的集中进程。

充养老金计划第四基金”资助的国家投资银行。在 1968 年的选举中，社会民主党把改革作为它的主要竞选主题，而它说服选民相信这样的改革有助于解决失业问题的能力则有助于解释瑞典社会民主党在这一年的选举中取得了非同寻常的成功的原因。

起初，这家银行主要做住房建设贷款业务，而工业投资贷款只占其贷款业务的 1/3。但在 1974 年住房计划完成后，失业问题又卷土重来，社会民主党开始把更多的资金用于发展工业和购买私人公司的股票。因此，政府成了北方一家新钢铁厂的主要股东，并且购买了沃尔沃等公司的股票。[①]

从工人运动的角度看，20 世纪 70 年代前，瑞典政府的经济政策取得了相当好的效果，快速推进了产业调整和合理化，这些政策确实迫使企业精简生产，削减不必要的费用，并投资于先进技术。瑞典虽然劳动力成本很高，但仍能保持自己的出口竞争力。60 年代，即使在持续充分就业的情况下，瑞典的年通胀率并不比大多数西欧国家高。值得注意的是，瑞典是保持世界最低失业率的国家之一，而且是在失业率很少超过 2%的情况下把通胀率控制在了如此低的水平。与此同时，公共部门支出的增长速度是国民生产总值的 2 倍，社会民主党还把福利国家机构固定了下来。

但到了 20 世纪 70 年代初，瑞典的社会民主模式承受着重压。瑞典遇到了两个重要的问题，一是继续保持充分就业，二是收入和财富分配。我们先从第二个问题说起，60 年代末，工资增长与盈利能力之间出现了一种此消彼长的关系。随着公共部门的扩大，实际工资的增长空间迅速缩小。但这个问题也延伸扩展到了更大的社会公平问题。从某种意义上说，瑞典的税收改革和社会支出成功地对收入进行了再分配，而团结工资谈判也有助于缩小收入差距。但总的来说，60 年代，政府注重有效的结构调整，但忽略了提高平等水平的目标。简而言之，收入再分配之所以变得重要，既是因为这涉及履行平等承诺的问题，也是因为要在工会施加涨工资压力和公共支出增长对经济产生影响的情况下保持物价稳定。最重要的问题应该是：谁的钱包会因为收入再分

① 钢铁厂项目对于社会民主党来说是一场小灾难，部分原因是成本严重超支，部分原因是时运不济。首先，这个项目不巧正赶上全球性的钢铁业危机。资产阶级政党在 1976 年掌权后就决定暂停这个项目。

配而变瘪。

关于这个问题，在1971年瑞典专业雇员与公务员的工会组织瑞典专业雇员工会联合会利用自己新近争取到的罢工权举行要求增加工资的罢工时，社会民主党幸运地偶然发现了一个过去制定的目标。专业雇员与公务员协会组织的这次罢工并不招人待见，特别是不招瑞典工会联合会和白领雇员工会联合会会员待见。这两个工会联合会的会员表示，收入差距已经太大，而且他们也可以要求通过增税来提高他们的工资。因此，社会民主党政府处于有利的位置，可以全面封杀涨薪要求。经过旷日持久的僵持，瑞典专业雇员工会联合会终于屈服让步，结果，社会民主党在收入再分配问题上大获全胜。[①] 但从工会联合会的角度看，真正的平等问题与财富分配有关。稍后，我们将看到最初的梅德纳计划和随后提出的工资收入者集体工资基金方案如何成为一项实现社会平等的主要策略。

进入20世纪70年代后，由于瑞典开始收紧财政和货币政策，因此，如何继续保持充分就业条件下的经济增长问题就浮出水面。此外，瑞典人已开始感觉到经济合理化的副作用，其中的一个副作用就是瑞典劳动力市场委员会吸收剩余劳动力的负担日益加重，避免公开失业的成本不断上升。如前所述，到了1971年，劳动力市场委员会的支出已增加到占国内生产总值2%的水平。此外，1971年劳动力市场委员会以各种方式吸纳的劳动力已增加到占总劳动力2%的水平。与此同时，工人的缺勤率不断上升，1969—1970年，工人激进分子发动了一系列的野猫罢工。不但如此，瑞典经济也开始出现明显的长期停滞和结构性失衡的迹象。虽然瑞典各界齐心协力，努力为增长部门融资，但瑞典工业的必要资本重组受到了高利率和企业家不愿投资的影响(Meidner，1978)。瑞典投资总额占国民生产总值的百分比从60年代的年均25%下降到了70年代的年均20%(LO and SAP，1978)。由于生产率的提高已经无法抵消直接和间接劳动力成本的上升，因此，工资和利润之间的冲突变得更具通胀性，瑞典的出口产品也失去了竞争优势。[②]

在1971—1973年瑞典经济陷入衰退以后，政府要求工会联合会和白领雇

① 瑞典专业雇员工会联合会的罢工失败导致瑞典公共部门专业雇员实际收入大幅下降。

② 20世纪70年代上半期的通胀率是60年代的2倍。

员工会联合会自愿停止要求加薪，以换取通过立法对社会保障缴费进行再融资。但是，由于加薪滞后和通货膨胀条件下边际税率过高，在限薪之后出现了工资暴涨，从而加剧了工资成本高企和出口减少的问题。

1976 年，社会民主党遭遇失败时，有迹象表明，该党的经济政策模式已经不再有效；劳动力市场谈判开始偏离传统的和谐模式，在 1977 年的几轮工资谈判中，雇主拒绝在工会联合会提议的基础上进行谈判，并希望他们的激进立场能得到富有同情心的资产阶级内阁的支持。这一年的工资谈判持续了长达创纪录的 7 个月。此外，瑞典的工资谈判已经无法避免政治化。一方面，工会开始要求降低高边际税率；另一方面，雇主联合会要求削减雇主承担的工资税，并要求通过延长病假工资领取等待期来降低缺勤率。但 1976—1981 年，瑞典政府没有足够的能力来应对日益加剧的收入分配冲突，因为这个时期瑞典的公共赤字增加了 2 倍多——从占国民生产总值的 3.5%增加到了 12%（Tholin，1982：4）。

显然，瑞典非社会主义政党政府的危机应对政策加剧了瑞典的公共财政危机。1976 年后，非社会主义政党政府大幅度扩大了社会民主党执政时推行的企业库存补贴计划，以阻止经济衰退，从而阻止就业人数减少。然而，瑞典的非社会主义政党政府对出口复苏的预期过于乐观。到了 1977 年，瑞典企业的累计库存价值相当于国民生产总值的 2%（Geiger，1978）。此外，对非社会主义政党执政时期失业会加剧的担忧又导致对受失业威胁的行业（如造船业）进行大量的补贴，并对企业资助的培训项目进行补贴。与此同时，公开失业率缓慢上升，“隐性”失业（即瑞典劳动力市场委员会吸收的冗员）也迅速增加，要占到总劳动力的 5%。

在瑞典，政府显然已经失去对经济的控制，因为一长串成功的稳定经济的结构调整政策已经被英式“跛脚鸭”补贴和严重的结构失衡所取代。说瑞典经济政策模式的崩溃在多大程度上是 1976 年后瑞典由非社会主义政党执政造成的，可能会引起争议。当然，瑞典社会民主党坚持认为自己会以不同的方式去做这其中的每一件事，而社会民主党能更好地抑制工会要求的说法并非没有道理。然而，造成瑞典经济危机的主要原因是 1973 年后石油输出国组织的石油价格暴涨，再加上时机不佳。1975—1976 年瑞典工资暴涨（在社会民主党执政时期)意味着瑞典的出口产品就在国际经济开始反弹的时候因定价过高而无法进入市场(Martin,1981;ThoLin,1982)。此外,1976年以前,社会民主党政府已经开始采取库存补贴等危机应对措施。有迹象表明,真正的问题是当时瑞典政府的政策无法应对20世纪70年代和80年代新的国际经济秩序和国内经济结构的综合影响。

随着经济形势的恶化,围绕经济政策的政治冲突也不断升级。瑞典各党派都认为,核心问题是如何为一台新的增长机器加油(融资)。保守党在选举中取得了相当大的成功,因为该党提出了再私有化的新自由主义愿景,并且主张更多地依靠市场的力量。1981年获得议会多数以后,社会民主党最终承诺将经济民主作为资本重组的核心内容。最终,瑞典任何一方能否获得选举胜利,都要取决于是否有能力赢得新生的中产阶级的支持。因此,目前关于瑞典经济政策新模式的斗争是一个政治联盟问题。社会民主党的唯一机会就在于它是否有能力缔结一个新型的白领-蓝领联盟来支持社会民主运动。

商业周期调控的比较评价

本书考察的三个北欧国家制定了非常不同的政治控制商业周期的机制。挪威工党主要通过信贷管制来推进经济规划工作,后来又把重点放在政府购买工业股票上。瑞典社会民主党主要是依靠劳动力市场监管,但在20世纪60年代中期以后也开始促进政府在投资方面发挥更加积极的作用。最后,丹麦社会民主党未能对金融、劳动力市场或投资行为实施政府指导和管制。70年代,这三个国家的政府,特别是挪威和丹麦政府在收入决定方面进行了很大程度的干预。

我们可以从两个方面来估计这三个国家政府进行经济调控的程度。首先比较这三个国家采用的被认为对本国经济产生很大影响的政策工具,其次比较这三个国家经济业绩的数据,并假定国别差异可归因于三国监管机构方面的差异。政府实施经济调控的潜力可用以下变量来衡量:政府信贷占本国信贷供给总量的份额、政府投资占本国新固定资本形成的份额以及政府用于调控本国劳动力市场的支出水平。

如果我们先假设政府巨大的劳动力市场支出能反映政府操纵劳动力市场表现的能力，那么就会发现瑞典这方面的投入远远超过了其他两个国家。1979 年，瑞典政府的这种劳动力市场活动(不包括失业救济)占瑞典国内生产总值的 2.24%。虽然丹麦的失业问题比较严重，但瑞典的这个比例是丹麦(0.53%)的 4 倍多。挪威的这个比例很低(只有 0.28%)，可能是因为这个国家没有政府实施积极的劳动力市场政策的传统，当然还因为挪威在 20 世纪 70 年代几乎没有遇到任何失业问题(NU，1980b，1：102；Nordisk Råd，1980：table 171)。

劳动力市场调控的高支出率可能并不能直接反映对这个市场的操控，因为它可能只是简单地表示吸收那些本来会公开失业的劳动力而做出的努力。但从工人运动的角度看，劳动力再培训或创造就业机会必然大大好于公开失业，而前者的公共预算支出也许不会超过失业救济支出，而且这类支出无疑比失业救济更具生产性，因为再培训和就业机会受益者至少能生产某种有社会价值的产品。此外，几乎没有人会怀疑，再就业或再培训与长期公开失业相比，对个人和家庭的打击要小得多，而且还应该有助于加强工人运动的凝聚力和团结以及工会相对于雇主的力量。

我们的第二个指标是政府调控金融和信贷市场的力度。政府可从三个重要方面来影响信贷和投资：政府对总贷款的影响、政府持有债券占债市的份额以及政府对资本形成的影响。表 7.1 比较了这三个北欧国家公共部门占本国贷款总额、债券持有总额和资本形成总额的份额。挪威显然处于领先地位，而丹麦公共信贷在很大程度上从属于自由市场。另外，公共信贷供给指标可能无法反映政府调控信贷的实际力度。例如，很明显，很大一部分政府贷款集中在住房部门(尤其是瑞典)。[①] 但我们仍然认为，公共信贷占信贷总额的份额越大，政府决定资金配置的能力就越大，因此，更加重大的社会优先事项会影响信贷市场。

---

① 瑞典住房部门大约吸收了这个国家 22%的公共贷款(Statistisk Sentralbyrå，1980：200)。

表 7.1　1978—1979 财政年度斯堪的纳维亚三国公共部门信贷占本国信贷市场的份额

	丹　麦	挪　威	瑞　典
占贷款总额的百分比(%)	1.44	52.40	24.68
占债券持有总额的百分比(%)	11.80	32.48	44.48
占固定资产形成总额的百分比(%)	12.98[a]	37.70	18.39

资料来源:Danmarks Statistik(1978:tables 322,371);Statistisk Sentralbyrå(1980:table 91);Statistiska Centralbyron(1980:tables 439,483);Nordisk Råd(1980:table 166).

注:公共部门包括中央和地方政府、公营银行、公共信贷机构、公共投资基金、邮政银行、社会养老基金和相关国家机构。

a. 1974—1975 年度的数据。

凡是在政府直接投资占比很高,而且政府拥有相当一部分工业的国家,政府也应该会加强其对资本主义的调控。考虑到 20 世纪 70 年代挪威政府直接投资和购买股票的力度,我们也会认为挪威在这些方面的得分会特别高。如果我们把一国的上市公司作为一国全部企业的一个百分比(就销售额而言),那么,挪威最高,为 10%;瑞典是 7%。丹麦的上市公司在这个国家全部企业中居于如此次要的地位,以至于它们的销售额占丹麦企业总销售额的份额接近于零(Elvander,1980:266)。[①] 至于政府占本国固定资本形成总额的份额,挪威再次高出许多,而丹麦则再次垫底。

把所有这些因素综合在一起并不容易,但似乎很明显,丹麦非常崇尚自由主义,因为政府对劳动力市场或资本市场几乎没有什么影响。相比之下,瑞典政府坚持对劳动力市场的调控,而挪威政府则注重参与信贷市场和直接投资。因此,如果政府的调控或者调控能力与一国在充分就业、价格稳定和经济稳定增长等方面的实际表现有着直接的关系,那么,我们就会认为,挪威和瑞典的经济业绩远优于丹麦。然而,我们应该记住,没人能够对这个"客观经济脆弱性"(objective economic vulnerability)的决定性因素进行充分的调控或者一般调控。[②]

① 如前所述,挪威政府持有挪威 30%的非石油相关产业股份,如果把挪威政府持有的石油业股份包括在内,那么,挪威政府持有挪威企业 50%的股份。

② 对于像斯堪的纳维亚国家的开放经济体来说,出口的重要性可以用来衡量"经济脆弱性"。因此,挪威的经济似乎要比其他两个国家脆弱许多,因为挪威的出口要占到国民生产总值的 42%,而丹麦和瑞典分别为 28%和 29%(OECD,1980a)。

乍一看，这些证据似乎证实了我们的预期。总的来说，挪威和瑞典在一定通胀水平下保持充分就业的表现都要好得多，但瑞典的经济增长速度一直较慢(见表 7.2、表 7.3 和表 7.4)。

表 7.2　　1950—1979 年斯堪的纳维亚三国人均国内生产总值年增长率(%)

	丹　麦	挪　威	瑞　典
1950—1960	2.5	2.9	2.7
1960—1970	4.0	3.9	3.8
1970—1979	2.3	4.0	1.7

资料来源：Nordisk Råd(1980：table 172).

表 7.3　　1955—1979 年斯堪的纳维亚三国年均失业率(%)

	丹　麦	挪　威	瑞　典
1955—1959	9.3	1.7	2.0
1960—1969	3.3	1.2	1.5
1970—1974	3.6	0.8	1.8
1975—1979	11.2	1.3	1.4

资料来源：Esping-Andersen and Korpi(1984：table 6).

注：失业率的国际比较是有问题的。丹麦的数据夸大了失业率，因为丹麦的统计数据是基于失业保险基金的参保人数。如果使用丹麦劳动力调查数据——丹麦的失业率可能与挪威和瑞典的失业率相当，至少在 20 世纪 70 年代是这样，丹麦的失业率在 1970—1974 年间就下降到了 1.3%，而在 1975—1979 年间又上涨到了 6.1%。

表 7.4　　1951—1980 年斯堪的纳维亚三国年均通胀率
(消费价格指数)

	丹　麦	挪　威	瑞　典
1951—1960	3.4	4.5	4.6
1960—1973	8.2	7.0	6.6
1974—1980	10.7	9.2	10.4

资料来源：Nordisk Råd(1980，table 160)；OECD(1970，1980a).

20 世纪 50 年代，丹麦虽然付出了经济增长缓慢和失业率居高不下的代价，但保持了物价稳定。从 1960 年到 1973—1974 年度，丹麦的情况就大不相同：经济增长率和通胀率都很高，失业率很低。当然，真正的考验是在 1974—1980 年的“滞胀”时期。丹麦在这三方面的表现都很糟糕：经济增长再次放慢，失业率很高，而通胀率则是斯堪的纳维亚三国中最高的。

在这三个国家中，挪威经济几乎总是表现最好。1950—1979 年，挪威的国内生产总值增长率一直很高，而失业率在那么多年里肯定是世界最低的。此外，这一切都是挪威在通胀率普遍低于丹麦或瑞典的情况下做到的。撇开通胀率不谈，挪威如果没有石油繁荣，当然不可能在 20 世纪 70 年代末取得那么令人印象深刻的经济业绩。

直到斯堪的纳维亚社会民主国家的"火车头"在 20 世纪 70 年代失去了动力，瑞典的表现才比较接近挪威(不过，瑞典 50 年代和 60 年代的国内生产总值增长率都低于另外两个国家)。在 70 年代以前，瑞典的通胀率低于丹麦，但高于挪威。值得注意的是，瑞典 70 年代经济滞胀时期的失业率很低，这当然要归功于瑞典社会民主党在劳动力市场政策方面取得的成就。[①] 但在经济增长和价格稳定方面，瑞典模式在 70 年代的表现十分糟糕。

20 世纪 70 年代前的经济业绩指标似乎都证实了我们的预期，也就是说，政府的经济指导能力越大，政府在不造成通胀性危害的情况下保持充分就业的潜力也应该越大。充分就业和通货膨胀之间肯定存在一种此消彼长的关系，如果我们在恒定不变的失业率水平上记录稳步上涨的通胀率，那么，这种此消彼长的关系就会变得一目了然。挪威和瑞典的情况似乎符合希布斯(Hibbs，1977)的研究发现：强势的工党和社会民主党即使以通货膨胀为代价，也要坚持充分就业；而丹麦 70 年代的高通胀和高失业率记录则验证了希布斯的这个论点。

斯堪的纳维亚社会民主国家取得的一项经济成就，就是无论是在糟糕的经济条件下还是在良好的经济条件下都能保持充分就业。然而，如果以牺牲实际收入为代价，充分就业政策能带来的政治利益很容易因为工人对长期或至少是周期性限薪感到失望而大打折扣。因此，根据上文讨论的各个指标来确定实际收入的增幅应该是一个衡量政府经济业绩的重要追加指标。显然，实际工资增长指标只能反映不完整的情况，因为它不能反映分配问题，而且这样的指标也没有考虑到补偿性社会工资增长。表 7.5 显示了北欧三国制造业

① 资产阶级政党在它们执政的 1976—1982 年继续执行这些政策。

实际小时收入的变化情况。

瑞典在20世纪50年代实现了斯堪的纳维亚国家实际工资的最大增长幅度。丹麦在充满活力的60年代取代了瑞典的位置。到了70年代，瑞典的实际工资增长比其他两个国家要慢很多。考虑到丹麦在70年代遇到了经济困难，并且经历了高失业时期，因此，丹麦在这个时期取得了相当显著的经济增长业绩。[①] 简要地说，瑞典的特点是在中等到高度通货膨胀、经济增长相对缓慢和实际工资增长缓慢的情况下持续实现了充分就业。从长期看，挪威在充分就业、经济增长、物价稳定(一直到70年代)和工资增长等各方面表现最好。丹麦的充分就业表现不佳，特别是在70年代，通胀方面的表现也同样不佳，但经济增长和工资增长方面的表现在过去20年里好于瑞典。

表7.5　　1953—1979年斯堪的纳维亚三国制造业实际工资增长率(%)

	丹　麦	挪　威	瑞　典
1953—1959年	19	25	30
1960—1970年	98	62	77
1970—1979年	72	74	48

资料来源：ILO(1960，1970，1979)；Statistiska Centralbyron(1980：table 285).

注：这些数据根据男性成年员工税前小时工资用消费价格指数消除了通胀因素以后计算得出的。

正如我们在这三个北欧国家已经看到的那样，公共部门的预算已经在决定商业周期和就业情况方面发挥了核心作用，特别是在20世纪70年代。毫无疑问，与失业作斗争的一种主要方式就是增加公共部门的就业机会。事实上，丹麦如果没有大幅度增加公共部门就业，那么，它的失业率肯定会翻番。[②] 在本书考察的其他两个北欧国家，类似的趋势也很明显。此外，提前退休率也大幅增长，而公共预算赤字和债务则被用来抑制经济停滞的影响。这三个国家的债务负担都急剧加重；但反映经济严重失衡和危机的最佳指标是公共债务利息支付额变化趋势，既因为这种支出会限制替代性政府项目支出，也因为

① 如果仅以20世纪70年代下半期为例，丹麦1976—1979年和瑞典1976—1978年的实际工资一直没涨。直到1979年以后，挪威的实际工资才停滞不涨或者下降。

② 公共部门就业人数占总劳动力的比例从1970年的21.3%增加到了31.7%(Danmarks Statistik，1981b)。

这类支出具有再分配性质。

1973—1980年，丹麦公债总额占国民生产总值的百分比增加了6倍。在整个20世纪70年代，挪威和瑞典都积欠了相当多的公债，而且公债利息支付额也呈现上升的趋势。但毫无疑问，丹麦的财政问题尤为严重；在挪威工党执政实施扩张性政策期间，挪威的公债利息支付额依然居高不下，但1979年后开始稳定下来；而瑞典的公债利息在1977年以后开始迅速增加。[①]

挪威由于石油收入(在1979年后获得了可喜的增长)，因而是本书考察的三个国家中唯一一个能够在不诉诸极其紧缩的经济政策的情况下管理如此巨大债务负担的国家。然而，这三个国家都推行了预算削减政策——丹麦特别是在1982年保守党领导的政府执政以后开始推行预算削减政策的，挪威是在1979年后挪威工党政府执政时期以及现在的保守党联合政府治下推行预算削减政策的，而瑞典则是在目前社会民主党政府治下开始推行预算削减政策的。丹麦和挪威由资产阶级政党提出的预算削减方案很可能逆转了社会民主运动日益不济的命运。(但考虑到资产阶级政府“整顿丹麦经济的最后尝试”广受欢迎，因此，即便这一点也值得怀疑。)毫无疑问，虽然瑞典社会民主党可以利用前资产阶级政府被普遍认为的无能，但其自身的合法性也正面临重大考验。

失业和收入分配这两个“孪生”问题很可能对社会民主党进行政治联盟重组以恢复长期执政地位的能力产生极大的影响。可以想象，通过设立雇员集体基金(或公民基金)来实现某种形式的经济民主，是实现社会民主的唯一现实途径：各社会民主党可以说服工会在未来若干年提出有节制的工资要求，以换取部分由此产生的利润，从而控制越来越多的投资资源。在不久的将来，丹麦不太可能采纳这样的计划，而挪威工党根本就没有这样的打算。因此，只有瑞典才有可能取得政治联盟重组的成功。笔者将在本书第九章讨论这个问题。在下一章里，我们先讨论丹麦、瑞典和挪威三国的社会民主政策变化是否能够经验地解释这三个国家社会民主党不同选举命运的问题。

---

① 1973年，丹麦公债总额占国民生产总值的百分比是5%，挪威26%，瑞典24%。到了1980年，这三个国家的这个百分比分别为33%、38%和37%。公债利息支付额占1980年国民生产总值的比例丹麦是6.4%，挪威4%，瑞典3.5%(IMF，1973，1976；Danmarks Statistik，1981a，1981b；Nordisk Råd，1981：179，186；Swedish Ministry of Economic Affairs，1976/77—1982/83)。

第八章　社会民主党分化的政治原因

我们现在可以回过头来讨论本书最初提出的几个问题。北欧三国社会民主党分化变异在多大程度上与本国的战后政策和改革有关？虽然任何分析社会民主党兴衰的研究都要考虑社会结构的变化，但社会结构变化并不能解释为什么丹麦社会民主党在分化和衰败的道路上比其他两国的社会民主党走得更远。与挪威和瑞典相比，为什么丹麦工人和白领雇员会左右摇摆，甚至公开反对社会民主党？

标准的理论模型几乎都没有提到这些问题，因为它们通常认为，社会民主阶级的形成进程由政治决定；社会民主党取得政权所必需的阶级团结和动员，最终必须依靠社会民主党影响政府政策的能力。在进入议会以后，社会民主党就得依靠议会来取得政权。

现在的问题是，我们必须重新进行我们的分析，并努力确定这个命题可能成立所需的条件或者可能无法成立的条件。社会民主党的分化很可能反映了社会主义议会斗争理论的失败。但是，由于并非所有的社会民主党都在分化，所以我们肯定能够解释为什么有些社会民主党正在经历分化，而另一些社会民主党则没有。这就是分析党派政策与选民转变之间的关系变得至关重要的原因所在。

福利国家通常被认为是社会民主运动脱离“真正的”社会主义斗争的标志。传统社会主义认为，社会民主政策无非是把劳动力再生成本社会化，使剥削性经济秩序合法化，或者接受“资本主义增长的消极副产品”。笔者认为，这种观点值得商榷，因为如果没有一种社会公民政策战略，社会民主阶级的形成必然会遭遇失败。

福利国家的政治影响千差万别，具体取决于它的组织形式、作用范围和福利内容。一方面，福利国家可能会导致阶级结构产生新的分裂，也可能会使工人阶级分化或个体化；还可能引发无法控制、破坏性的公平或地位冲突。另一方面，福利国家可能有助于促成广泛的阶级（甚至跨阶级）团结和社会民主共识。简而言之，社会公民国家是一种变量，而不是恒量。团结的结果的基本前提是福利国家要按照以下参数来构建。首先，福利国家的主要社会和政治职能是强化工人阶级内部最弱势的阶层，因此必须使工人去商品化，赋予他们足够的资源从事广泛的团结活动，但最弱势阶层的防卫需要最大程度的参与——直到工人阶级的内部差别消失为止。因此，必须把团结作为一种普遍现象纳入所有的纲领或计划，而社会公民国家如果要帮助社会民主阶级形成，就必须追求以下两个目标：一是实现普遍的团结；二是降低市场作为主要分配机制和人民生活机遇主要决定因素的作用。基本上，全体人民必须与社会公民国家同命运，并且必须有积极推进社会公民国家事业的动力。

残余福利国家论是社会民主的危险替代品。根据残余福利国家论，国家成了贫困或弱势少数群体的捍卫者，同时允许大多数人在市场上获取福利和资源，从而阻碍团结的实现，因为享有特权的工人会在政治上支持私人福利计划，并且更加倾向于反对承担与赋予弱势群体社会公民权利相关的税收负担。如果社会民主运动不能为福利国家政治争取到普遍认同，那么必然会允许市场增加强势阶层的利益。在这种情况下，社会民主运动很可能会放弃政治和市场之间的长期斗争，因为它寻求扩大福利国家的作用，所以很可能会在福利国家受益者与工薪阶层的主体之间制造分裂。不用说，这样，资产阶级反对派就有更多的机会争取工人支持他们对社会民主福利论提出质疑。相反，凡是在社会民主运动能够成功地促进普遍团结来支持社会公民国家建设的地方，拥护市场的自由主义分子就会失去合法地位，而社会民主运动将进一步巩固自己的盟主地位。在这种情况下，我们也更有可能发现资产阶级政党会认同社会民主党的纲领，从而削弱资产阶级政党提供取代社会民主党执政的可行政治选项的能力。

因此，在社会政策方面，笔者假设，社会民主党会分化到社会公民国家导致工人阶级不同阶层之间尤其是工人阶级与更广大民众之间产生分裂的程度。以上对北欧三国福利国家政治的概述表明了发生这种情况的明显可能性。丹麦的福利国家无疑最有可能导致不同群体之间的分歧、分裂甚至相互对立，但挪威和瑞典的福利国家都没有出现类似的倾向。因此，丹麦自然更有可能发生基础广泛的反福利国家运动。随后，我们将看看丹麦的反福利国家运动是否具有独特的力量，是否与社会民主党的分化有关。如果笔者的假设是正确的，那么，我们也可以预期，另外两个北欧国家针对福利国家的反抗运动力量可能会较弱，而且社会民主运动的衰落可能与福利国家的问题无关。

住房是社会民主政策对阶级形成产生重要影响的第二个领域。同样，就像在社会福利政策的例子中一样，社会民主运动的衰微似乎与其无力制定有利于阶级团结的住房政策有关。住房政策是一个很好的测试案例。首先，住房政策是北欧三国战后高度政治化的问题。其次，三国的社会民主党对这个问题给予了极大的关注。再者，很少见到市场配置与政治配置之间的冲突变得如此激烈，并成为有问题的政策领域。最后，住房显然是民众对自己生活水平的总体看法的一个核心组成部分。与传统的社会政策一样，住房政策必须与社会各阶层之间的公平冲突和分化对着干。这个问题在北欧三国发生的可能性比任何其他国家都大——恰恰是因为很难制定一项既能立即保证“价廉物美”的住房的供应，又能消除住房短缺并确保业主和租房者之间平等的住房政策。

正如本书第六章所述，虽然瑞典社会民主党的策略也有一个内置式的反应机制，但住房政策已经成为社会民主党的一个致命弱点，尤其是在丹麦。丹麦的住房政策刺激了租房者和业主之间的分歧，很可能有助于丹麦社会民主党的分化。在瑞典，租房者与业主之间的分歧很可能会继续加剧，合作公寓这种单调乏味的卫星城镇发展模式也应该会引发普遍的不满。挪威的住房政策虽然确实非常强调独户自有住房，但是建立在团结原则基础上的，而且政府如此严重屈从于市场力量，以至于可以预期政治不会有机会做出明显的反应。

其次是经济政策问题。从竞选的角度讲，必须考虑经济政策的三个重要方面。首先，关于对资本主义经济进行社会化的承诺，不但可获得学者和知识分子在意识形态上的支持，而且还有可能得到其他人在意识形态上的支持。虽然社会化的意识形态要求可能不只局限于传统的国家没收或工人直接拥有生产资料的做法，但如果没有更多、更加紧迫的关切，那么，意识形态诉求可能仅限于社会民主党选民基础的边缘部分。

有两个这样的因素可能会起作用。首先，撇开意识形态不谈，如果社会民主党不能确保持续的充分就业和经济增长，那么，它取得的政权和合法性就受到严重的威胁。工薪阶层的发展壮大和集体意识直接取决于充分就业，正如社会主义政党在 20 世纪 20 年代和 30 年代领教过的那样，没有什么比经济危机更能削弱阶级团结。但是，如果必须依靠反复对工资和收入进行政治调控才能保持充分就业，那么可能要付出沉重的代价。显然，在小型开放经济体内运作的社会民主党政府（如斯堪的纳维亚国家的政府）肯定无力操控国际经济秩序；在国际经济衰退的情况下势必会采取紧缩性经济政策。然而，正是在这样的条件下，社会民主党能否找到解决工资与就业之间零和型此消彼长关系的方法，即能否找到一种可接受的工资约束形式，就变得具有决定性意义。于是，我们就要审视社会民主党政府管制价格和投资等的能力。

另一个最终迫使社会民主党重视对经济增长进行政治管制的因素是福利国家的筹款困境。经济中止增长和失业率高企，立刻会从两个方面殃及福利国家，因为经济中止增长和失业率高企不但会增加对社会支出的需求，而且还会侵蚀收入基础。选民对福利国家的态度很可能与他们对经济政策的态度有关，特别是在福利国家扩大和经济增长缓慢的情况下。总的来说，我们完全有理由预期，社会民主党的分化与它们操控商业周期的疲软表现正相关。

对经济的政治调控，对于社会民主党掌权执政具有至关重要的作用，还有最后一个原因，那就是如果不着手解决经济公民权问题，就长期不可能促进社会公民身份的构建。不过，我们将在第九章单独讨论这个问题。

方法论序言

凡是尝试过国家间统计数据比较的人都明白，效度问题给比较分析带来了很大的麻烦。根据选举调查的数据文献进行的以下分析肯定属于此类情况。下文使用的数据包括多次选举结果调查以及盖洛普公司发表的丹麦选举调查文献。虽然不同的调查数据文献常常遣词用语不同,但也有一定程度的交集。因此,从一开始就会遇到比较的问题,即比较相同现象(特别是对福利国家的态度)不允许进行严格的比较。第二个相当严重的问题是,很难确定受访者的回答是反映了他/她对现有秩序的评价,还是表达了他/她想要的秩序。[①] 这种国家间比较的第三个严重问题是,对相似问题做出的相似回答可能在不同国家意味着不同的东西,具体取决于每个国家所处的特殊情境。我们必须努力记住我们对系统差别的认识,以便捕捉到这种可能的情境影响。

除另有说明外,下文报告的数据取自调查文献。瑞典的数据非常难找,笔者得益于奥洛夫·彼得森(Olof Petersson)教授和博·希尔维克(Bo Särlvik)教授的慷慨帮助,才收集到了所需的数据。[②]

社会公民权与政党分化

20 世纪 70 年代,反福利国家运动风起云涌。莫更斯·格利斯特鲁普(Mogens Glistrup)领导的进步党的迅速崛起,把丹麦推到了这一国际现象的前沿。虽然安德斯·兰格斯(Anders Langes)领导的政党并没有赢得丹麦进步党享有的声望和选民的支持,但也在挪威发动了一场类似的政治运动。在这两个国家,进步党对福利国家发起了直接的全面进攻,从税收和官僚主义问题到资助福利国家寄生虫非理性的问题无一遗漏。瑞典既没有出现这样的政党,也几乎没有迹象表明福利国家受到了强烈的抵制。瑞典的研究人员已经确认了这个国家存在反税情绪(Särlvik,1977),而且已经存在了多年——甚至在瑞典社会民主党赢得它最大的选举胜利的 1968 年就已经出现。我们还能注意到,在 1982 年的选举中出现了选民不愿接受削减福利国家项目的情况。

① 例如,对福利国家方案的负面评价可能表明,受访者拒绝接受那种已经存在的福利国家,但他/她可能喜欢另一种类型的福利国家;或者可能表明,受访者拒绝接受任何形式的对社会福利的公开承诺。

② 关于丹麦的数据,笔者特别要感谢汉斯·金肯·尼尔森(Hans Jørgen Nielsen)教授提供的帮助。亨利·瓦伦(Henry Valen)、伯恩特·阿尔代尔(Berndt Årdal)和奥拉·利斯特奥格(Ola Listhaug)教授同样应该得到笔者的感谢,因为他们帮助笔者取得了挪威的数据。

在这一年的选举中，瑞典选民公开拒绝资产阶级政府提出的为减少税收和预算赤字而削减支出的议案。

对于20世纪70年代的反福利国家运动，有多种不同的理论解释。其中的一种认为，这个问题与政府负担过重和传统公民约束的弱化有关，因为福利组织和利益集团成功地对政府施加了超出政府管理能力的压力(Huntington，1975；King，1975)。另一种解释关注税率问题，例如，罗丝和彼得斯(Rose and Peters，1978)认为，当实得工资因国民生产总值增长缓慢或公共支出增长加速而减少时，就会引发抗税情绪或者事件。这种观点忽视了选民可能希望缴纳更多税收和减少可支配收入以换取改善公共服务和增加公共转移性支付的可能性。第三种理论解释，如威纶斯基(Wilensky，1976)的研究表明，反对税收和福利的程度可以用税收能见度、社团主义水平和政党制度的实行年限来解释。仅税收减免并不会对反福利国家倾向产生直接的影响。[①]

以上这些观点都无法解释为什么这三个斯堪的纳维亚国家在公开反对福利国家的问题上存在如此巨大的分歧。20世纪70年代初，丹麦和瑞典社会支出占国民生产总值的百分比非常相似，而挪威则较低；人均税收也是如此。这三个国家都经历了消费和税率高速增长时期。瑞典这个时期出现在60年代，丹麦是60年代后期，而挪威则是70年代。丹麦和挪威的实际工资增长速度快于瑞典，但丹麦和挪威都经历了声势更加浩大的反福利国家的运动。在丹麦70年代初爆发反福利运动时，丹麦和瑞典高度能见的税种和低度能见的税种数量几乎相当。此外，这三个国家的政党制度的实行年限也都一样，但显然，瑞典社会民主党执政时间要比挪威或丹麦兄弟党长，地位也更加巩固。众所周知，瑞典的社团主义体制是西方世界集权化程度最高的社团主义体制之一，而挪威也是如此。

简而言之，这些证据并不能明确支持任何传统的反福利国家理论。我们必须解决的另一个非常重要的问题是：反对社会民主党选民抗议的爆发并不局限于针对新出现的布热德主义“快闪党”(flash parties)。任何阐释反对福

---

① 威伦斯基对“反福利国家”概念的界定和衡量多少有些问题，因为它包括反支出、反税收、反官僚主义情绪以及人种、种族或少数群体等因素(e. g. the George Wallace vote in the United States and resentment against guestworkers in Switzerland)。

利国家的运动与社会民主党衰微之间关系的理论，都必须能够说明左翼社会主义反对派发展壮大的原因。

对福利国家态度的相关性分析

除挪威外，丹麦和瑞典的总体趋势是对福利国家的不满情绪日益高涨，而选民希望福利扩张的程度则在下降。如表 8.1 所示，20 世纪 70 年代初，丹麦对福利国家持消极态度的选民占比特别高，但到了 70 年代末期就下降到了"瑞典的水平"。请注意，这与丹麦日益严重的经济危机和开始削减公共支出同时发生；瑞典直到 1981 年才开始考虑削减公共支出。① 如果说丹麦和瑞典的国内团结受到了影响——虽然丹麦后来有所恢复，那么，挪威的国内团结仍势不可挡。顺便说一下，挪威选民对福利国家的态度表现出周期性的特点：在 1973 年和 1981 年选民纷纷叛离工党时，挪威的反福利国家情绪温和升温。

表 8.1　　斯堪的纳维亚三国福利国家选民支持率变化趋势

（调查问题结果百分比）

	丹麦[a]				挪威[c]				瑞典[d]		
	1973	1975	1977	1981[b]	1965	1973	1977	1981	1968	1976	1979
反对福利国家	83	74	66	52	10	24	10	18	41	61	67
中立(接受现状)	4	12	14	12	42	56	48	58			
同意福利国家扩张	13	14	20	36	48	20	42	24	51	32	27
N=	(433)	(1 318)	(1 074)	(868)	(1 366)	(1 070)	(1 345)	(1 414)	(2 419)	(2 536)	(2 673)

资料来源：丹麦 1973—1981 年的选民调查；挪威 1965—1981 年的选民调查；Holmberg(1981:250)。

注：没有包括回答"不知道"的调查问卷。

a. 丹麦 1973—1977 年的调查问题是"太多的人获得了并不是他们真正需要的社会福利(同意/中立/反对)"。

b. 1981 年的调查问题丹麦与瑞典相同，但丹麦的被调查者可在"同意""中立"和"反对"三个选项中进行选择，而瑞典的被调查者只有"同意"和"反对"两个选项。

c. 挪威的调查问题要求被调查者表明自己对"减少社会福利""保持现状"或"进一步发展福利国家"的偏好。

① 1981 年以前，丹麦的情况与其他两个北欧国家大不相同。但到了 1981 年，丹麦和挪威的情况完全相同。丹麦持反福利国家态度的选民占比虽然在 70 年代稳步下降——这表明对福利国家有好感的选民占比一直在增长，但到了 1981 年明显下降，这可能是由调查问题措辞不同造成的。

d. 瑞典的调查问题是“社会改革已经到了政府应该减小而不是加大力度的地步(同意/反对)”。

虽然不同国家的调查使用了不同的词语提问，但丹麦 20 世纪 70 年代初的数据也证实了这样一种预期：在 1973 年灾难性的选举(Catastrophe Elections)中，选民的投票受到全国人民强烈反福利国家情绪的影响。① 瑞典和挪威的选民都没有表达这么极端的意见。由于瑞典的被调查者被迫做出“非此即彼”的选择，因此这三个国家的数据没有可比性。我们不得不假定，瑞典的一些选民原本会选择“维持现状”，因此，无论是持“支持”还是“反对”态度的被调查者占比都有可能被夸大。但不管怎样，数据表明，瑞典社会民主党奉行的福利国家政策在 70 年代失去了大部分合法性。70 年代末，尤其是 1981 年(这两个时期的答案具有可比性)，丹麦的福利国家政策重新受到支持，这可能是在严重经济危机时期奉行公共支出削减政策的结果。

但是，调查问题太过笼统，以至于无法了解选民对社会民主福利国家的看法。遗憾的是，除了挪威以外，丹麦和瑞典只有很少更有针对性的调查问题。1975 年，丹麦选民在被问及他们是否赞成减少儿童福利津贴时，只有 37%的人表示赞成。1981 年，由于政府准备重新推行申请日常现金补贴需要等待一定天数的制度，因此，40%的被调查者赞成政府削减支出。1980 年挪威的一项特别调查显示，几乎全部的个人福利项目都得到了广泛的一致支持。最愿意看到削减的项目是失业救济金，但即便如此，也只有 20%的被调查者表示赞成这样做。② 瑞典 1979 年只有 19%的被调查者反对扩大儿童日托服务(Holmberg，1981：228)。

总的来说，我们可能会得出这样的结论：挪威支持福利国家的选民团结程度远高于其他两个国家，瑞典支持福利国家的选民团结程度在 20 世纪 70 年代呈逐渐下降趋势，而丹麦支持福利国家的选民团结程度则垫底(但正在恢复之中)。但仅根据这方面的分析结果，很难把选民对福利国家的看法与社会民

① 1974 年盖洛普(Gallup)的一项调查提出了一个更具可比性的问题——受访者是否觉得“福利国家已经走得太远”。结果显示，虽然支持社会主义政党的选民态度没有那么极端，但持反福利国家态度的选民占比同样很高(Nielsen，1975：133)。

② 笔者在这里援引了乔恩·艾文德·科尔伯格(Jon Eivind Kolberg)教授善意提供给笔者的数据。还可参见 Kolberg 和 Pettersen(1981)的文献。

主党的命运联系起来。为了检验笔者的论据，有必要确定福利国家在社会民主运动传统和潜在的社会基础中造成分歧、分裂和侵蚀的程度。

表 8.2 按社会阶层和党派偏好列示了选民的福利国家看法分差的比较汇总指标数据。这些指标用来表示持亲福利国家态度的选民百分比减去持反福利国家态度的选民百分比的差，应该能够告诉我们这些支持和反对态度的相对强度。同样，无论社会阶层或党派偏好如何，丹麦持反对态度的选民占比无疑都要高得多；瑞典居中；而挪威社会各阶层和各党派之间普遍存在支持福利国家的共识。丹麦不同社会阶层之间对福利国家的态度差异比预期的要小，左翼政党、社会民主党和右翼政党都有持消极态度的，但有一个明显的趋势，白领阶层对福利国家的态度显示出比较明显的两极分化，具体取决于他们同情哪个党派。正如有人可能预期的那样，这与白领是在私人部门还是公共部门就业有关。[①] 一方面，在私营部门就业的白领雇员更有可能支持普贾德主义进步党(Nielsen，1979：66；Goul Andersen and Glans，1981：28)；另一方面，就业于公共部门的白领雇员支持社会人民党的可能性是就业于私人部门白领雇员的 2 倍多，而在后来的几年里，社会人民党一直是反对社会民主党和资产阶级政党削减公共支出的最直言不讳的福利国家捍卫者。丹麦的另一个特点是工人——甚至是支持左翼和社会民主党的工人——对福利国家的支持度特别低。[②] 就年龄和各代成员而言，最重要的发现是年轻工人和低级别白领雇员很可能是反对福利国家，而其他年龄段和职别的群体则并非如此。[③]

① 20 世纪 70 年代，白领阶层中的党派从属关系发生了明显的变化，具体取决于他们是在公共部门还是在私营部门工作。1971 年，白领阶层中几乎不存在这种差别：就业于私人和公共部门的白领有 13%支持左翼社会主义政党；就业于私营部门和公共部门的白领雇员分别有 26%和 28%支持社会民主党，到了 1979 年分别有 8%和 20%支持左翼社会主义政党，并分别有 33%和 39%支持社会民主党(Goul Andersen and Glans，1981：28)。挪威和瑞典白领阶层似乎不存在这种两极分化的政治趋势(Holmberg，1981：304)。

② 但请注意，当(在 1981 年的调查中)问题涉及削减常规现金福利时，态度分布大相径庭。此后，工人和低级白领雇员持强烈支持福利国家的态度，而较高级别的白领雇员和其他社会阶层则持消极态度。

③ 1977 年，年轻工人的民意分差是－64；年长工人是－48；而年轻和年长低级白领雇员的态度分差分别是－66 和－42。

表 8.2　　　斯堪的纳维亚三国不同社会阶层与党派偏好被调查者的福利国家态度比较分差

<table>
<tr><th rowspan="2"></th><th colspan="4">丹麦(1977)[a]</th><th colspan="4">挪威(1977)</th><th colspan="4">瑞典(1976)[b]</th></tr>
<tr><th>全体</th><th>左翼政党</th><th>社会民主党</th><th>资产政党</th><th>全体</th><th>左翼政党</th><th>社会民主党</th><th>资产政党</th><th>全体</th><th>左翼政党</th><th>社会民主党</th><th>资产政党</th></tr>
<tr><td>普通工人</td><td>−47</td><td>−19</td><td>−44</td><td>−56</td><td>+39</td><td>+52</td><td>+39</td><td>+24</td><td>−10</td><td>+20</td><td>+2</td><td>−66</td></tr>
<tr><td>低级白领</td><td>−44</td><td>−25</td><td>−7</td><td>−90</td><td rowspan="2">+39</td><td rowspan="2">+81</td><td rowspan="2">+43</td><td rowspan="2">+30</td><td>−36</td><td>+34</td><td>+7</td><td>−72</td></tr>
<tr><td>中高级白领</td><td>−33</td><td>−16</td><td>−11</td><td>−65</td><td>+24</td><td>+83</td><td>+11</td><td>−53</td></tr>
<tr><td>整个样本</td><td>−44</td><td>+9</td><td>−38</td><td>−64</td><td>+32</td><td>+65</td><td>+39</td><td>+26</td><td>−29</td><td>+40</td><td>+5</td><td>−61</td></tr>
</table>

资料来源：Danish electoral survey，1977；Norwegian electoral survey，1977；Swedish electoral survey，1976.

注：态度比较分差是通过从赞成福利国家答案百分比减去反对福利国家答案百分比计算得出的。有关调查问题的详细情况，请参阅本书表 8.1。计算比较分差时没有包括“不知道”和“不置可否”(“中立”)的答案。表中的“资产政党”是指“资产阶级政党”。

a. 请读者记住，1977 年丹麦调查问题的措辞与挪威和瑞典调查问题的措辞大相径庭，因此不能认为它们之间具有可比性。但不管怎样，1977 年的比较分差并不是 70 年代的典型分差。由于 1977 年的数据在反福利国家情绪的程度上处于中间水平，因此，我们希望这些数据可代表丹麦 70 年代的“平均”答案。

b. 请读者记住，瑞典的被调查者只能在“同意/不同意”之间做出选择，因此，瑞典的态度分差可能夸大了选民“赞成”或“反对”的态度。

福利国家在挪威得到了广泛的支持，而且不分社会阶层和党派偏好。就业于公营部门的白领雇员中有一种比就业于私人部门的白领雇员更加赞成福利国家的趋势，而且绝对没有年龄或代际差别。的确，挪威对福利国家的负面意见在 1981 年有所抬头。对此，我们能够发现最初出现的不和谐迹象：支持下降幅度最大的是白领群体，尤其是高级白领雇员(挪威全体白领雇员的民意分差从 1977 年的＋39 下降到了 1981 年的＋1)。

瑞典的情况与其他两个北欧国家有很大的不同。总体而言，反福利国家的态度占比相当高，但分歧表现完全不同。瑞典工人和中产阶级之间的态度分歧比其他两个北欧国家都要大。瑞典工人阶级对福利国家更加忠诚，而丹麦工人的福利国家忠诚度低于高级白领雇员。此外，这一问题似乎主要是与传统的左、右翼分裂有关：左翼政党和社会民主党的选民都有正的民意分差，而资产阶级政党选民的态度则非常消极。特别重要的是，瑞典选民态度的年龄差异与丹麦形成鲜明的对比。瑞典青年选民(18～24 岁)对福利国家的支持度远高于 35～64 岁年龄组的选民，甚至超过 64 岁以上的选民。[①] 这对于社会民主党为支持福利国家而长期维护广泛的团结，显然非常重要；而且还表明，福利国家问题并不一定会使青年劳动群体与年老福利领取者相互对立。

总之，丹麦的福利国家比北欧其他两个社会民主国家中的任何一个都产生了更多的负面政治化作用，但瑞典民众的福利国家忠诚度在 20 世纪 70 年代呈明显下降趋势。如果说挪威几乎普遍达成了福利国家的共识，那么，丹麦几乎就是普遍反对福利国家。但在这种广泛的反对态势中，我们可以发现年轻人和老年人之间以及公共部门和私营部门雇员之间存在分歧的状况；而工人阶级选民的反对情绪异常强烈。这些状况证实了我们对丹麦社会民主党福利国家政治处于不稳定状态的印象。此外，我们不应忘记，现在经济危机的社会影响已经得到了控制，福利国家支出正在大幅度削减，但民众的支持度却正在不断攀升。

瑞典的福利国家困境可能要比预期的更加严重，瑞典社会民主党似乎正在失去 1960 年依靠补充养老金计划改革赢得的白领阶层支持。但最重要的是，瑞典的各社会主义政党正在与资产阶级阵营进行斗争；因此，这个问题似乎集中在传统的政治冲突上，而不是新的明确界定的社会分裂上。

为了更好地了解丹麦反福利国家情绪是如何影响丹麦社会民主党分化的，我们可以估计对福利支出的态度这个变量较之于传统的社会阶层变量是如何影响丹麦选民支持或反对不同党派的强度的。表 8.3 列示了丹麦相关问题的多元回归分析结果，这些分析结果显示了在反福利国家情绪给定，并对是不是工会会员和阶级地位进行控制的情况下丹麦选民支持不同党派的强度。

表 8.3　　1977 年丹麦不同社会阶层、工会会员、不同阶级地位认同和福利支出态度的被调查者支持丹麦不同党派的强度

	因变量							
	左翼社会主义政党		社会民主党		资产阶级政党		进步党	
	B	*Beta*	*B*	*Beta*	*B*	*Beta*	*B*	*Beta*
自变量								
社会阶层	－3.407*	－0.204*	－0.693*	－0.151*	1.800*	0.167*	0.573	0.074

① 1976 年，这三个年龄组的民意分差分别是－2、－32 和－22。

续表

	因变量							
	左翼社会主义政党		社会民主党		资产阶级政党		进步党	
	B	*Beta*	*B*	*Beta*	*B*	*Beta*	*B*	*Beta*
工会会员	3.895*	0.245*	0.840*	0.192*	−2.191*	−0.214*	−0.771	−0.104
阶级地位认同	−0.213	−0.064	0.429*	0.467*	0.219	0.102	−0.512*	−0.329*
对福利支出的态度	−1.479*	−0.271*	−0.219*	−0.146*	0.492*	0.140*	0.743*	0.293*
R^2=	0.249	0.249	0.376	0.376	0.140	0.140	0.259	0.259

资料来源：Danish electoral survey，1977.

注：*N*＝374；*Beta*＝标准系数；*B*＝非标准系数。＊表示 *P*＝0.001。因变量（党派“温度计”）根据反对或支持的程度分－100～＋100 个等级。自变量赋值如下：“1”表示工人阶级，包括低级白领；“2”表示高级白领、城乡雇主和自谋职业者；工会会员：“1”表示非工会会员，“2”表示工会会员。阶级身份用 1～5 表示，其中“1”表示低身份工人阶级，而“5”则表示高身份。对福利支出的态度（对调查问题“太多并不需要社会福利的人享受了社会福利”的回答）用 1～5 表示，其中“1”表示“强烈反对”，而“5”则表示“坚决支持”。

也许，有必要对这个模型做一些初步说明。该模型试图用阶级结构变量以及与公共政策有关的态度变量来解释选民支持不同党派的强度。① 这个模型得到了大大简化。先前的分析（这里没有介绍）显示，收入水平绝对不会影响选民对党派的同情，而且与对福利国家的不满程度无关，主要是因为收入与阶层密切相关。表 8.3 列示的分析结果非常值得关注：一方面，它们表明决定选民党派支持度的因素因党派而异；另一方面，除了资产阶级政党外，对于丹麦的其他政党，这个模型具有较强的预测价值。

首先，工人选民与支持左翼社会主义政党和社会民主党有着显著的关系，而非工人选民则与同情资产阶级政党有着很大的关系。阶级地位对于丹麦进步党获得的支持率没有产生任何作用——系数表明没有统计显著性。其次，工会会员的身份有助于解释对左翼社会主义政党和社会民主党的支持，而资产阶级政党的支持者很可能不是工会会员；同样，工会会员的身份对于解释进步党获得的支持没有任何作用。最后，工人阶级地位认同的强弱与支持左翼

① 因变量采用“温度计”的形式来构建。被调查者被要求给不同党派打分（从－100 到＋100）；高负分表示“很不喜欢”，而高正分则表示非常欢喜。采用这种方式给各党派获得的支持度打分，使我们能够分析各自变量在多元统计检验中的相对重要性，同时又能避免给从左翼到右翼连续统上的各党派打分的问题，而且还允许独立选举委员会逐个研究各党派或党团获得支持的决定因素。

社会主义政党没有关系,但对于解释社会民主党获得的支持却具有极其重要的意义(仅阶级地位认同就能解释22.9%的差异,而阶级地位和工会会员身份只能解释8.5%的差异)。应该注意的是,缺乏阶级地位认同与进步党获得的支持密切相关(能解释12.2%的差异)。对福利支出的态度对四个党派都有重要作用。支持福利国家的态度能有力地解释左翼社会主义政党获得的支持,而反福利国家的态度与进步党获得的支持密切相关。选民对福利国家的态度(但不是特别强烈的态度)对于社会民主党和资产阶级政党获得支持都具有一定的作用。

总体而言,这些分析结果表明,福利国家问题对丹麦选民产生了显著的两极分化影响。请注意,福利支出的最有力捍卫者是在极左阵营中,而最强大的反对者则是极右的进步党。表8.3还显示,左翼社会主义政党从社会民主党那里夺走了工人阶级队伍中的部分工会会员,而进步党的支持者主要是那些与社会民主党传统工人阶级核心关系最不密切的群体。此外,由于结构性因素(如阶级地位、工会会员身份、阶级地位认同等)能解释社会民主党获得的大部分支持,而对福利国家的态度只起到很小的作用,因此,我们可以进行以下推测:虽然丹麦社会民主党在20世纪70年代失去了部分支持者,但其核心支持基础仍包括长期以来一直最忠于社会民主运动的选民,而那些与传统工人阶级联系较少的群体,由于福利国家等重大问题而离开了社会民主党。如果这一推测是正确的,那么,丹麦社会民主党的分化表明,该党无法在工人阶级核心之外形成庞大的忠诚群体;此外,当社会民主党的政策变得令人反感时,就有支持者离它而去。

税收问题

税收很容易成为社会民主福利国家的致命弱点。这个问题从某种意义上讲就是团结问题。民众是否愿意接受“各尽所能,按需分配”的原则呢?民众对税收总水平的不满应该会反映在社会民主党取得的成就上。就本书的分析目的而言,更重要的是,应该弄清税收问题是否有可能因收入分配问题而导致社会民主党疏远而不是团结传统的工人阶级和新生的中产阶级。幸运的是,对所有这三个北欧国家的调查在税收方面提出了相同的问题。[①]

如果我们能想到丹麦进步党1973年惊人的崛起主要就是依靠抗税行动，而且还能考虑到丹麦福利国家总体上更加政治化的性质，那么就能预期税收微弱的团结效应。就问题的重要性而言，1973年税收——毫不奇怪——排名第一。在随后的几年里，随着失业和经济问题在公众心目中的重要性超过了所有其他问题，选民对税收的关切程度开始下降。与此同时，税收的团结效应也在稳步减弱。1973年有69%的人赞成采用更加陡峭的累进税率(因而赞成对高收入征收更多的税收)，1977年减少到了57%，而到了1981年进一步减少到了50%。相反，1973年有21%的人赞成采用比较平坦的累进税率，1977年增加到了27%，而1981年又进一步增加到了40%。

不过，累进税显然是一个导致工人阶级和新生的中产阶级分裂的问题。1981年，在税收的团结效应特别小的时候，工人赞成采用更加陡峭的累进税的民意分差是+30，低级白领雇员的民意分差是+7，而中、高级白领雇员的民意分差则为-37。在另一个调查问题上，社会民主党的收入均等化纲领使工人与中产阶级之间的对立变得更加明显。在赞成提高收入平等水平还是降低收入平等水平的问题上，被调查者的民意分差是：工人+1，低级白领雇员-26，中、高级白领雇员-60。在这个问题上，最引人注目的发现是，社会民主党的传统工人和小农(包括养老金领取者)联盟普遍持支持收入均等化，这与白领阶层形成了鲜明的对照。

然而，鉴于问题的重要性有所下降，我们可能会认为，选民对税收的态度能解释较少的政党偏好差异。这一点可以在表8.4中看到。表8.4采用了与表8.3相同的模型，但对福利支出的态度已被对税率累进度的态度所取代。选民对税收的态度对丹麦左翼社会主义政党、社会民主党和进步党支持率的不同解释力，较之于选民对福利支出的态度已经有所减弱。赞成提高税率累进度的态度与左翼社会主义政党的支持率显著相关(能解释3%的差异)，但与社会民主党的支持率没有显著的相关性；最令人惊讶的是，与进步党的支持率没有强相关性——但正如我们预料的那样，会产生负面影响。简而言之，到

① 关于高收入税率的调查问题，被调查者可以在以下三个选项中选择：(1)应该降低税率；(2)应该保持现状；(3)应该提高税率。

了 20 世纪 70 年代末，税收问题在决定选民忠诚度方面已经不再那么重要，而且选民对税收的态度不再像对福利支出的态度那样导致社会民主党两极分化。此外，丹麦选民在税收问题上似乎比在福利问题上更加团结。然而，这并不意味着对税收的怨恨在福利国家抗税情绪形成阶段只起到次要作用。首先，1973 年这个问题的高度显著性表明，税收在改变选民忠诚度方面起到了核心作用。其次，1973 年样本中有 80.5%的被调查者要求降低所得税税率。①

表 8.4　1977 年丹麦不同社会阶层、工会会员、不同阶级地位认同和税率累进度态度的被调查者支持丹麦不同党派的强度

	因变量					
	左翼社会主义政党		社会民主党		进步党	
	B	*Beta*	*B*	*Beta*	*B*	*Beta*
自变量						
社会阶层	−2.344*	−0.140*	−0.550*	−0.120*	0.342	0.044
工会会员	5.129*	0.320*	1.046*	0.238*	−1.250*	−0.168*
阶级地位认同	−0.199	−0.059	0.431*	0.468*	−0.532*	−0.342*
对税率累进度的态度	0.929*	0.182*	0.103	0.074	−0.213*	−0.090*
$R^2=$	0.216	0.216	0.361	0.361	0.183	0.183

资料来源：Danish electoral survey，1977.

注：$N=374$；*Beta*＝标准系数；*B*＝非标准系数。* 表示 $P\geqslant 0.01$。态度用 1～5 表示："1"表示强烈支持降低税率累进度，"5"表示强烈支持提高税率累进度。关于其他变量的解释，请参见表 8.3。

挪威选民可能比较热衷于福利项目，但他们也比丹麦选民更加不喜欢税收。有几项研究表明，多年来挪威的税收问题一直十分突出（Valen，1981；Valen and Martinussen，1972）。因此，几乎所有的受访者（90%）都赞成对低收入者减税，也就不足为奇了。但挪威选民更加赞同给高收入群体减税。

在 1965 年的调查中，挪威有 35%的被调查者同意对高收入人群减税；1969 年和 1977 年，这个比例几乎没有变化（分别为 34%和 37%）。这些数值明显高于丹麦 20 世纪 70 年代的相关数值，并且与福利项目深得人心形成了

① 丹麦进步党选民的这个比例是 83%。

鲜明的对照。但请注意,税收怨恨程度在时间上保持稳定,这表明,总体而言,挪威工党的支持率上下波动与税收怨恨程度没有直接的关系。其次,不同阶级对税收的态度和党派支持率都有很大的差异。1965 年,还有 1977 年,在对税率累进度的态度上,左翼社会主义政党的选民和挪威工党的选民以及资产阶级政党的支持者之间出现了两极分化。同样,工人强烈反对给高收入人群减税,而白领雇员和自谋职业者则赞成对高收入人群减税(见表 8.5)。

表 8.5　1965 年和 1977 年挪威不同社会阶层和党派偏好的被调查者对税率累进度的态度(赞成百分比,%)

<table>
<tr><th rowspan="2"></th><th colspan="4">1965 年</th><th colspan="4">1977 年</th></tr>
<tr><th>降低累进度</th><th>保持现状</th><th>提高累进度</th><th>民意分差</th><th>降低累进度</th><th>保持现状</th><th>提高累进度</th><th>民意分差</th></tr>
<tr><td>社会阶层</td><td></td><td></td><td></td><td></td><td></td><td></td><td></td><td></td></tr>
<tr><td>普通工人</td><td>20</td><td>30</td><td>50</td><td>(—30)</td><td>27</td><td>9</td><td>50</td><td>(—32)</td></tr>
<tr><td>低级白领</td><td>30</td><td>26</td><td>44</td><td>(—14)</td><td rowspan="2">46</td><td rowspan="2">11</td><td rowspan="2">39</td><td rowspan="2">(+7)</td></tr>
<tr><td>高级白领</td><td>60</td><td>14</td><td>26</td><td>(+34)</td></tr>
<tr><td>农民</td><td>28</td><td>24</td><td>48</td><td>(—20)</td><td>36</td><td>17</td><td>43</td><td>(—7)</td></tr>
<tr><td>党派偏好</td><td></td><td></td><td></td><td></td><td></td><td></td><td></td><td></td></tr>
<tr><td>左翼社会主义政党</td><td>22</td><td>25</td><td>52</td><td>(—30)</td><td>9</td><td>9</td><td>82</td><td>(—73)</td></tr>
<tr><td>工党</td><td>20</td><td>20</td><td>60</td><td>(—40)</td><td>26</td><td>10</td><td>60</td><td>(—38)</td></tr>
<tr><td>资产阶级政党</td><td>55</td><td>16</td><td>29</td><td>(+26)</td><td>54</td><td>13</td><td>33</td><td>(+21)</td></tr>
</table>

资料来源:Norwegian electoral surveys,1965 and 1977.

因此,挪威的税收问题通常更加政治化;而且,虽然确实延续传统的左、右翼政治分裂的格局,但导致工人和白领雇员之间对立的程度高于丹麦。保持中立的挪威选民比保持中立的丹麦选民少。在这个问题上的阶级和党派两极分化表明,税收问题可能是 20 世纪 70 年代造成挪威工党选举问题的主要原因。最后,挪威的数据显示,同样性质的工农联盟支持平均主义,反对中产阶级,因为后者赞成保持收入差别。

十多年来,税收一直是瑞典一个突出的政治问题(Särlvik,1977;Holmberg,1981),但从来没有一般的经济和劳动力市场状况那么突出。不过,民众对高税收的愤怒是否会在过去的选举中对瑞典社会民主党的支持率产生不利的影响，这一点值得怀疑。萨尔维克(Särlvik，1977：99)指出，自20世纪60年代以来，反对高税收的程度一直保持不变，并不能解释瑞典社会民主党在70年代的衰落。

总的来说，瑞典选民对税收的怨恨没有挪威选民或者丹麦选民那么极端。1976年，瑞典有24%(1979年是27%)的选民主张降低税率累进度，61%(1979年是60%)的选民主张提高税率累进度。我们可以通过1969年关于税收意见的详细调查来了解税收问题在瑞典的影响(Vogel，1974)。虽然63%的瑞典选民认为应该"不惜一切代价"减轻税收负担，但1969年的调查显示，只要拿税收水平与从国家那里获得的各种福利进行比较，瑞典选民对税收的怨恨程度就会下降。超过半数的被调查者认为，如果考虑到福利，税收是合理的。此外，几乎所有的被调查者都反对逃税。最后，数据显示，社会阶层或政党偏好导致的意见差异很小。

瑞典1976年的调查数据反映了一种非常相似的情况。在那次调查中，被调查者被问及是赞成对高收入人群减税还是增税(见表8.6)。首先，与挪威相比，瑞典社会各阶层对累进税的可取性似乎达成了更加广泛的共识。即使是较高级别的白领雇员也表示赞同累进税的再分配效应，这种现象在丹麦和挪威都从没出现过。同样，瑞典即使是资产阶级政党也赞成收入均等化，这是在斯堪的纳维亚取得的独一无二的调查结果。因此，虽然多年来税收一直是引起瑞典民众不满的根本原因，但显然不是一个导致瑞典选民两极分化甚或四分五裂的问题，也没有什么迹象表明税收导致社会民主党疏远了它的关键选民。霍尔姆伯格(Holmberg，1981：257)报告过1979年的类似调查结果。

表8.6　1976年瑞典不同社会阶层和党派偏好的被调查者对税率累进度的态度

(赞成百分比，%)

	降低累进度	保持现状	提高累进度	民意分差
社会阶层				
普通工人	19	9	70	(−51)
中、低级白领	27	11	62	(−35)
高级白领	38	14	48	(−10)
农民	26	13	54	(−28)

续表

	降低累进度	保持现状	提高累进度	民意分差
党派偏好				
左翼社会主义政党	9	9	83	(—73)
社会民主党	17	7	74	(—57)
资产阶级政党	33	13	49	(—16)

资料来源:Swedish electoral survey,1976.

福利政策的政治效应

对于税收和福利支出问题,三个北欧国家的选民表现出了截然不同的反应。虽然挪威出现了一个反对福利国家的政党,但丹麦是唯一一个真正有人反对福利国家的北欧国家。这种反对态度在福利支出方面表现得最为明显,但值得注意的是,在1973年抗议活动达到高潮时,民众的税收疲劳感已经十分严重。20世纪70年代,反福利支出和反税收情绪有所减弱,但这并不一定预示着是对社会民主党的拯救。70年代初,反对运动确实重创了社会民主党,并且把部分选民(包括工人阶级内部很大一部分阶层)推向了右翼。但有证据表明,丹麦社会民主党从70年代末开始削减福利支出,结果又把部分选民推向了充当福利国家捍卫者的社会人民党。

在挪威,福利国家纲领虽然也有变动,但总的来说在社会各阶层心目中享有神圣的地位,而似乎只有挪威工党的平等主义税收政策遭到了抗议。此外,挪威似乎长期存在仇税情绪,而且这个问题导致左翼、右翼、工人(和农民)以及中产阶级两极分化。这种福利国家共识和仇税情绪并存的奇怪现象或许有助于解释挪威为什么会出现格利斯楚普(Mogens Glistrup,莫恩斯·格利斯楚普是丹麦进步党创始人。——译者注)式的福利国家反对党以及这个政党真的能够成功的原因。鉴于福利国家得到了如此广泛的支持,因此,挪威的福利国家反对党不可能像在丹麦那样发起正面进攻。另一方面,我们有理由相信,税收问题是20世纪70年代导致挪威工党遇到选举问题的根本原因,因为该党掷地有声的平等主义纲领显然阻扰了该党调动中产阶级的忠诚。这很可能就是挪威工党要进行阶级联盟重组的症结所在。

瑞典选民的表现与挪威选民截然不同。重税可能会引起民怨，但瑞典的重税无疑是建立在广泛的团结和共识的基础上的。一方面，瑞典社会民主党奉行的平等主义获得了像福利计划在挪威获得的那种霸权式认同；另一方面，福利国家改革支持率下降的明显趋势应该会引起瑞典社会民主党的警惕。此外，这些一般趋势掩盖了瑞典人在福利国家问题上日益分裂和两极分化的事实。支持福利国家的共识在社会民主党的核心选民以及人数更多的左翼阵营中仍然完好无损，但在白领阶层和资产阶级阵营中已经严重下滑。然而，正如我们已经知道的那样，资产阶级政党的 6 年执政实际上并没有摧毁福利国家，甚至没有削弱福利国家。1982 年，当有人企图最终摧毁福利国家时，工人运动毫不含糊地团结其他选民一起表示反对。

顺便说一下，瑞典的这种经历与丹麦形成了鲜明的对照。丹麦社会民主党政府和现在执政的资产阶级政府都大大削减了福利国家计划。虽然民众反对削减福利支出的抗议活动不断增多，但无力阻止削减福利支出的势头。简而言之，丹麦民众的福利国家共识仍然处于较低的水平，福利国家问题继续困扰着这个国家的选举政治，但并没有与挪威形成鲜明的对照。虽然挪威工党在 1981 年的选举中遭遇了惨败，但不可能是福利国家改革的缘故，而是因为保守党凭借自己的经济政策和利用税收问题——而不是反对福利国家——成功地动员选民支持自己。

住房政策与政党分化

北欧三国社会民主党对住房问题的反应也是大相径庭。丹麦社会民主党允许住房供应和分配的再市场化，并且向独户业主提供慷慨的税收优惠。租房者与业主之间的严重不平等待遇实际上已经被纳入改革范畴，而住房问题也已成为战后丹麦政策制定工作中最具政治色彩的问题之一。迫于左翼的压力，丹麦社会民主党一再承诺要消除一些更为极端的不平等现象，但未能履行自己的承诺，而住房问题始终没有得到解决（部分原因是众多选民已经依赖优惠的税收减免待遇）。

挪威工党和瑞典社会民主党在解决战后住房问题的斗争中采取了完全相反的方式。然而,这两个国家的住房政策都倾向于扩大公共部门的干预,主要是通过国家财政融资和向住房合作社提供优惠待遇的方式。最终的结果是,按照团结方针很好地根除了住房短缺的问题。

不过,这些国家的住房政策在一个重要方面有所不同。在挪威,独户自有住房绝对居多,以至于足以抑制租房者和业主在税收和住房净成本方面可能存在的不平等问题。瑞典社会民主党的解决方案或许同样具有团结色彩,但注重在卫星城镇建设公寓的决定并不完全是一个幸运的决定。随着通胀压力的增大和边际税率的提高,整个瑞典模式在 20 世纪 70 年代开始失灵。随着享受税收优惠的私人自有住房的激增,瑞典又出现了新的不平等问题。然而,与丹麦相比,瑞典极其慷慨的租金补贴制度帮助纠正了这方面的税收不平等问题。简而言之,我们不应该期望在挪威发现选民反对政府的住房政策会影响选举结果,而瑞典的住房政策最近才成为政治化问题,因此,即使因选民反对住房政策对选举结果产生了影响,这种影响也可能很小。只有在丹麦,我们才能预期住房政策会对选民的党派选择产生巨大的影响。

我们可以认为,丹麦在 1965 年以后首次出现了戏剧性的选举结果。表 8.7 显示,丹麦社会民主党 1965 年进行的住房改革导致租房者投向了社会人民党的怀抱,从而使得住房法案成了 1966 年选举的主要竞选议题。我们也许已经注意到,丹麦大部分投靠社会人民党的租房者原先是社会民主党的支持者;与此同时,社会民主党在业主中的地位却得到了巩固。新的由住房问题造成的分裂在工人中表现得尤为明显。丹麦住房政策的第二个转折点出现在 1973 年。当时,社会民主党提出一项法案,旨在减少业主享受的税收优惠,并通过向合作公寓建造者提供额外补贴的方式来改善租房者的境况。但事实证明,从选举的角度看,此举对丹麦社会民主党更加不利。到了 20 世纪 70 年代,许多工人已经有能力购买房子,社会民主党提出的住房法案威胁到工人的利益,影响到了他们为经常是采用零首付方式购买住房进行融资的能力。由于右翼(依靠保护业主利益起家的)中间党的分裂,社会民主党提出的这项住房法案从未真正获得通过。当然,1973 年选举有利于右翼的巨大转变不仅仅是住房政策的问题,但如表 8.7 所示,丹麦社会民主党在 1975 年确实因为业主转向右翼而遭受了非常严重的损失。

表 8.7　　1960—1975 年丹麦不同住房状况和社会阶层选民的党派偏好

（不同党派获得的支持率,%）

	工人选民		非工人选民	
	业主	租房者	业主	租房者
1960 年				
左翼社会主义政党	—	2	—	1
社会民主党	78	79	14	24
资产阶级政党	22	19	86	75
1966 年				
左翼社会主义政党	9	27	5	13
社会民主党	73	55	16	26
资产阶级政党	18	18	79	61
1975 年				
左翼社会主义政党	6	29	2	22
社会民主党	46	39	3	26
资产阶级政党	39	26	79	37
进步党	9	6	14	15

资料来源：Gallup surveys，1960—1975.

换言之，住房政策反复造成的后果是增加了选民之间住房不平等的政治意义。此外，丹麦社会民主党最终造就了一个享受税收优惠的自有住房业主委托人群体。调查数据反映了这个群体的政治影响。1971 年，大多数人赞成取消业主享受的税收优惠(民意分差是＋4)。到了 1981 年，除养老金领取者外，其他选民都反对取消业主享受的税收优惠(民意分差为－33)。因此，工人和中产阶级一样强烈反对取消这种税收优惠。

对于丹麦，我们可以通过回归分析不同社会阶层和住房状况选民的党派偏好来估计住房在考察期里对党派选择的相对重要性，然后比较 1960 年、

1966年、1968年、1973年和1975年的调查结果。① 我们可以预期，住房变量的回归系数会因当时住房问题的政治化程度发生变化。这个系数在1966年应该会大幅增大，并且在1973年和1975年再度大幅增大。

表8.8表明，在考察期里有两次选民的住房状况对党派选择产生了重要影响。我们通过比较非标准系数发现在1960—1966年期间，住房状况变量系数从0.136跃升到了0.326（$t=2.235$）。尽管如此，社会阶层变量仍然占据主导地位。到了1968年，情况已经稳定下来。但就如我们预期的那样，1973年和1975年出现了第二波住房问题政治化的高潮。住房状况变量的系数从0.277上升到了0.800（$t=2.933$）。但在第二个住房问题政治化阶段，社会不同阶层的选举重要性急剧下降，以至于1975年住房状况变量的影响实际上大于社会阶层变量。

表8.8　　1960—1975年丹麦不同住房状况和社会阶层选民的党派偏好（回归分析）

	B	*Beta*	R^2	*N*
自变量				
1960年				
社会阶层	1.122	0.588	0.376	800
住房状况	0.136	0.072		
1966年				
社会阶层	1.059	0.482	0.288	822
住房状况	0.326	0.151		
1968年				
社会阶层	1.085	0.508	0.320	753
住房状况	0.277	0.130		
1973年				
社会阶层	0.793	0.351	0.192	714
住房状况	0.425	0.198		

① 我们对3个被纳入方程式的变量做如下赋值：社会阶层：工人=1，非工人（不包括养老金领取者）=2；住房状况：租房者=0，业主=1；党派选择：左翼社会主义政党=0，社会人民党=1，社会民主党=2，中间派政党=3；右翼资产阶级政党=4。这些分析是根据盖洛普调查的数据完成的。由于这些指标没有“温度计刻度”，笔者不得不以这种不太令人满意的方式对因变量赋值。

续表

	B	Beta	R^2	N
1975 年				
社会阶层	0.762	0.284	0.246	790
住房状况	0.800	0.296		

资料来源:Gallup surveys,1960—1975.

注:*Beta*=标准系数;*B*=非标准系数。对于各系数,$P \geqslant 0.001$。

对挪威和瑞典的数据进行比较,会遇到一些经验研究方面的困难。挪威在1965年组织了一次调查以后一直到1981年才再次把住房状况问题列入调查表;而且,我们也没有在瑞典20世纪60年代的调查中找到任何有关住房状况的信息。因此,所有这些显然阻碍我们进行任何一般化推导的可能。但如表8.9和表8.10所示,挪威和瑞典社会阶层项下的业主和租房者的分布惊人地相似。在挪威,如果我们保持社会阶层不变,1965年业主和租房者之间就没有发生任何的两极分化——这一点对于对挪威工党至关重要的工人阶级基本选民来说尤为重要。白领阶层和小资产阶级群体中间出现了一些细微的差别,但谈不上任何形式的分裂。正如我们预期的那样,没有迹象表明挪威的住房政策在70年代导致了新的政治分裂。1981年的数据表明,挪威工党总体上失去了一些选民,但离弃工党的选民在租房者和业主之间的分布非常均匀。因此,我们可以得出这样的结论:挪威住房政策高度公平的特点有助于防止与住房有关的政治分裂。

表8.9　　1965年和1981年挪威不同住房状况和社会阶层选民的党派偏好

(不同党派获得的支持率,%)

	左翼社会主义政党		工　党		资产阶级政党	
	1965	1981	1965	1981	1965	1091
工人						
租房者	4	10	71	49	25	41
业主	7	7	71	52	22	41
白领雇员						
租房者	7	7	34	26	58	67
业主	2	9	32	29	66	63

续表

	左翼社会主义政党		工　党		资产阶级政党	
	1965	1981	1965	1981	1965	1091
小资产阶级						
租房者	4	—	24	—	72	—
业主	1	—	19	—	80	—
租房者总计	5	12	51	34	43	54
业主总计	4	4	46	38	50	58

资料来源：Norwegian electoral surveys，1965 and 1981.

注：没有包括答案为"不知道"和没有表态的问卷。

表 8.10　　　　1976 年瑞典不同住房状况和社会阶层选民的党派偏好

（不同党派获得的支持率，%）

	左翼社会主义政党	社会民主党	资产阶级政党	N=
工人				
租房者	6	69	25	(498)
业主	4	62	34	(584)
白领雇员				
租房者	7	39	54	(321)
业主	2	31	67	(521)
小资产阶级				
租房者	3	21	76	(67)
业主	1	15	84	(215)
租房者总计	6	55	39	(886)
业主总计	3	42	55	(1 320)

资料来源：Swedish electoral survey，1976.

注：没有包括回答"不知道"和被调查者没有表态的问卷。

尽管近年来自有住房能享受非常优惠的税收待遇——是高边际税率和通胀压力造成的意外结果，但瑞典的住房政策也是相当重视公平。此外，瑞典选民普遍认为，按照"百万住宅计划"建造的单调乏味的公寓楼，促使那些可以选择的人去选择更加令人愉悦的独户自有住房。很明显，(见表 8.10)选民的住房状况(如果我们保持社会阶层不变)对党派的选择没有产生多大的影响。由于租房者和业主之间的差异可以忽略不计,因此,我们必然会得出这样的结论:住房问题不会导致新的选民分裂。但值得注意的是,自20世纪70年代初和中期以来,住房拥有率增长和税收优惠不平等问题不断加剧的势头已经实际显现。但如表8.11所示,这些事件似乎并没有对选民的党派选择产生很大的影响。唯一值得注意的变化是,租房者对左翼社会主义政党的支持略有增加,而租房者对社会民主党的支持率则有所下降。如果允许这种趋势继续下去,如果1982年重新执政的社会民主党未能扭转瑞典住房市场结构中固有且不断加剧的二重特性,那么就有可能加剧两极分化。

表8.11　　1979年瑞典不同住房状况选民的党派偏好

(不同党派获得的支持率,%)

	左翼社会主义政党	社会民主党	资产阶级政党	$N=$
租房者	9	49	40	(1 007)
业主	3	42	54	(1 556)

资料来源:Statistiska Centralbyron(1981:table 43).

总之,丹麦社会民主党的住房政策已经帮助该党破坏了其天然社会基础的团结。一旦社会民主党主动推行住房政策改革,租房者就会被大量推向左翼,而业主则被推向右翼。住房问题已成为选民两极分化的基本轴心,也是导致社会民主党分化的一个核心因素。挪威的数据太过有限,无法进行真正的比较,但我们几乎没有理由怀疑挪威的情况接近丹麦。瑞典似乎处于两者之间。总的来说,瑞典的住房政策似乎没有推助新的选民分裂。但是,如果瑞典社会民主党不能成功地纠正目前正处于发展之中的不平等现象,那么就可能最终会面临类似于丹麦兄弟党的情况。瑞典社会民主党应该警惕租房者开始对左翼社会主义政党产生同情心。[①]

① 根据霍尔姆伯格(Holmberg,1981:table 12.1)完成的1979年选民调查的结果可以推测,住房状况有可能导致政治分裂。有44%的被调查者同意减少业主享受的税收优惠,这个比例与租房者几乎相同。

对商业周期的政治调控与政党分化

20世纪30年代，斯堪的纳维亚有一个允许社会民主党进行政治联盟重组的重要因素，那就是社会民主党决定搁置社会化问题。但是，社会民主党的这个决定却使自己陷入了难以让选民判断其经济表现的新困境。整个福利国家的纲领无论在客观还是主观上都取决于社会民主党保证经济稳定增长和充分就业的能力——客观上取决于它们保证经济稳定增长和充分就业的能力，是因为如果社会民主党没有这种能力，那么发展福利国家的基础就不复存在；而主观上取决于它们保证经济稳定增长和充分就业的能力，是因为工会和广大工人阶级对战后社会契约的默认和信赖取决于充分就业。除了通过经济增长来实现充分就业的目标以外，我们很容易明白为什么大部分工人运动会对有计划和有控制的经济发展提出更加雄心勃勃的要求。当充分就业的工资压力与价格稳定、国际收支和国际竞争力等方面的要求发生冲突时，情况就会变得这样。此外，我们也不能忽视工人和知识分子中间有人因更多地受到意识形态启发而提出要求的重要意义，因为他们要求在推进所承诺的社会民主经济方面取得显著的进展。

因此，在社会民主党采取的经济政策方面仍有几个问题亟待解决。首先，社会民主党要对放弃传统的社会化战略承担多大的政治责任？其次，社会民主党的选举成就差别在多大程度上与这些政党通过政府进行经济调控的能力有关？最后，选民对福利国家的不满与对经济业绩的不满之间有什么关系？

经典的政策选择

列宁主义批判社会民主运动的一个核心主题是：社会民主运动在放弃它的生产资料社会化承诺时就背叛了工人阶级。如果历史地看，这是一种正确的观点，那么就必须对国家实行社会化有强烈的潜在需求，并且有这种需求作为拒绝社会民主的基础。但是，如果传统的保守党派对自由放任神圣性的坚持确实能让选民信服，那么，社会民主党推行旨在实际调控商业周期的策略可能会适得其反。

自由放任与生产资料社会化这两种替代性方案可以用选民调查数据来进行检验。总的来说，这些数据（见表 8.12）表明，搁置社会化问题的决定在政治上对于社会民主党来说是安全的，因为民众对此类措施的热情充其量也不能算高涨。在丹麦，这个调查问题的措辞比较激烈，除了左翼社会主义政党的选民（略有）例外，所有的被调查者都毫不含糊地回答“不赞成社会化”。[①] 在斯堪的纳维亚三国中，只有挪威人历史上曾有过社会化政策的体验（先是“二战”结束后不久，后来是在 20 世纪 70 年代，尤其是在石油部门）。挪威的这种体验可能有助于解释为什么挪威工人普遍比较赞成社会化，而左翼社会主义政党和工党选民也表达了更加赞成的意见。在挪威，这个问题也引发了比其他两个北欧国家中任何一个国家更加严重的左、右翼两极分化。[②] 瑞典介于丹麦和挪威之间，但就像挪威一样，左、右翼两极分化也很严重。瑞典社会民主党和挪威工党似乎仍然对这些经典学说怀有好感。

表 8.12　斯堪的纳维亚三国选民对自由放任和国家实施生产资料社会化的支持

（态度比较分差）

	丹麦（1981 年）		挪威（1977 年）		瑞典（1976 年）	
	自由放任	社会化	自由放任	社会化	自由放任	社会化
社会阶层						
工人	－6	－37	0	－5	＋18	－16
白领	－10	－52	＋11	－39	＋30	－30
党派偏好						
左翼社会主义政党	－41	＋14	－59	＋64	－49	＋71
社会民主党	－23	－39	－12	＋13	－10	＋1
资产阶级政党	＋22	－80	＋31	－79	＋65	－75
样本总计	＋2	－55	＋7	－25	＋27	－38

资料来源：Danish electoral survey，1981；Norwegian electoral survey，：1977；Swedish electoralsurvey，1976.

① 但是，我们应该注意到，在 20 世纪 70 年代，丹麦选民对生产资料社会化的支持有所增加。因此，1971 年民意分差（整个样本）为－71，而 1981 年是－55。

② 然而，挪威的长期趋势似乎是反对社会化。1965 年，对这些措施的支持程度大有提高——总样本民意分差为－15，而 1977 年则是－25。

注：关于自由放任的问题，被调查者被问及是否赞成废除国家对私人经济的干预。瑞典的被调查者只能选择“赞成/不赞成”；因此，瑞典这个变量的民意分差可能被夸大了。关于生产资料社会化，挪威和瑞典的这个调查问题只提到大公司，而丹麦则涉及整个经济，因此，丹麦的负面民意可能被夸大了。民意分差是通过拿赞成意见的百分比减去反对意见的百分比的方式计算得到的。回答“不知道”的调查问卷没有包括在结果中。

生产资料社会化问题在任何北欧国家都没有严重削弱社会民主党的合法性，但很难确定它是否产生过什么影响。一方面，工薪阶层，特别是丹麦的工薪阶层强烈反对生产资料社会化；另一方面，挪威和瑞典的左翼社会主义政党可能在这个问题上剥夺了其选民的社会民主——这个现象可用来验证普兹沃斯基的论点。不过，即使情况就是如此，其影响必然也是微不足道：请记住，瑞典共产党在过去的30多年里在选民支持率方面一直没有什么起色，大约只获得5%的选票；而挪威左翼社会主义政党获得的支持率则遵循一种周期性的涨跌交替模式，这主要与挪威是否要加入欧共体的冲突有关。此外，挪威左翼社会主义政党与挪威工党之间的差异并不是特别大。

相比之下，自由放任这个选项对斯堪的纳维亚选民更有吸引力。我们也许已经注意到，这三个国家的这些调查都是在一个特殊的重要历史时期进行的。管理充分就业型经济的传统社会民主政策即使还没有到山穷水尽的地步，也已经暴露出它们无法适应新的经济秩序的缺点。与此同时，追随国际潮流的保守党派已经恢复了其旧时的自由企业资本主义意识形态，并成功地说服选民转而忠诚它们。这三个国家中每个国家的调查数据都反映了资产阶级政党接手政府之前的情况（尽管挪威资产阶级政党晚3年接手政府）。因此，我们可以把对自由放任的积极反应解释为选民否定社会民主党执政期间调控经济的表现——或者说，把这种积极反应作为衡量保守党派的自由企业意识形态在多大程度上能与社会民主经济政策抗衡的指标。[①]

① 但值得注意的是，选民在表达减弱（或加强）政府调控的愿望时可能会参考许多不同的因素。他们可能会因为想到过度的官僚主义行为而拒绝接受对任何市场交易做出的种种复杂规定；或者反对政府干预工资谈判。后一种解释可能至少对丹麦有一定的效度。正如高尔·安德森（Goul Andersen，1979：246－247）指出的那样，丹麦的体力劳动阶层和白领工薪阶层都强烈反对政府干预集体谈判（而丹麦政府则频繁干预）。简而言之，我们很难解释被调查者为什么选择自由放任。但是，我们或许可以把被调查者的这种选择作为衡量选民对20世纪70年代以来社会民主党奉行的管制经济的基本不满以及保守党派选民在这个问题上的选择已经轻而易举地削弱了社会民主运动合法性的指标。

在我们考察的三个北欧国家，自由放任都遭到了左翼社会主义政党和社会民主党的反对；但在挪威，尤其是在瑞典，两大政治阵营在这个问题上呈现出非常严重的两极分化态势。瑞典资产阶级政党的追随者特别支持自由企业。[①] 表 8.12 中的数据还表明，对经济调控的不满甚至成了大部分工人阶级和新生中产阶级分子的特征。但在这个问题上，丹麦是个例外——也许是因为丹麦社会民主党政府很少实施经济调控，也可能是因为资产阶级政府在战后政策制定方面发挥了更大的作用。如果放任自流问题有点难以从单一维度来解释的话，那么这三个国家的民意确实表明，选民对社会民主运动的幻想明显已经破灭，而且他们也出人意料地准备接受保守党派的选择（至少在目前情况下是如此）。

社会民主党对商业周期的调控

要想对社会民主党经济政策造成的选举后果进行合理的评估，就必须考察选民对实际反映已经实施或至少已经制定的政策的反应。选民调查包含许多旨在了解选民对政府经济调控看法的问题。当加大政府调控力度的具体目标涉及投资配置、充分就业甚至削弱“资本主义势力”时，总体而言，选民会表达赞成的意见（但有分歧，具体取决于党派偏好和社会阶层）。

在丹麦（1971 年），支持国家实施住房和工业贷款调控的选民占绝对多数。在左翼社会主义政党和社会民主党的选民中，这个绝对多数非常强大（Borre et al.，1976：140）。在挪威和瑞典，接受这些调查被问及是否有必要加大国家经济调控的力度以确保充分就业的被调查者回答的结果令人惊讶（见表 8.13）。20 世纪 60 年代末，这两个国家的选民在这个问题上的支持率几乎相同，但到了 70 年代中后期，两国选民对这个问题的态度开始出现分歧。挪威的调查数据显示挪威出现了这样一种趋势：除了支持左翼社会主义政党的

---

① 从这个意义上讲，我们可以认为，瑞典表示“赞同”和“反对”这两种极端意见较多，是因为调查表中没有设置“保持现状”或“中立”的选项。然而，我们也可能很容易把这些表示分歧或两极分化的分差解读为是工资收入者集体基金——一个在 1976 年的竞选活动中占据非常重要位置的问题——辩论的一种反映，这个问题在 1976 年的选举活动中占据了非常重要的位置。瑞典的资产阶级政党非常成功地让瑞典选民相信工资收入者集体基金是一种隐蔽的社会化政策。一项与 1968 年数据进行比较的研究支持了这种解释：1968 年，工人的民意分差是－6，而白领雇员的民意分差则是＋13。

选民以外，其他选民几乎都不支持甚至反对国家为保持充分就业进行经济管制。瑞典也出现了同样的趋势，不过要弱得多。更重要的是，瑞典选民对这个问题的态度变得更加两极分化。体力劳动阶层的支持率甚至有所上升，白领阶层的支持率保持不变，这意味着自谋职业者、农民和高级白领群体明显投靠了“右派”。

表 8.13　挪威和瑞典选民关于国家为确保充分就业是否有必要加大经济调控力度的态度比较分差

	挪威		瑞典	
	1969	1977	1968	1976
全体选民	+9	−21	+8	−4
社会阶层				
体力劳动者	+38	0	+36	+42
白领雇员			−8	−9
私人部门	−30	−66	—	—
公共部门	+12	−22	—	—
党派偏好				
左翼社会主义政党	+56	+77	+79	+69
社会民主党	+43	+23	+43	+42
中间党	−32	−59	−22	−41
自由党	−16	−62	−31	−46
保守党	−50	−82	−63	−73

资料来源：Norwegian electoral surveys，1969 and 1977；Swedish electoral surveys，1968 and 1976.

注：态度比较分差是通过拿持反对意见被调查者的百分比减去持赞成意见被调查者的百分比计算得出的；丹麦的选民调查没有这个问题。

在不同党派获得的支持率方面，新的两极分化现象尤为明显：瑞典左翼社会主义政党和社会民主党仍有压倒性多数的选民表示支持，而资产阶级政党的选民表示强烈反对；挪威情况也是如此，但与此同时，挪威工党获得的支持率有所下降，而左翼社会主义政党获得的支持率则明显提高。换句话说，挪威一般选民，特别是挪威工党天然的基本选民，似乎越来越多地拒绝接受挪威工党战后的核心政策;而瑞典社会民主党即使在选民意见两极分化加剧的政治条件下仍然从体力劳动阶层那里争取到了更多的授权去推行同样的政策。

充分就业问题的高度政治化可能巩固了瑞典社会民主党的执政地位。1973—1976年,普通选民对瑞典社会民主党在就业问题上的立场的评价有了很大改善;大多数瑞典选民认为,瑞典社会民主党在处理就业问题上的表现优于资产阶级政党(Petersson,1977:377,397)。[①] 而对于挪威,我们不得不得出相反的结论。挪威工党新的经济调控和支持就业的补贴政策似乎并没有受到欢迎,甚至没有受到体力劳动阶层的欢迎。此外,挪威选民的这种反应可能有助于巩固资产阶级政党的政治地位。换句话说,挪威工党在20世纪70年代的衰落可能与其充分就业的经济政策有关,而资产阶级政党对挪威工党的跛脚鸭补贴政策直言不讳的批评收到了效果。挪威的数据确实表明,工党的经济调控政策至少在某些条件下可能会使工薪阶层选民离开该党。

那么,如何解释挪威和瑞典之间的这种差别呢?首先,我们必须注意到,相对而言,充分就业问题有多么重要。很明显,挪威选民对失业的恐惧非常小,而瑞典的选民则越来越担心失业。其次,充分就业的政治保障与挪威工党的关系从来没有像与瑞典社会民主党的关系那样密切相关。从意识形态和施政纲领的角度看,挪威的"政治共识"都支持充分就业,而且这一点在经济蓬勃发展的20世纪60年代资产阶级联合政府执政时期就得到了证实。相比之下,瑞典社会民主党一直是保证充分就业的典范,工会和该党在这个问题上的共生关系强于它们在任何其他问题上的共生关系。只是在1976年以后资产阶级联合政府执政时期失业问题加剧以后,瑞典社会民主党才巩固了它作为对抗失业最后堡垒的形象。最后,挪威工人阶级和瑞典工人阶级自然会以不同的方式接受充分就业需要国家加大经济调控力度这种说法的隐含意义。

在我们用更明确的阶级冲突术语重新表述政府调控问题时,民意分布就会发生变化。在把调查问题表述为"如果国家无力管制私人经济,银行和行业

---

① 根据霍尔姆伯格(Holmberg)1979年的数据(1981:99ff),1976—1979年,瑞典选民对瑞典社会民主党在就业问题上的评价甚至有了更大的改善。相比之下,挪威选民似乎不太相信有哪个政党能更好地保证充分就业。绝大多数选民认为没有什么区别,而其余选民则令人惊讶地分裂为支持挪威工党和资产阶级政党的两派——但工党略占优势(Valen,1981:321)。

领导人就会掌握过大的权力"以后,表示"赞同"意见就明显增加(见表 8.14),然而,早些时候观察到的一些趋势依旧存在。在挪威,我们再次看到了 20 世纪 70 年代选民对政府调控经济的热情正在降温。工人的支持率——虽然依旧很高,但——下降幅度明显。白领雇员,尤其是私营部门的白领雇员,情况也是如此。按党派区分的支持率分布显示了以左翼社会主义政党和社会民主党选民为一方以及以资产阶级政党选民为另一方之间的两极分化。瑞典选民对政府调控的支持率下降幅度要小得多。也许,我们不能与 1968 年的数据进行比较,因为那年瑞典选民支持政府增强对银行和工业管制的民意达到了空前的水平。[1] 1976 年的民意分差与前几年十分相似,而且自 1979 年的支持水平再次飙升以来,我们错误地把这种趋势理解为选民放弃过激的政治立场。关于挪威,我们可以指出一些不同的地方。如果我们只关注 1976 年(对于瑞典来说,是一个典型的年份),那么就能发现,数据显示瑞典社会民主党因为推行激进的经济政策而在体力劳动者和白领雇员群体中获得了非常有力的支持。不过,在这个问题上,社会主义政党获得的支持率与资产阶级阵营获得的支持率形成了鲜明的对照,尽管中间党也获得了一些支持。

表 8.14　挪威和瑞典选民关于国家必须加强经济管制以防止银行和工业领导人滥用职权的态度比较分差

	挪威		瑞典	
	1969	1977	1968	1976
全体选民	+35	+8	+46	+34
社会阶层				
普通工人	+72	+40	+68	+56
白领雇员			+30	+24
私人部门	+30	−26	—	—
公共部门	+58	+12	—	—

① 根据霍尔姆伯格(Holmberg,1981:table 12.6)的说法,同意国家加强经济管制以减少银行和工业领导人权力的被调查者,1964 年占 55%,1968 年占 64%,1970 年占 57%,1973 年占 59%,1976 年占 56%,1979 年占 62%。不幸的是,我们无法知道挪威是否存在类似的比较,因为挪威只有 1969 年和 1977 年的数据。

续表

	挪威		瑞典	
	1969	1977	1968	1976
党派偏好				
左翼社会主义政党	+68	+85	+72	+89
社会民主党	+56	+42	+71	+63
中间党	+5	−10	+19	+10
自由党	+26	−6	+8	−2
保守党	−1	−48	−35	−40

注:关于资料来源和注释,请参阅表 8.13。

1969 年,挪威选民在这个问题上几乎达成了共识,但从那以后变得比瑞典选民更加两极分化。挪威选民的这种新两极分化趋势似乎让资产阶级政党受益,而使挪威工党付出了代价。读者也许还注意到,挪威工党和左翼社会主义政党获得的支持率差别有所扩大。简而言之,按照以前的调查结果,挪威工党似乎因为推行激进的经济政策而失去了部分选民的支持,而瑞典社会民主党是否也是如此则值得怀疑。一种说法是,挪威选民可能正在撤回对工党经济调控政策的支持,就像在 20 世纪 70 年代所做的那样。与此同时,瑞典选民似乎正在支持社会民主党进一步朝着政府加大经济调控力度的方向发展。体力劳动者和白领雇员之间的态度差别也许是最关键的。在挪威,体力劳动者和白领雇员之间的态度差别急剧扩大,这可能反映了挪威工党缺乏把两者团结在一个广泛的工薪阶层联盟内的能力;[①]而瑞典社会民主党围绕经济问题把体力劳动者与白领雇员团结在一起的能力似乎并没有受到削弱。事实上,瑞典数据有一个显著的特点,那就是在这两类工薪阶层之间只存在较小的态度差别。

丹麦的选民调查没有包括关于国家为了确保充分就业或者限制银行家和实业家权力而调控经济的问题,但却询问受访者是否赞成政府加大调控投资的力度。如果要对丹麦的调查结果与挪威和瑞典的调查结果进行比较,那么,

① 在国家实施经济调控以确保充分就业和税收的问题上也明显存在同样的差别,但在社会福利改革的问题上并非如此。

首先应该注意的是，丹麦选民对国家调控投资有着更加强烈和持久的要求。丹麦全体选民关于这个问题的民意分差在1971年是＋30，1973年是＋40，1977年是＋42。同样，丹麦的体力劳动者也比他们的挪威和瑞典同行更加支持政府调控投资，而丹麦白领雇员对这个问题的民意分差与他们的瑞典同行相当。按党派偏好区分的民意分差(1977年)，不同党派偏好的选民赞成的意见占据绝对多数，具体的民意分差是：左翼社会主义政党选民＋79；社会民主党选民＋70；就连进步党选民的民意分差也达到了＋36。想要理解丹麦的这些调查结果，就必须记住：目前的经济危机在丹麦尤为严重；丹麦社会民主党在推进调控经济特别是调控投资的施政纲领上距离成功尚远。

表8.15　1977年丹麦不同社会阶层、阶级地位认同和对国家调控投资持不同态度以及工会会员选民支持不同党派的力度

	因变量							
	左翼社会主义政党		社会民主党		资产阶级政党		进步党	
	B	*Beta*	*B*	*Beta*	*B*	*Beta*	*B*	*Beta*
自变量								
社会阶层	−2.698*	−0.161*	−0.551*	−0.120*	1.198	0.111	0.383	0.049
工会会员身份	4.159*	0.262*	0.854*	0.195*	−2.017*	−0.197*	−1.027*	−0.139*
阶级地位认同	−0.152	−0.046	0.438*	0.476*	0.203*	0.094	−0.544*	−0.350*
对投资调控的态度	1.105*	0.188*	0.216*	0.133*	−0.908*	−0.239*	−0.301	−0.110
$R^2=$	0.210	0.210	0.371	0.371	0.170	0.170	0.189	0.189

资料来源：Danish electoral survey，1977.

注：*N*＝374；*Beta*＝标准系数；*B*＝非标准系数。* 表示 $P \geqslant 0.01$。态度用1～5表示："1"表示强烈反对投资调控，而"5"则表示强烈支持投资调控。有关其他变量的解释，请参见表8.3。

这些选民高度赞同的调查结果有一个值得注意的地方，那就是它们实际上与选民高度反对"福利国家"的选举结果几乎相同。许多丹麦选民似乎既反对福利国家，又希望政府加大调控经济的力度。[①] 因此，丹麦选民特别是工人选民叛离社会民主党，有可能是出于对福利国家支出和缺乏积极的投资政策的双重不满。因此，福利国家的抗议者在向右转，而投资调控的抗议者则在向

① 虽然支持进步党的丹麦工人倾向于持极端的反福利支出态度，但这些工人又赞成国家调控投资(1977年的态度分差是＋62)。

左转。表8.15中的数据表明，事实可能就是如此。

在丹麦，赞成投资调控的态度与左翼社会主义政党和社会民主党获得的支持高度相关，因此，就像我们可以想象的那样，与资产阶级政党和进步党获得的支持负相关（但在后一种情况下，除0.5以外，其他系数值并不大）。换言之，选民赞成投资调控的态度是预测他们会选择左翼社会主义政党（和社会民主党）的良好指标，而选民反对投资调控的态度则是预测他们会支持传统资产阶级政党的良好指标。但是，对政府调控投资的态度对于预测进步党可能获得的选民支持并没有重要意义。[①]（对政府调控投资的态度可以解释左翼社会主义政党8%的支持率变异。）

就像在之前的分析中，通过对政府调控投资的态度进行的比较表明，促使选民"向左转"或"向右转"的主要因素是选民对政府调控投资的态度。在有关丹麦的所有分析中，各阶层地位变量（工会会员、阶层成员和阶级地位认同）在解释社会民主党得到的支持率方面发挥着主导作用，而对左翼社会主义政党或进步党支持率的作用较弱或根本没有作用，尽管已经参加工会的工人对于左翼社会主义政党获得的支持率具有重要的意义。因此，丹麦社会民主党的分化似乎与政策问题高度相关。

如果不把选民的"态度"及选民对党派的选择放在社会民主党取得的业绩的背景下来考察，就很难对这三个国家的经济调控问题进行比较。在挪威，这个问题的实质性意义肯定有所不同，因为挪威整个战后时期的特点是国家大幅度扩大对金融和工业的调控；瑞典对劳动力市场进行了大量的监管，最近又试图实施国家对投资的指导；而丹麦社会民主党在对经济发展进行更加积极的直接管理方面屡屡受挫。因此，挪威选民对调查问题的回答很可能是对实际业绩和成就的评价；而丹麦选民的回答似乎反映了选民希望在经济政策领域应做或不该做什么的愿望。解释国家间差别的困难在于无法确定事实是否如此，因此，下文的比较评价难免包含一些猜测的内容。

对于丹麦，我们可以解释这些数据意味着：选民担心对经济进行更加全面

---

① 年龄变量与选民对政府调控投资的态度的相关性不显著（两者二元相关系数是0.071），表明代际差异在到目前为止研究的任何态度关系中都没有发挥重要作用。只有在社会民主党的模型中，年龄才具有显著的独立效应，从而可以解释大约5%的社会民主党支持率"温度计"变异。

的调控会让左翼社会主义政党得益,而不利于社会民主党——尽管我们应该注意到,社会民主党的支持者也表达了希望政府指导投资的强烈愿望。国家调控投资的问题可以看作是丹麦社会民主党分化的一个构成因素。由于工人阶级和工会会员与赞成国家调控投资强相关(相关系数分别为 0.315 和 0.291),因此,我们可以得出这样的结论:不但知识分子希望国家调控投资,而且丹麦社会民主党阶级基础的传统核心阶级也相当强烈地要求国家调控投资。此外,由于丹麦选民普遍强烈要求政府加大投资环境的监管力度,因此,丹麦社会民主党在这方面遭遇的失败似乎更有可能危及该党的合法性和动员能力。

简要评价

在几乎所有涉及选民态度的维度上,丹麦的选民调查都出现了极端的民意分差。这表明丹麦选民更加政治化和两极分化。反福利国家情绪把选民推向了右翼;而希望政府加大经济调控力度的愿望则诱使选民向左转。虽然选民无论左转还是右转,都已经远离丹麦社会民主党,但他们的方向选择似乎取决于以下两个因素:首先是选民依附工人阶级的程度。那些与工会和工人阶级关系密切的选民倾向于向左转,而那些与工人阶级和工会关系比较松散的选民则往往会向右转。其次是在反福利和支持国家实施经济调控问题上的民意分差。

因此,在支持丹麦进步党的工人中存在一种认为政府应该调控投资的实质性共识,但这种共识被他们对过度福利主义的厌恶所掩盖。[①] 在那些支持左翼社会主义政党的工人中,我们发现赞成福利和投资调控的态度同样鲜明。简而言之,有相当多的证据表明,丹麦社会民主党出现分化趋势是有它的政治原因的:工薪阶层群体之间的政治分裂是社会民主党推行的社会、住房和经济政策造成的结果。一种"资产阶级化的论断"当然没有得到多少经验性支持。工人和白领雇员可能反对福利国家,但又渴望有激进的经济纲领。丹麦工人

① 赞成控制投资的态度大约单独就可解释丹麦进步党工人支持率 2%的变异;而反对福利的态度则单独可解释丹麦进步党工人支持率近 18%的变异。

的政治转向并不意味着他们对意识形态或经济纲领的态度变得温和，而是表明一种政治化的抗议。

丹麦社会民主党的分化在阶级结构方面也有它的特殊性。那些仍然忠于丹麦社会民主党的选民主要是该党的传统核心选民——年龄较大、参加工会的体力劳动者，他们的党派选择受传统、阶级地位认同和对党的忠诚的影响，而不是依据政策评判结果做出的。相比之下，那些离开社会民主党向左寻找“更红的牧场”(redder pastures)或者向右寻找“更蓝的牧场”(bluer pastures)的选民通常比较年轻，并且更多受政策因素的驱使。最后，左翼社会主义政党似乎吸引了一些反对社会民主党政治纲领的支持者，包括体力劳动者和白领雇员。这表明，社会民主党进行联盟重组的选民和政治条件都不容乐观，因为左翼已经结成了一个对抗联盟，包括年龄较轻或许更有政治意识的工薪阶层群体。

挪威工党的政策与该党衰落之间的关系并没有那么清晰。乍一看，挪威选民似乎与丹麦选民截然不同：他们热情地支持福利，但拒绝接受更加激进的经济政策。不过，正如笔者已经指出的那样，挪威选民更加反对更加激进的经济政策，可能很好地反映了挪威选民对挪威工党实际表现的评估，而不是反对经济调控本身。我们已经看到，在经济政策问题上的激进情绪在左翼社会主义政党支持者中间有所增强，但在工党和资产阶级政党选民中间却逐渐减弱。然而，由于挪威左翼社会主义政党的力量一直起伏不定，因此，很难断定选民对挪威工党经济政策的不满是否已经把相当一部分选民推向了左翼。总的来说，如果选民对工党政策不满与离开工党之间有一定的关系，那么，对工党政策不满可能会把更多的选民推向右翼。

可以肯定的是，挪威工党已经出现停滞和衰退的迹象，它已经失去以前牢牢控制工人阶级选票的能力。但与丹麦社会民主党不同，挪威工党并没有分化。笔者的分析表明，福利国家问题与挪威工党日益衰落的命运没有任何关系(或许经济政策问题确实与挪威工党日益衰落的命运有一定关系，但几乎不会成为左翼反对派的主要激励因素)。正如我们将要看到的那样，这种现象与丹麦的经历相反，主要是短期问题的产物，特别是挪威加入欧共体的问题造成的后果。但是，挪威工党也未能在一个广泛的工薪阶层联盟内部动员新生的白领阶层，而且有证据表明是工党的政策促成了这一失败。首先，似乎是税收和收入均等化政策导致工党疏远了白领群体。挪威选民对税率累进度陡峭的不满情绪比其他两个国家的这种情绪选民更为强烈——这是一个导致选民严重两极分化的问题。如果说福利计划的扩大能使工薪阶层团结起来，那么，税收就导致他们分裂。其次，对计划经济和管制经济的支持继续存在，但挪威工党最近的政策方针似乎引起了不满。

挪威工党在20世纪70年代和80年代没有推出明确又有新意的经济纲领——尤其是没有推出相当于瑞典甚至丹麦经济民主纲领那样的纲领，因此失去了主动权。不过，我们必须注意到，大多数挪威工人仍然强烈支持挪威工党的政策。瓦伦和马蒂纽森（Valen and Martinussen，1977：54—71）估计了突出的政策问题对挪威工党在1973年选举中遭遇惨败所产生的相对影响。请记住，在那次选举中，挪威工党的得票率从46.5%下降到35.3%；那次选举的最大赢家是左翼社会主义政党，他们一下子就获得了11.2%的选票。到了1977年，挪威工党已经收复了大部分失地，而左翼社会主义政党的得票率也回落到了他们习惯的4%～5%。这表明，挪威工党的一些选举问题与一些比较暂时性的问题有关。瓦伦1969—1973年的数据证实了这一点。到了1973年，税收、堕胎和挪威加入欧共体这三个问题同时发力，产生了很大的影响。①

在所有这三个问题上，挪威选民的态度两极分化，而挪威工党损失了大量的选票。在那些认为税率太高的人群中，工党损失了15%的选票，其中大部分选票不是投给了左翼社会主义政党，就是投给了新成立的挪威进步党。在反对堕胎的选民中，挪威工党损失了10%的选票，这些选票几乎都投给了基督教人民党，而一些支持堕胎的选民离开挪威工党后投入了左翼的怀抱。在所有这三个问题中，关于挪威是否要加入欧共体的问题对挪威工党造成了最大的损失。1969年支持工党但反对挪威加入欧共体的选民有25%投靠了左翼社会主义政党，而在1969—1973年，挪威工党失去了41%的反对挪威加入欧共体的选民。显然，对挪威工党来说，挪威加入欧共体的问题是一个最灾难性的问题。即使在公投结束以后，这个问题的影响继续存在。1969—1977

① 这里报告的数据转引自Valen and Martinussen（1977：tables 2.8—2.12）以及Valen（1981：table 16.9）。

年，赞成挪威加入欧共体的少数派选民波动较小（20%改变党派选择）；而反对挪威加入欧共体的多数派选民有32%改变了党派选择。在1969年投票支持挪威工党的选民中，改变党派选择的比例特别高。[①]

考虑到这些调查结果和上文介绍的其他分析结论，我们必然会得出这样的结论：虽然丹麦社会民主党的分化与挪威工党的“分化”确实都有党的政策而不是社会结构因素造成的特点，但造成分化的根本原因却截然不同。在丹麦，社会、住房和经济政策是造成社会民主党分化的长期基本因素；而在挪威，税收政策（可能还有经济政策）也导致了类似的趋势，但工党1973年的支持率暴跌主要是由挪威加入欧共体和堕胎的短期临时问题造成的。然而，突发事件的重要影响如此之大，以至于它们很可能颠覆了传统上赋予社会民主党的合法性和选民忠诚度。

在我们对丹麦和挪威进行比较时，还应该注意上述政策如何使这两个国家社会民主党的核心选民两极分化。在丹麦，反对福利的选民投靠了右翼政党，而反对社会民主党经济政策的选民选择了左翼政党。在挪威，反对加入欧共体的选民转向了左翼，而反对堕胎的选民则转向了右翼；正如瓦伦和马蒂纽森（Valen and Martinussen，1977：table 2.12）所指出的那样，这两个问题在1973年完全盖过了税收问题。不过，随着堕胎和欧共体问题逐渐淡出人们的视线，税收问题就变得日益突出。

在斯堪的纳维亚半岛，瑞典社会民主党是利用政策来聚集和动员选民最成功的例子。或者，比较谨慎地说，瑞典社会民主党已经成功地避免了基本选民内部的两极分化乃至四分五裂。在社会福利的问题上，不满情绪通常的确高涨，但平均水平掩盖了这样一种双重性：社会民主党的当然选民普遍认可福利国家，而越来越多的资产阶级反对派选民则拒绝接受福利国家。社会福利问题不可能成为瑞典社会民主党选民分化的重要原因，税收问题也是如此。在20世纪70年代，住房政策也同样有助于瑞典社会民主党稳定自己的选民，甚至可能是动员选民的有力手段。但在可预见的未来，住房政策很可能引发分化趋势。在经济政策方面，无论是出于把充分就业作为经济增长促进手段

---

① 相比之下，挪威工党因堕胎问题损失的选票并不是很多，而且只损失了一些“反堕胎者”的选票。

的意愿，还是出于遏制银行家和工业家权力的更大愿望，工薪阶层强烈支持政府加大反周期经济调控的力度。然而，70年代瑞典社会民主党遭遇了停滞和衰落的命运，这似乎与选民对该党传统经济政策信心的下降有关。在这方面，笔者的分析支持了科尔皮（Korpi，1977）与林德哈根（Lindhagen，1976，1977）交换意见时表达的观点。①

虽然瑞典社会民主党失去主动权有助于解释它在20世纪70年代取得的糟糕选民支持率，②但是，如果该党在瑞典经济状况开始严重恶化时下台成为在野党，如果它的政治对手长期缺乏凝聚力，因而没有能力有效执政，那么，瑞典社会民主党的处境很可能会更加糟糕。笔者认为有相当多的证据支持这样的一个论点：北欧三国社会民主党的竞选业绩参差不齐，主要是选民对它们的政策做出反应的结果，而不能归因于社会结构演变的任何内在属性。但这并不意味着社会结构的变化就没有因果相关性。这三个国家的社会民主党在当今时代所面临的选举困境，是由于以往的改革为选民创造政治利益的方式以及白领阶层的崛起为缔结政治阶级联盟和实施施政纲领规定新条件的方式相互作用造成的。

我们在这三个北欧国家不同程度地见证了社会民主运动以农民为基础的旧改良主义模式在政治上的消亡。首先，按照目前的设想，福利国家纲领再也不能继续下去了。其次，这种民粹主义联盟的收入再分配和平等主义倾向有可能阻止任何旨在构建统一的工薪阶层联盟的行动。最后，能把蓝领工人和白领阶层团结在一起的一个压倒一切的问题，是有效地保证充分就业，再加上改善工作生活条件。由于社会民主党的传统一揽子政策已经证明无法实际提供这样的保证，因此，重新结盟的机会取决于雇员集体资本基金或经济民主方案是否能使社会民主运动重回正和选举政治。

---

① 这两位瑞典社会学家在《潮流》（*Tiden*）杂志上进行了一场旷日持久的辩论，讨论了造成20世纪70年代瑞典社会民主党衰落的根本原因。林德哈根认为，瑞典社会民主党在70年代遭遇的衰退是后工业时代阶级结构变化的长期结果；而科尔皮则认为，后工业时代的阶级结构变化只有巩固社会民主党执政地位的可能性，并且表示，必须从瑞典社会民主党失去了为新的经济问题制定有效的应对政策的主动权的角度去寻找该党停滞不发展的根本原因。

② 另一个因素是核能争议（Holmberg，1981）。

第三编

处在十字路口的社会民主运动

第九章　重建新的政治联盟

斯堪的纳维亚的社会民主运动就如同其他地方的社会民主运动，目前正处在一个历史性的十字路口。如果继续推行战后的政治模式，并维持支撑这种模式的阶级联盟，那么几乎肯定会加快社会民主党的分化。战后的政治模式也由于一些国际原因而不堪重负。由于北欧国家的经济体规模较小，且依赖出口，如果要在国内避免零和经济冲突，显然就必须进行国际经济扩张。

新的国际分工给斯堪的纳维亚三国的充分就业型经济增长制造了更多的问题；国内高企的劳动力成本在越来越多的行业造成失业，而国内的钢铁业和纺织业已经无法与韩国的钢铁业或新加坡的纺织业竞争，除非政府恢复对企业和工作岗位的补贴，或者除非经济资源能够流向有活力的新出口部门。如果不重新制定福利目标，那么，社会民主党将面临实现其内容广泛的福利目标与保持经济活力之间真正不相容的问题。

新的国际经济秩序改变了国内分配冲突的性质；提高进口成本和恢复出口竞争力，必须有人提供资金；凡是在政府允许资本自由流动的行业，低利润率只会导致投资减少，从而对充分就业承诺构成严重的威胁。在工会势力强大的行业很难全面限制工资上涨，而在利润增长的情况下，工人不愿意长期忍受低工资。选择性减薪（如在出口行业）有悖“工资团结”的目标，而且还会扩大工资差别，严重危害工会会员的团结。对于社会民主党来说，大幅度削减公共社会支出无异于自杀。最后，削减白领雇员的收入，尤其是削减在公共部门工作的白领雇员的收入，可能会取悦于体力劳动者，但也会减弱社会民主党团结蓝领和白领工薪阶层的能力。

可以想象,斯堪的纳维亚社会民主国家也许凭借一次新的国际经济回暖就能摆脱目前的政治困境;但如果没有追加力量推助,就有可能会再次滑入传统的政策轨迹。战后这些社会民主国家成功故事背后的“凯恩斯加贝弗里奇”模式,在许多方面,甚至在国际经济停滞之前就已经在政治上不堪重负。首先,事实证明,福利国家无法兑现提高平等水平的承诺,因为它确立了势必过度奢侈的福利制度和全民享受权的扩散机制。事实上,这种模式最早出现不堪重负的一个迹象,就是20世纪60年代新左派对持续不平等的批评,而斯堪的纳维亚社会民主国家必须对这种批评做出回应。

其次,福利国家假定团结和福利能够提高经济生产力。当然,福利和劳动力市场计划有助于将快速工业革新的风险社会化,但也允许——实际上是积极鼓励——工人暂时或者永久性地离开劳动力市场。充分就业可能会产生积极的影响,但也能推高税收成本,甚至还会推高生产成本。换句话说,维持充分就业的间接成本往往会螺旋形上升。

最后,福利国家与私人经济之间那种假定的和谐日益受到质疑,而工作生活中的民主权利则正被要求作为社会公民权利的补充。财富不平等和经济权力集中由于一些一般的平等原因而被认为是不可接受的,但它们也是团结工资政策和经济结构改革带来的一个有问题的后果。提高投资的集体化水平被看作是为保证充分就业、平等和民主所必需。

斯堪的纳维亚国家战后推行的政策没有一项能够同时解决所有这些问题,但工资收入者集体基金和经济民主建议确实构成了社会民主党重新结盟纲领的核心内容。这项建议旨在解决利润和工资(包括社会工资)之间的零和分配冲突,有望降低生产成本,提高投资水平,实现更高水平的平等,并且有助于朝着它所承诺的民主经济迈出第一步。由于目前社会民主党没有其他解决经济停滞和福利国家僵局的计划,因此在很大程度上取决于这些政党自身是否有能力根据自己已有的计划进行动员。下文,我们首先概述丹麦和瑞典的两项主要计划,然后评价它们的政治和竞选性质。

瑞典社会民主党在它1975年的竞选纲领中宣称,争取政治和社会民主的斗争已经结束,现在已经到了把完整的民主公民权利落实在经济生活中的时候。瑞典的社会民主运动与欧洲其他国家的社会主义运动一样,目前正处在彻底改变自己纲领的前夜,因为资本主义生产组织方式将再次受到挑战。

新的经济民主计划有两个核心要素:一是强调员工参与;二是所有权和控制权集体化。第一个要素通常被称为"工业民主",涉及扩大员工参与制和影响微观经济行为(如劳动分工、监管、技术、健康和安全问题以及企业层面的投资决策);而第二个要素与宏观经济问题有关(如储蓄积累、投资配置和长期资本形成策略)。按照目前的习惯,第二个要素可被称为"经济民主"。目前的经济民主计划,无论是丹麦还是瑞典的计划,都有一个共同点,那就是它们与国有化和生产资料国家所有制的正统处方毫无关系。

现有的各种经济民主计划都基于两个基本原则。首先是信赖集体所有的工薪阶层资本基金(与个人利润分享制度不同),其次是工资收入者基金应该与某种形式的工业民主联系起来。

一些欧洲国家的工人运动强调工业民主,而不是经济民主,挪威就是如此。挪威工党已经通过立法推行工作生活改革,赋予工薪阶层影响企业管理和行政决策的权利。然而,挪威的工人运动并没有任何经济民主计划。20 世纪 50 年代,联邦德国工会联合会(DGB)提出了设立工资收入者集体基金的想法,但德国社会民主党拒绝采纳。于是,联邦德国的工人运动把注意力集中在了改进现有的共同决策制度上。经过旷日持久的立法和议会斗争之后,联邦德国的工会联合会和社会民主党最终成功地把共同决策制度扩展到了更多的工业部门,并增加了工人代表(Sontheimer,1977)。工业民主在意大利共产党和工会联合会发起成立的工厂委员会(Consiglia dei Fabricca)和法国工会联合会(CFDT)提出的自主管理计划中也得到了突出的体现,英国工人运动也在 1977 年背运的布洛克(Bullock)报告中强调了参与式改革(Nossiter,1978)。

只有个别国家的工人运动谋求经济民主立法。联邦德国工会提出了格莱茨(Gleitze)工资收入者集体基金计划,但没有取得成功(Zinn,1978;Nolan and Sabel,1982;SOU,1981)。在荷兰,社会民主党政府在 1976 年提出了一项以利润为基础的集体基金计划,但因 1977 年政府更迭而中途夭折;新的资产阶级政党联合政府提出了一项修订计划,但没有走立法程序(SOU,1981:50)。只有丹麦和瑞典在为社会民主运动认真考虑经济民主计划。瑞典的经济民主计划虽然表达更加清楚，但都与企业员工参与计划有关。

经济民主既是与目前流行的凯恩斯主义模式的彻底决裂，也是距今遥远的政治传统的复兴。指导当代经济民主计划的思想来源于最初寻求一种可以取代布尔什维克主义或工联主义方案的社会民主计划。

经济民主的政治渊源与复兴

经济民主计划有多个历史渊源，正如梅德纳（Meidner，1978）指出的那样，可以追溯到利润分享思想、行会社会主义的影响以及“一战”结束后在左翼社会主义政党中间非常流行的工人委员思想（Cole，1969），而且还可以追溯到更多的负面影响源。社会民主党人发现自己要与共产党人和工联主义者进行斗争，于是被迫起草了一份既具左翼意识形态吸引力又有议会改良主义潜力的社会主义蓝图。在两次世界大战间隔期里，社会民主党人带着传统的国有化诉求参加了竞选，结果由于没有得到工人阶级的热情支持而遭遇了惨痛的失败，而且还遭到了来自资产阶级阵营的毁灭性打击。

根据我们现在的了解，第一张经济民主蓝图出自鲁道夫·希尔弗丁（Rudolf Hilferding）的亲密伙伴弗里茨·纳弗塔利（Fritz Naphtali，1928）之手。纳弗塔利的经济民主计划是一份另类的计划，因为广大社会民主党人，特别是希尔弗丁（Hilferding），仍然坚持社会主义的出路在于把重工业和金融资本收归国有的立场（Gates，1974）。然而，纳弗塔利的经济民主（Wirtschaftsdemokratie）计划建议设立社会资本基金，通过对企业征税来筹集资金。他的动机极有可能是要支持陷入困境的工人委员会和共同决策制度。瑞典著名的社会民主党人，如 20 世纪 20 年代的威格福斯（Wigforss）和卡尔比（Karleby），也受到了类似思想的启发。[①] 威格福斯反对国家社会化，因为国家社会化只能以一种官僚制度来取代另一种官僚制度；但他没有提出详细的经济民主计

① 1920 年，布兰廷在瑞典组建了第一个社会民主党政府，并且立即成立了一个委员会负责策划经济民主策略。该委员会在 1923 年发布报告称，不能在推行政治民主的同时保持继承财产的特权不变。在这份报告中，威格福斯提出了这样一个口号：50 年后，民主将成为瑞典工会联合会争取经济民主斗争的一个结集点：“民主不能停留在工厂大门之外”（Korpi，1981b；Wigforss，[1923]1981）。

划。

德国和斯堪的纳维亚半岛的经济民主在大萧条和法西斯主义猖獗时期遭遇了灭顶之灾。德国社会民主党领导层在希尔福丁的带领下继续坚持其应对经济危机的旧式国有化措施。1931年，德国工会联合会提出了一项赤字资助就业机会创造的瑞典式计划[即沃伊廷斯基计划(Woytinsky plan)]，但遭到了希尔福丁和纳弗塔利(Gates，1974)的否定。在斯堪的纳维亚半岛，社会民主党对这场危机作出的反应是搁置激进的社会化计划——但迟迟没有付诸实施——以回应工会提出的创造就业机会和工人阶级选民提出的立即发放救济的要求。斯堪的纳维亚社会民主党改变了实施改良的先后顺序，把社会民主置于经济民主之前。因此，在斯堪的纳维亚半岛，工会对大规模失业的关心远远胜过对社会主义教条的关注；而德国工会联合会和社会民主党则意见相左。

经济民主最初由社会民主党的党内知识分子提出，而战后的倡议则由工会提出。如果真的重新提出社会主义经济承诺，这似乎有悖列宁关于工会运动无力推进革命目标的格言。然而，这些原因与其说与意识形态有关，倒不如说与实际需要有关。首先，必须根据战后党派和工会的角色变化来理解工会对经济民主的兴趣。各国社会民主党现在被迫动员广大工薪阶层结成联盟，而工会则仍坚持其狭隘的阶级性。促进经济民主将凸显典型的社会民主困境，即如何对左派的意识形态承诺与对议会广泛多数的实际需要进行协调。

工会的纲领性激进倾向出于经济需要而不断加剧。工资争议在充分就业型经济中有所缓解，从而使工会陷入了日益艰难的困境(尤其是在工会力量强大的国家，如瑞典)。工会的工资谈判能力受到通胀效应的制约，在开放经济中还要受到出口业绩的影响。工会的力量很容易导致投资减少和(或)资本外逃。凡是在工会接受自愿或强制性收入政策的地方，工会经常要面对普通会员不满和野猫罢工的问题(Panitch，1976；Crouch and Pizzorno，1978)。工会把双管齐下的工业和经济民主计划看作是解决其困境的良方。加强员工参与和作业控制，可能有助于缩小工会中央领导层和基层诉求之间的差距。通过工资收入者基金积累集体资本资源能使工会更好地控制投资决策以及充分就业所需的资本形成。虽然利润和工资之间的斗争是一场零和博弈，但工资收入者基金赋予工人运动一种折中的工资约束手段，以分享未来的部分利润和经济控制权(Esping-Andersen and Friedland,1982)。此外,经济民主还能解决日益严重的财富和资本集中问题。无论是谁,在制定各种经济民主计划时都会明确规定财富再分配的目标。

战后德国社会民主党决定与资本主义经济和平共处,值得注意的是,德国社会民主党经济学家布鲁诺·格莱茨(Bruno Gleitze)制定了战后第一份工资收入者集体基金计划。格莱茨的计划表明了联邦德国工会同时担心共同决策制度本身的内在缺陷以及工会缺乏加强控制日益集中和卡特尔化的联邦德国资本结构的能力(Lieberman,1977;Hallet,1973)。格莱茨计划确实是后来丹麦和瑞典工资收入者集体基金计划的母本,因为它呼吁把工资收入者集体基金("社会基金")与共同决策制度结合在一起,并以每年转移一定比例的企业利润为基础。然而,格莱茨计划并没有使联邦德国工人运动的不同阶层都感到满意。[①] 1972 年,德国社会民主党具备了更强的竞选实力,并且推出了另一个版本的工资收入者集体基金计划,但这份计划也遭到了拒绝。

经济民主直到 20 世纪 70 年代初才有它的政治可能性,当时先是丹麦工人运动,后是瑞典工人运动,提议立法颁布这方面的法律。与联邦德国或荷兰相比,考虑到斯堪的纳维亚工人运动的力量,因此,后者对经济民主的承诺能够确保经济民主从乌托邦过渡到现实。

斯堪的纳维亚的经济民主政治

虽然是丹麦率先制定经济民主计划,但执行这种计划的最佳机会却出现在瑞典。挪威工人运动当时还没有考虑经济民主问题。在我们讨论这三个国家的经济民主斗争所特有的情况之前,先应该考察这些计划的共同遗产中有哪些因素有助于解释社会民主运动关于经济民主的承诺。当然,斯堪的纳维亚三国社会民主党独特的意识形态遗产也起到了一定的作用,它们可是第一批搁置立即没收生产资料诉求的社会民主党。事实上,按照国际标准来衡量,丹麦和瑞典的国有企业部门规模非常有限(而挪威国有企业部门的规模则相

① 联邦德国建筑业实际执行了相似的莱伯(Leber)计划。

当可观)。其实,社会化措施在20世纪20年代以后从未受到过认真地对待,但也从来没有在社会民主党的纲领中完全消失。

我们已经知道,战后瑞典关于经济政策的辩论转向了更具现实意义的劳动力市场调控问题。20世纪60年代末,瑞典重又开始了关于经济政策的理论探讨——不过,这次不是讨论制定集中制计划的问题,而是讨论如何从地域和行业两个方面引导资本流动(Lindbeck,1975;Martin,1975,1979)。从社会民主党纲领的角度看,这场辩论对"职能社会主义"理论进行了重构。根据这种理论,社会化目标是要对私有制的职能,而不是私有制的法定财产权进行社会化(Adler-Karlsson,1967)。与此同时,工会开始质疑无可争议的管理权是否继续与控制劳动过程有关(Korpi,1981b)。最后,到了60年代后期,工会又重新提出了收入和财富不平等的问题。

丹麦社会民主党总是更不愿意参与有关经济社会化的意识形态辩论。1967年短暂的红色内阁执政经历确实促使丹麦人更加关注积极的国家指导投资的政策,但丹麦的补充养老金计划和社会主义联盟本身的失败使工人运动转向了传统的凯恩斯主义,但丹麦社会民主党必须正视财富集中的问题(Hansen,1973;Lykketoft,1973)。

在斯堪的纳维亚,关于不平等和财富集中的辩论对于后来的经济民主政治具有很重要的意义。当时,瑞典和丹麦社会民主党都可以宣称,为福利国家进行的斗争已经取得了成功。与此同时,工会,尤其是瑞典工会,以相当可贵的敬业精神致力于工资均等化。然而,——无论在社会民主党内部还是在左翼社会主义政党内部——越来越多的党员批评收入不平等问题依然如故;但事实上,战后的政策导致财富和资本集中加剧。在斯德哥尔摩,瑞典一个政府委员会一份关于经济集中问题的报告表明,瑞典经济很可能是世界上所有权结构最为集中的经济体之一(SOU,1968;Åkerman,1973)。20世纪70年代初,丹麦和瑞典社会民主党在自己的纲领中都对提高平等水平的承诺给予了极大的关注。

斯堪的纳维亚三国的社会民主党在意识形态方面出现的这些转变也说明,它们已经认识到为了未来必须更新党的纲领,而斯堪的纳维亚社会民主运动正在成为这些政党的成就和缺点的牺牲品。福利国家陷入了财政危险,因为它必须以经济强劲增长为前提。到了20世纪60年代末、70年代初，有迹象表明，斯堪的纳维亚企业的盈利能力正在下降（Edgren et al.，1970；Bergström，1971）；很难用传统的一揽子自由经济政策来保证充分就业继续、价格稳定和出口竞争力不减（Martin，1979，1981；Esping-Andersen and Friedland，1982）。鉴于工会和社会民主党力量强大，因此，从政治的角度看，很难大幅度削减社会福利或市场工资以恢复企业利润。

寻求一种替代性经济政策的终极原因是社会结构和政治结盟条件的变化。从本质上讲，社会民主运动进入20世纪70年代以后遇到的问题是，如何制定一种能够调和传统上作为联盟基础的工人阶级的利益与新生白领阶层的利益的政策。社会民主运动的未来取决于这种历史性的政治联盟重组，而经济民主的命运则在很大程度上决定了这种重组的前景。

瑞典的经济民主计划

在鲁道夫·梅德纳（Rudolf Meidner）代表瑞典工会联合会开始起草工资收入者集体基金计划时，丹麦已经有一份这样的计划存在。不过，“梅德纳计划”虽然与丹麦的计划相似，但却是为了解决瑞典特有的问题而设计的（Meidner，1978）。

梅德纳计划的任务主要是解决三个问题。首先，协调一致的团结工资政策由于对工资进行限制，因此允许最有活力的企业实现“超额利润”。显然，我们很难迫使这样的企业的员工放弃工资有可能更高的工作合同，而不给他们任何回报。因此，工人作为一个阶级应从超额利润中得到补偿，这样才合乎逻辑。其次，积极的劳动力市场政策对于资本集中起到了很大的推助作用。瑞典工会联合会要求梅德纳计划解决财富和资本集中的问题（LO，1976）。最后，瑞典工会联合会希望对资本形成和制定更有力的工作场所民主政策掌握更大的控制权。到了20世纪60年代末，瑞典工会联合会已经开始认识到，仅仅依靠政府的积极劳动力市场政策不足以进行均衡的结构性变革。瑞典工会联合会虽然曾向政府施压要求允许把根据补充养老金计划设立的第四养老基金的资金用于资本投资，但仍谋求一种效率更高的工具来指导经济增长。与此同时，随着劳动力越来越难以流向有空缺工作岗位的地方，以及参与劳动力市场委员会组织的各种再就业活动的工人迅速增加，劳动力流动政策的效力正在减弱。在瑞典工会联合会看来，失衡背后的罪魁祸首是资本，而不是劳动力。

20世纪70年代瑞典经济状况恶化，迫使瑞典人重新确定经济民主目的的先后顺序。随着对资本形成速度放慢的担忧加剧，瑞典人对财富集中和工人更多地参与管理决策的关切有所减弱（Åsard，1978；Öhman，1979b）。到了1974—1975年，瑞典的问题是工资暴涨、出口业绩下滑以及国际需求持续低迷，而且已经变得具体、明晰。由于限薪的压力越来越大，瑞典工会联合会选择把经济民主作为唯一可接受的交换条件：工人运动将容忍工资节制，条件是工薪阶层可以分享部分因此而实现的利润，并对日后的资本形成享有一定的控制权。从这个意义上讲，工资收入者集体基金已经成为一种能使阶级冲突由零和博弈转变为正和博弈的劳方可接受的新社会契约模式。

1975年，梅德纳向瑞典工会联合会提交了他设计的经济民主方案。1976年，工会代表大会一致通过了这个方案，然后把它转交给瑞典社会民主党提交议会进行立法审议。但是，瑞典社会民主党对这个如此激进、复杂的经济民主提案准备不足，特别是考虑到即将要举行全国大选。为了争取时间，社会民主党授权一个特别调查委员会在1980—1981年之前起草一份报告（1978年公布第一份瑞典工会联合会-社会民主党联合报告，但反响不佳）。目前由瑞典工会联合会和社会民主党共同起草并于1981年春季提交议会审议的工资收入者基金方案与最初的方案有很大的出入，但基本原则没变。

最初的梅德纳方案虽然复杂，但很明智，它要求工资收入者基金实行两级管理：第一层次是企业层面的基础基金，第二层次是国家层面的发展基金。第一层次的基金通过每年由企业转移支付20%的利润的方式来筹集资金，并且采用股票期权的形式由每个企业内部直接选出的工人代表管理控制。根据梅德纳的设想，工资收入者基金的部分股息用于工人福利和增加就业的投资。由于集体持有的股份相对于私人持有的股份预计会增加，因此，从长远看，这个方案预计将会促成一种工人占据多数的代表制度。

第二层次的基金着眼于对资本进行宏观经济指导。这一层次的基金通过开征一种工资税，而不是利润税的方式来积累资金，这个层次基金的职能是确保资源在地区间的再分配和协调,以促进更加均衡的经济发展,而它的管理则由工会和政府任命的领导人负责。梅德纳方案就如同它的后续方案,旨在先要立法通过允许工人代表审查企业财务的法律,并且要求工人代表掌握为熟悉复杂的财务会计所必需的技能和专门知识。因此,在瑞典社会民主党1976年下野前取得的最后一些立法成就中,就有一项允许工会审查几乎全部企业财务的法案(1977年付诸实施)。梅德纳方案还包括一项关于工资收入者基金的收益应指定用于培养工人管理技能方面的教育。

如果每年以股权的形式转移20%的企业利润,那么,工资收入者持有企业的控股权只是个时间问题。这种"温和的社会主义"(creeping socialism)机制如何能够迅速发挥作用,这要取决于企业的利润率。按照梅德纳的估计,工会在25～50年内就能完成对大多数大公司的实际控制(Meidner,1978:59)。如果决定员工基金主要用于增加企业利润,那么,工会掌握大公司控股权的进程肯定会加快。梅德纳方案的精妙之处就在于此,它似乎能够实现两个明显互相矛盾的目标:一是追求长期盈利能力和高投资率,二是更加公平地分配财富,逐步实现所有权社会化,并且扩大员工在企业管理中的代表权。从短期看,这个方案有助于改善企业的流动性状况,并为企业发展和技术革新提供更多的资金;但从长远看,企业员工可行使多数控股权,并享有所有权。

梅德纳方案与传统的社会化方案不同,它包含了另一个精妙的元素:即使不是从实践层面,单从理论上讲,如果梅德纳方案付诸实施,私人股东就没有先验的理由撤资。设立工资收入者基金就是为了扩大公司股本和提高盈利能力,从而使私人股东受益,因此,传统的私有制只是受到相对的抑制。

当然,梅德纳方案招来了瑞典雇主和三个资产阶级政党的一致反对。他们的攻击切中要害,认为这是一份"温和的社会主义"方案。在他们看来,这也违反了个人主义和自由的自由主义传统。偶尔也有人抱怨,经济民主会把过多的经济权力集中在工会手中,从而会破坏政治民主。从更加实际的层面看,瑞典雇主联合会和工业家协会的成员警告称,技术创新的激励机制将趋向于衰微,市场机制的效率将让位于官僚主义的僵化和造成的瓶颈;从长远看,瑞典将失去其国际竞争优势(Meyerson,1979)。

虽然瑞典资产阶级的攻击比20世纪20年代以来的任何时候都更加疯

狂，而且更具意识形态色彩，但瑞典的雇主组织和各非社会主义政党仍然试图用其他不那么危险的计划来应对这一挑战。瑞典社会民主党提出了一个以自愿分享利润为主题的变体：员工将持有集体管理基金的份额，并且有权在一定年限后兑现。这个方案可被解读为一种变相的工资约束，确实涉及梅德纳模式中的一个要素——为投资积累储蓄，但忽略了另一个更为关键的要素——把所有权和控制权转移给工薪阶层群体的目标。

瑞典工会联合会拒绝接受这样的方案，因为这样的方案只能固化现有的不平等，还因为它们不会促进经济权力的民主化。低收入员工可能比高收入员工更有可能出售他们的基金份额，因此，这样的方案会扩大员工之间的收入差距，或者至少会影响劳动阶级的内部团结，因为它们强调自愿和个人所有权。不过，民意调查显示，个人利润分享计划在工薪阶层中，尤其是在白领群体中产生了相当好的反响。

梅德纳方案也遭到了工人运动的严重质疑。工人运动的一个主要关切是这个方案有可能产生寡头政治的后果以及如何确保一种代表制度能够满足对分散化参与式民主日益增长的需要这个一般性问题。瑞典工会联合会和社会民主党联袂提出的工资收入者基金方案经过修订以后微妙地试图避免这个一般性问题，把代表制度问题留到以后讨论解决。[①]

修改后的联合方案确认了经济民主对工人运动的新作用。这个方案不但被作为阻碍瑞典经济资本重组的绊脚石，而且与社会民主党的经济危机应对纲领“瑞典的未来”(Framtid for Sverige)有着明确的联系。它向瑞典选民和企业界传递的信息是：如果能通过经济民主立法，劳动阶级就准备完全默许大幅削减消费。这份联合方案首先提交工会联合会全国代表大会审议，然后在1981年9月提交瑞典社会民主党代表大会审议。这个方案在这两个代表大会上都是几乎获得了一致通过。新版方案是作为危机应对措施提交审议的，同时承诺推进民主社会主义。

这份新版方案在几个方面偏离了梅德纳方案。首先，淡化了大规模的财

① 修订过程中编制了两份新的报告——《工资收入者基金与资本形成》(*Wage-Earner Funds and Capital Formation*，LO and SAP，1978)以及1981年春季公布的方案最终报告(LO and SAP，1981)。

富再分配和工作场所民主化的目标，但强化了促进储蓄和资本投资的目标；其次，被明确设计为一种交换条件。新方案没有要求自动转移 20%的企业利润，而只要求转移“高于平均水平”的那部分利润。如果新方案付诸实施，那么，资本转移的速度要比原先设想的慢许多。但最重要的是，新方案除要求转移企业利润以外，还要扣除 1%的工资总额作为补充。无可否认，新方案包含一种工资约束机制，并且要求建立一种比较间接的融资安排，而不是原方案规定的以企业为单位的员工基金。来自利润和工资的转移资金首先拨付给一个补充养老金改革计划下的特别养老基金，并由该基金反过来向工资收入者投资基金提供资金。[①]

这种新颖但看似烦琐的安排有两个重要作用。首先，它有助于消除那种关于经济民主会破坏资本市场均衡的担心。工资收入者投资基金向补充养老金计划基金借款时，必须支付利息。因此，工资收入者基金的投资必须盈利，从而应该能大大降低为了保住工作而把钱投入投机项目的诱惑。新方案还规定，工资收入者基金将在公开的股票市场购买股票。[②] 其次，这种安排旨在使集体需要与个人利益之间建立更加密切的联系。把资本转移和工资收入者基金投资回报与补充养老金基金挂钩的想法，是为了提高养老金体系的长期财务可行性。这样，工人未来的养老金就会变得与经济民主密切相关。

这个新的经济民主方案是作为一项能使各当事方达成一致的正和政策——一项有利于工资收入者和养老金领取者、劳方和资方、民主和市场的政策——提出的。然而，瑞典社会民主党没有找到任何愿意伸出援助之手的政治盟友，瑞典的三个非社会主义政党都拒绝在这个方案上签名，[③]而反对这个方案的党派在 1982 年的选举中发起了强烈反对这个方案的竞选活动。

---

① 这些基金分为两个国家基金和 24 个地区基金。

② 由于许多瑞典公司没有在股票市场上市，这个方案要求单独立法，迫使非上市公司开放股票买卖。

③ 一段时间以来，社会民主党一直把自己的希望寄托在与自由党达成协议上，因为自由党多年来一直赞成推行利润分享计划，并对建立投资基金的原则表示赞同。由于自由党拥有城市白领基础，因此在选举中占据重要地位。从策略上讲，社会民主党可能会预料到，自由党会担心失去白领雇员对社会民主党提出工资收入者基金方案——特别是如果得到白领雇员工会联合会支持的方案——的支持。在过去的几年里，自由党明显已经开始与其他两个非社会主义政党结成了更加紧密的联盟，并与他们一起猛烈抨击瑞典工会联合会和社会民主党共同提出的经济民主方案。

在获得1982年大选胜利和瑞典共产党在议会的支持以后，瑞典社会民主党于1983年12月成功地通过立法程序获准设立这些基金，但问题几乎没有得到解决。一方面，瑞典白领雇员工会联合会下属的主要工会仍然存在分歧，并且在一定程度上对这些基金持消极态度。此外，瑞典的资产阶级政党和雇主组织都没有屈服于既成事实。1983年，瑞典雇主身穿细直条纹西装举行的公开示威，凸显出他们对任何相关立法的强烈反对；而保守党承诺，只要该党重新执政，就立刻废除有关这些基金的立法。雇主举行这场示威的严重性在一定程度上受到了质疑，因为斯德哥尔摩证券交易所的行情继续上涨，但保守党的警告传递出该党将与瑞典的民主传统彻底决裂的信号；这也是瑞典推行完整的议会民主制度以来，第一次有瑞典的某个政党拒绝遵守由议会多数作出的决议。因此，工资收入者基金的前途要在1986年的选举中再次经受考验。

丹麦的经济民主方案

在经济民主方面，丹麦社会民主党在纲领的制定上走在了瑞典兄弟党的前头。但具有讽刺意味的是，这种对于丹麦劳动阶级来说非同寻常的先行状况，可能是因为他们势单力薄造成的。在没有任何类似于积极劳动力市场政策的政策、投资储备银行或补充养老金计划集体基金储蓄积累的情况下，丹麦社会民主党只能满足于使用非常传统的财政和货币工具来进行宏观经济调控。

丹麦最初的经济民主方案是由维果·坎普曼(Viggo Kampmann)在与金属业工人联合会的密切合作下起草完成的。① 这个方案在1969年提交工会代表大会审议，最终获得了一致通过。制定这个方案的部分动机与梅德纳方案相似，即希望建立一种更加民主和对社会负责的经济，并且更加公平地分配财富。但是，坎普曼的主要关切是为保证经济持续增长和充分就业创造足够的储蓄。他明确指出，丹麦经济长期存在储蓄赤字，并且经常迫使工会降低工资要求；而他提出的这个方案的首要任务就是解决这些问题(Kampmann,

---

① 坎普曼是丹麦社会民主党的著名人物，在20世纪50年代末和60年代初曾担任丹麦首相，直到因健康问题被迫辞职。

1970:9—17)。

由于坎普曼方案实际上与梅德纳方案相同,因此,我们没有必要对它进行详细的介绍。坎普曼方案拒绝采纳利润自愿分享计划,并坚持认为工资收入者基金是集体基金(即任何个人都没有享受资本或红利的权利)。此外,这个方案还建议,这些基金应该通过转移部分公司利润和员工工资来筹集资金。但是,即使丹麦和瑞典的经济民主方案起先非常相似,但演化路径也有很大的区别。

坎普曼方案在获得金属业工会联合会审议通过以后,就提交丹麦工会联合会代表大会审议,然后送交丹麦社会民主党(当时已经下野)。丹麦的雇主组织和瑞典的雇主组织一样,也提出了个人利润分享计划,但丹麦的三个左翼社会主义政党,或者说共产主义政党,全都予以猛烈的攻击。社会人民党认为这是一种"赋予工薪阶层机会通过提出一些好的建议和做出经济上的让步来造福于雇主"的伎俩(Sørensen,1972:38)。丹麦的各左翼政党都坚持要对银行和高金融实行完全社会化的传统要求。左翼政党攻击的依据是,经济民主只不过是一种变相的强制储蓄方式。他们认为,这是一种倒退的收入政策,迫使工人放弃工资,以换取更多的投资。

丹麦工会联合会和社会民主党成立了一个联席委员会,负责准备一份普遍可接受的坎普曼方案修正案。这个联席委员会在 1971 年提交的修正案大大偏离了原始方案所体现的原则,并且向非社会主义批评者做出了两个重要的让步。首先,修正案放弃了基于利润的资金转移原则,而是采用第一年对工资总额征收 1%的税收,而在以后的 8 年里每年按 0.5%的税率征收的方式来向基金转移资金。基金筹资将在 9 年后结束(Sørensen,1972:54—60)。这个修正案还对那些主张提高工资收入者个人对集体基金依附程度的人士做出了让步。虽然工资收入者基金坚持集体所有的原则,但雇员个人在退休以后可享受分红。①

① 拟议中的制度反映了一种强烈的平等主义承诺。不论以往的收入状况如何,所有工人都将获得相同的定额股息。这项原则秉承了丹麦养老金制度的传统——与退休前收入无关的统一定额养老金。由于丹麦工人运动在通过团结工资政策实现市场工资平等方面取得的成就要小得多,所以平等的统一报酬制度可以被看作是对低工资工人问题的一种特殊让步。

从以上这些修订内容来看，很明显，丹麦的经济民主新方案并没有逐步实现资本所有权社会化的打算。鉴于对转移支付设定了上限，左翼政党批评称这个修正案只是一项强制性储蓄计划，似乎不无道理。然而，如果我们还考虑到社会民主党在历史上从未能够扩大公众对资本市场的控制权，那么，即使这个相对温和的融资计划，也意味着与之前的经济政策的毅然决裂。在这个方案经过一些细节性修改以后，丹麦社会民主党在1972年接受了经济民主方案的修正案，准备在日后采取立法行动。

丹麦随后的经济民主政治一直漂浮不定、令人困惑。1973年，丹麦社会民主党提议对与即将达成一致的工会工资解决方案有关的经济民主方案进行立法。该党的想法是要求丹麦工会联合会接受限薪，以换取设立工资收入者基金。但是，社会民主党的提议几乎遭到了丹麦各个政治阶层的一致反对。各左翼社会主义政党都拒绝了社会民主党提出的经济民主方案，认为它“出卖”了工人阶级；雇主组织和非社会主义政党也都认为这个方案不可接受；而工人阶级的大部分成员则对它的隐匿收入的政策意义持怀疑态度，更不用说这个方案要把权力集中在工会联合会的最高层。总的来说，整个过程给人的感觉是太过随意。1973年晚些时候举行选举时，这个方案刚提出就突然被放弃。1975年，社会民主党重新提出这个方案，并把它作为帮助丹麦经济走出严重衰退困境的一个途径。该党甚至准备在工资收入者基金的集体所有原则上做出进一步妥协。这次是工会拒绝了这个方案。1978年，工会联合会要求结合全面的一揽子收入政策一起进行立法，从而再次激活了这个经济民主方案。虽然工会联合会准备容忍冻结工资以换取经济民主，但这个方案仍没有获得通过。当时，社会民主党与自由党组成了联合政府，如果经济民主被认真地提上立法议程，那么，联合政府注定要解体。

由于没有任何潜在的左翼或右翼政治盟友支持工会联合会和社会民主党共同提出的经济民主方案，因此，丹麦工会不得不重新评估其工资收入者集体基金的想法。自1978年以来，丹麦工会一直在推动一个完全重新设计的方案。目前的方案——被称为“超斯库德斯德林计划”（Overskudsdeling plan）——把传统的利益分享计划的要素与早先的经济民主方案融合在了一起。制定这个方案的目的众所周知：为实现资本形成积累集体储蓄，减少经济不平等，并且采取更加民主的经济决策方式。这个新方案建议把私人企业10％的利润注入由集体管理的工资收入者基金，并且已经放弃了原先准备把基金置于工会联合会集中控制之下的想法。利润转移将采取强制方式，首先把利润转入中央结算基金，然后由中央结算基金在地方上进行投资，而雇员则在当地管理他们的集体资本权益。基金的资金主要用于购买与基金有关联的公司的股份，而且每个雇员——无论是私营部门还是公共部门——都有权获得股权份额。与以前的方案一样，这种股权制也有再分配的性质，因为每个雇员不论以前的收入或者就业状况如何，都能获得相同的股份。

超斯库德斯德林计划凸显了基层雇员的影响力，明显没有原方案的中央集权性质。这无疑是因为工人反复批评由工会联合会集中控制的基金制度而作出的让步。但1981年春季，这个方案——再次与限制工资的一揽子收入政策一起——提交议会审议，但立刻就遭到了否决。

经济民主与社会民主的复兴

我们已经在上文看到，丹麦社会民主党的分化已经达到了相当严重的程度，而瑞典社会民主党则经历了10年的停滞。由于社会民主运动在政治上需要缔结一个持久、广泛的工薪阶层新联盟，而且在当前的经济条件下几乎别无选择，因此，社会民主运动的未来在很大程度上取决于经济民主的命运。

目前，社会民主运动正面临两方面的问题。第一，它是否能够赢得民众对经济民主的支持，并且去反对资产阶级政党的再市场化策略；第二，它能否结成一个由白领和蓝领组织组成、切实可行的政治联盟去促进以工资收入者基金为基础的经济振兴。

想要分析选民支持工资收入者集体基金的情况，必须考虑到在不同时期对经济民主方案所做的修改。我们还必须记住丹麦和瑞典方案的不同构想和内容。我们可以从20世纪70年代中期开始分析。对于丹麦来说，这意味着支持由工会联合会和社会民主党一起提出的方案，即主要是通过工资法案筹款、雇员有权在若干年后变卖个人股份兑现的集中管理型集体基金。对瑞典来说，这意味着支持最初的梅德纳方案，因为瑞典工会联合会在1976年的全国代表大会上通过了这个方案。因此，瑞典选民要就一个比丹麦方案更加“激进”的方案表达自己的意愿。

从相关数据可以清楚地看到，通过工资收入者集体基金实现的经济民主只能得到不温不火的支持。在丹麦，社会民主党的处境尤为惨淡，因为丹麦没有哪个党派获得多数支持。在瑞典，经济民主方案获得了左翼社会主义政党、瑞典社会民主党的选民和工人相对有力的支持，甚至至关重要的白领选民也有表示支持的(见表 9.1 和表 9.2)。由于丹麦的相关调查邀请被调查者从工会联合会和社会民主党联合提出的方案、雇主组织提出的个人利润分享计划以及根本就没有经济民主方案三个选项中做出选择，因此，我们无法直接对这些表格列示的调查数据进行比较。显然，绝大多数选民不赞成任何改革，雇主提出的个人利润分享计划获得的支持是工会和社会民主党联合提出的方案获得的支持的 2 倍多。

表 9.1　1977 年丹麦不同党派偏好和社会阶层选民对经济民主立法的支持率(%)

	A	B	C	N
党派偏好				
左翼社会主义政党	31	38	31	(81)
社会民主党	38	39	23	(371)
中产阶级政党	65	34	1	(336)
进步党	65	31	4	(94)
整个样本	51	34	15	(1 127)
社会阶层				
非技术工人	44	36	20	(149)
技术工人	43	29	28	(124)
低级白领	56	34	10	(139)
中、高级白领	35	58	7	(138)

资料来源：Danish electoral survey，1977.

注：A 表示支持“不进行经济民主立法”；B 表示支持“雇主组织提出的计划”；C 表示支持“工会和社会民主党提出的方案”；N 表示有效被调查者人数。

表 9.2　　1976 年瑞典不同党派偏好和社会阶层选民对经济民主立法的支持率(%)

	支持	中立(或未发表意见)	反对	N
党派偏好				
左翼社会主义政党	62	19	19	(94)
社会民主党	57	27	16	(1 063)
资产阶级政党	12	19	69	(1 124)
社会阶层				
工人	45	28	28	(1 284)
低级白领	31	27	42	(210)
中级白领	29	20	51	(443)
整个样本	33	24	43	(2 536)

资料来源:Swedish electoral Survey,1976.

注:由于四舍五入,因此,百分比加总并不一定等于 100%。

如表 9.1 所示,具有讽刺意味的是,虽然左翼社会主义政党确实对社会民主党提出的方案进行了持续的有力批评,但支持这些政党的选民最赞成工资收入者基金。雇主组织提出的利润分享计划得到了具有不同党派偏好的选民的欢迎,尤其是受到非技术工人和中层白领雇员的青睐。这一点再次令人费解,因为我们可能会认为,利润分享计划对于工人阶级收入最低的阶层最不具有吸引力。技术工人是工会联合会的一个重要堡垒,他们比其他阶层更热衷于工资收入者基金。但总的结论必然是:这个经济民主方案在各阶层和不同党派偏好的选民中都非常不受欢迎;即使能说服体力劳动阶层赞成,也无法轻而易举让白领阶层加盟。[①]

① 关于经济民主的辩论已经持续了很长一段时间,其特点是混乱和民众普遍反应冷淡。在阿胡斯(Århus)市进行的一项民意调查显示,只有 21%的被调查者"理解这个方案"(Buksti et al.,1978:9)。1973 年的盖洛普民意调查显示,只有 11%的被调查者表示会支持经济民主,而这个比例在 1975 年下降到了 8%。遗憾的是,盖洛普的数据具有误导性:被调查者只能在经济民主和工作场所民主之间做出选择;而实际上,这个经济民主方案要求两者兼而有之。"观察"(Observa)进行的另一个系列的民意调查显示,被调查者的支持率大大提高,而且这些年来支持率一直在上升(从 1973 年的 13%上升到了 1976 年和 1977 年的 29%);而反对这个方案的被调查者从 57%下降到了 40%。这些数据的效度应该较高,因为被调查者只被要求表示赞成或反对工会联合会和社会民主党提出的方案。显然,民众支持分布因调查问题表达和选项设置的方式而出现很大的差异。

瑞典的调查结果表明，瑞典社会民主党在经济民主——至少在梅德纳方案中表达的经济民主愿望——的问题上也遇到了很多选民的反对，但瑞典的民意分布大相径庭。在社会民主党和左翼社会主义政党的选民中出现了相对令人信服的多数支持者；资产阶级政党的选民也表达了同样令人信服的反对意见。在工人阶级中，选民的支持率没有达到多数，许多选民仍犹豫不决；而白领阶层的支持率甚至更低。但是，如果有可能赢得许多仍举棋不定的选民的支持，那么获得工薪阶层多数人的支持并不是一个不可现实的目标，但必须下功夫对他们进行动员。

在丹麦和瑞典这两个国家，各种工资收入者基金方案最早由工会联合会提出，因此，我们自然会认为，工会将是一个关键的动员中心。那么，以上这些数据是否表明这些强大的工会组织能够稳定会员的支持？体力劳动者工会会员对工资收入者基金方案的支持率几乎与全体体力劳动者的支持率相同。由于几乎所有的工人都加入了工会，这个结果并不令人奇怪。白领工会会员的态度似乎更具决定意义。在丹麦，白领工会会员的支持似乎确实起到了作用，因为白领工会会员支持经济民主的可能性是一般白领雇员的2倍(21%)。瑞典的白领阶层并没有什么区别(同样，几乎所有的白领雇员都参加了白领雇员工会联合会)。

从长远看，代际差别可能是最具决定意义的因素。首先，如果我们认为经济民主是未来社会民主联盟重组的基石，那么这场运动必须依靠年轻一代的热情。其次，由于近来社会民主运动失去了很多年轻选民，特别是“新晋”选民，因此，经济民主必然会被认为是社会民主运动重新动员年轻人的主要手段。

在丹麦，选民对经济民主的支持没有体现代际效应，年轻选民并不比年长选民更有可能支持(或反对)经济民主。[①] 在瑞典，情况就不同：在最年轻的选民中有40.4%支持经济民主；而且选民对经济民主的支持率随着年龄的增长

---

① 在早先时候完成的一项——根据选民的社会阶层(体力劳动/非体力劳动)、年龄、是不是工会会员和工作场所规模对经济民主支持状况进行了回归分析的——研究(Esping-Andersen，1981a)中，笔者发现只有社会阶层才与选民的经济民主支持率显著相关。选民对福利支出和投资调控的立场($R=-0.153$和0.171，F分别为8.10和9.03)在对社会阶层变量进行控制以后会变得重要很多($R=-0.146$，$F=6.63$)。

呈线性下降趋势，年龄最大的选民群体(65 岁及以上)对经济民主的支持率下降到了 29.6%。有趣的是，这种由年龄导致的支持率差别在体力劳动阶层中就消失了(最年轻和最年长的体力劳动者选民的支持率分别是 44.4%和 42.1%)，但存在于较低级别的白领雇员中(18—24 岁年龄组的支持率是 40.4%，25—34 岁年龄组的支持率是 31.7%，35—64 岁年龄组的支持率是 34.3%)。[①]

到目前为止，我们必然会得出这样的结论：丹麦的经济民主方案无法发挥赋予它的作用，即围绕重新调整的社会民主纲领重新动员选民的作用。但 1978 年以后，丹麦工会联合会和社会民主党推出了一个以工薪阶层集体为基础的利润分享方案，这个方案明显不那么中央集权化，但保留了资本形成、收入再分配和个人应享权利等要素。

在消除了旧方案的寡头特征之后，新方案应该能吸引更多公民的支持。我们还可以预期，严重的经济衰退将引起对资本形成问题的更加关切。根据最近的调查数据，经济民主似乎确实变得较受欢迎。根据一项调查(Buksti et al.，1981)，40%的被调查者支持新方案的理念，25%表示反对，而回答“不知道”的被调查者仍然很多。这项调查显示，新方案在左翼社会主义政党支持者(有 71%表示赞成)、社会民主党的支持者(有 51%表示赞成)和中间党派的支持者(有近 50%表示赞成)中很受欢迎。然而，这项调查并没有直接提出是赞成还是反对这个方案的问题。[②]

虽然丹麦 1981 年选举调查的提问还是有令人遗憾的地方，但这次调查仍是评估选民态度变化的一个比较合适的起点。不管怎样，1977—1981 年，丹麦选民对经济民主的总支持率大幅攀升。如果不把回答“不知道”的被调查者(占样本的 32%)包括在内，那么有 39.4%的被调查者表示他们赞成无论是否包括有争议的工会联合会中央集权化管理基金的经济民主方案，而 60.6%的

① 在 65 岁及以上的年龄组中，这个百分比是零，但样本太小($N=8$)。

② 相反，这项调查询问了许多涉及支撑新方案基本原则的问题，然后对肯定和否定的答案加总。这样做可能是为了避免仅仅因为经济民主获得的坏名声而引起的负面反应。无论怎样，没有提与经济民主方案直接有关的问题，就意味着这些数据不能与其他研究的数据进行比较。

被调查者表示反对。[①] 在工人中有 43%的被调查者表示同意，而在白领阶层中则有 44%的被调查者表示支持。因此，新的经济民主方案似乎确实包含了工薪阶层联盟的“种子”。如果我们考察不同党派偏好的选民的支持程度，那么，情况又发生了变化。偏好左翼社会主义政党的被调查者表示支持的占 58%的多数，偏好社会民主党的被调查者表示赞同的占 57%的多数，而资产阶级政党支持者反对这个方案的比例高达 73%。简而言之，无论是由于新方案还是经济环境发生了变化，被调查者的态度都发生了巨大的变化。丹麦社会各阶层对新方案普遍漠不关心或者反对的态度已经变成了一种表现为社会主义阵营与资产阶级阵营对峙的更加两极分化的状况。但与此同时，整个工薪阶层都呈现出相似的党派偏好。因此，推测经济民主可能有助于弥合 20 世纪 70 年代对丹麦政治特别是社会民主造成破坏的分歧，并没有错。

丹麦 1981 年的数据与瑞典 1976 年的数据惊人的相似。但遗憾的是，我们没有找到足够的数据可用来反映对 1981 年提出的新方案的支持率，更重要的是瑞典社会民主党在最近的选举中获胜后的民意。根据霍尔姆伯格(Holmberg，1981：table 12.7)1979 年的数据，1978—1979 年间支持率略有下降。虽然民意分差由－9 变成了－13，但这一变化掩盖了两极分化的趋势。瑞典社会民主党的支持率实际有所上升(民意分差从 1976 年的＋38 上升到了 1979 年的＋43)，而资产阶级政党选民支持率的降幅则更加明显。由于工资收入者基金问题再次主导了 1982 年的选举(但瑞典社会民主党在这次选举中见证了支持率的大幅攀升)，我们有理由认为工资收入者基金的受欢迎程度有所提高。

结　论

由于许多相互关联的原因，北欧三国的社会民主党被迫把希望寄托在了经济民主上。首先，这是目前唯一允许劳方摆脱其所处经济困境的方案。鉴

① 被调查者可以选择“不知道”“拒绝经济民主方案”或“支持经济民主方案，无论是否设立采用中央集权化方式管理的基金”。由于这个问题中包括中央集权化管理基金的内容，因而无疑会造成被调查者困惑，而新方案已经明确放弃了设立中央基金的设想。

于国际经济形势以及通过促进充分就业来恢复国内经济增长两者都要求工会作出相当大的工资牺牲，因此，社会民主党政府不仅难以一再要求工会限制工资，而且，如果全体人民不能平等地承担工资减让，特别是如果因限制工资而增加的利润不能投资于新的生产和创造新的就业机会，那么，这个问题几乎就会变得无法忍受。由于经济民主让雇员分享他们创造的利润，赋予他们投资控制权，而且还要求他们以团结的方式一起承担限制工资的负担，因而它提供了一种替代现状和保守党的新自由主义经济政策的可以接受的选择。

第二个原因更具意识形态和纲领性质。包括社会民主运动领导人在内的每一个人都会同意，社会民主运动不可能再依靠战后"凯恩斯加贝弗里奇"的纲领来获得支持。这些政策不仅几乎与20世纪70年代新的现实情况格格不入，而且也未能解决各种与新选民产生共鸣的问题——平等、恢复充分就业、改善工作生活、雇员参与经济、减少官僚作风和更加均衡的发展。经济民主显然不能满足所有这些愿望，但却是目前唯一能够围绕它实现纲领更新的切实可行的核心问题。

第三个原因与社会民主运动联盟重组的阶级基础有关。社会民主运动旧时的农村联盟事实上早在很多年前就不复存在；社会民主运动如果重新回归严格意义上的以工人阶级为基础的政治，那么，不但要失去一切，而且还得不到任何好处。正统意义上的阶级政治将永远锁定社会主义的命运：体力劳动者的人数正在减少，而白领阶层始终拒绝混同于无产阶级。因此，社会民主运动必须制定一个能够团结这个阶层的纲领。经济民主由于反映了这个阶层对充分就业、改善工作生活和雇员参与的共同愿望，而且并不直接要求缩小白领雇员和工人之间的收入差距，因此很有可能具有这样的前景。

调查数据显然无法告诉我们经济民主能否会成为社会民主运动实施政治联盟重组的催化剂。但如果我们关注选民偏好的变化趋势，那么就能发现一些表明这种可能性的迹象。虽然热情的多数派还远没有出现，但我们必须注意到，至少在丹麦，支持经济民主的力量正在增强，而体力劳动者与非体力劳动者结盟似乎也是指日可待。好像可以肯定的是，这个问题正在把政治推回到传统的左、右翼这个轴心。如果白领阶层的大部分成员能在这个问题上转向左翼，那么就有可能阻止社会民主党分化。无论怎样，现在没有迹象表明，经济民主对社会民主党的分化起到了推波助澜的作用。

社会民主运动为世界创造了有史以来持续时间最长也是最成功的工人运动之一，斯堪的纳维亚社会民主运动被奉为一种国际模式。如果我们密切关注斯堪的纳维亚社会民主运动最初为何能够获得如此程度的成功，为什么它能成功地巩固自己的政治盟主地位，以及它为什么会在三个北欧国家遭遇截然不同命运，那么就应该能明白为什么社会民主——或者类似的东西——没能在其他国家扎下根来。此外，如果我们承认斯堪的纳维亚国家呈现了"最纯真"的社会民主，那么或许也就更有能力发掘其本质，并提出一种适用于众多"不那么纯真"的社会民主的理论。

笔者意欲从理论上重新解释成功取得政权的社会民主道路的条件。正如本书第一章所讨论的那样，我们对这一现象的理解主要以 20 世纪头几十年发生在马克思主义社会主义运动内部的传统辩论为指导。根据一种正统的解释（考茨基主义和列宁主义的马克思主义解释是最为明显的例证），资本主义社会特有的无产阶级化和阶级结构变化过程是社会主义运动崛起的原动力。修正主义以及战后多元化的社会科学拒绝把阶级分化看作一种致使力（causal force），而是认为社会分化过程最终会把社会主义运动推向"意识形态终结"的方向。

基于这两种观点的解释似乎都无法完全令人满意。正统的马克思主义显然把阶级发展夸大为具有历史意义的自主力。然而，放弃强调阶级动员和阶级形成的重要性，无异于把婴儿和洗澡水一起倒掉。现有研究的第二大败笔是，它们忽视了一旦社会主义政党取得国家政权并无论如何成功地实施其改革和政策就会发挥作用的辩证法。如果民主社会党选择依靠政策的阶级动员策略，那么，我们就必须研究它们在这方面的能力。因此，本书对社会民主运动的重新阐释表明，阶级联盟的条件以及国家政策对阶级形成的影响，是决定社会民主运动成败的最重要因素。为了解释这两种因素如何相互作用并导致社会民主运动发展和（主要以丹麦为例的）分化，我们不得不把注意力转向早期工业化和为争取国家民主化进行斗争的历史条件。

因此，本研究的第一个结论是，农民和农民阶级的历史地位对工人运动的发展具有无与伦比的重要性。如果不是因为政治诉求明确、组织起来的农民在19世纪争取政治民主和议会政治的斗争中表现出来的民主冲动，那么，社会民主运动即便不是不可能，也有可能很难得到发展。农民阶级的觉醒有助于为创造对于社会民主运动真正至关重要的先决条件——即在两次世界大战间隔期里进行联盟重组的能力——奠定基础。这种联盟重组要求农民阶级和工人阶级结成联盟，并且使战后推行社会民主政权赖以建立的一揽子改良政策成为可能。此外，这些改良政策的性质和制度内容才是真正具有决定性意义的。因为有了这些政策，就有可能在有助于维持社会民主"事业"的选民中间构建一个社会团结和政治有效的新世界。

就像农民阶级帮助决定了社会民主运动最初的命运一样，正在崛起的新兴中产阶级白领和科技人员阶层现在占据了"舞台中央"，并将决定社会民主运动能否实现自我更新，以全新的姿态迎接一个动员和执政新时代的来临。不管怎样，为结成广泛的工薪阶层联盟而进行的联盟重组，决定性地取决于社会民主运动以前取得的政治成就、与传统的农民联盟断绝关系的能力以及制定有助于缔结工薪阶层联盟的新的一揽子政策的能力。总之，社会民主运动的命运取决于阶级联盟和政治改良之间的相互作用。现在让我们简单回顾一下这些基本力量在各国社会民主党的演化过程中是如何发挥作用的。

第十章　社会民主运动的前提和条件

斯堪的纳维亚国家的工业化和民主化进程没有其他很多国家那样动荡不定，但仅凭这一点并不能解释这三个国家的社会民主运动相对比较容易成名的原因，因为荷兰、英国和美国的社会民主运动也很出名，更不用说瑞士了。此外，通过比较斯堪的纳维亚国家的历史，不难发现，这三个国家在早期资本主义阶段、议会民主的实现和工人运动的早期地位等方面存在明显的差异。在本书考察的全部三个国家里，传统和商业化农民无疑在确保向民主平稳过渡和保证民主永久化方面曾经起到过重要的作用。他们的政治独立性和有关国家的明确诉求导致资产阶级阵营内部长期存在冲突和对立，这反过来又导致资产阶级政党不太可能结成反动的政治联盟，但却能使工农结成进步的民粹主义联盟。此外，斯堪的纳维亚的农民阶级既有自己的独立组织，又有政治头脑，与被马克思比作“装土豆的袋子”的法国农民相去甚远。

斯堪的纳维亚的传统和商业化农民在早期反对保守势力、贵族和资产阶级的斗争中，能与处于萌芽状态的工人运动联合起来。斯堪的纳维亚的工人运动与欧洲其他地区工人运动是工人阶级孤立的政治聚居区的情况形成了鲜明的对照，与俄国的情况也形成了鲜明的对照。诚然，俄国的农民和工人确实携手参加了 1917 年的革命，但农民的确是“装土豆的袋子”。

但在 19 世纪争取民主的斗争中，斯堪的纳维亚农民阶级的地位本身显然并不能保证社会民主运动占据支配地位。这两个阶级运动在争取平等的普选权方面可以找到共同点，正如随后发生的事件所表明的那样，没有什么其他东西能从根本上使他们团结起来。农民认为有组织的工人是一种威胁，特别是在农业要依靠农村雇佣劳动的地方，而工人阶级自然反对高食品价格。

北欧国家在实现民主后继续表现出独特的政治格局，农民创建了自己的政党——在丹麦是两个政党——他们的政治议程经常是反对保守党和社会主义政党。因此，卡斯尔斯（Castles，1978）用强调资产阶级缺乏团结来解释为什么社会民主运动在斯堪的纳维亚取得了如此异常成功的做法是正确的。这就意味着社会主义政党不可能被孤立和粉碎。即使是革命的挪威工党也被允许在不受镇压的情况下开展活动；事实上，挪威工党在 1927 年被要求组建政府。

转折点出现在大萧条时期。尽管考茨基分子做出了乐观的预测，但社会主义政党却没有任何无产阶级的力量可以用来为其取得政权提供所需的议会绝对多数。此外，经济危机如果任其肆虐，显然会不利于工人阶级的团结和社会主义事业。因此，进行社会民主联盟重组的先决条件是政治盟友的存在，而从选举和影响力的角度看，农民阶级都是关键。

我们不可能在工人运动——无论是“机会主义”地背叛无产阶级事业，拥护“社会法西斯主义”，还是忠实地坚持正确的革命路线——的独立行动中找到 20 世纪 30 年代社会民主联盟重组的根本原因。如果真是这样，我们该如何解释 20 世纪 30 年代在北欧三国社会民主党之间出现了明显趋同的趋势呢？斯堪的纳维亚社会民主党几乎没有再出现过比 20 世纪 20 年代更加发散的趋势。它们之所以能在 20 世纪 30 年代围绕“人民家园”的模式进行重组，是因为农民阶级的政治状况允许它们这样做。当时，大多数欧洲国家的情况并非如此。在德国，结果特别引人注目，德国社会民主党和它的斯堪的纳维亚兄弟党一样致力于议会政治和社会改良；而且自身可能更加强大，但德国完全不具备建立工农联盟的条件。①

如果说农民阶级是 20 世纪 30 年代斯堪的纳维亚社会民主运动联盟重组的关键，那么下一个问题就是斯堪的纳维亚社会民主运动怎样才能在新的政

① 美国曾出现过一个与斯堪的纳维亚工农联盟非常相似的联盟，在罗斯福推行新政进行联盟重组的过程中，民主党成功地建立了南方和北方工农联盟。但美国与斯堪的纳维亚不同的是，无论是工人还是农民都不支持创建拥有足够力量独立组建联盟的自主和独立的政治组织，相反，可以说，联盟是由新政的主要政治经纪人代表工人和农民组建的。迄今还没人对美国新政时期与斯堪的纳维亚 20 世纪 30 年代联盟重组进行学术上的比较研究。

治联盟的基础上制定可行的政治纲领。从战略上看，斯堪的纳维亚社会民主党再也不能在正统的考茨基主义的基础上（如果有可能的话）进行社会主义动员（包括禁止参加非社会主义政党联合政府或者参加少数派政府）；从意识形态上讲，必须把它们的历史使命和责任定义为“人民”的事情，而不仅仅是无产阶级的事情。

然而，长期的问题是构建一个真正能够综合农民和工人相互冲突的利益的持久、可行的政策模式。从改良主义政策的角度看，正是这种强有力的综合现在几乎已经成为社会民主的同义词。农民一旦认识到工人阶级的购买力有利于自己增加收入，那么就能接受充分就业、凯恩斯主义和福利国家主义。对收入再分配的承诺——特别是对农民作出的收入再分配承诺——已经成为联盟重组的基石。凯恩斯主义的社会民主福利国家模式可以把政治转变为一种正和博弈，因为从社会主义政党的角度看，这种模式有望巩固工人阶级的政治动员事业，并使力量对比发生有利于工人阶级的变化；而对农民阶级来说，这种模式能让农业的经济活力持续更长的时间，并有望增加农民的收入。因此，从联盟重组真能确保正和的阶级政治的角度看，普兹沃斯基描述的那种社会主义运动的选举困境就不一定会出现，而在斯堪的纳维亚则肯定不会出现这种选举困境。通过联盟重组，社会民主党成功地削弱了左翼社会主义政党和共产党的反对势力。

政治的高度重要性

如果没有以农民为基础的联盟以及充分就业和福利国家政策的调整，那么，斯堪的纳维亚的社会民主运动很可能会像德国的社会民主运动那样在20世纪30年代就分崩离析。但是，新的“人民家园”模式一旦能够落到实处，就能成为社会民主党持续执政的基础。对凯恩斯主义福利国家政治的承诺肯定不是持续进行政治动员的充分前提条件，例如，当时的英国和1969年后的联邦德国就说明了这一点。我们能够并且已经以凯恩斯的名义或者以福利和社会进步的豪言壮语推出各种各样的政策。正是在这种背景下，社会民主改革的制度内容和社会结构影响才具有决定性意义，而社会民主阶级的形成则越来越受到国家政策的影响。

在意识形态和策略实践层面，充分就业的福利国家必须以扭转为创建美好社会而采取的行动为前提。必须令人信服地说明，社会公民身份应先于经济公民身份，必须假定社会主义改革有能力以这样一种方式改变现有的资本主义社会结构：既有益于个人当前的生活条件，又有利于维持和扩大社会民主追随者队伍的长期社会民主能力构建。

贯穿本书全书的对社会和经济政策制定工作的分析，有助于确定特定改革可能导致社会民主运动产生分化趋势和可能巩固社会民主政权的条件。笔者认为，最基本的标准是改革是否始终有利于促进更加广泛、紧密，甚至具有政治支配力的统一和团结。这就是为什么社会民主福利国家的改革必须在提高公民生活水平的同时逐步使纯粹的市场关系边缘化，而去商品化则是减弱工薪阶层竞争冲动本能的先决条件。

这也是为什么社会计划必须在财政责任和福利方面努力争取普遍性的原因。凡是在社会民主运动扩大国家在公民社会中的作用以实现其目标的地方，导致民众分化或者分裂的政策必然会导致反对国家，从而反对社会民主的政治化和冲突。此外，随着国家重要性的提高，国家对社会的干预也必将会对社会分层产生越来越大的影响。选择性政策很容易导致新的社会分裂的叠加，而普遍性政策应该有助于缩小传统的分裂。经济和劳动力市场政策遵循同样的政治逻辑：持续的充分就业是防止工薪阶层二元对立和根本分裂的唯一最重要手段，也是工会发展壮大和工人运动团结的终极前提。

丹麦的社会民主改革对政党分化产生了最为明显的直接影响，丹麦的几项关键改革成功地在选民中间导致了新的严重分歧，主要是在养老金、住房和工薪阶层左翼—右翼两极分化方面。因此，丹麦的社会民主改革加剧了对丹麦社会民主党本身的侵蚀。在这方面，挪威工党和瑞典社会民主党都要求达成一种大幅度提高且普遍共享的共识。就如本书第八章所述，选民行为与他们对社会民主政策的看法之间的相关性证实了这个论点。虽然最好有更加直接地证明笔者的假设的经验数据，但似乎确实可以清楚地看到，福利改革对北欧三国的不同影响在保持或削弱选民政治忠诚度方面发挥了重要作用。在经济政策方面，丹麦社会民主党兑现充分就业承诺的能力很是有限，加上该党长期没有掌握经济发展的控制权，这似乎相当明显地促成了丹麦社会民主党的加速分化。

然而，即使我们断定瑞典的社会民主改革在确保社会民主党掌权执政和动员社会民主力量方面取得了更大的成功，也仍能发现，进入20世纪70年代以后，斯堪的纳维亚三国的社会民主运动都出现了停滞不前和分化的症状，因此，在最好的情况下似乎也已经疲惫不堪，而在最坏的情况下会逐渐消亡。如果我们要解释这种新秩序，如果我们要分离出振兴社会民主运动所需的条件，那么就必须再次关注社会结构变化和阶级联盟对于通过走社会民主道路来取得政权的重要性。

从“人民党”到“工薪阶层党”

由于改革在战后决定北欧社会民主党的命运方面起到了如此决定性的作用，因此，我们必须面对一个显而易见的问题：为什么社会民主改革会产生如此不同的结果；尤其是，我们该如何解释丹麦社会民主党的惨淡表现。

我们可以立即放弃这样一种观点：丹麦社会民主党与它的挪威或瑞典兄弟党不同，它是更加谨慎、不那么雄心勃勃的政党的一个典范，但就是缺少一点献身根本性变革的精神。丹麦社会民主党多次试图执行几乎与瑞典社会民主党提倡的相同的改革议程。但在整个战后时期，丹麦社会民主党的竞选实力不如挪威工党和瑞典社会民主党。此外，丹麦的阶级关系发展方式不同于瑞典，因此，农民和传统城市小资产阶级产生影响要比瑞典的农民和城市小资产阶级晚得多。总之，丹麦的社会民主改革长期受制于与资产阶级政党妥协的需要。

在这方面，丹麦的情况引人注目地说明，可被认定为一般社会民主运动复兴必不可少的基本条件——通过与传统的农民联盟决裂，把新兴的中产阶级（政府官员、科技人员和知识分子）与传统工人阶级结成新型工薪阶层联盟的联盟重组能力。这种联盟重组并不仅仅取决于白领员工作为主导群体的出现。同样重要的是——如果不是更重要的话——社会民主党有能力重新制定自己的政治议程以及一整套新的政策，把零和冲突转化为工薪阶层诉求的正和综合。

斯堪的纳维亚社会民主运动多厄的命运最终必须在阶级联盟重组的过程中才能得到解释。我们可以看到，瑞典比其他国家更有条件进行这种必不可少的阶级联盟重组。一方面，瑞典的阶级结构发展在20世纪40和50年代非常迅速，但到了60年代已经达到最高水平。50年代，瑞典农民的作用明显减弱，而白领阶层的作用迅速增强。因此，瑞典社会民主党很早就被迫——也有能力——承受与其前盟友的政治决裂。另一方面，这种决裂发生在补充养老金计划下的养老金改革——养老金改革方案特有希望动员体力劳动者和白领雇员——冲突的背景下。瑞典社会民主党在这个政策问题上取得的胜利帮助它扭转了颓势，并使它进入了一个政治和意识形态激进化以及选举成功的新时代。选民调查表明，瑞典社会民主党成功地以积极的方式动员了白领选民；也就是说，同时没有失去其传统的工人阶级基本选民的支持。

20世纪60年代，瑞典社会民主党蓬勃发展，但挪威工党，特别是丹麦社会民主党却进入了一个停滞和衰败时期。虽然原因不同，但丹麦和挪威都不具备像瑞典那样的阶级联盟重组条件。与农民阶级结盟曾经允许挪威工党进行比丹麦社会民主党承受得起的范围大得多的意义深远的社会和经济改革。挪威农民阶级从来没有像丹麦农民阶级那样掌握过那么多的经济和社会权力，但由于更加“无产阶级化”，因此可以在更大程度上支持城市工人阶级喜欢的那种政策。同时，挥之不去的地方主义和地区主义文化以及政治影响意味着，挪威工党不能背弃传统的盟友。此外，值得注意的是，60年代，挪威的资产阶级政党政府实施了挪威版的补充养老金计划改革，但资产阶级政党的总体政策与挪威工党的政策几乎没有什么区别。与瑞典社会民主党不同，挪威工党仍要受到传统阶级联盟的束缚，无法构建新的政策框架来与工薪阶层结盟。由于受困于外围逐渐衰落的阶级盟友与新兴的城市白领阶层之间，因此，挪威工党似乎越来越无法果断采取任何取向的行动。

虽然挪威工党就其社会政策以及直到20世纪70年代的经济政策达成了广泛的共识，但因挪威是否要加入欧共体的问题开始出现分化，后来又因许多收入解决机制和通过推行令人反感的政策来维持充分就业的决心而继续分化。我们可以假设，1973年和1976年的收入解决机制产生了特别强大的分化效应——在长期存在的收入再分配问题上，进一步把挪威工党困在与农民的旧联盟中，同时又导致该党疏远了白领选民。此外，当资产阶级政党成功地攻击挪威工党的低效和代价昂贵的补贴政策时，工党失去了与白领雇员重新结盟的机会。

丹麦明显缺少可允许联盟重组的条件。首先，农村和城市小资产阶级的衰落速度要比瑞典慢很多。其次，丹麦城乡小资产阶级的政治和经济影响力仍然远大于其他两个国家的城乡小资产阶级。直到20世纪60年代，农业仍在丹麦经济中占据主导地位，甚至在70年代仍能迫使丹麦加入欧共体。此外，城市企业以手工业为主的性质意味着工人阶级的很大一部分与小资产阶级的经济利益密不可分。这些情况有助于解释为什么丹麦社会民主党在整个50年代表现如此平庸、为什么直到60年代才能进行重大社会改革、为什么该党在试图加大政府调控经济的力度方面屡屡受挫以及为什么丹麦社会民主党奉行的改良主义最终产生了分化效应等问题。

丹麦社会民主党依附资产阶级政党的政治需要，也许在20世纪60年代灾难性的住房改革中表现得最为明显，但也可以从试图通过推行瑞典式的补充养老金计划改革来实施瑞典式联盟重组遭遇的失败中窥见一斑。总的来说，丹麦社会民主党被迫接受妥协，而这些妥协产生了分裂其为取得政权必须依靠的选民的影响。在租房者和业主之间、在生产性劳动者和福利国家委托人之间以及在不同类型的养老金领取者之间造成了结构性分裂。选民的政治分裂转化为棘手的公平冲突，从而削弱了对福利国家特别是对社会民主党的支持。结果显而易见，不仅表现为1973年爆发了在国际上无与伦比的抗税运动，而且还表现为丹麦社会民主党无力阻止一个不容小觑（主要由社会民主运动复兴必须依靠的白领雇员支持）的左翼社会主义反对派的崛起。

虽然瑞典社会民主党曾在20世纪60年代率先进行过阶级联盟重组尝试，但显然没有建立在足够强大并有说服力的政策基础上。60年代末、70年代初，瑞典社会民主党开始为未来构建新的政策框架，但显然没有达到目的。工作场所民主化改革可以被视为一次温和的改革，但经济停滞发展暴露出这次改革的两个致命缺陷：一是白领工薪阶层和体力劳动阶层之间在为充分就业型福利国家筹款而导致的收入分配和税收公平问题上的冲突；二是瑞典社会民主党现有的很多经济政策不适合用来应对新的经济现实。毫无疑问，瑞典社会民主党非常幸运，就在它管理经济的政治能力快要消耗殆尽的时候不得不下野。虽然瑞典社会民主党明显陷入了一种负和选举困境——该党开始失去部分工人阶级核心选民的支持，但在资产阶级政党上台后还是成功地阻止了这种趋势。

走向社会民主运动的复兴？

我们可以断言，斯堪的纳维亚社会民主运动已经进入一个新的阶段。今天，这场运动的传统政策和联盟不但已经不堪重负，而且实际阻碍了三国社会民主党重新掌权的可能性。目前，我们可以认为，这个地区的社会民主运动正处在一个类似于 20 世纪 30 年代的历史性十字路口。如果说农民阶级在当时是社会民主未来的关键，那么今天白领阶层就占据了这一地位。因此，现在的问题是如何建立新的工薪阶层联盟。

要回答这个问题，首先必须了解新生的中产阶级的阶级特征。马克思主义的经典理论一般认为，除了人数有限的顶层工资收入者之外，历史趋势必然是无产阶级化，从而使工薪阶层的条件普遍化。的确，在某些情况下，大量的白领雇员越来越多地表现出与传统工人相似的集体主义倾向，而做日常文秘工作的人员和体力劳动者之间的界限确实模糊不清。但有两点明白无误：(1)白领阶层分化明显；(2)收入分配和收入差别等问题成了白领工薪阶层与体力劳动阶层之间冲突的基本分界线。简而言之，我们似乎很难想象全体工薪阶层都会朝着利益基本趋同的方向发展。

如果笔者可以正确地假设，体力劳动者和白领雇员之间的关系将继续反映基本的阶级利益差别，那么，考茨基关于社会民主阶级的形成模式在今天就像 50 年前一样已经陈旧过时，白领雇员不会自动接受工人阶级的纲领。此外，普兹沃斯基的悲观设想可能也是错误的。诚然，社会民主党的前途必然取决于能否与工薪阶层结成某种联盟，但这并不一定就意味着社会民主事业必将走向消亡。社会民主运动今天面临的根本问题在于，什么样的政治方案有助于缔结新的正和联盟。

本书对这个问题进行了一些探索性的回答。我们首先回顾了以往社会民主改革遗留下来的问题。以往的改革使选民在有关国家政策问题的激烈"公平"斗争中四分五裂,从而大大减少了建立可持续的工薪阶层联盟的机会。社会民主运动复兴在瑞典似乎更有可能实现的一个原因就是,瑞典社会民主党为了获得(即便不是普遍,至少也是)广泛的认可,对自己所推行的一系列改革进行了独一无二的量身定制式的调整。

第二个答案无疑会使那些相信平均主义是社会主义本质的人感到相当沮丧。从所有可获得的证据来看,有一点似乎非常清楚,那就是社会主义运动如果继续致力于有效的收入再分配,那么必将疏远白领阶层,从而杜绝建立广泛的工薪阶层联盟的任何可能性。对于本书考察的三个国家来说,这显然是一个至关重要的问题。在挪威,工党大刀阔斧地致力于收入再分配——不是像20世纪50年代和60年代那样通过征收累进度陡峭的累进税,就是像70年代那样通过收入问题解决机制,把白领群体逐出社会民主阵营,并在近几年又把他们推向保守党。在丹麦,社会民主党并没有如此积极地致力于收入再分配和缩小收入差距,但在70年代成功地减少了公共部门雇员的收入和特权,这可能有助于解释为什么近几年这个群体背离社会民主运动——尽管社会民主党政府是公共部门就业安全的唯一最佳保障。在瑞典,情况似乎也是大同小异。70年代末、80年代初,瑞典社会民主党被迫参与基本上就是降低税率累进度的改革。近年来,协调一致的团结工资谈判的兴衰都是激进的再分配议程具有局限性的表现。

收入平等和再分配问题使社会民主运动陷入严峻的困境——不仅是因为这些问题构成了社会主义意识形态的核心要素,而且主要是因为强大的工人组织(特别是非技术工人工会)死守均等化问题不放。我们很容易得出这样的结论:除非社会民主运动放弃这个传统目标,否则其政治复兴的可能性微乎其微。不过,本书给出的第三个答案可能指出了摆脱这一政治困境的途径。

新制定的社会民主经济政策必须成为新一轮阶级联盟重组的核心,几乎各类工薪阶层都对持续充分就业、工资增长和改善工作条件(包括经济关系的普遍民主化)有着共同的基本兴趣。体力劳动者和白领工薪阶层的客观立场非常接近的一个领域,就是工作保障问题和改善工作生活的愿望。正如本书

第九章所指出的那样，阶级力量对比使得通过工资收入者集体基金来实现某种形式的经济民主似乎是传统福利国家论唯一可行的政策选择。资本和投资社会化对选民是否具有意识形态吸引力，是一个次要的问题。就如选民调查数据所显示的那样，关键的问题是：工薪阶层强烈要求政府加大调控经济发展的力度，以确保充分就业能够持续，并提高工薪阶层相对于雇主的地位。

因此，经济民主无论最终采取何种形式，都必须成为广泛的工薪阶层联盟的基石。而且，回到平等困境的问题，社会民主运动的传统工人阶级委托人——特别是工会——将不得不接受经济民主所要求的那种平等，而不是死抱那种更加传统的工薪阶层收入均等化的愿望不放。经济民主计划能否履行团结工薪阶层的使命，从而使社会民主迎来一个正和政治的新时代，仍有待观察。不过，很明显，如果没有这类改革计划，社会民主党分化的趋势还将继续下去。

附录　斯堪的纳维亚三国的选举结果

表 A. 1　　1920—1981 年丹麦不同党派在全国大选中的得票率

（占选民的百分比，%）

年份	左翼社会主义政党[a]	社会民主党	中间党派[b]	资产阶级政党[c]	投票率[d]
1920	0.4	32.2	12.1	53.9	(77.0)
1924	0.5	36.6	14.0	47.2	(78.6)
1926	0.4	37.2	12.6	48.4	(77.0)
1929	0.3	41.1	12.5	44.8	(79.7)
1932	1.1	42.7	12.1	43.4	(81.5)
1935	1.6	46.1	11.7	35.6	(80.7)
1939	2.4	42.9	11.5	36.0	(79.2)
1943	—	44.5	10.3	39.7	(89.5)
1945	12.5	32.8	10.1	41.6	(86.3)
1947	6.8	40.0	11.4	40.0	(85.8)
1950	4.6	39.6	16.4	39.1	(81.9)
1953	4.3	41.3	11.3	39.9	(80.6)
1957	3.1	39.4	13.1	41.7	(83.7)
1960	7.2	42.1	8.0	39.0	(85.8)
1964	7.0	41.9	6.6	40.9	(85.5)
1966	11.7	38.2	10.5	39.0	(88.6)
1968	9.1	34.2	17.0	39.0	(89.3)

续表

年份	左翼社会主义政党[a]	社会民主党	中间党派[b]	资产阶级政党[c]	投票率[d]
1971	12.1	37.3	16.1	.32.3	(87.2)
1973	11.1	25.6	16.1	54.0	(89.0)
1975	11.3	29.9	25.9	42.4	(88.2)
1977	10.3	37.0	16.4	35.1	(88.6)
1979	11.5	38.3	13.8	36.0	(85.6)
1981	15.1	32.9	18.2	34.7	(83.2)

资料来源：Mackie and Rose(1974a，1974b，1976，1978，1980，1982).

注：百分比加总并不等于100%，因为无关紧要的小党派没有包括在内。

a. 1960年前，左翼社会主义政党只包括丹麦共产党(DKP)，1960年后还包括丹麦社会人民党(SF)，1968年后还包括丹麦左翼社会党(VS)。

b. 1971年以前，中间党派只包括丹麦激进自由党(RV)和丹麦正义党(Retsforbundct)，1971年后还包括丹麦基督教人民党(KF)，1973年后还包括丹麦中间民主党(CD)——丹麦社会民主党的一个分支。

c. 资产阶级政党包括丹麦保守党和丹麦自由党(Venstre)。请注意，1973年以后，丹麦进步党(Fremskridts Paret)获得的选票都计入资产阶级政党获得的选票中。

d. 占合格选民总数的百分比。

表 A.2　　1920—1981年挪威不同党派在全国大选中的得票率

(占选民的百分比，%)

年份	左翼社会主义政党[a]	工党[b]	中间党派[c]	保守党[d]	投票率[e]
1921	—	30.5	35.7	33.3	(67.9)
1924	6.1	27.2	33.9	32.5	(69.9)
1927	4.0	36.8	33.4	25.4	(68.1)
1930	1.7	31.4	36.9	30.0	(77.6)
1933	1.8	40.1	32.3	21.8	(76.4)
1936	0.3	42.5	29.2	22.6	(84.0)
1945	11.9	41.0	29.7	17.0	(76.4)
1949	5.8	45.7	31.8	15.9	(82.0)
1953	5.1	46.7	29.8	18.4	(79.3)
1957	3.4	48.3	31.3	16.8	(78.3)
1961	5.3	46.8	28.5	19.3	(79.1)

续表

年份	左翼社会主义政党[a]	工党[b]	中间党派[c]	保守党[d]	投票率[e]
1965	7.4	43.1	29.2	20.3	(85.4)
1969	4.4	46.5	30.0	18.8	(83.8)
1973	11.2	35.3	30.4	22.2	(80.2)
1977	4.6	42.3	26.0	26.4	(82.9)
1981	5.2	37.2	19.9	36.2	(82.0)

资料来源：Mackie and Rose(1974a，1974b，1978，1982).

注：百分比加总并不等于100%，因为无关紧要的小党派没有包括在内。

a. 左翼社会主义政党包括挪威共产党，1961年还包括挪威社会人民党。1973年，这两个政党并入了社会主义选举联盟(SV)。1975年，挪威左翼社会党(SV)取代了之前的社会主义选举联盟，但不包括挪威共产党。

b. 挪威工党(DNA)，1921年和1924年还包括社会民主工人党(Social Democratic Workers' party)。这两个政党在1927年合并。

c. 其中包括自由党、挪威农民党(1959年改名为挪威中间党)、挪威激进人民党(Norwegian Radical People's party，1921—1936年)、挪威基督教人民党(1933年后)和非社会主义联合选举联盟(Joint Nonsocialist Election Alliance，1949年后)；1973年以后还包括新自由党。

d. 其中包括挪威保守党(Norwegian Conservative party，Højre)和1936年以前的挪威国民自由党(Norwegian National Liberal Party)；1973年以后还包括安德斯·兰格党(Anders Langcs party，1977年改名为挪威进步党)。

e. 占合格选民总数的百分比。

表A.3　　1920—1982年瑞典不同党派在全国大选中的得票率

(占选民的百分比，%)

年份	左翼社会主义政党[a]	社会民主党	中间党派[b]	保守党	投票率[c]
1920	6.4	36.1	36.0	27.9	(55.3)
1921	7.8	39.4	30.2	25.8	(54.2)
1924	5.1	41.1	27.7	26.1	(53.0)
1928	6.4	37.0	27.1	29.4	(67.4)
1932	8.3	41.7	25.8	23.5	(68.6)
1936	7.7	45.9	27.2	17.6	(74.5)
1940	4.2	53.8	24.0	18.0	(70.3)
1944	10.5	46.7	26.5	15.9	(71.9)

续表

年份	左翼社会主义政党[a]	社会民主党	中间党派[b]	保守党	投票率[c]
1948	6.3	46.1	35.2	12.3	(82.7)
1952	4.3	46.1	35.1	14.4	(79.1)
1956	5.0	44.6	33.2	17.1	(79.8)
1958	3.2	46.2	30.9	19.5	(77.4)
1960	4.5	47.8	31.1	16.5	(85.9)
1964	5.2	47.3	30.2	13.7	(83.9)
1968	3.0	50.1	30.0	12.9	(89.3)
1970	4.8	45.3	36.1	11.5	(88.3)
1973	5.3	43.5	34.5	14.3	(90.8)
1976	4.8	42.8	35.2	15.6	(91.8)
1979	5.6	43.2	28.9	20.3	(90.7)
1982	5.6	45.9	21.4	23.4	(91.4)

资料来源：Mackie and Rose(1974a，1974b，1977，1980，1983).

注：百分比加总并不等于100，因为没有包括许多小党派。

a. 左翼社会主义政党在1921年前只包括瑞典左翼社会党(Swedish Left-Socialist party)，之后还包括瑞典共产党(VPK)(1921年后，瑞典左翼社会党解体)；1930—1944年还包括瑞典社会党。

b. 中间党派包括瑞典中间党(1957年前称为Bondeförbundet)和瑞典自由党(Folkepartiet)。

c. 占全部合格选民的百分比。

参考文献

专著、文章和杂项

Åkerman, N.
1973 *Klassamhället i Siffror*. Stockholm: Prisma.
Aasard, E.
1978 *LO och Löntagarfonderna*. Uppsala: Raben & Sjögren.
Aasheim, N. (ed.).
1970 *Frigjøring, Gjenreisning og Velstand: Etterkrigs Historie I*. Oslo: Universitetsforlaget.
1971 *Frigjøring, Gjenreisning og Velstand: Etterkrigs Historie II*. Oslo: Universitetsforlaget.
Abraham, D.
1981 *The Collapse of the Weimar Republic*. Princeton: Princeton University Press.
Abramson, P.
1971 "Social Class and Political Change in Western Europe." *Comparative Political Studies* 4.
Adams, C. T.
1975 "Interests, Parties, and the Public Role in Housing." In A. J. Heidenheimer et al. (eds.), *Comparative Public Policy*. New York: St. Martin's Press.
Adler, M.
1926 *Politische oder Soziale Demokratie*. Berlin: Laubsche Verlag.
1978 "Wandlung der Arbeiterklasse" [1933]. In T. Bottomore and M. Rubel (eds.), *Austro-Marxism*. Oxford: Oxford University Press.
Adler-Karlsson, G.
1967 *Funktionssocialism*. Lund: Prisma.
Alford, R.
1963 *Party and Society*. Chicago: Rand McNally.
Andersen, B.
1973 *Grundprincipper i Socialpolitiken*. Copenhagen: Det Danske Forlag.
1974 *Samfundsanalyse og Erhvervsstruktur*. Copenhagen: Paludan.
Andersson, R., and R. Meidner.
1973 *Arbetsmarknadspolitik och Stabilisering*. Stockholm: Prisma.
Anners, E.
1976 *Den Socialdemokratiska Magtapparaten*. Boraas: Askild & Kärnekull.
Anton, T.
1975 *Governing Greater Stockholm*. Berkeley: University of California Press.
Aukrust, O.
1965 *Norges Økonomi etter Krigen*. Oslo: Statistisk Sentralbyrå.
Bäck, M.
1974 *Partier och Organisationer*. Uppsala: Uppsala University Press.
Barrington Moore, J.
1967 *The Social Origins of Dictatorship and Democracy*. Boston: Beacon Press.
Baude, A.
1978 *Från Fattigdom till Velfärd*. Stockholm: Liber.
Bauer, O.
1978 "Political and Social Revolution" [1919]. In T. Bottomore and M. Rubel (eds.), *Austro-Marxism*. Oxford: Oxford University Press.
Bell, D.
1973 *The Coming of Post-Industrial Society*. New York: Basic Books.
1977 "Memoir: Anthony Crosland and Socialism." *Encounter* 49.
1978 *The Cultural Contradictions of Capitalism*. New York: Basic Books.
Bendix, R.
1964 *Nation-Building and Citizenship*. New York: John Wiley & Sons.
Bentzel, R.
1952 *Indkomstfordelingen i Sverige*. Stockholm: Prisma.
Bergh, T.
1977 "Norsk Økonomisk Politikk, 1945-65." In T. Bergh (ed.), *Vekst og Velstand*. Oslo: Universitetsforlaget.
Berglind, H.
1974 "Unemployment and Redundancy in a Post-Industrial Labor Market." Paper presented at the Eighth World Congress of Sociology, Toronto.
Berglind, H., and A. Lindquist.
1972 *Utslagningen på Arbetsmarknaden*. Lund: Studentlitteratur.
Berglind, H., and B. Rundblad.
1978 *Arbetsmarknaden i Sverige*. Stockholm: Esselte Studium.
Berglund, S., and V. Lundström.
1979 "The Scandinavian Party System(s) in Transition? A Macro-Level Analysis." *European Journal of Political Research* 7.
Bergström, V.
1971 "Industriel Utveckling, Industrins Kapitalbildning och Finanspolitiken." In E. Lundberg (ed.), *Svensk Finanspolitik i Teori och Praktik*. Stockholm: Aldus.
Berkling, A. L.
1982 *Fraan Fram till Folkhemmet: Per Albin Hansson som Tidningsman och Talare*. Falköping: Metodica.
Bernstein, E.
1971 *Evolutionary Socialism* [1899]. New York: Schocken Books.
Bertold, O.
1938 *Pionerer*. Copenhagen: Fremad.
Bertold, O., E. Christiansen, and P. Hansen.
1954-1955 *En Bygning Vi Rejser*, vols. 1 and 2. Copenhagen: Fremad.
Bille, L.
1972 *Danske Partiprogrammer, 1945-1970*. Copenhagen: Gyldendal.
1974 *S-SF*. Copenhagen: Gyldendal.
Bille, L., et al.
1975 *Danmark, 1966-1970: En Historisk-Økonomisk Oversigt*. Copenhagen: Berg.
Bjerke, J.
1966 *Langtidslinier i Norsk Økonomi, 1865-1960*. Oslo: Sta-

tistisk Sentralbyrå.
Bjerke, K.
1961 "Indkomstfordelingen i Danmark Før og Efter Krigen." *Socialt Tidsskrift* 37.
Björn, L.
1976 *Labor Parties and the Distribution of Incomes in Capitalist Democracies.* Ph.D. dissertation, University of North Carolina, Chapel Hill.
Blauner, R.
1964 *Alienation and Freedom.* Chicago: University of Chicago Press.
Boberg, K., et al.
1974 *Bostad och Kapital.* Lund: Prisma.
Bonke, S.
1976 "Traek af Bygge—og Anlaegssektorens Udvikling." *Kontekst* 32.
Borre, O.
1977 "Recent Trends in Danish Voting Behavior." In K. Cerny (ed.), *Scandinavia at the Polls.* Washington D.C.: American Enterprise Institute.
1979 "The Impacts of Strains on Public Attitudes and Political Party Systems." Paper presented at Council for European Studies Conference, Washington D.C.
Borre, O., and J. Stehouwer.
1970 *Fire Folketingsvalg, 1960-1968.* Århus: Akademisk Boghandel.
Borre, O., et al.
1976 *Vaelgerne i 70'erne.* Copenhagen: Akademisk Forlag.
Branting, H.
1913 "Ekonomisk och Social Arbetarpolitik." In *Tal och Skrifter*, vol. 7. Stockholm: Tiden.
Briggs, A.
1961 "The Welfare State in Historical Perspective." *European Journal of Sociology* 1.
Bryld, C.
1976 *Det Danske Socialdemokrati og Revisionismen*, vol. 2. Copenhagen: GMT.
Buksti, J., et al.
1978 *ØD Undersøgelsen i Aarhus Kommune.* Århus: Arbeiderbevaegelsens Oplysningsforbund.
1981 *Befolkningens Holdninger til Overskudsdeling.* Århus: Institut for Statskundskab.
Bull, E.
1922 *Den Skandinaviske Arbeiterbevaegelse.* Kristiania: Det Norske Arbeiderparti.
1947 *Arbeiterklassen i Norsk Historie.* Oslo: Tidens Norsk Forlag.
1976 "Arbeiderbevaegelsens Stilling i de tre Nordiske Land, 1914-1920" [1922]. *Tidsskrift for Arbeiderbevaegelsens Historie* 1.
Burnham, W. D.
1970 *Critical Elections and the Mainsprings of American Elections.* New York: Norton.
Butler, D., and R. Rose.
1960 *The British General Election of 1959.* London: Macmillan.
Butler, D., and D. Stokes.
1971 *Political Change in Britain.* New York: St. Martin's Press.
Cameron, D.
1976 "Inequality and the State: A Political-Economic Comparison." Paper presented at APSA meeting, Chicago.
1978 "The Expansion of the Public Sector: A Comparative Analysis." *American Political Science Review* 72.
Cappelen, Å.
1981a "Intektspolitikken i Norge i Etterkrigstiden." *Vardøger* 11.
1981b "Noen Hovedtraek ved Norsk Økonomi etter 2 Verdenskrig." In B. A. Lundvall (ed.), *Inntektspolitikk i Norden, 1945-80.* Copenhagen: Nordisk Forum.
Carlsson, G., and K. Karlsson.
1970 "Age Cohorts and the Generation of Generations." *American Sociological Review* 35.
Carlsson, S.
1966 "Den Sociala Omgrupperingen i Sverige efter 1866." In A. Thompson (ed.), *Samhälle och Riksdag.* Stockholm: Almqvist & Wicksell.
Castells, M.
1972 "Urban Renewal and Social Conflict in Paris." *Social Science Information* 2.
Castles, F.
1978 *The Social Democratic Image of Society.* London: Routledge & Kegan Paul.
Christiansen, T.
1975 *1970'ernes Social Reform.* Copenhagen: Gyldendal.
Cole, G. D. H.
1969 *A History of Socialist Thought*, vol. 4. London: Macmillan.
Crosland, C. A. R.
1967 *The Future of Socialism.* New York: Schocken Books.
Crouch, C., and A. Pizzorno (eds.).
1978 *The Resurgence of Class Conflict in Western Europe since 1968.* New York: Holmes & Meier.
Dahl, H. F.
1969 *Fra Klasskamp til Nasjonal Samling.* Oslo: Pax.
1971 *Norge Mellom Krigene.* Oslo: Pax.
Dahlkvist, M.
1975 *Staten, Socialdemokratin och Socialismen.* Lund: Prisma.
Dahlström, E.
1965 *Svensk Samhällsstruktur i Sociologisk Belysning.* Stockholm: Svenska Bokforlag.
Damgaard, E.
1973 "Party Coalitions in Danish Law Making, 1953-1970." *European Journal of Political Research* 1.
1974 "Stability and Change in the Danish Party System over Half a Century." *Scandinavian Political Studies* 9.
Damgaard, E., and J. Rusk.
1976 "Cleavage Structures and Representational Linkages: A Longitudinal Analysis of Danish Legislative Behavior." *American Journal of Political Science* 20.
Dich, J.
1973 *Den Herskende Klasse.* Copenhagen: Borgen.
Donnison, D.
1967 *The Government of Housing.* London: Penguin.
Downs, A.
1957 *An Economic Theory of Democracy.* New York: Harper & Row.
Duverger, M.
1964 *Political Parties.* London: Methuen.
Dybdahl, V.
1975 *Industrialisering og Folkestyre.* Copenhagen: Gyldendal.
Edgren, G., et al.
1970 *Lönebildning och Samhällsekonomi.* Stockholm: Raben & Sjögren.
Eidem, R., and B. Öhman.
1979 *Economic Democracy.* Stockholm: Arbetslivcentrum.
Elmer, Å.
1960 *Folkpensioneringen i Sverige.* Lund: Gleerups.
1978 *Svensk Socialpolitik.* Lund: Gleerups.
Elmgren, B.
1969 *Politik och Jämtlikhet.* Stockholm: Prisma.
Elvander, N.
1966 *Interesseorganisationerne i Sverige.* Lund: Gleerups.
1972 *Svensk Skattepolitik, 1945-1970.* Uppsala: Raben & Sjögren.
1974a "Staten och Organisationerne på Arbetsmarknaden i de Nordiska Länderna." In L. Brantgärde (ed.), *Konfliktlösning på Arbetsmarknaden.* Lund: Gleerups.
1974b "In Search of New Relationships: Parties, Unions, and Salaried Employees' Associations in Sweden." *Industrial*

and Labour Relations Review 28.
1980 *Skandinavisk Arbetarrörelse*. Helsingborg: Liber.
Engels, F.
1951 "The Housing Question" [1872]. In K. Marx and F. Engels, *Selected Works*. Moscow: Foreign Language Publishing House.
Epstein, L.
1967 *Political Parties in Western Democracies*. New York: Praeger.
Eriksen, K., and G. Lundestad.
1972 *Norsk Innenrikspolitik*. Oslo: Universitetsforlaget.
Erixon, L.
1982 *Tillväkst och Strukturförandringar i Svensk Industri under 70-talet*. Stockholm: Institute for Social Research.
Esping-Andersen, G.
1978 "Social Class, Social Democracy, and the State." *Comparative Politics* 11.
1980 *Social Class, Social Democracy, and State Policies*. Copenhagen: Nyt Fra Samfundsvidenskaberne.
1981a "From Welfare State to Economic Democracy." *Political Power and Social Theory* 2.
1981b "Politics against Markets: De-commodification in Social Policy." Paper presented at the Arne Ryde Symposium on the Economics of Social Security, Lund.
1982 "The State as a System of Stratification." Paper presented at Council for European Studies conference, Washington D.C.
Esping-Andersen, G., and R. Friedland.
1982 "Class Coalitions in the Making of West European Economies." *Political Power and Social Theory* 3
Esping-Andersen, G., and W. Korpi.
1984 "From Poor Relief to Institutional Welfare States." In R. Eriksson et al. (eds.), *Welfare Research and Welfare Society*. New York: M. E. Sharpe.
Esping-Andersen, G., R. Friedland, and E. Wright.
1976 "Class Conflict and the Capitalist State." *Kapitalistate* 4-5.
Flora, P.
1981 "Solution or Source of Crisis? The Welfare State in Historical Perspective." In W. J. Mommsen (ed.), *The Emergence of the Welfare State in Britain and Germany*. London: Croom Helm.
Franzen, T., et al.
1975 *Skatters och Offentliga Utgifters Effekter paa Innkomstfördelingen*. Stockholm: Stockholm University, Department of Economics.
Friis, H.
1971 "Socialvidenskab og Socialpolitik: Nogle Danske Erfaringer." In *Økonomien Bag Socialpolitiken*. Copenhagen: Thanning & Appel.
Frykman, T.
1983 "Vem bor i Ågd Bostad?" *At Bo* 1.
Fulcher, J.
1976 "Joint Regulation and Its Decline." In R. Scase (ed.), *Readings in the Swedish Class Structure*. London: Pergamon Press.
Furåker, B.
1976 *Stat och Arbetsmarknad*. Kristianstad: Arkiv.
Furre, B.
1971 *Norsk Historie, 1905-1940*. Oslo: Det Norske Samlaget.
Galbraith, J. K.
1969 *The New Industrial State*. London: Penguin.
Galenson, W.
1949 *Labor in Norway*. Cambridge: Harvard University Press.
1952 *The Danish System of Labor Relations*. Cambridge: Harvard University Press.
1968 *Comparative Labor Movements*. New York: Russell & Russell.
Gates, R.
1974 "Von der Sozialpolitik zur Wirtschaftspolitik." In H. Mommsen et al. (eds.), *Industrielles System und Politisches Entwicklung in der Weimarer Republik*. Düsseldorf: Droste Verlag.
Gay, P.
1970 *The Dilemma of Democratic Socialism*. New York: Collier.
Geiger, T.
1978 *Welfare and Efficiency*. Washington D.C.: National Planning Commission.
Gerschenkron, A.
1943 *Bread and Democracy in Germany*. Berkeley: University of California Press.
Glans, I.
1975 "Årets första Folketingsval." *Statsvetenskapligt Tidskrift* 3.
Glenn, N.
1977 *Cohort Analysis*. Beverly Hills, Calif.: Sage.
Gorz, A.
1967 *A Strategy for Labor*. Boston: Beacon Press.
Goul Andersen, J.
1977 *Mellemlagene i Danmark*. Aarhus: Politica.
Goul Andersen, J., and I. Glans.
1981 "Socialklasser og Partivalg i 1970'erne." *Politica* 13.
Gramsci, A.
1978 *Selections from Political Writings, 1921-1926*. New York: International Publishers.
Grønlie, T.
1977 "Norsk Industripolitikk." In T. Bergh and H. Pharo (eds.), *Vekst og Velstand*. Oslo: Universitetsforlaget.
Guldbrandsen, L., and U. Torgerson.
1978 "Concern with Redistribution as an Aspect of Postwar Norwegian Housing Policy." *Acta Sociologica* 21.
1981 "Høyre—Den Offentlige Sektorens Parti?" In T. Bjørklund and B. Hagtved (eds.), *Høyrebølgen*. Oslo: Aschehoug.
Gustavsson, B.
1982 "Löntagarfonder: Demokrati och Effektivitet." *Tiden* 6.
Haarr, A.
1982 *I Oljens Tegn*. Olso: Tanum Norli.
Hallet, G.
1973 *The Social Economy of West Germany*. London: Macmillan.
Hamilton, R.
1967 *Affluence and the French Worker in the Fourth Republic*. Princeton: Princeton University Press.
1972 *Class and Politics in the United States*. New York: John Wiley & Sons.
Hancock, D.
1972 *Sweden: The Politics of Postindustrial Change*. Hinsdale, Ill.: Dryden Press.
Hansen, B.
1973 *Velstand uden Velfaerd*. Copenhagen: Fremad.
Hansen, E. J.
1980 *Levevilkår i Velfaerdsstaten*. Copenhagen: Social Forsknings Instituttet.
Hansen, S. Å.
1974 *Økonomisk Vaekst i Danmark*. Copenhagen: Akademisk Forlag.
Hansson, P. A.
1982 *Från Fram till Folkhemmet: A Collection of Writings and Speeches by P. A. Hansson*, edited by A. L. Berkling. Falköping: Metodica.
Heberle, R.
1951 *Social Movements*. New York: Appleton-Century-Crofts.
Heclo, H.
1974 *Modern Social Politics in Britain and Sweden*. New Haven: Yale University Press.
Heidenheimer, A., et al.

1975 *Comparative Public Policy*. New York: St. Martin's Press.
Heiman, E.
1929 *Soziale Theorie des Kapitalismus: Theorie der Sozial Politik*. Tübingen: Mohr.
Hentilää, S.
1974 "Orsaken till Reformismens Gennombrott i Svensk Socialdemokrati." *Arkiv* 5.
Hewitt, C.
1977 "The Effects of Political Democracy and Social Democracy on Equality in Industial Societies." *American Sociological Review* 42.
Hibbs, D.
1977 "Political Parties and Macroeconomic Policy." *American Political Science Review* 71.
1978 "On the Political Economy of Long-Run Trends in Strike Activity." *British Journal of Political Science* 8.
Higgins, W., and N. Apple.
1982 "Vad gör Reformistarna när de Reformerar?" *Häften för Kritiska Studier* 15.
Himmelstrand, U., et al.
1981 *Beyond Welfare Capitalism: Issues, Actors, and Forces in Societal Change*. London: Heineman.
Hirschman, A. O.
1970 *Exit, Voice, and Loyalty*. Cambridge: Harvard University Press.
Høgh, E.
1956 "Vaelgeradfaerd." *Sociologiske Meddelelser* 3.
Højland, M., and C. Vesterø Jensen.
1979 *Skattepolitik*. Copenhagen: Suenson Forlag.
Holmberg, S.
1981 *Svenska Väljare*. Stockholm: Publica.
Hull Kristensen, P., and J. Annersted.
1980 *Innovative Kapabiliteter i de Skandinaviske Lande*. Roskilde: Roskilde Universitets Center.
Huntford, R.
1971 *The New Totalitarians*. London: Penguin.
Huntington, S.
1975 "The United States." In M. Crozier, S. Huntington, and J. Watanuki (eds.), *The Crisis of Democracy*. New York: New York University Press.
Hyman, H. H.,
1959 *Political Socialization*. New York: Free Press.
Ibsen, F., and K. Vangskjaer.
1976 "Indkomstpolitiske Eerfaringer i Danmark: Helhedsløsningen i 1963." *Nordisk Tidskrift for Politisk Økonomi* 4.
Jackman, R.
1974 "Political Democracy and Social Equality." *American Sociological Review* 39.
Johannesson, J.
1982 *On the Outcome of Swedish Labor Market Policy from the 1960's up to 1981*. Berlin: Wissenschaftszentrum.
Johansson, S.
1974 *När er Tiden Mogen? En Fråga inför Program Kommisionen*. Karlskrona: Tidens Forlag.
1982 "When Is the Time Ripe?" *Political Power and Social Theory* 3.
Johnston, T. L.
1962 *Collective Bargaining in Sweden*. London: Allen & Unwin.
Jörberg, L.
1976 "Industrialization in Scandinavia." In F. Cippola (ed.), win.
Jörberg, L.
1976 "Industrialization in Scandinavia." In F. Cippola (ed. *The Economic History of Europe*. London: Fontana.
Jungen, E.
1931 "Socialpolitik och Socialism." *Tiden* 23.
Kampmann, V.
1970 *Økonomisk Demokrati*. Copenhagen: Fremad.
Karleby, N.
1926 *Socialism inför Verkligheten*. Stockholm: Tiden.
Kassalow, E.
1969 *Trade Unions and Industrial Relations: An International Comparison*. New York: Random House.
Kautsky, K.
1943 *The Road to Power* [1909]. Chicago: S. A. Bloch.
1971 *The Class Struggle* [1892]. New York: Norton.
Kerr, C., et al.
1964 *Industrialism and Industrial Man*. London: Penguin.
King, A.
1975 "Overload: Problems of Governance in the 1970's" *Political Studies* 23.
Kirschheimer, O.
1968 "The Transformation of Western European Party Systems." In J. Palombara and M. Weiner (eds.), *Political Parties and Political Development*. Princeton: Princeton University Press.
Kjeldstadli, K., and V. Keul (eds.).
1973 *DNA—Fra Folkebevegelse till Statsstøtte*. Oslo: Pax.
Klingman, D.
1976 *Social Change, Political Change, and Public Policy: Norway and Sweden, 1875-1965*. Beverly Hills, Calif.: Sage.
Kolberg, J. E. and P. A. Pettersen.
1981 "Om Velfaerdsstatens Politiske Basis." *Tidsskrift for Samfunnsforskning* 22.
Kolberg, J. E., and A. Viken.
1978 "Trygdhetsens Struktur." *Tidsskrift for Samfunnsforskning* 19.
Korpi, W.
1972 "Some Problems in the Measurement of Class Voting." *American Journal of Sociology* 78.
1977 "Vad Hotar Arbetarrörelsen?" *Tiden* 3.
1978 *The Working Class in Welfare Capitalism*. London: Routledge & Kegan Paul.
1980a *Fonder för Ekonomisk Demokrati*. Stockholm: Sveriges Kommunaltjänestemanna Förbund.
1980b "Social Policy and Distributional Conflict in the Capitalist Democracies." *West European Politics* 3.
1981a *Den Demokratiska Klasskampen*. Stockholm: Tiden.
1981b "Från Undersåte till Medborgare: Socialistiska Tankegångar hos Ernst Wigforss." *Tiden* 6.
Korpi, W., and M. Shalev.
1980 "Strikes, Power, and Politics in the Western Nations, 1900-1976." *Political Power and Social Theory* 1.
Krag, J. O. and K. B. Andersen.
1971 *Kamp og Fornyelse*. Copenhagen: Fremad.
Kristensen, O. P.
1981 "Voter Attitudes and Public Spending: Is There a Relationship?" Paper presented at the Sixth Nordic Political Science Congress, Åbo.
Kuhnle, S.
1975 *Patterns of Political and Social Mobilization*. Beverly Hills, Calif.: Sage.
1978 "The Beginnings of the Nordic Welfare States." *Acta Sociologica* 21 (supp.).
Kuhnle, S., and L. Solheim.
1981 "Party Programs and the Welfare State: Consensus and Conflict in Norway, 1945-1977." Paper presented at the European Consortium for Political Research joint sessions, Lancaster, England.
Kuusi, P.
1964 *Social Policy for the Sixties*. Helsinki: Finnish Social Policy Association.
Kvavik, R.
1976 *Interest Groups in Norwegian Politics*. Oslo: Universitetsforlaget.
Lafferty, W.
1971 *Economic Development and the Response of Labor in Scandinavia*. Oslo: Universitetsforlaget.
Landauer, K.
1959 *European Socialism: A History of Ideas and Movements*,

vols. 1 and 2. Berkeley: University of California Press.
Lange, P., and M. Vanicelli.
1979 "From Marginality to Centrality: Italian Unionism in the 1970's." Paper presented at the Annual APSA Meeting, Washington D.C.
Lederer, E., and J. Marschak.
1926 "Der Neue Mittelstand." In *Grundriss der Sozialökonomik*, vol. 9, no. 1. Tübingen: Verlag von Mohr.
Leion, A.
1970 *Indkomstfördelingen i Sverige*. Falköping: Landsorganisationen & Prisma.
Leiserson, M.
1959 *Wages and Economic Control in Norway*. Cambridge: Harvard University Press.
Lenin, V. I.
1929 *What Is to Be Done?* [1909]. New York: International Publishers.
1939 *Imperialism: The Highest Stage of Capitalism* [1924]. New York: International Publishers.
1943 *The State and Revolution* [1919]. New York: International Publishers.
Lewin, L.
1967 *Planhushålningsdebatten*. Stockholm: Almqvist & Wicksell.
Lieberman, S.
1977 *The Growth of European Mixed Economies, 1945-1970*. New York: John Wiley & Sons.
Lindbeck, A.
1972 *Swedish Economic Policy*. Berkeley: University of California Press.
1975 *Svensk Ekonomisk Politik*. Stockholm: Bonniers.
1976 "Stabilization Policy in Open Economies with Endogenous Politicians." *American Economic Review* 66.
Lindhagen, J.
1972 *Socialdemokratin's Program*. Stockholm: Tiden.
1976 "Åren Vi Forlorade." *Tiden* 10.
1977 "Men å andra sidan." *Tiden* 8.
Lindström, S.
1979 *Sweden's Economic Situation during the 1979 Election Campaign*. New York: Swedish Institute Pamphlets.
Lipset, S. M.
1960 *Political Man*. New York: Doubleday, Anchor.
1964 "The Changing Class Structure and Contemporary European Politics." In S. Graubard (ed.), *A New Europe?* Boston: Beacon Press.
LO (Landsorganisationen).
1951 *Fackföreningsrörelsen och den Fulla Sysselsättningen*. Stockholm: LO.
1961 *Samordnad Näringsliv*. Stockholm: LO.
1970 *Indkomstfördelingen i Sverige* [by A. Leion]. Stockholm: LO & Prisma.
1976 *Kollektiv Kapitalbildning genom Löntagarfonder*. Stockholm: LO.
1980 *Lönepolitik och Solidaritet*. Stockholm: LO.
LO and SAP (Sveriges Socialdemokratiska Arbetarparti).
1978 *Löntagarfonder och Kapitalbildning*. Stockholm: Tiden.
1981 *Arbetarrörelsen och Löntagarfonderna*. Stockholm: Tiden.
Logue, J.
1975 "Beyond Welfare Socialism: The Case of the Danish Socialist People's Party." Paper presented at the Society for the Advancement of Scandinavian Studies workshop, Madison, Wisc.
Lorenz, E.
1974 *Arbeiderbevegelsens Historie II, 1930-1973*. Oslo: Pax.
Lund, O. and M. Langholm.
1967 *Folketrygden*. Oslo: Johan Grundt Tanum Forlag.
Lundberg, E.
1968 *Instability and Economic Growth*. New Haven: Yale University Press.
Lykketoft, M.
1973 *Kravet om Lighed*. Copenhagen: Fremad.
Mackie, T., and R. Rose.
1974a *The International Almanac of Electoral History*. New York: Free Press.
1974b "General Elections in Western Nations during 1973." *European Journal of Political Research* 2.
1976 "General Elections in Western Nations during 1975." *European Journal of Political Research* 4.
1977 "General Elections in Western Nations during 1976." *European Journal of Political Research* 5.
1978 "General Elections in Western Nations, 1977." *European Journal of Political Research* 6.
1980 "General Elections in Western Nations during 1979." *European Journal of Political Research* 8.
1982 "General Elections in Western Nations during 1981." *European Journal of Political Research* 10.
1983 "General Elections in Western Nations during 1982." *European Journal of Political Research* 11.
Madsen, H. J.
1980 "Class Power and Participatory Equality: Attitudes towards Economic Democracy in Denmark and Sweden." *Scandinavian Political Studies* 3.
Mallet, S.
1975 *Essays on the New Working Class*. St. Louis, Mo.: Telos Press.
Mannheim, K.
1959 *Essays in the Sociology of Knowledge*. London: Routledge & Kegan Paul.
Marshall, T. H.
1950 *Citizenship and Social Class*. Cambridge: Cambridge University Press.
1964 *Class, Citizenship, and Social Development*. Chicago: University of Chicago Press.
Martin, A.
1973 *The Politics of Economic Policy in the United States*. Beverly Hills, Calif.: Sage.
1975 "Is Democratic Control of Capitalism Possible? Some Notes towards an Answer." In L. Lindberg et al. (eds.), *Stress and Contradiction in Modern Capitalism*. Lexington, Mass.: D. C. Heath.
1979 "The Dynamics of Change in a Keynesean Political Economy: The Swedish Case and Its Implications." In C. Crouch (ed.), *State and Economy in Contemporary Capitalism*. London: Croom Helm.
1981 "Economic Stagnation and Social Stalemate in Sweden." In U.S. Congress, Joint Economic Committee, *Monetary Policy, Selective Credit Policy, and Industrial Policy in France, Britain, West Germany, and Sweden*. Washington D.C.: United States Congress.
Marx, K.
1964 *Class Struggles in France* [1895]. New York: International Publishers.
1967 *Capital*, vol. 1 [1872]. New York: International Publishers.
1978 "Critique of the Gotha Program" [1875]. In R. Tucker (ed.), *The Marx-Engels Reader*. New York: Norton.
Marx, K., and F. Engels.
1967 *The Communist Manifesto* [1848] London: Penguin.
Mason, T.
1977 *Sozialpolitik im Dritten Reich*. Opladen: Westdeutscher Verlag.
Mayer, K.
1955 *Class and Society*. New York: Random House.
Meidner, R.
1974 *Samordning och Solidarisk Lönepolitik*. Stockholm: Prisma.
1978 *Employee Investment Funds*. London: Allen & Unwin.
1979 *Employee Investment Funds and Capital Formation*. New York: Swedish Institute Pamphlets.

Meier, C.
1975 *Recasting Bourgeois Europe.* Princeton: Princeton University Press.
Meyerson, P. M.
1979 *Capital Accumulation and Ownership Structure in Swedish Industry: The Employee Fund Debate in Perspective.* New York: Swedish Institute Pamphlets.
Michels, R.
1962 *Political Parties* [1915]. New York: Collier.
Miliband, R.
1972 *Parliamentary Socialism.* London: Merlin.
1977 *Marxism and Politics.* Oxford: Oxford University Press.
Mills, C. W.
1951 *White Collar.* New York: Oxford University Press.
1967 *The Sociological Imagination.* London: Oxford University Press.
Mjøset, L.
1981 "Socialdemokratisk Økonomisk Politikk i Norge etter Krigen." *Vardøger* 11.
Mogensen, G. V.
1967 *Økonomiske Udviklingslinier, 1945-65.* Copenhagen: Gad.
1975 *Socialhistorie.* Copenhagen: Akademisk Forlag.
Molin, B.
1967 *Tjänstepensionsfrågan: En Studie i Svensk Partipolitik.* Lund: Akademisk Forlag.
Möller, G.
1938 "The Unemployment Policy." *Annals of the American Academy* 197.
Mommsen, H., et al.
1974a *Sozialdemokratie Zwischen Klassenbewegung und Volkspartei.* Frankfurt: Atheneum Verlag.
1974b *Industrielles System und Politische Entwicklung in der Weimarer Republik.* Düsseldorf: Droste Verlag.
Moore, J. Barrington.
1967 *The Social Origins of Dictatorship and Democracy.* Boston: Beacon Press.
Mortensen, H.
1969 *Arbejderflertallet.* Copenhagen: Røde Hane.
Munck, I., et al.
1980 "Økonomisk udvikling og Industripolitik i Danmark efter 1958." *Nordisk Forum* 28.
Myrdal, A. and G. Myrdal.
1934 *Kris i Befolkningsfrågan.* Stockholm: Tiden.
Naphtali, F.
1928 *Wirtschaftsdemokratie, Ihr Wesen, Weg und Ziel.* Berlin: Allgemeine Deutsche Gewerkschaftsbund.
Nasenius, J.
1974 *Delad Velfärd.* Lund: Scandinavian University Books.
Neumann, F.
1944 *Behemoth: The Structure and Practice of National Socialism.* New York: Oxford University Press.
Neumann, S.
1965 *Permanent Revolution.* New York: Praeger.
Nielsen, H. J.
1975 "To-i-et Partiet." In *Småborgerskab og Politisk Krise i Danmark.* Roskilde: Roskilde Universitets Center.
1976 "The Uncivic Culture: Attitudes towards the Political System in Denmark, and Vote for the Progress Party, 1973-1975." *Scandinavian Political Studies* 11.
1979 *Politiske Holdninger og Fremskridtsstemme.* Copenhagen: Politiske Studier.
Nielsen, K., and T. Grønnebaek-Hansen.
1979 "Placering af Fondsmidlerne." Paper presented at seminar, "Medbestemmelse og Økonomisk Demokrati."
Nielsen, M.
1973 *Enhed i Arbejderbevaegelsen.* Copenhagen: Fremad.
Nolan, M., and C. Sabel.
1982 "Cycles of Reform and Revolution in German Social Democracy." *Political Power and Social Theory* 3.
Nordvik, H.
1977 "Krisepolitikken og den Teoretiske Nyorientering af den Økonomiske Politikken i Norge i 1930-årene." *Historisk Tidskrift* 56.
Nossiter, B.
1978 "Britain's Cautious Step towards Industrial Democracy." *Working Papers for a New Society* July/August.
O'Connor, J.
1973 *The Fiscal Crisis of the State.* New York: St. Martin's Press.
Offe, C.
1972 "Advanced Capitalism and the Welfare State." *Politics and Society* 4.
Öhman, B.
1979a *Employee Funds.* New York: Swedish Information Service.
1979b *Wage Earner Funds.* Stockholm: Sveriges Offentliga Utredningar.
1981a "Solidarisk Lönepolitik och Löntagarfonder." Mimeo., Stockholm University.
1981b *Principfrågar for Fondmodeller.* Stockholm: Liber Forlag.
Øjen, Ø
1968 "Norges Befolkning." In N. Rogoff Ramsøy (ed.), *Det Norske Samfunn.* Oslo: Gyldendal.
Økonomisk Råd.
1967 *Den Personlige Indkomstfordeling og Indkomstudjævningen i Danmark.* Copenhagen: Det Økonomiske Råd.
Olsen, E.
1962 *Danmarks Økonomiske Historie siden 1720.* Copenhagen: Gads Forlag.
Olsen, H., and G. Hansen.
1981 *De Aeldres Levevilkår 1977.* Copenhagen: Socialforsknings Instituttet.
Olsen, O. Jess.
1980 *Industripolitik i Danmark, Norge og Sverige.* Copenhagen: Paludan.
Olsen, P., and V. Kampmann.
1948 "Indkomstudjaevningen i Danmark." *Socialt Tidsskrift* 24.
Olsson, G.
1966 *Nordisk Arbetsmarknad.* Stockholm: Raben & Sjögren.
Olsson, I.
1980 *Den Solidariska Lönepolitikens Resultat.* Stockholm: Landsorganisationen.
Panitch, L.
1976 *Social Democracy and Industrial Militancy: The Labour Party, the Trade Unions, and Income Policy, 1945-74.* London: Cambridge University Press.
1981 "Trade Unions and the Capitalist State." *New Left Review* 125.
Pannekoek, A.
1914 *Olika Riktninger inom Arbetarrörelsen.* Lund: Arkiv.
Parkin, F.
1972 *Class Inequality and Political Order.* New York: Praeger.
1979 *Marxism and Class Theory: A Bourgeois Critique.* London: Cambridge University Press.
Paterson, W., and I. Campbell.
1974 *Social Democracy in Postwar Europe.* London: Croom Helm.
Paterson, W., and A. Thomas (eds.).
1977 *Social Democratic Parties in Western Europe.* London: Croom Helm.
Pedersen, P.
1977 "Aspekter af Fagbevaegelsens Vaekst i Danmark, 1911-1976." Mimeo., Århus University, Department of Economics.
Pelling, H.
1961 *The Origins of the Labour Party.* Oxford: Clarendon Press.

Perlman, S.
1926 *A Theory of the Labor Movement*. New York: Macmillan.
Perrin, G.
1969 "Reflections on Fifty Years of Social Security." *International Labor Review* 99.
Petersson, O.
1977 *Väljarna och Valet 1976*. Stockholm: Liber Forlag.
Philip, K.
1939 *Den Dansk Kriselovgivning, 1931-38*. Århus: Studier fra Århus Universitet, Økonomisk Institut.
Pinker, R.
1971 *Social Theory and Social Policy*. London: Heineman.
Polanyi, K.
1957 *The Great Transformation*. Boston: Beacon Press.
Poulantzas, N.
1975 *Classes in Contemporary Capitalism*. London: New Left Books.
Preller, L.
1949 *Sozialpolitik in der Weimar Republik*. Stuttgart: Mittelbach Verlag.
Przworski, A.
1975 "Party Strategy, Political Ideology, and Class Voting." Grant proposal to the National Science Foundation, University of Chicago, Department of Political Science.
1980 "Social Democracy as an Historical Phenomenon." *New Left Review* 122.
Przworski, A., and J. Sprague.
1977 "A History of European Socialism." Paper presented at APSA meeting, Washington D.C.
Przworski, A., and E. Underhill.
1977 "The Process of Class Formation from Karl Kautsky to Recent Controversies." *Politics and Society* 7.
Przworski, A., E. Underhill, and M. Wallerstein.
1978 "The Evolution of Class Structure in Denmark 1901-1960, France 1901-1968, Germany 1882-1933 and 1950-1961, and Sweden 1900-1960." Basic data tables, research report, University oif Chicago, Department of Political Science.
Rasmussen, E.
1933 "Socialdemokraternes Stilling til det Sociale Spørgsmål, 1890-1901." In P. Engelstoft and H. Jensen (eds.), *Maend og Meninger i Dansk Socialpolitik, 1866-1901*. Copenhagen: Nordisk Forlag.
Regini, M.
1980 "Changing Relations between Labour Unions and the State in Italy." In G. Lembruch and P. Schmitter (eds.), *Variations in Patterns of Corporatist Policy Formation*. London: Sage.
Rehn, G.
1948 "Ekonomisk Politik vid Full Sysselsättning." *Tiden* 40.
Renner, K.
1953 *Wandlungen der Modernen Gesellschaft*, vol. 3 of *Nachgelassene Werke*. Wien: Wiener Volksbuchhandlung.
Rimlinger, G.
1971 *Welfare Policy and Industrialization in Europe, America, and Russia*. New York: John Wiley & Sons.
Ringen, S.
1979 "Inntektsfordelingen i Norge." Mimeo., Harvard University, Department of Sociology.
Rødseth, T.
1977 *Inntektsfordelingen i Norge*. Oslo: Norges Offentlige Utredninger.
Rogoff-Ramsøy, N.
1974 *Norwegian Society*. Oslo: Universitetsforlaget.
Rokkan, S.
1966 "Numerical Democracy and Corporate Pluralism." In R. Dahl (ed.), *Political Oppositions in Western Democracies*. New Haven: Yale University Press.
1970 *Citizens, Elections, Parties*. Oslo: Universitetsforlaget.
Rokkan, S., and J. Meyriat.
1969 *International Guide to Electoral Statistics*. The Hague: Mouton.
Rose, R., and G. Peters.
1978 *Can Government Go Bankrupt?* New York: Basic Books.
Rose, R., and D. Urwin.
1971 "Social Cohesion, Parties, and Strains in Regimes." In M. Dogan and R. Rose (eds.), *European Politics*. Boston: Little, Brown.
Rusk, G., and O. Borre.
1974 "The Changing Party Space in Danish Voter Perceptions." *European Journal of Political Research* 2.
Ryder, N.
1965 "The Cohort as a Concept in the Study of Social Change." *American Sociological Review* 30.
SAF (Sveriges Arbetsgiverförbund).
1978 *Direct and Total Wage Costs for Workers, 1958-1966*. Stockholm: SAF.
1980 *Wages and Total Labour Costs for Workers, 1968-1978*. Stockholm: SAF.
Samuelsson, K.
1968 *From Great Power to Welfare State*. London: Allen & Unwin.
1974 *Om Bostad och Bostadspolitik*. Stockholm: Raben & Sjögren.
SAP (Socialdemokratiska Arbetar Partiet).
1944 *Arbetarrörelsens Efterkrigsprogram* Stockholm: Tiden.
1969 *Jämtlikhet*. Stockholm: Prisma.
1981a *Framtid för Sverige*. Stockholm: Tiden.
1981b *Ekonomisk Demokrati och Löntagarfonder: Kreditpolitik*. Stockholm: SAP Parti Kongress.
Särlvik, B.
1966 "Political Stability and Change in the Swedish Electorate." *Scandinavian Political Studies* 1.
1970 "Voting Behavior in Shifting Election Winds," *Scandinavian Political Studies* 5.
1974 "Social Bases of the Parties in Developmental Perspective." In R. Rose (ed.), *Electoral Behavior*. New York: Free Press.
1977 "Recent Electoral Trends in Sweden." In K. Cerny (ed.), *Scandinavia at the Polls*. Washington D.C.: American Enterprise Institute.
Sartre, J. P.
1968 *The Communists and Peace*. New York: Braziller.
Sawyer, M.
1976 *Income Distribution in OECD Countries*. Paris: OECD Occasional Studies.
Scase, R.
1976 *Readings in the Swedish Class Structure*. London: Pergamon Press.
1977 *Social Democracy in Capitalist Society*. London: Croom Helm.
Schmidt, E. I.
1971 *Dansk Økonomisk Politik*. Copenhagen: Fremad.
Schmitter, P., and W. Streeck.
1981 *The Organization of Business Interests*. Berlin: Wissenschaftzentrum Discussion Papers.
Schumpeter, J.
1970 *Capitalism, Socialism, and Democracy*. London: Allen & Unwin.
Schwerin, D.
1980 "The Limits to Organization as a Response to Wage-Price Problems." In R. Rose (ed.), *Challenge to Governance*. Beverly Hills, Calif.: Sage.
1981a *Corporatism and Protest*. Kent, Oh.: Kent Popular Press.
1981b "Norway's Corporate Incomes Policy: Second-Best Institutions." *Polity* 13.
Seierstad, S.

1974 "The Norwegian Economy." In N. Rogoff-Ramsøy (ed.), *Norwegian Society*. Oslo: Universitetsforlaget.

Sejersted, F.
1978 "Norsk Økonomi etter Krigen med saerlig vekt paa Strukturendringene i Industrin." Paper presented at Historisk Institut, Oslo University.

Severin, F.
1969 *Från Socialism till Velfärd*. Udevalla: Natur & Kultur Forlag.

Shalev, M.
1980 "Socialism and the Welfare State in Democratic Politics." Mimeo., Tel Aviv University, Department of Labor Studies.

Socialdemokratiet.
1945 *Fremtidens Danmark*. Copenhagen: Socialdemokratiet.
1961 *Vejen Frem*. Copenhagen: Socialdemokratiet.
1964 *1964—Et Afgørende År*. Copenhagen: Socialdemokratiet.
1969 *Det Nye Samfund*. Copenhagen: Socialdemokratiet.
1975 *Solidaritet, Lighed og Trivsel: En Samfundsdebat*. Copenhagen: Fremad
1977 *Solidaritet, Lighed og Trivsel*. Copenhagen: Socialdemokratiet.

Söderpalm, S. A.
1976 *Direktörsklubben: Storindustrin i Svensk Politik under 1930- och 1940-tallet*. Stockholm: Raben & Sjögren.

Södersten, B.
1974 *Svensk Ekonomi*. Stockholm: Raben & Sjögren.

Sontheimer, K.
1977 *Handbuch des Politischen Systems der Bundesrepublik*. Munich: Piper Verlag.

Sørensen, H.
1972 *Økonomisk Demokrati*. Copenhagen: Gyldendal.

Sørensen, K.
1967 "Denmarks Political Development." *Scandinavian Political Studies* 2.

Spånt, R.
1975 *Förmögenhetsfordelingen i Sverige*. Stockholm: Prisma.
1976 *Den Svenska Inkomst Fördelingens Utveckling*. Uppsala: Studia Oeconomica Uppsaliensia.

Ståhlberg, A. C.
1981 *ATP Gynnar Höginnkomsttagarna*. Stockholm: Institute for Social Research Reprint.

Stark, T.
1977 *The Distribution of Income in Eight Countries*. Background Paper no. 4 of the Royal Commission on the Distribution of Income and Wealth. London: Her Majesty's Stationery Office.

Steincke, K. K.
1920 *Fremtidens Forsørgelsesvaesen*. Copenhagen: Schultz.

Stephens, J.
1976 *The Consequences of Social Structure Change for the Development of Socialism in Sweden*. Ph.D. dissertation, Yale University, Department of Sociology.
1979 *The Transition from Capitalism to Socialism*. London: Macmillan.

Stephens, J., and E. Huber Stephens.
1982 "The Labor Movement, Political Power, and Workers' Participation in Europe." In *Political Power and Social Theory* 3.

Stevenson, P.
1974 "Monopoly Capital and Inequalities in Swedish Society." *Insurgent Sociologist* 1.

Stjernquist, N.
1966 "Sweden: Stability or Deadlock?" In R. Dahl (ed.), *Political Oppositions in Western Democracies*. New Haven: Yale University Press.

Strachey, J.
1933 *The Coming Struggle for Power*. New York: Covici Friede.
1956 *Contemporary Capitalism*. London: Oxford University Press.

Sturmthal, A.
1943 *The Tragedy of European Labor, 1918-1939*. New York: Columbia University Press.

Svensson, P.
1974 "Support for the Danish Social Democratic Party, 1924-1939." *Scandinavian Political Studies* 9.

Swedish Institute.
1977 *Housing and Housing Policy in Sweden*. Stockholm: Swedish Institute.

TCO (Tjänstemännens Centralorganisation).
1981 *Västeuropäiska Skattesystem och Fackföreningsrörelsens Syn paa Skatterna*. Stockholm: TCO.

Tennstedt, F.
1976 "Sozialgeschichte der Sozialversicherung." In M. Blohmke et al. (eds.), *Handbuch der Sozialmedizin*, vol. 3. Stuttgart: F. Enke Verlag.

Therborn, G.
1976 "The Evolution of the Swedish Class Structure." In R. Scase (ed.), *Readings in the Swedish Class Structure*. London: Pergamon Press.

Therborn, G., et al.
1978 "Sweden before and after Social Democracy." *Acta Sociologica* 21 (supp.).

Tholin, L.
1982 *Sweden's Economic Situation—Prospects for 1982*. New York: Swedish Information Service.

Thomas, A.
1977 "Social Democracy in Denmark." In W. Paterson and A. Thomas (eds.), *Social Democratic Parties in Western Europe*. London: Croom Helm.

Thon, S.
1968 *Økonomisk Politik i Norge, 1945-65*. Oslo: Elingård.

Tilton, T.
1974 "The Social Origins of Liberal Democracy: The Swedish Case." *American Political Science Review* 68.
1979 "A Swedish Road to Socialism: Ernst Wigforss and the Ideological Foundations of Swedish Social Democracy." *American Political Science Review* 73.

Timm, H.
1952 *Die Deutsche Sozialpolitik und der Bruch der Grossen Koalition im März 1930*. Düsseldorf: Droste Verlag.

Tingsten, H.
1941 *Den Svenska Socialdemokratins Idehistoria*. Stockholm: Tiden.
1954 "Stability and Vitality in Swedish Democracy." *The Political Quarterly* 2.

Titmuss, R. M.
1962 *Income Distribution and Social Change*. London: Allen & Unwin.
1974 *Social Policy*. New York: Pantheon.

Togeby, L.
1968 *Var de så Røde?* Copenhagen: Fremad.

Tsuru, S.
1961 *Has Capitalism Changed?* Tokyo: Iwanami Shoten.

Tufte, E.
1978 *Political Control of the Economy*. Princeton: Princeton University Press.

Tyrell, R. Emmett.
1977 *The Future That Does Not Work: Social Democracy's Failures in Britain*. New York: Doubleday.

Uhr, C. G.
1977 "Economic Development in Denmark, Norway, and Sweden." In K. Cerny (ed.), *Scandinavia at the Polls*. Washington D.C.: American Enterprise Institute.

Ussing, N.
1953 "En Fordeling af Skatter og Sociale Ydelser i 1949 på Sociale Grupper." *Socialt Tidsskrift* 29.

Uusitalo, H.
1975 *Income and Welfare*. Helsinki: University Research Reports.

Valen, H.
1978 "The Storting Election of 1977: Realignment or Return to Normalcy?" *Scandinavian Political Studies* 1.
1981 *Valg og Politikk*. Oslo: Gyldendal.
Valen, H., and D. Katz.
1964 Political Parties in Norway. Oslo: Universitetsforlaget.
Valen, H., and W. Martinussen.
1972 *Velgere og Politiske Frontlinier*. Oslo: Gyldendal.
1977 "Electoral Trends and Foreign Politics in Norway." In K. Cerny (ed.), *Scandinavia at the Polls*. Washington D.C.: American Enterprise Institute.
Valen, H., and S. Rokkan.
1974 "Conflict Structure and Mass Politics in a European Periphery." In R. Rose (ed.), *Electoral Behaviour: A Comparative Handbook*. New York: Free Press.
Vesterø Jensen, C.
1982 "Det Tvedelte Pensionssystem i Danmark." Mimeo., European University Institute, Florence.
Vogel, J.
1974 "Taxation and Public Opinion in Sweden: An Interpretation of Recent Survey Data." *National Tax Journal* 27.
Warren, B.
1972 "Capitalist Planning and the State." *New Left Review* 72.
Wedderburn, D.
1974 *Poverty, Inequality, and Class Structure*. London: Cambridge University Press.
Wendt, P.
1962 *Housing Policy: The Search for Solutions*. Berkeley: University of California Press.
1976 *Byggeri og Boligforhold*. Copenhagen: Akademisk Forlag.
Westergaard, J. H., and M. Reisler.
1975 *Class in Capitalist Society*. London: Heineman.
Westergård Andersen, H.
1974 *Dansk Politik igår og Idag*. Copenhagen: Fremad.
1976 *De Nordiske Velfærdsstater efter 1939*. Copenhagen: Gyldendal.
Wigforss, E.
1938 "The Financial Policy during Depression and Boom." *Annals of the American Academy* 197.
1941 *Från Klasskamp till Samverkan*. Stockholm: Tiden.
1971 *Vision och Verklighet*. Stockholm: Tiden.
1980 *Skrifter i Urval*. Stockholm: Tiden.
1981 "Arvskatten 1928." In Wigforss, *Minnen*, vol. 2. Stockholm: Tiden.
Wilensky, H.
1975 *The Welfare State and Equality*. Berkeley: University of California Press.
1976 *The New Corporatism, Centralization, and the Welfare State*. Beverly Hills, Calif.: Sage.
Wilhjelm, P.
1971 *Dansk Boligpolitik: Forbrydelse eller Dumhed?* Copenhagen: Røde Hane.
Wolfe, A.
1978 "Has Social Democracy a Future?" *Comparative Politics* 11.
Worre, T.
1980 "Class Parties and Class Voting in the Scandinavian Countries." *Scandinavian Political Studies* 3.
Wright, E. O.
1979 *Class Structure and Income Determination*. New York: Academic Press.
Zeitlin, M.
1966 "Political Generations in the Cuban Working Class." *American Journal of Sociology* 71.
1974 "Corporate Ownership and Control." *American Journal of Sociology* 79.
Zeitlin, M., and S. Norich.
1979 "Management Control, Exploitation, and Profit Maximization." *Research in Political Economy* 2.
Zeuthen, F.
1944 "Socialpolitiske Problemer i Danmark efter Krigen." *Nationaløkonomisk Tidsskrift* 4.
Zinn, K. G.
1978 "The Social Market in Crisis." In S. Holland (ed.), *Beyond Capitalist Planning*. Oxford: Basic & Blackwell.
Zweig, F.
1971 *The Worker in Affluent Society*. New York: Free Press.

政府文件和出版物

丹麦

Boligministeriet (Ministry of Housing).
1968 *Housing in the Nordic Countries*. Copenhagen: Statens Trykningskontor.
Danmarks Statistik.
1974 *Statistisk Årbog 1974*. Copenhagen: Statistisk Kontor.
1976 *Levevilkår i Danmark, 1976*. Copenhagen: Statistisk Kontor.
1978 *Statistisk Årbog 1978*. Copenhagen: Statistisk Kontor.
1981a *Statistisk Årbog 1981*. Copenhagen: Statistisk Kontor.
1981b *Statistisk Ti-Års Oversigt, 1981*. Copenhagen: Statistisk Kontor.
Handelsministeriet (Ministry of Commerce).
1973-1974 *Perspektiv Plan II, 1972-1987*. Copenhagen: Statens Trykningskontor.

挪威

NOS (Norges Offentlige Statistikk).
1978 *Historisk Statistikk*. Oslo: NOS.
Statistisk Sentralbyrå (SSB).
1911 *Statistisk Årsbok*. Oslo: SSB.
1927 *Statistisk Årsbok*. Oslo: SSB.
1933 *Statistisk Årsbok*. Oslo: SSB.
1934 *Statistisk Årsbok*. Oslo: SSB.
1945 *Statistisk Årsbok*. Oslo: SSB.
1953 *Statistisk Årsbok*. Oslo: SSB.
1963 *Statistisk Årsbok*. Oslo: SSB.
1965 *Norges Økonomi etter Krigen*. Samfunnsøkonomiske Studier no. 12. Oslo: SSB.
1966 *Historisk Statistik for Norge*. Oslo: SSB.
1971 *Statistisk Årsbok*. Oslo: SSB.
1973 *Økonomisk Utsyn 1973*. Oslo: SSB.
1974 *Statistisk Årsbok*. Oslo: SSB.
1978 *Kreditmarkedsstatistikk 1974-76*. Oslo: SSB.
1980 *Statistisk Årsbok*. Oslo: SSB.
1981 *Statistisk Årsbok*. Oslo: SSB.

瑞典

SEP (Sekretariatet för Ekonomisk Planering).
1970 *Långtidsutredningen 1970*. Stockholm: SEP.
SOU (Sveriges Offentliga Utredningar).
1966-1968 *Koncentrationsutredningarna I-V*. Stockholm: SOU.
1981 *Löntagarna och Kapitalväksten*. Report no. 5. Stockholm: SOU.
1980 *Statistisk Årsbok*. Oslo: SSB.
1981 *Statistisk Årsbok*. Oslo: SSB.
Statistiska Centralbyron (SCB).
1931 *Statistisk Årsbok*. Stockholm: SCB.
1933 *Statistisk Årsbok*. Stockholm: SCB.
1942 *Statistisk Årsbok*. Stockholm: SCB.
1952 *Statistisk Årsbok*. Stockholm: SCB.
1960 *Statistisk Årsbok*. Stockholm: SCB.

1961 *Statistisk Årsbok*. Stockholm: SCB.
1964 *Almänna Valen*. Stockholm: SCB.
1965 *Statistisk Årsbok*. Stockholm: SCB.
1971 *Statistisk Årsbok*. Stockholm: SCB.
1973 *Inkomst och Förmögenhet*. Stockholm: SCB.
1975a *Levnadsförhållanden*. Stockholm: SCB.
1975b *Almänna Valen 1973*. Del Rapport 3. Stockholm: SCB.
1976 *Statistisk Årsbok*. Stockholm: SCB.
1978 *Social Rapport om Ojämlikheten i Sverige, 1977-1978*. Report no. 22. Stockholm: SCB.
1980 *Statistisk Årsbok*. Stockholm: SCB.
1981a *Statistisk Årsbok*. Stockholm: SCB.
1981b *Almänna Valen 1979*. Del Rapport 3. Stockholm: SCB.

Swedish Ministry of Economic Affairs.
1976/77- 1982/83 *The Swedish Budget*, current annual issues. Stockholm: Ekonomi Departementet.

Swedish National Audit Board.
1982 "The Structure of Pensions in Sweden." Memorandum dated 27 April, Stockholm.

北欧理事会官方出版物

NBO (Nordisk Bostadskooperativorganisation).
1977 *Bostadspolitisk Utveckling i Norden*. Oslo: NBO.

Nordic Housing Administration.
1981 *Boligudgifter og Boligudgiftsandele i de Nordiske Lande*. Copenhagen: Ministry of Housing.

Nordisk Råd.
1980 *Nordisk Statistisk Årbog*. Copenhagen: Nordisk Råd.
1981 *Nordisk Statistisk Årbog*. Copenhagen: Nordisk Råd.

NU (Nordisk Udredningsserie).
1966-1980 *Social Tryghed i de Nordiske Lande*. Copenhagen: Socialministeriet.
1978 *Arbejdsmarknadspolitiken: Mål & Midler*. Oslo: Nordisk Ministerråd.
1980a *Individinriktatede Sysselsätningsåtgärder i de Nordiska Ländarna*. Oslo: Nordisk Ministerråd.
1980b *Företagsinriktade Sysselsätningsskapande Åtgarder i de Nordiska Länderna*. Oslo: Nordisk Ministerråd.

国际性文件及统计

ILO (International Labor Organization).
1960 *Yearbook of Labor Statistics*. Geneva: ILO.
1970 *Yearbook of Labor Statistics*. Geneva: ILO.
1979 *Yearbook of Labor Statistics*. Geneva: ILO.

IMF (International Monetary Fund).
1973 *International Financial Statistics*, supplement. Washington D.C.: IMF.
1976 *International Financial Statistics*, supplement. Washington D.C.: IMF.

OECD (Organization for Economic Cooperation and Development).
1970 *National Accounts, 1950-1968*. Paris: OECD.
1978 *Economic Survey: Norway*. Paris: OECD.
1980a *National Accounts, 1961-1978*. Paris: OECD.
1980b *The Tax-Benefit Position of a Typical Worker*. Paris: OECD.
1981 *Economic Survey: Norway*. Paris: OECD.

United Nations.
1966 *Major Problems in European Postwar Housing*. Geneva: United Nations.
1967 *Economic Survey of Europe*. Geneva: United Nations.
1979 *Annual Bulletin of Housing and Building Statistics for Europe*. Geneva: United Nations.

译丛主编后记

财政活动兼有经济和政治二重属性，因而从现代财政学诞生起，“财政学是介于经济学与政治学之间的学科”这样的说法就不绝于耳。正因如此，财政研究至少有两种范式：一种是经济学研究范式，在这种范式下财政学向公共经济学发展；另一种是政治学研究范式，从政治学视角探讨国家与社会间的财政行为。这两种研究范式各有侧重，互为补充。但是检索国内相关文献可以发现，我国财政学者遵循政治学范式的研究并不多见，绝大多数财政研究仍自觉地或不自觉地将自己界定在经济学学科内，而政治学者大多也不把研究财政现象视为分内行为。究其原因，可能主要源于在当前行政主导下的学科分界中，财政学被分到了应用经济学之下。本丛书的两位主编之所以不揣浅陋地提出“财政政治学”这一名称并将其作为译丛名，是想尝试着对当前学科体系进行纠偏，将财政学的经济学研究范式和政治学研究范式结合起来，从而以“财政政治学”为名，倡导研究财政活动的政治属性。编者认为，这样做有以下几个方面的积极意义。

1. 寻求当前财政研究的理论基础。在我国的学科体系中，财政学被归入应用经济学之下，学术上就自然产生了要以经济理论为财政研究基础的要求。不过，由于当前经济学越来越把自己固化为形式特征明显的数学，以经济理论为基础就导致财政学忽视了那些难以数学化的政治视角研究，这样就让目前大量的财政研究失去了理论基础。在现实中已经出现并将更多出现的现象是，探讨财政行为的理论、制度与历史的论著，不断被人质疑是否属于经济学，一篇研究预算制度及其现实运行的博士论文，经常被答辩委员怀疑是否可授予经济学学位。因此，要解释当前的财政现象、推动财政研究，就不能不去寻找财政的政治理论基础。

2. 培养治国者。财政因国家治理需要而不断变革，国家因财政治理而得以成长。中共十八届三中全会指出："财政是国家治理的基础和重要支柱，科学的财税体制是优化资源配置、维护市场统一、促进社会公平、实现国家长治久安的制度保障。"财政在国家治理中的作用，被提到空前的高度。因此，财政专业培养的学生，不仅要学会财政领域中的经济知识，也应该学到相应的政治知识。财政活动是一项极其重要的国务活动，涉及治国方略；从事财政活动的人是重要的政治家，应该得到综合的培养。这一理由，也是当前众多财经类大学财政专业不能被合并到经济学院的原因之所在。

3. 促进政治发展。在 18—19 世纪，在普鲁士国家兴起及德国统一过程中，活跃的财政学派与良好的财政当局曾经发挥了巨大的历史作用。而在当今中国，在大的制度构架稳定的前提下，通过财政改革推动政治发展，也一再为学者们所重视。财政专业的学者，自然也应该参与这样的理论研究和实践活动中去。事实上也已有不少学者参与到诸如提高财政透明、促进财税法制改革等活动中去，并成为推动中国政治发展进程的力量。

因此，"财政政治学"作为学科提出，可以纠正当前财政研究局限于经济学路径造成的偏颇。包含"财政政治学"在内的财政学，将不仅是一门运用经济学方法理解现实财政活动的学科，也是一门经邦济世的政策科学，更是推动财政学发展、为财政活动提供指引、并推动中国政治发展的重要学科。

"财政政治学"虽然尚不是我国学术界的正式名称，但在西方国家教学和研究中却广有相似的内容。在这些国家中，有不少政治学者研究财政问题，同样有许多财政学者从政治视角分析财政现象，进而形成了内容非常丰富的文献。当然，由于这些国家并没有像中国这样行政主导下的严格学科分界，因而不需要有相对独立的"财政政治学"的提法。相关的研究，略显随意地分布在以"税收政治学""预算政治学"或者"财政社会学"为名称的教材或论著中，本译丛提倡的"财政政治学(fiscal politics)"的说法也不少见。

中国近现代学术进步历程表明，译介图书是广开风气、发展学术的不二良方。因此，要在中国构建财政政治学学科，就要在坚持以"我"为主研究中国财政政治问题的同时，大量地翻译国外学者在此领域的相关论著，以便为国内学者从政治维度研究财政问题提供借鉴。本译丛主编选择了这一领域内的多部英文著作，计划分多辑陆续予以翻译和出版。在文本的选择上，大致分为理论基础、现实制度与历史研究等几个方面。首先推出的有《财政理论史上的经典文献》《税收公正与民间正义》《战争、收入和国家构建》《发展中国家的税收与国家构建》《为自由国家而纳税：19世纪欧洲公共财政的兴起》《信任利维坦：不列颠的税收政治学(1799—1914)》《欧洲财政国家的兴起》等著作。

本译丛的译者，主要为上海财经大学公共经济与管理学院的教师以及已毕业并在高校从事教学的财政学博士，另外还邀请了部分教师参与。在翻译稿酬低廉、译作科研分值低下的今天，我们这样一批人只是凭借着对学术的热爱和纠偏财政研究取向的希望，投身到这一译丛中来。希望我们的微薄努力，能够成为促进财政学和政治学学科发展、推动中国政治进步的涓涓细流。

刘守刚　上海财经大学公共经济与管理学院
魏　陆　上海交通大学国际与公共事务学院
2015年5月

“财政政治学译丛”书目

1.《财政理论史上的经典文献》

理查德·A.马斯格雷夫,艾伦·T.皮考克 编　刘守刚,王晓丹 译

2.《君主专制政体下的财政极限——17世纪上半叶法国的直接税制》

詹姆斯·B.柯林斯 著　沈国华 译

3.《欧洲财政国家的兴起 1200—1815》

理查德·邦尼 编　沈国华 译

4.《税收公正与民间正义》

史蒂文·M.谢福林 著　杨海燕 译

5.《国家的财政危机》

詹姆斯·奥康纳 著　沈国华 译

6.《发展中国家的税收与国家构建》

黛博拉·布罗蒂加姆,奥德黑格尔·菲耶尔斯塔德,米克·摩尔 编　卢军坪,毛道根 译

7.《税收哲人——英美税收思想史二百年》(附录:税收国家的危机 熊彼特 著)

哈罗德·格罗夫斯 著　唐纳德·柯伦 编　刘守刚,刘雪梅 译

8.《经济系统与国家财政——现代欧洲财政国家的起源:13—18世纪》

理查德·邦尼 编　沈国华 译

9.《为自由国家而纳税:19世纪欧洲公共财政的兴起》

何塞·路易斯·卡多佐,佩德罗·莱恩 编　徐静,黄文鑫,曹璐 译　王瑞民 校译

10.《预算国家的危机》

大岛通义 著　徐一睿 译

11.《信任利维坦:英国的税收政治学(1799—1914)》

马丁·唐顿 著　魏陆 译

12.《英国百年财政挤压政治——财政紧缩·施政纲领·官僚政治》

克里斯托夫·胡德,罗扎那·西玛兹 著　沈国华 译

13.《财政学的本质》

山田太门 著　宋健敏 译

14.《危机、革命与自维持型增长——1130—1830年的欧洲财政史》

W. M.奥姆罗德,玛格丽特·邦尼,理查德·邦尼 编　沈国华 译

15.《战争、收入与国家构建——为美国国家发展筹资》

谢尔登·D.波拉克 著　李婉 译

16.《控制公共资金——发展中国家的财政机制》

A.普列姆昌德 著　王晓丹 译

17.《市场与制度的政治经济学》

金子胜 著　徐一睿 译

18.《政治转型与公共财政——欧洲1650—1913年》

马克·丁塞科 著　汪志杰,倪霓 译

19.《比较历史分析方法的进展》

詹姆斯·马汉尼,凯瑟琳·瑟伦 编　秦传安 译

20.《税收的全球争论》

霍尔格·内林,佛罗莱恩·舒伊 编　赵海益,任晓辉 译

21.《金钱、政党与竞选财务改革》

雷蒙德·J.拉贾 著　李艳鹤 译

22.《赤字、债务与民主》

理查德·E.瓦格纳 著　刘志广 译

23.《西方社会中的公共财政(第三卷)——政治经济学的新思维》

理查德·A.马斯格雷夫 编　王晓丹,王瑞民,刘雪梅 译　刘守刚 统校

24.《财政学手册》

于尔根·G.巴克豪斯,理查德·E.瓦格纳 编 何华武,刘志广 译

25.《政治对市场》

戈斯塔·埃斯平—安德森 著 沈国华 译

26.《荷兰财政金融史》

马基林·哈特,乔斯特·琼克,扬·卢滕·范赞登 编 郑海洋 译 王文剑 校译

27.《来自地狱的债主——菲利普二世的债务、税收和财政赤字》

莫里西奥·德里奇曼,汉斯乔亚吉姆·沃斯 著 施诚 译

28.《福利国家的兴衰》

阿斯乔恩·瓦尔 著 唐瑶 译 童光辉 校译

29.《公共经济学历史研究》

吉尔伯特·法卡雷罗,理查德·斯特恩 编 沈国华 译

30.《牛津福利国家手册》

弗兰西斯·G.卡斯尔斯,斯蒂芬·莱伯弗里德,简·刘易斯,赫伯特·奥宾格,克里斯多弗·皮尔森 编 杨翠迎 译

31.《西方世界的税收与支出史》

卡洛琳·韦伯,阿伦·威尔达夫斯基 著 朱积慧,苟燕楠,任晓辉 译

32.《经由税收的代议制》

史科特·格尔巴赫 著 杨海燕 译

33.《政治、税收和法治》

唐纳德·P.雷切特,理查德·E.瓦格纳 著 王逸帅 译

34.《18世纪西班牙建立财政军事国家》

拉斐尔·托雷斯·桑切斯 著 施诚 译

35.《美国现代财政国家的形成和发展——法律、政治和累进税的兴起,1877—1929》

阿贾耶·梅罗特 著 倪霓,童光辉 译

36.《另类公共经济学手册》

弗朗西斯科·福特,拉姆·穆达姆比,彼得洛·玛丽亚·纳瓦拉 编 解洪涛 译

37.《财政理论发展的民族要素》

奥汉·卡亚普 著 杨晓慧 译

38.《联邦税史》

埃利奥特·布朗利 著 彭骥鸣,彭浪川 译

39.《旧制度法国绝对主义的限制》

理查德·邦尼 著 熊芳芳 译

40.《债务与赤字:历史视角》

约翰·马洛尼 编 郭长林 译

41.《布坎南与自由主义政治经济学:理性重构》

理查德·E.瓦格纳 著 马珺 译

42.《财政政治学》

维特·加斯帕,桑吉·古普塔,卡洛斯·穆拉斯格拉纳多斯 编 程红梅,王雪蕊,叶行昆 译

43.《英国财政革命——公共信用发展研究,1688—1756》

P.G.M.迪克森 著 张珉璐 译

44.《财产税与税收抗争》

亚瑟·奥沙利文,特里A.塞克斯顿,史蒂文·M.谢福林 著 杨海燕 译

45.《战争、葡萄酒与关税:1689—1900年期间,英法的政治经济贸易冲突》

约翰V.C.奈 著 邱琳 译

46.《社会科学的比较历史分析》

詹姆斯·马奥尼,迪特里希·鲁施迈耶 编 秦传安 译

47.《汉密尔顿悖论》

乔纳森·雷登 著 何华武 译

48.《税收逃逸的伦理学——理论与实践观点》

罗伯特·W.麦基 编 陈国文 译

49.《税收幻觉——税收、民主与嵌入政治理论》

菲利普·汉森 著 倪霓,金赣婷 译